Cranogwen

Dawn Dweud

Golygydd y Gyfres: Simon Brooks

Cyfres o fywgraffiadau llenyddol a diwylliannol a gychwynnwyd ym 1994 yw Dawn Dweud, sy'n amcanu cyflwyno ymdriniaeth feirniadol ar waith awdur nid yn unig o fewn fframwaith cronolegol, ond gan ystyried yn arbennig hynt a helynt bywyd, syniadaeth, personoliaeth ac arwyddocâd i'r gymdeithas ehangach. Cyhoeddwyd pedair cyfrol ar ddeg yn y gyfres hyd yn hyn – yn eu tro dan olygyddiaeth Brynley F. Roberts, Branwen Jarvis, Mihangel Morgan a Simon Brooks – ar ffigurau llenyddol, gwleidyddol a hanesyddol, o Cranogwen a Daniel Owen i T. H. Parry-Williams a John Morris-Jones.

Cranogwen

Jane Aaron

Gwasg Prifysgol Cymru
2023

Hawlfraint © Jane Aaron, 2023
Adargraffwyd (teirgwaith) 2023

Cedwir pob hawl. Ni cheir atgynhyrchu unrhyw ran o'r cyhoeddiad hwn na'i gadw mewn cyfundrefn adferadwy na'i drosglwyddo mewn unrhyw ddull na thrwy unrhyw gyfrwng electronig, mecanyddol, ffotogopïo, recordio, nac fel arall, heb ganiatâd ymlaen llaw gan Wasg Prifysgol Cymru, Cofrestrfa'r Brifysgol, Rhodfa'r Brenin Edward VII, Caerdydd CF10 3NS.

www.gwasgprifysgolcymru.org

Mae cofnod catalogio'r gyfrol hon ar gael gan y Llyfrgell Brydeinig.

ISBN 978-1-83772-025-5
e-ISBN 978-1-83772-026-2

Datganwyd gan Jane Aaron ei hawl foesol i'w chydnabod yn awdur ar y gwaith hwn yn unol ag adrannau 77 a 78 Deddf Hawlfraint, Dyluniadau a Phatentau 1988.

Cysodwyd gan Richard Huw Pritchard.

FSC CYMYSGEDD
Papur | Yn cefnogi coedwigaeth gyfrifol
FSC® C013604

Argraffwyd gan CPI Antony Rowe, Melksham.

I'M CHWIORYDD
MARGARET SHARP A GWEN AARON
gyda llawer o gariad a phob diolch

Cynnwys

Diolchiadau		ix
Rhagarweiniad		1
1	'Merch y Graig'	15
2	'Merch y Lli'	37
3	'Yr Awenferch'	59
4	'Llafur a Llwyddiant'	83
5	Tu Draw i'r Iwerydd	107
6	'Fy Ffrynd'	133
7	'Yr Ol' a'i 'Brythonesau'	156
8	Modryb Gofidiau	183
9	'Yr Efengyles'	207
10	'Byddin Merched Dewr y De'	229
Mynegai		255

Diolchiadau

Wrth gyhoeddi'r cofiant hwn, rhaid cydnabod fy nyled yn gyntaf i'r cofianwyr a fu o'm blaen. Mae deugain mlynedd wedi mynd heibio ers cyhoeddi'r cofiant diwethaf i Cranogwen, sef *Cranogwen: Portread Newydd* (1981) gan Gerallt Jones. Rhaglen radio a ddarlledwyd yn 1955 a roddodd fod i'r gyfrol honno, ac mae'n cynnwys cyfweliadau difyr a recordiwyd ar ddechrau'r 1950au gyda rhai a gofiai Cranogwen. Dilyniant ydyw i'r cofiant swyddogol o waith David Glanaman Jones, *Cofiant Cranogwen*, a gyhoeddwyd yn 1932 dan nawdd Undeb Dirwestol Merched y De. Cyfaill i Cranogwen a chyd-weithiwr iddi yn y mudiad dirwest oedd ef, ac mae ei atgofion amdani ym mlynyddoedd olaf ei gyrfa yn enwedig yn werthfawr iawn. Ond os am ddarlun byw ohoni o'r 1880au ymlaen ni cheir tystiolaeth well na'r gyfres o erthyglau 'Yng Nghymdeithas Cranogwen' gan Ellen Hughes, a ymddangosodd yn fisol yn y cylchgrawn *Y Gymraes* rhwng Chwefror 1923 a Rhagfyr 1925. Mae fy nyled yn fawr i'r holl gyhoeddiadau hyn, er nad ydynt, wrth gwrs, yn llenwi bwlch yr hunangofiant a gollwyd – y llawysgrif gan Cranogwen yn cynnwys hanes ei bywyd yn 'lled gyflawn', yn ôl D. G. Jones, a adawodd ar ei hôl ar daith trên ac na ddaethpwyd byth o hyd iddo wedyn.

Fodd bynnag, oddi ar yr 1980au, mae adnoddau newydd wedi trawsffurfio gwaith y cofiannydd sydd ar drywydd ffigwr o'r bedwaredd ganrif ar bymtheg. Yn ogystal â'r cyfoeth o astudiaethau a gyhoeddwyd yn y degawdau diwethaf ar sefyllfa arbennig y fenyw yn oes Fictoria, rhaid diolch hefyd am yr holl ddeunydd archifol sydd heddiw ar gael ar y we, yn enwedig ar wefannau Llyfrgell Genedlaethol Cymru, 'Papurau Newydd Cymru' a 'Cylchgronau Cymru'. Trwyddynt hwy daethpwyd o hyd i dros 4,000 o gyfeiriadau at Cranogwen rhwng 1865 a 1916, rhai ohonynt yn arwain at ysgrifau a gyhoeddwyd ganddi a oedd cyn hynny'n anhysbys.

Carwn ddiolch o galon hefyd i amryw o gyfeillion a'm hanogodd ymlaen â'r gwaith. Fel golygydd y gyfres 'Dawn Dweud', bu Simon Brooks o'r cychwyn yn frwd ei gefnogaeth, a diolch yn fawr hefyd i Llion Wigley a Gwasg Prifysgol Cymru am eu gwaith graenus a'u gofal manwl wrth gyhoeddi'r gyfrol. Diolch yn ogystal i Rhidian Griffiths, Huw Walters a staff presennol y Llyfrgell Genedlaethol am eu cymorth rhadlon. Ym misoedd olaf y gwaith, elwais yn fawr hefyd ar drafodaethau bywiog y criw o ferched a ddaeth ynghyd yn Llangrannog gyda'r bwriad o godi cerflun o Cranogwen yn ei phentref genedigol: diolch yn enwedig i Anne-Marie Bollen, Catrin Ifan ac Elin Jones. Mae eu hamcan heddiw ar fin ei gyflawni gyda chymorth y mudiad Merched Mawreddog. Yn olaf, ac yn fwyaf oll, diolch o galon i'r tri a ddarllenodd fersiynau cynnar o'r gyfrol hon ac a gyweiriodd amryw wall ac amryfusedd, sef Rosanne Reeves, Rita Singer, a'm gŵr John Koch. Bu eich cefnogaeth yn amhrisiadwy, ac ni fyddai'r gyfrol yn bod heboch.

Rhagarweiniad

Yn yr Eisteddfod Genedlaethol a gynhaliwyd yn Aberystwyth ym mis Medi 1865, cafodd y gynulleidfa a ddaeth ynghyd i wrando ar y feirniadaeth ar gerdd dan y teitl 'Y Fodrwy Briodasol' syndod i'w gofio. Yn ôl y si ar y maes o flaen llaw, roedd y gystadleuaeth wedi bod yn un boblogaidd, gyda dau ar hugain wedi ymgeisio ac yn eu plith rai o brifeirdd enwocaf yr oes, gan gynnwys Islwyn a Ceiriog. Wrth i'r beirniaid, Hwfa Môn ac I. D. Ffraid, roddi eu dyfarniad, canmolasant un o'r ceisiadau fel yr 'oreu o ddigon',[1] sef cais a gynigwyd dan y ffugenw 'Muta' – hynny yw, yr un a wnaethpwyd yn fud. Ond nid Islwyn na Ceiriog nac unrhyw ŵr arall a gododd o'r dorf wedi i'r Archdderwydd alw ar 'Muta' i ddyfod i'r llwyfan i dderbyn y wobr, ond menyw ifanc, Miss Sarah Jane Rees o Langrannog. Heb fod mwyach yn fud, daeth Miss Rees yn enwog trwy Gymru wedi hynny dan yr enw 'Cranogwen'.

'Nid anghofiaf byth yr olygfa honno ar y dydd y darllenwyd y feirniadaeth,' meddai un a oedd yno yn dyst i'w champ. 'Mawr ganmolai y beirniaid un o'r cyfansoddiadau – y goreu; a phan alwyd ar y buddugol i ddod yn mlaen, wele enethig wledig yr olwg arni, yn codi yn mysg y gynulleidfa ac yn mynd i fyny i'r llwyfan i dderbyn y wobr yn nghanol banllefau.'[2] Ond nid pawb yn y gynulleidfa oedd yn cymeradwyo: gwrthodai rhai ohonynt gredu y gallai menyw ifanc gyfansoddi cerdd a dderbyniodd y fath ganmoliaeth. Protestiodd un o'r ymgeiswyr aflwyddiannus yn hallt ac yn gyhoeddus yn y fan a'r lle yn erbyn y dyfarniad. Mae'n debyg fod gan John Puw, crydd o Ddolgellau, 'gryn feddwl ohono ei hun fel bardd':

Yr oedd yn y gystadleuaeth am y 'Fodrwy Briodasol' yn Eisteddfod Aberystwyth yn 1865, ac yr oedd yn meddwl cymaint o'i gyfansoddiad fel yr aeth ef a Chati Puw, ei wraig, yno i 'nol y wobr, – 'doedd dim dowt. Ond pan welodd ferch ieuanc yn myned i fyny i 'nol y wobr, dyma fo yn dweyd yn ddigon uchel i bawb o'i ddeutu ei glywed, – "Tyd odd'ma, Cati, 'does yma ddim chware teg i gial yn y fan yma – rhoi gwobr i ryw hogan fel yna!"[3]

Dilynwyd Cranogwen trwy flynyddoedd nesaf ei gyrfa gan yr un cyfuniad o groeso syn ond gwresog a sarhad anghrediniol. Oes y Ddarlith oedd yr 1860au yng Nghymru; wrth godi rhyw chwe cheiniog y pen am docyn i'r ddarlith, gallai capel a lwyddodd i ddenu darlithiwr poblogaidd ennill swm go ddefnyddiol er mwyn talu dyledion adeiladu'r capel. Sylweddolodd rhai o ddiaconiaid ei henwad, sef y Methodistiaid Calfinaidd, fod y ferch a gurodd Islwyn a Ceiriog wedi ennyn y fath awydd ymhlith ei chyd-Gymry i'w gweld a'i chlywed nes y byddai ei pherswadio i gychwyn ar yrfa fel llefarydd cyhoeddus yn debyg o brofi'n dra phroffidiol. Cychwynnodd Cranogwen ar ei gyrfa fel darlithydd yn Aberteifi yn Rhagfyr 1865, ac aeth ymlaen wedi hynny i draethu i gynulleidfaoedd mawrion ym mhob twll a chornel o Gymru, ac i'r Cymry oddi cartref yn Lloegr a'r Unol Daleithiau yn ogystal. Âi i bob man a estynnai iddi wahoddiad, i'r pentrefi bychan diarffordd yn ogystal â'r dinasoedd mawrion, a darlithiodd nid yn unig yng nghapeli'r Methodistiaid, ond gyda'r Annibynwyr a'r Bedyddwyr yn ogystal. Hawdd dychmygu'r syndod a gafodd pentrefwyr Cymru yn yr 1860au wrth weld am y tro cyntaf *ferch* yn sefyll i'w cyfarch o'r pulpud neu'r sedd fawr yn eu capeli. Gwelsant y blaenoriaid yn dangos pob parch iddi, clywsant y beirdd lleol yn ei chyfarch â chaneuon o fawl, a hithau'n traethu ar bynciau megis 'Y Plant a'u Haddysg', 'Anhepgorion Cymeriad Da', 'Yr Ieuenctid a Diwylliant eu Meddyliau' ac 'Elfennau Dedwyddwch'.

Yn ystod 1866–7 lledodd enwogrwydd Cranogwen fel fflam ar draws Cymru. 'Y mae y ddarlithyddes enwog hon yn dyfod yn fwy i sylw y wlad y naill wythnos ar ol y llall, a'r galw am dani yn cynyddu yn gyfatebol', meddai'r *Gwladgarwr* amdani ym mis Medi 1866.[4] I ohebydd yn y *Faner* ym mis Medi 1866 yr oedd 'Miss Rees (Cranogwen), megys seren wibiol yn teithio mewn gogoniant trwy awyrgylch foesol ein gwlad'.[5] Erbyn Mai 1867, yn ôl *Y Gwladgarwr*, yr oedd ei hapêl yn dal i gynyddu, 'a'i darlithiau wedi myned yn hynod boblogaidd ... y mae rhyw ysfa yn mhawb braidd am gael ei gweled a'i chlywed'.[6] Ac ar ôl iddi roi ei darlith ar 'Elfennau Dedwyddwch' yn Llangollen yn haf yr un flwyddyn, ysgrifennodd 'un a oedd yno' i'r *Faner* i'w hysbysu, yn hollol ddifrifol, fod Cranogwen 'yn para yn ei pherffeithrwydd. Yn wir, y mae agoriad ei genau i lefaru fel agoriad dorau Eden.'[7]

Profiad ysgytwol, yn enwedig i ferched ei chynulleidfaoedd, oedd gweld a chlywed y fath ffenomen. Yr oedd 'Cranogwen yn arwres yn ein golwg er dyddiau ein mebyd' tystiodd Annie Catherine Prichard, sef yr awdur 'Ruth', a anwyd yn 1858 yn Lerpwl; bu Cranogwen yno'n aml yn darlithio o 1867 ymlaen.[8] Pedair ar ddeg mlwydd oed oedd y nofelydd Gwyneth Vaughan pan glywodd hithau Cranogwen yn siarad yn gyhoeddus mewn sasiwn yng ngogledd Cymru yn 1866; yn ôl tystiolaeth ei brawd mewn ysgrif yn *Y Geninen*, dylanwadwyd arni'n ddwys gan y profiad. 'Pan glywodd Gwyneth Vaughan y ddynes unigryw, garismataidd hon, yn annerch cynulleidfaoedd ar adeg pan ystyriwyd y fath hyfdra fel nodwedd annerbyniol ac annaturiol i ferch,' meddai '[d]aeth awydd ar Gwyneth Vaughan i'w hefelychu. Bu am wythnosau ar ôl hynny yn areithio hyd y meusydd, pan y gallai berswadio fy mrodyr a minnau i ddod yn gynulleidfa iddi.'[9] Un arall a gafodd ei hysbrydoli gan esiampl Cranogwen i ddechrau llenydda a barddoni oedd Catherine Jane Prichard (Buddug, 1842–1909). 'Y mae yn *superior planet* mewn gwirionedd,' meddai am ei harwres yn *Y Genedl Gymreig* yn 1878, cyn ychwanegu mewn cerdd:

> 'Rwyf bron a'th addoli, anfarwol Granogwen,
>   Wyt wedi fy synu a'm swyno yn lân:
> Y mae dy athrylith a'th Awen ddisglaerwen
>   Yn twymo fy enaid – yn enyn fy nghân;
> . . .
> Pwy bellach faidd wadu nas gall arucheledd
>   A mawredd meddyliol babellu mewn merch.[10]

Ond yr oedd eraill ymhlith gwrandawyr Miss Rees o hyd yn barod iawn i wfftio'r syniad y gallai'r fath awdurdod athrylithgar fod yn eiddo i ferch – hynny yw, i ferch go iawn. Ar ôl ei chlywed yn darlithio ar 'Ieuenctyd a Diwylliant eu Meddyliau' yng Ngoginan ym mis Mai 1866, barnwyd hi yn greadur annaturiol gan ohebydd yn *Seren Cymru* a ysgrifennai dan yr enw 'Hen Lanc'. Yr oedd y ffaith ei bod yn beirniadu athrawon anghyfrifol yn hallt yn y ddarlith honno yn hollol wrthun iddo ef. 'Dysgwyliwn i ferch fod yn fwy gwylaidd, cydnaws, a theimladwy, a pheidio parablu mor annhrugarog,' meddai. 'Y mae ei gwroldeb yn wrywaidd'.[11] Amddiffynnwyd hi yn erbyn y fath ymosodiadau gan y Parch. Thomas Levi yn *Trysorfa y Plant* ym mis Awst 1866. 'Mae y foneddiges ieuanc a adnabyddir wrth yr enw "Cranogwen" yn awr yn cael ei rhifo ymysg prif ddarlithwyr ein gwlad,' meddai. 'Mae ynddi gydgyfarfyddiad hynod o wyleidd-dra benywaidd a nerth gwrywaidd. Nid yw gwyleidd-dra prydferth a dylanwadol y *fenyw* byth yn cael ei droi o'r neilldu; ond ynglŷn â hyny y mae ynddi alluoedd meddwl, nerth amgyffredion [*sic*], ac addfedrwydd barn o'r mwyaf gwrywaidd.'[12] Ond yn Sasiwn y Methodistiaid Calfinaidd yng Nghaernarfon ym mis Medi yr un flwyddyn, traethwyd yn erbyn yr arfer o adael i unrhyw fenyw lefaru yn gyhoeddus. Honnodd y Parch. Henry Rees o Lerpwl 'ei fod yn beth anweddaidd. Ei fod yn drueni andwyo menywod drwy eu galw at y fath waith. Eu bod yn ddefnyddiol yn y cylch teuluol, ac i addysgu y plant, os meddent y dalent i hyny, a'i fod yn beth annaturiol eu galw oddiwrth y ddyledswydd hon i ddysgu cynulleidfaoedd.'[13] O ganlyniad, pan aeth Cranogwen i ddarlithio yn Lerpwl ym mis Mawrth 1867 gwrthodwyd iddi lwyfan mewn capel; yn hytrach, cynhaliwyd y cyfarfod yn Neuadd Gyngerdd y ddinas. Ac wrth ei chyflwyno i'w chynulleidfa yno mynnodd y cadeirydd, y Parch. J. Ogwen Jones, mai 'eithriad anrhydeddus i'r rheol naturiol' oedd ei siaradwraig. Nid yw 'y rhyw deg wedi eu bwriadu na'u cyfaddasu gan y Creawdwr, fel *rheol* . . . i gyfarch cynulleidfa,' meddai: 'Y mae eu cyfansoddiad corphorol a meddyliol, eu gwyleidd-dra naturiol, a thuedd gyffredin rhai o honynt, yn brawf o hyn.' Eithriad, felly, oedd Cranogwen, ac 'y mae eithriad yn gyffredin yn profi y rheol', meddai'r Parch.[14]

Mae'n siwr y teimlai Cranogwen gryn anesmwythder wrth ei chlywed ei hun yn cael ei chyflwyno â'r fath eiriau. Rhan o'i nod hi o'r cychwyn oedd annog merched eraill trwy ei geiriau a'i hesiampl i wireddu eu doniau cynhenid a chymryd eu lle ym mywyd cyhoeddus eu cymunedau. Er na chyhoeddwyd ei darlithiau erioed, ymddengys o'r nifer fawr o adroddiadau papurau newyddion arnynt mai un o'i phrif bynciau oedd pwysigrwydd addysg i bawb, i ferched yn ogystal â bechgyn, er mwyn iddynt ddarganfod eu doniau, eu diwyllio, a'u defnyddio er budd eu cymdeithas yn gyffredinol. Yn un o'i hysgrifau cyhoeddedig cynnar, 'Cartref y Gweithiwr' a ymddangosodd yn *Y Traethodydd* yn 1869, croesawodd y ffaith fod 'cyfryngau addysg yn llïosogi', ac ychwanegodd, 'Eled y cerbyd hwn eto yn ei flaen – cerbyd addysg – fel y caffo holl blant ein gwlad, yn fechgyn a merched, eu paratôi yn brïodol ar gyfer y byd.'[15] Yn 1879, wrth iddi gychwyn ar ei gwaith fel golygydd yr ail gylchgrawn Cymraeg i ferched, *Y Frythones*, tystiodd mai ei hamcan oedd 'gwahodd a swyno merched ein gwlad allan o'u hogofau i ddarllen, a meddwl, ac ysgrifenu',[16] a chwarae rhan yn y byd mawr y tu allan i 'ogof' y cartref teuluol. Ond cychwynnodd ei gyrfa ar adeg pan oedd ei byd a'i chymdeithas yng ngafael cyfundrefn a fynnai leoli'r ddau ryw am y pegwn â'i gilydd i raddau eithafol. Dyna sy'n esbonio ymateb rhai o'i gwrandawyr mwy rhagfarnllyd: yr oedd ei hymddangosiad sydyn ar lwyfannau cyhoeddus ei gwlad yn 1865 yn fygythiad i gyfundrefn batriarchaidd ei hoes. Er mwyn cyfleu syniad o arbenigrwydd Cranogwen, ceisir yn y rhagair hwn i hanes ei bywyd roi braslun o nodweddion cyfundrefn rywedd oes Fictoria a'i syniadau ynghylch rôl ddilys y ferch.

Yn negawdau canol y bedwaredd ganrif ar bymtheg y farn swyddogol oedd nad oedd eisiau addysg ysgol ar ferched; nid oedd rheswm dros eu paratoi at faes ehangach na'r cylch teuluol. O ganlyniad, yng Ngheredigion yn 1845 dim ond 19.5% o ferched y sir a roddodd eu henwau yn hytrach na chroes ar eu tystysgrifau priodas, i'w gymharu â 60.3% o'u gwŷr; yr oedd gweddill y gwragedd yn anllythrennog.[17] Nid ystyriwyd bod eisiau dysg arnynt gan mai cyfrifoldeb eu gwŷr fyddent mwyach, fel y buont yng ngofal eu tadau cyn hynny. Yr adeg honno nid oedd gan wraig briod hawl gyfreithlon ar unrhyw adnoddau oedd yn eiddo iddi cyn priodi, nac ar unrhyw gyflog a enillai wedi hynny. Eiddo ei gŵr ydoedd: un person oedd gŵr a'i wraig yn ôl y gyfraith, a'r gŵr oedd y person hwnnw. Yr oedd hyn, wrth gwrs, yn hen drefn, ond yn y bedwaredd ganrif ar bymtheg crebachwyd ar orwelion gwragedd priod a dibriod fwyfwy wrth i syniadau newydd ynghylch amharchusrwydd gwaith cyflogedig i fenywod ledaenu trwy'r gymdeithas. Cyn y chwyldro diwydiannol nid oedd meysydd gwaith y gwryw a'r fenyw mor wahanol i'w gilydd ag y daethant i fod wedi hynny; yr oedd gwraig a merched yr amaethwr neu'r crefftwr yn gweithio wrth ei ochr ef a'i feibion i gynhyrchu a marchnata eu nwyddau. Ond gyrrwyd y gwragedd allan o weithfeydd diwydiannol oes Fictoria gan gyfres o ddeddfau, a phwysleisid yn gynyddol mai lle'r gwrywod yn unig oedd y byd gwaith a'r sffêr gyhoeddus.

Mae'r hanesydd Gwyn Alf Williams yn disgrifio'r 'modd didrugaredd y caewyd menywod allan o waith cyflog ac o ganlyniad, ar yr adeg neilltuol honno, o fodolaeth lawn fel pobl. Ailddiffiniwyd gwaith cyflog ei hun mewn modd neilltuol o wrywaidd a *macho*.'[18] Lle'r fenyw yn awr oedd y cartref a dim ond y cartref. Yr unig swyddi cyflogedig parchus oedd ar gael i'r mwyafrif ohonynt oedd gweini neu weithio fel gwniadwraig neu athrawes, ac yr oedd y tâl am y swyddi hyn yn isel iawn. Yn ôl syniadaeth oes Fictoria, yr oedd yn anweddus i ferched weithio'r tir, er bod yr arfer hwnnw wedi parhau yn hwy yng Nghymru nag yn Lloegr. Ond erbyn yr 1850au yr oedd arweinwyr diwylliannol y Cymry hefyd yn pregethu yn erbyn yr 'arferiad annynol . . . o ddanfon y merched allan i weithio fel y meibion.'[19] Yn 1850-1 yn *Y Gymraes* gyntaf, y cylchgrawn i ferched a olygid gan Ieuan Gwynedd (Evan Jones, 1820-52), cyhoeddwyd nifer o erthyglau yn rhybuddio'r amaethwyr yn erbyn amharchusrwydd yr arfer o adael i'w merched weithio yn y caeau. 'Mae eu gweithio fel gwrywod, yn peri eu bod yn fwy gwrywaidd o ran agwedd gorphorol, os nad o ran teithi meddyliol hefyd, nag sydd yn ddymunol i ferched fod,' meddai gohebydd a ysgrifennai dan y ffugenw 'Llawddog'.[20] 'Cymdeithasant â'r gaib a'r rhaw, yr aradr, a'r ogau, yn lle â'r nodwydd a'r gwebin, y llaethdy a'r gegin,' nes o ganlyniad, yn ôl 'Brodor', '[m]ae yr arferiad farbaraidd hon yn sychu eu teimladau tyner, yn difwyno eu tegwch merchaidd, yn lladd eu gwylder benywaidd, ac yn dinystrio eu defnyddioldeb teuluaidd.'[21]

Rhan o'r adwaith yn erbyn trawma Brad y Llyfrau Gleision oedd y protestiadau hyn.[22] Yn ôl yr Adroddiad ar Addysg yng Nghymru, 1847, anwareidd-dra eu merched oedd bai mwyaf y Cymry. Yr oedd eu tai yn fochaidd a'u harferion gwerinol, megis 'caru yn y gwely' cyn priodi, yn warth ar eu gwlad a'u crefydd Ymneilltuol. Addefodd un o offeiriaid yr Eglwys Anglicanaidd a roddodd dystiolaeth gerbron comisiynwyr yr Adroddiad fod llawer o'r drwg yn digwydd ar ôl cyrddau'r capeli ar noson waith. Meddai'r Parch. L. H. Davies, o Droed-yr-aur:

> They (the young people) often meet at evening schools in private houses for the preparation of the pwnc, and this tends to immoralities between the young persons of both sexes, who frequently spend the night afterwards in hay-lofts together ... Morals are generally at a low ebb, but want of chastity is the giant sin of Wales.[23]

Ac ar y ferch yr oedd y bai wrth gwrs, yn ôl safon ddwbl moesoldeb rhywiol y cyfnod. Arni hi y syrthiai'r cyfrifoldeb i ddweud 'Na' i unrhyw gyfathrach rywiol cyn priodas, rhag difwyno nid yn unig ei henw da ei hun ond enw da ei gwlad a'i chrefydd Ymneilltuol yn ogystal. Rhaid oedd iddi felly ymbarchuso ar fyrder ac ymdebygu fwyfwy i'r delfryd llywodraethol o'r fenyw yn niwylliant Lloegr oes Fictoria, sef 'Angel yr Aelwyd', yn glyd yn ei chartref priodasol, yn cynnig yno loches lân a thyner i'w gŵr wrth iddo ddychwelyd o'r caeau, o'r gweithfeydd diwydiannol neu o'r ymrysonfa gyfalafol.

Yn gynyddol, derbyniwyd yng Nghymru hefyd y syniad fod gwahaniaeth rhyw yn rheoli pob agwedd ar fywyd yr unigolyn. Roedd y gwryw duraidd, awdurdodol a dideimlad yn ffigwr o bwys yn oes aur yr Ymerodraeth Brydeinig, yn ddelwedd addas i gynrychioli gwladwriaeth filwrol gyda byddinoedd ei hymerodraeth yn prysur goncro'r byd. Ei gymar delfrydol oedd y fenyw a gynrychiolai'r holl dynerwch a dibyniaeth nad oedd wiw iddo ef eu dangos. Yn 1889, yn ei gyfrol o gyngor, *Y Ferch Ieuanc*, gallai'r Parch. David Williams, o Gwm-y-glo, draethu gyda sicrwydd awdurdodol mai:

Rhan y ferch ydyw bod yn ddibynol. Trefnodd rhagluniaeth ddoeth mai y ferch ydyw y llestr gwanaf. Nid ydyw y ferch wedi ei bwriadu i ymladd brwydrau bywyd fel y mae y dyn . . . Bod yn ferch – bod yn *woman-like*, ydyw rhinwedd mwyaf gwraig. Nid oes genym gydymdeimlad â merched gwrywaidd.[24]

Mae'r ffaith nad oes ganddo ond term Saesneg – '*woman-like*' – i ddynodi gwir hanfod y wraig yn dangos o ble y daeth y syniadau hyn, ond yr oeddynt yn ddylanwadol iawn yng Nghymru hefyd o 1847 ymlaen.

Ar yr un pryd, trwy ail hanner y bedwaredd ganrif ar bymtheg, ymatebodd rhai o arweinwyr diwylliannol Cymru mewn modd tra gwahanol i ymosodiadau'r Llyfrau Gleision ar gymeriad merched eu gwlad. Prif fwriad Ieuan Gwynedd wrth gyhoeddi ei gylchgrawn i ferched yn 1850–1 oedd diwyllio'r Gymraes er mwyn profi nad barbariad cyntefig mohoni. Ond ni lwyddodd i ddenu llawer o gyfranwyr benywaidd i gyhoeddi erthyglau a cherddi yn ei *Gymraes* ef. Dim ond un awdures a ddaeth i'r amlwg yr adeg honno, sef Elen Egryn (Elin Evans, 1807–76), a gyhoeddodd ei chasgliad barddonol *Telyn Egryn* yn 1850.[25] Wedi hynny prin iawn oedd y cyfrolau Cymraeg gan fenywod tan i *Caniadau Cranogwen* ymddangos yn 1868. I ymgyrchwyr o'r un anian ag Ieuan Gwynedd, gyda'u nod o godi'r Cymry – ei benywod yn ogystal â'i gwrywod – o'r llaid a dywalltwyd arnynt gan Frad y Llyfrau Gleision, yr oedd ymddangosiad Cranogwen fel bardd o fri a darlithydd poblogaidd ar lwyfannau ei gwlad yn ffenomen i'w chroesawu a'i mawrygu. O'r diwedd dyma un a fedrai brofi i'r Saeson fod gan Gymru hefyd ferched coeth a deallus. Ac yr oedd ei chefndir gwerinol a chrefyddol yn ychwanegu at ei haddasrwydd fel seren newydd i'r Cymry; dyma un o'r werin Ymneilltuol y gellid ei chyffelybu o ran deallusrwydd, dawn a dylanwad i'r orau o foneddigesau llengar Lloegr.

Yn ogystal, erbyn diwedd yr 1860au, yr oedd symudiad gwleidyddol newydd hefyd ar droed o blaid gwella byd y ferch, yng Nghymru fel yng ngweddill Prydain. Ym mis Mai 1867 rhoddodd Cranogwen ddarlith yng nghapel Cae-pant-tywyll, Merthyr Tudful, a'i chadeirydd ar gyfer y noson oedd Rose

Crawshay, gwraig Robert Crawshay a etifeddodd deyrnas ei dad fel 'Brenin Haearn' Merthyr. Yr oedd cael menyw yn darlithio ac un arall yn cadeirio yn ddigwyddiad mor anarferol nes iddo dynnu sylw'r papurau newydd Cymraeg yn America.[26] Ar y pryd yr oedd deiseb John Stuart Mill yn gofyn am bleidlais i fenywod o flaen y Senedd yn San Steffan, a chyfeiriwyd at hynny yn ystod y cyfarfod. '[C]redwyf na bydd i un mesur o *Reform* gael ei berffeithio oni chaiff benywod lais mewn ethol aelodau i'r Parliament,' meddai un o flaenoriaid y capel wrth ddiolch i'r ddwy a fu'n siarad.[27] Ar ôl methiant y ddeiseb honno, aeth Rose Crawshay rhagddi i gynnal a chadeirio'r cyfarfod cyhoeddus cyntaf yng Nghymru o blaid y bleidlais i fenywod, ym Merthyr ym mis Mehefin 1870.[28] Er na fu Cranogwen yn amlwg iawn oddi mewn i fudiad yr etholfreintwragedd, cefnogai eu hachos yn frwd yn *Y Frythones*. Mewn ysgrif ar 'Ddyrchafiad Merched' a gyhoeddwyd ym mis Ebrill 1886, er enghraifft, tynnodd sylw ei darllenwyr at y ffaith fod 'y mater o ryddfreiniad y merched . . . yn enill sylw ac yn enill nerth,' ac ychwanegodd, 'Cam ydyw yn ddiau, a fydd, wedi ei gymeryd, yn dwyn y ddynoliaeth fenywaidd yn nes yn mlaen ar raddfa eu dyrchafiad cyfreithlawn.'[29]

Bu'n rhaid aros am dros ddeng mlynedd ar hugain arall cyn i wragedd gael cyfle i bleidleisio, ond eto i gyd yn yr 1880au a'r 1890au yr oedd eu byd yn newid mewn modd nas gwelwyd ei debyg o'r blaen. Yn 1882, ar ôl brwydr hir yn y Senedd, pasiwyd o'r diwedd y Mesur Eiddo Gwragedd Priod.[30] Yn awr yr oedd gan y fenyw briod yr un hawl ar ei heiddo â'i chwaer ddibriod. Yr oedd cenhedlaeth 'Y Ddynes Newydd' yn dechrau dod i'w hoed. Wrth iddi ddarlithio, pregethu, golygu a chyhoeddi, a chymryd ei lle yn y byd cyhoeddus am hanner canrif, rhwng 1865 a'i marwolaeth yn 1916, gweithiodd Cranogwen i baratoi ffordd yng Nghymru ar gyfer y genhedlaeth newydd hon o'r 'ddynoliaeth fenywaidd'. Ceir llawer llais yn tystio ei bod wedi llwyddo'n anrhydeddus yn y nod hwnnw. Meddai Ruth yn 1896, 'Gwyddom y rhwydd-addefa y Cymryesau gweithgar cyhoeddus sydd mor aml eu rhif heddyw, mai Cranogwen agorodd y ffordd iddynt'.[31] Dywedwyd amdani mewn erthygl yn y cylchgrawn *Cymru* ar ddechrau'r ugeinfed ganrif, '[b]u ei llwyddiant ar yr esgynlawr yn fantais i orchfygu rhagfarn gyhoeddus, ac i agor drws o ddefnyddioldeb i ferched eraill'.³² Ac yn ôl y nofelydd Moelona (Elizabeth Mary Jones, 1878–1953), 'Dysgodd Cranogwen ferched i feddwl drostynt eu hunain, i bwyso arnynt eu hunain, ac i gydweithio a'u gilydd. Dysgodd hefyd y gall merched ddewis eu cwrs mewn bywyd yr un fath â bechgyn.'³³ Llwyddodd nid yn gymaint ar lwyfannau'r elît ond ymhlith cymunedau'r gweithwyr, y tu mewn i ddiwylliant Anghydffurfiol y capeli. Tystiodd Moelona iddi draethu gyda'r fath awdurdod o bulpudau a llwyfannau ledled Cymru trwy ail hanner y bedwaredd ganrif ar bymtheg nes, o'r diwedd, 'anghofiodd y bobl gyffredin synnu fod gwraig yn medru llefaru felly'.³⁴

Serch hynny, fe fu'r newid trawiadol yn amlygrwydd cyhoeddus y Gymraes yn ystod ail hanner y bedwaredd ganrif ar bymtheg yn syndod i lawer. Yn 1896, synnwyd O. M. Edwards gan y gwahaniaeth rhwng nifer yr enwau benywaidd ymhlith y cyfranwyr i gylchgrawn newydd *Y Gymraes*, dan olygyddiaeth Ceridwen Peris, â'r nifer yn y cylchgrawn cyntaf i ferched yn y Gymraeg. 'Pan ymddangosodd *Cymraes* Ieuan Gwynedd yn Ionawr, 1850, nid wyf yn cofio am yr un Gymraes yn ysgrifennu iddi ond Elen Egryn,' meddai; 'ond yn awr, ar ail gychwyniad y *Gymraes*, gwyr Cymru'n dda am Cranogwen, S. M. Saunders, Morfudd Eryri, Winnie Parry, Ellen Hughes, Ceridwen Peris, a llawer ereill.'³⁵ Yn ôl tystiolaeth nifer o'i gyfoedion benywaidd, fodd bynnag, yr oedd yr ateb i'w gwestiwn beth ddigwyddodd i ferched Cymru oes Fictoria i achosi'r fath newid yn un syml – Cranogwen. Daeth hanner yr enwau yn rhestr O. M. Edwards i fri yn gyntaf ar dudalennau'r *Frythones*. Annog merched i gydnabod a datblygu eu sgiliau fel awduron ac arweinwyr cyhoeddus oedd ei phrif nod. Gwyddai ei bod yn byw trwy oes gyfnewidiol o ran statws merched; wrth fynnu byw'r newid cyn bod mwyafrif ei chyfoedion yn barod i herio'r drefn, yr oedd yn cynnig arweiniad a symbyliad i'r rhai a ddaeth ar ei hôl.

Ym myd addysg hefyd, yn ogystal â'r maes llenyddol, agorwyd posibiliadau newydd i'r ferch, ac yn y maes hwnnw, erbyn yr 1880au, roedd Cymru am unwaith ar flaen y gad. Yn 1889 sicrhaodd y Ddeddf Addysg Ganolradd Gymreig fod merched Cymru yn cael yr un cyfle i fynychu ysgol ganol â'r bechgyn, ac yn derbyn yno yn union yr un addysg â hwy; yr oedd hyn ymhell cyn i ferched Lloegr dderbyn yr un manteision. O'r cychwyn, derbyniwyd merched yn fyfyrwyr gan golegau prifysgol Caerdydd (1883) a Bangor (1884), ac agorodd coleg Aberystwyth ei ddrysau iddynt yn 1884. Erbyn 1888, yr oedd 33% o fyfyrwyr colegau Prifysgol Cymru yn ferched, canran lawer yn uwch nag ym mhrifysgolion Lloegr ar y pryd.[36] O ganlyniad, agorwyd i'r graddedigion benywaidd gyfleoedd newydd i ennill swyddi proffesiynol mewn meddyginiaeth, addysg, gweinyddiaeth, ac ati. Erbyn 1901, yr oedd canran menywod Cymru mewn swyddi o'r fath yn uwch na'r ganran yn Lloegr: 8.2% yng Nghymru a 7.0% yn Lloegr. Ac yn 1911, er mai dim ond 22.2% o fenywod Cymru oedd yn gweithio am gyflog o'i gymharu â 32.8% yn Lloegr, eto yr oedd 9.1% ohonynt mewn swyddi proffesiynol o'i gymharu â dim ond 7.2% yn Lloegr.[37]

Canlyniad ymgyrch ddygn a gynhaliwyd i raddau helaeth gan ferched Cymru eu hunain oedd y llwyddiannau hyn. Dylanwadwyd ar sefydlwyr y Brifysgol gan waith arloeswyr megis Elizabeth Phillips Hughes, prifathrawes coleg addysg i ferched yng Nghaer-grawnt a anwyd yng Nghaerfyrddin yn 1851 yn ferch i weinidog gyda'r Methodistiaid. Un o lwyddiannau'r Gymdeithas er Hyrwyddo Addysg Merched Cymru oedd y lle blaenllaw a roddwyd i addysg ganol y Gymraes yn Neddf 1889; ffurfiwyd y Gymdeithas hon yn 1886 dan arweiniad Dilys Lloyd Glynne Jones (Davies yn enedigol), un o Gymry Llundain ac aelod gyda'r Methodistiaid Calfinaidd. Ganwyd hithau yn 1857: gwahoddwyd Cranogwen yn aml i ddarlithio i'r Methodistiaid yng nghapel Jewin Crescent yn Llundain o 1867 ymlaen. Go brin na chafodd y ddwy hyn yn ystod eu plentyndod y profiad chwyldroadol o weld neu o leiaf glywed am Cranogwen, wrth ei gwaith yn herio rhagfarnau rhywiol ei chynulleidfaoedd ac yn agor gorwelion newydd o flaen eu merched.

Erbyn cychwyn yr ugeinfed ganrif yr oedd byd y ferch wedi newid yn sylfaenol, ac yng Nghymru yr oedd i Cranogwen ei rhan fel arloeswraig yn gwthio'r newid hwnnw ymlaen. Meddai O. M. Edwards amdani yn 1916, 'Yr oedd gan Granogwen gennad, ac amcan uchel. A llwyddodd. Ni fu yr un ferch yn ein hanes eto wnaeth fwy i gryfhau meddylgarwch, hunan-barch, a defnyddioldeb merched Cymru na Chranogwen.'[38] Ond sut y llwyddodd benyw ymddangosiadol ddinod a dibriod o gefndir gwerinol i esgyn i'r fath fri a dylanwad ymhlith Cymry ei hoes? Beth roddodd iddi'r fath amcan goleuedig ar adeg dywyll iawn i ferched yn gyffredinol? Er mwyn ateb y cwestiynau hyn, rhaid cychwyn o'r cychwyn, a dilyn ei thaith o'i dechrau ym mhentref Llangrannog, Ceredigion, yn y flwyddyn 1839.

Nodiadau

1 'Eisteddfod Aberystwyth', *Baner ac Amserau Cymru*, 27 Medi 1865.
2 'Cranogwen', *Weekly Mail*, 18 Tachwedd 1899.
3 Llew Meirion, 'Hen Gymeriadau Dolgellau', *Cymru*, xxxv (Tachwedd 1908), 285.
4 'Miss Rees (Cranogwen)', *Y Gwladgarwr*, 29 Medi 1866.
5 'Ystradyfodwg', *Baner ac Amserau Cymru*, 29 Medi 1866.
6 'Treherbert', *Y Gwladgarwr*, 18 Mai 1867.
7 Un oedd yno, 'Capel y Drindod', *Baner ac Amserau Cymru*, 10 Awst 1867.
8 Ruth, 'Cranogwen', *Y Gymraes*, iii (Rhagfyr 1899), 183.
9 J. Bennet Jones, 'Gwyneth Vaughan', *Y Geninen*, xxx (Rhifyn Gŵyl Dewi, 1912), 44; dyfynnir gan Rosanne Reeves, *Dwy Gymraes, Dwy Gymru: Hanes Bywyd a Gwaith Gwyneth Vaughan a Sara Maria Saunders* (Caerdydd: Gwasg Prifysgol Cymru, 2014), t. 26.
10 Jemimah [Catherine Jane Pritchard], 'Barbara Jones a'r Cymruesau', *Y Genedl Gymreig*, 20 Mehefin 1878.
11 Hen Lanc, 'Dyffryn, Goginan', *Seren Cymru*, 18 Mai 1866.
12 [Thomas Levi], 'Cranogwen', *Trysorfa y Plant*, v (Awst 1866), 204.
13 'Merched yn Llefaru', *Y Gwladgarwr*, 15 Medi 1866.
14 'Cranogwen yn y Concert Hall', *Baner ac Amserau Cymru*, 13 Mawrth 1867.
15 [Cranogwen], 'Cartref y Gweithiwr', *Y Traethodydd*, xxiv (Ebrill 1869), 194.
16 Cranogwen, 'At ein Darllenwyr', *Y Frythones*, i (Rhagfyr 1879), [iii].
17 Dot Jones, *Tystiolaeth Ystadegol yn Ymwneud â'r Iaith Gymraeg 1801–1911* (Caerdydd: Gwasg Prifysgol Cymru, 1998), t. 347.
18 Gwyn Alf Williams, 'Marcsydd o Sardiniwr ac Argyfwng Cymru', *Efrydiau Athronyddol*, xlvii (1984), 19.

19 Brodor, 'Cyflwr Cymdeithasol a Moesol Merched Swydd Aberteifi', *Y Gymraes*, i (Tachwedd 1850), 329.
20 Llawddog, 'Cyflwr Cymdeithasol a Moesol Merched Swydd Aberteifi', *Y Gymraes*, i (Rhagfyr 1850), 358.
21 Brodor, 'Cyflwr Cymdeithasol a Moesol Merched Swydd Aberteifi', *Y Gymraes*, i (Tachwedd 1850), 329–30.
22 Gweler Rosemary Jones, '"Sfferau ar wahân?": Menywod, Iaith a Pharchusrwydd yng Nghymru Oes Victoria', yn Geraint H. Jenkins (gol.), *Gwnewch Bopeth yn Gymraeg: Yr Iaith Gymraeg a'i Pheuoedd 1801–1911* (Caerdydd: Gwasg Prifysgol Cymru, 1999), tt. 190–2.
23 Jelinger C. Symons, *Report of the Commission of Inquiry into the State of Education in Wales . . . In Three Parts. Part II, Report on the Counties of Brecknock, Cardigan, and Radnor* (London: Hansard, 1847), ii, t. 60.
24 David Williams, *Y Ferch Ieuanc* ([1889]; ail arg., Caernarfon: Cwmni y Cyhoeddwyr Cymreig, d.d. [1896]), tt. 54–5.
25 Gweler Ceridwen Lloyd-Morgan a Kathryn Hughes, 'Rhagymadrodd', yn Elen Egryn, *Telyn Egryn* (Dinas Powys: Gwasg Honno, 1998), tt. vii–xxviii.
26 Gweler 'Darlith yn Nghapel Caepantywyll', *Y Cyfaill o'r Hen Wlad yn America*, xxx (Gorffennaf 1867), 229–30.
27 'Darlith yn Nghapel Caepantywyll', *Y Cyfaill o'r Hen Wlad yn America*, xxx (Gorffennaf 1867), 230.
28 Gweler Ryland Wallace, *The Women's Suffrage Movement in Wales, 1866–1928* (Cardiff: University of Wales Press, 2009), t. 13.
29 [Cranogwen], 'Dyrchafiad Merched', *Y Frythones*, viii (Awst 1886), 236.
30 Gweler Lee Holcombe, 'Victorian Wives and Property: Reform of the Married Women's Property law, 1857–1882', yn Martha Vicinus (gol.), *A Widening Sphere: Changing Roles of Victorian Women* (London: Methuen, 1980), tt. 3–28.
31 Miss Prichard, Birmingham, 'Cranogwen', *Y Gymraes*, i (Hydref 1896), 5.
32 'Elsbeth', 'Cymruesau'r Ganrif', *Cymru*, xx (Ionawr 1901), 11.
33 Elizabeth Mary Jones, *Storïau o Hanes Cymru* (Caerdydd a Wrecsam: The Educational Publishing Co., 1930), t. 134.
34 Moelona, 'Cranogwen', *Y Geninen* (Rhifyn Gŵyl Dewi, 1917), 10.
35 [Owen M. Edwards], 'At Ohebwyr', *Cymru*, xi (Hydref 1896), 196.
36 Gweler W. Gareth Evans, '"Addysgu Mwy na Hanner y Genedl": Yr Ymgyrch i Hyrwyddo Addysg y Ferch yng Nghymru', yn Geraint H. Jenkins (gol.), *Cof Cenedl IV: Ysgrifau ar Hanes Cymru* (Llandysul: Gwasg Gomer, 1989), tt. 91–119; ac W. Gareth Evans, *Education*

and Female Emancipation: The Welsh Experience 1847–1914 (Cardiff: University of Wales Press, 1990).
37 Gweler L. J. Williams a Dot Jones, 'Women at work in Nineteenth-Century Wales', *Llafur*, iii (1982), 20–32.
38 O. M. Edwards, 'Llyfrau a Llenorion', *Cymru*, 51 (Medi 1916), 141.

Pennod 1

'Merch y Graig'

Trwy ei henw barddol 'Cranogwen', cysylltwyd Sarah Jane Rees o gychwyn ei gyrfa fel awdur a siaradwraig gyhoeddus â'r plwyf lle ganwyd hi ar 9 Ionawr 1839. Talwyd teyrnged iddi gan y beirdd fel ymgnawdoliad o hanfod y lle. Yn ôl Nantlais, er enghraifft:

> Etholedig blentyn natur,
>   Gonest, garw, cryf oedd hi;
> Cynnyrch glannau Ceredigion,
>   Merch y graig a merch y lli.[1]

Mewn cerdd gyfarch iddi a gyhoeddwyd yn ei chasgliad *Caniadau Cranogwen* (1868), honnai Islwyn hefyd fod nodweddion daearyddol Llangrannog wedi dylanwadu ar ffurfiant ei chymeriad. Gwelai ef adlewyrchiad yn ei gwaith o'r creigiau trawiadol ym mae y pentref. 'Enillaist *ddelw* yr olygfa lân', meddai wrthi:

> 'Rwy'n gwel'd y creigiau'n gwgu yn dy gân,
> Neu yn ymestyn, gyda santaidd hiraeth,
> Am anfarwoldeb, ar uchelion d'araeth . . .
>
> Dos, bellach, dywed wrth dy genedl gu
> Yr hyn a ddysgodd tonau'r môr i ti.[2]

Ond gellir dadlau nad creigiau Llangrannog oedd y dylanwadau pwysicaf ar yrfa nodedig Cranogwen ond yn hytrach y gymdeithas arbennig o'i chwmpas yn y plwyf hwnnw yn ystod ei phlentyndod. Nid y tirlun yn gymaint â'r trigolion a'u ffordd arbennig o fyw a effeithiodd fwyaf arni.

Man diarffordd oedd Llangrannog yn 1839, ond un tipyn yn fwy poblog nag ydyw heddiw: 775 oedd nifer y pentrefwyr yng Nghyfrifiad 2011, ond yr oedd 1,317 yno yn 1831.[3] Gorweddai yng nghwm cul afon Hawen, gyda'r mynyddoedd serth ar bob ochr iddi yn 'sicrhau nad oedd pobl y pentref yn cymdeithasu fawr ddim â'r cymunedau amaethyddol yn byw ymhellach i mewn i'r tir', yn ôl un o haneswyr yr ardal, J. Geraint Jenkins.[4] Ychydig o'r drafnidiaeth a âi heibio ar y ffordd rhwng Aberaeron ac Aberteifi a oedd yn troi i lawr tua'r cwm: nid oedd hyd yn oed y Post Brenhinol yn cyrraedd y pentref yn ystod plentyndod Cranogwen. Un o gyfrifoldebau ei brawd hynaf, Daniel Rees, oedd cerdded yn fynych i Aberteifi – taith o ddeuddeng milltir o bellter – i gasglu post y teulu, neu i bostio eu llythyrau at y tad, John Rees, a oedd yn aml oddi cartref ar y môr.

Fel y rhan fwyaf o ddynion y pentref, morwr oedd John Rees wrth ei alwedigaeth. Nid pysgotwr ydoedd ond masnachlongwr, yn cario yn ei fadlong (*ketch*) halen, cerrig calch a llwch glo o borthladdoedd de Cymru i'w gwerthu'n lleol ym mhentrefi Bae Ceredigion. Weithiau, teithiai cyn belled â Lerpwl, Iwerddon a phorthladdoedd agosaf y Cyfandir er mwyn casglu a gwerthu ei gargo. Yr oedd yr halen, y calch a'r llwch glo yn angenrheidiol i ffermwyr a physgotwyr Ceredigion: yr halen er mwyn halltu pysgod i'w cadw; y cerrig calch i'w llosgi mewn odynnau cyn taenu'r lludw ar dir âr a oedd yn brin o galch yn yr ardal honno; a'r llwch glo i'w gymysgu â chlai a dŵr i wneud peli cwlwm (*culm*) yn danwydd i'r tyddynnod. Cyn i rwydwaith y rheilffyrdd ymestyn trwy waelod Ceredigion yn negawdau olaf y bedwaredd ganrif ar bymtheg yr oedd hi dipyn yn haws cario'r fath lwythau dros y môr na thros y tir. Ond ychydig o gargo a gâi ei allforio o Langrannog: byw yn hunangynhaliol, o law i law, yr oedd y pentrefwyr, heb lawer o nwyddau sbâr, oni bai am lwythi o ysgadan hallt o dro i dro os oedd y pysgotwyr wedi cael helfa lwyddiannus.

Ymddengys na lwyddodd John Rees yn ei alwedigaeth, o leiaf ddim o safbwynt ariannol; trigfan ddigon moel oedd cartref y teulu, sef Dolgoy-fach, bwthyn to gwellt nad yw'n bod mwyach ond a safai bryd hynny ryw ddwy filltir a hanner i fyny'r cwm uwchben bae Llangrannog. Rhannwyd Dolgoy-fach yn ddwy, gyda theulu Cranogwen mewn un rhan ohono, a chymydog o'r enw Esther Morris yn trigo yn y rhan arall. Gan mai hen wraig yn byw ar y plwyf oedd Esther (rhoddir ei galwedigaeth yng Nghyfrifiad 1851 fel 'pauper'), gellir tybio mai tyddyn cymharol dlawd oedd Dolgoy-fach. Gelwir John Rees yn 'master mariner' yn y Cyfrifiad, ond yr hyn a olygir wrth y term hwnnw yw ei fod wedi ennill tystysgrif 'meistr' llong, ac yn gapten ar ei long ei hun, nid o reidrwydd yn llewyrchus.

Nid oes sôn amdano'n cyflogi eraill i'w gynorthwyo ar ei fordeithiau, oni bai am aelodau o'i deulu, er na fyddai wedi bod yn anodd cael gafael ar gymorth profiadol yn y plwyf. Cymdeithas o forwyr a'u teuluoedd oedd Llangrannog yng nghanol y bedwaredd ganrif ar bymtheg. Yn ôl J. Geraint Jenkins, morio, yn hytrach na ffermio, oedd prif gynhaliaeth y trigolion o ail hanner y ddeunawfed ganrif ymlaen hyd at ddiwedd y bedwaredd ganrif ar bymtheg, gyda rhyw 90% o boblogaeth y pentref yn uniongyrchol neu'n anuniongyrchol ddibynnol ar y môr.[5] Golygai hynny fod gwrywod Llangrannog yn treulio'r rhan fwyaf o'u dyddiau oddi cartref, ym mhob tymor heblaw'r gaeaf, pan oedd y tywydd yn rhy arw i forio. Yr oedd absenoldeb y dynion wrth gwrs yn cael effaith ar natur a ffordd o fyw'r pentref. Ar ysgwyddau'r gwragedd y syrthiai'r holl faich o gynnal y gymuned yn ogystal â magu eu teuluoedd. 'Y gwragedd oedd yn rheoli yn Llangrannog gan fod eu gwŷr i ffwrdd yn morio', meddai J. Geraint Jenkins, 'a chyfrifid gwragedd Llangrannog yn nerthol a dylanwadol, yn enwedig y rhai hynny a fynychai Gapel Methodistaidd Bancyfelin – hen gapel Cranogwen.'[6]

Ond nid Bancyfelin oedd capel Cranogwen yn ystod ei phlentyndod; nid adeiladwyd y tŷ cwrdd hwnnw ym mhentref Llangrannog tan 1863. Cyn hynny cerddai'r teulu o Dolgoy-fach i gapel y Methodistiaid Calfinaidd ym Mhenmorfa, 'y tair milldir yno a'r tair yn ol, ddwywaith y Sul'.[7] Wrth iddi ddisgrifio'r gynulleidfa yng nghapel Penmorfa yn *Y Frythones* yn yr 1880au, darlun o wragedd yn addoli a gawn gan Cranogwen. 'O'r hen greaduriaid anwyl – hen wragedd a merched y dyddiau hyny, hyd gapelau y cymoedd a'r bryniau yma!' meddai:

> mae hiraeth yn ein calon y fynyd hon am y cyfarfodydd hyny, a'r cynulleidfaoedd hyny yn hen gapel P–; credwn nad a melodedd nefol lleisiau yr hen wragedd yn y canu triphlith-draphlith hwnw, pan y dolef orfoleddent,
>
> 'Ar groesbren brydnawn,' &c
> 'Mae merch yr Amoriad yn rhydd'
>
> – nad a o'n clustiau, nes i ni, os o drugaredd rad y cawn, gael ailadroddiad perffaith o hono 'Ar fryniau Caersalem'.[8]

Nid oes sôn yma am bresenoldeb a chyfraniad y gwrywod; dyn fyddai yn y pulpud, wrth gwrs, ond o fis Mawrth i fis Tachwedd, menywod oedd mwyafrif llethol y gynulleidfa, a hwy oedd yn cynnal byd cymdeithasol yr eglwys. Yr oedd cyfraniad y gwragedd wedi bod o bwys yn nhwf Methodistiaeth yn yr ardal o'r cychwyn. Yn 1746 sefydlodd Griffith Jones un o'i ysgolion cylchynol yn y plwyf a chadwyd yr ysgol ar agor am flynyddoedd ar ôl ei farwolaeth trwy haelioni ei noddwr, Madam Bridget Bevan.[9] Ac ar ddiwedd y ddeunawfed ganrif, ar adeg pan erlidiwyd Methodistiaid, cawsant gefnogaeth gref yn Llangrannog gan neb llai na gwraig Uchel Siryf y sir. Ymbriododd yr eglwyswr George Price, Rhyd-y-colomennod, â Dorothy Bowen o deulu Plasty Llwyngwair, teulu dylanwadol iawn o blaid Methodistiaeth, a pharhaodd hi'n driw i'r enwad tan ei marwolaeth yn 1808, gan farchogaeth dros y bryniau i gapel Penmorfa bob dydd Sul yn ei chlogyn coch, yn ôl y stori.[10]

Yn ystod plentyndod Cranogwen, bu llawer gwraig o fri lleol yn mynychu'r capel, gan gynnwys rhai y cyhoeddwyd ysgrifau coffa iddynt ym mhapurau'r enwad. Un a 'ragorai mewn *gwybodaeth* a *synwyr cyffredin*' oedd Eliza Jenkins, er enghraifft, gwraig i gapten llong, a groesawai i'w chartref bregethwyr teithiol Penmorfa, a Bancyfelin wedi hynny. 'Un o wragedd y môr, fel eu gelwir oedd hithau,' medd ei choffäwr yn 1888, 'ac fel y cyfryw cymerai ddyddordeb mawr mewn cyfarwyddo a dysgu, ac ysgrifenu dros rai felly, pan fyddent mewn pryder neu anghen. Ati hi y byddai y rhan fwyaf yn dyfod.'[11] Hynny yw, gallai gwragedd anllythrennog y plwyf droi at Elizabeth Jenkins am gymorth pan bwysai problemau ariannol neu gyfreithiol arnynt yn ystod absenoldeb eu gwŷr ar y môr. Adlewyrchir yn gyson yn holl weithiau hunangofiannol Cranogwen ddarlun o'i phlwyf genedigol, 'dyffryn Cranog, fy hoff gyfanheddle', fel man dan oruchwyliaeth fenywaidd. Yn ei cherdd 'Dyffryn Cranog' disgrifir y cwm cul fel plentyn y mynyddoedd o'i gwmpas, yn ddiogel dan ofal cariadus afon Hawen:

> Fel hynny mae Cranog yn Swydd Ceredigion,
>   Fel baban serchoglawn a swynol ei wedd,
> A'i fonwes yn dryfrith o geinion a blodau,
>   Yn huno ar liniau ei riaint mewn hedd;
> A Hawen, fel llangces garedig a thyner,
>   A'i sua i gysgu â'i murmur di-flin,
> Gan dirion ofalu, ym mhoethder yr hafddydd,
>   Am iachus ddyferyn i wlychu ei fin.[12]

Yn ei disgrifiadau o'r pentref yr un modd, pwysleisir rôl y fenyw yn ei gynhaliaeth. Roedd 'gwragedd y môr' wedi arfer cynnal y gymuned a chynorthwyo'i gilydd i'w chadw'n iach a llewyrchus.

Yn ddiweddar mae nifer o haneswyr wedi bod yn astudio cymunedau glan môr tebyg yn ystod y bedwaredd ganrif ar bymtheg, gan ddadlau eu bod yn enghreifftiau o gymdeithasau annodweddiadol o safbwynt patrymau rhywedd oes Fictoria. Yn ôl Robin Evans yn ei gyfrol *Merched y Môr*, yn absenoldeb eu gwŷr magwyd ymysg gwragedd y pentrefi morio 'gymeriadau cryfion a olyga eu bod i raddau helaeth iawn yn wragedd annibynnol, er nad oedd hynny o reidrwydd o ddewis'.[13] Mewn astudiaeth o gymunedau ynysoedd y Shetland yn y bedwaredd ganrif ar bymtheg, yr ansoddair a ddefnyddir gan Lynn Abrams i ddisgrifio pentrefi cyffelyb yw 'menyw-ganolog':

> The absence of men at sea, the central presence of women within the household so that it may be described as 'woman-

centred', the importance of women's productive labour, the necessity also of women's social and reproductive labour and the concomitant independence of women are all distinctive features of these particular communities. These have profound implications for actual work roles and for the ways in which relations between the sexes are constructed, experienced and represented.[14]

Mae'n dyfynnu un o hen wragedd Lerwick a ddywedodd wrthi, gan gofio'i phlentyndod yn Shetland ar ddechrau'r ugeinfed ganrif, "Da women den could do laek men."[15] Gan fod profiadau cynnar pob unigolyn yn effeithio'n drwm ar ei gymeriad wrth iddo aeddfedu, gellir tybio bod yr amgylchiadau anarferol hyn wedi bod o bwys yn natblygiad personoliaeth Cranogwen.

Ond o safbwynt y byd mawr y tu allan i'r pentref, doedd dim llawer i'w ddweud wrth y fath drefn. Erbyn canol y bedwaredd ganrif ar bymtheg, yr oedd patriarchaeth gyffredinol yr oes yn golygu bod cymunedau o'r fath yn cael eu hystyried yn rhai cyntefig, wedi eu nodweddu gan elfen o amharchusrwydd, oherwydd nid oeddynt yn dilyn y confensiynau disgwyliedig. Yn ôl yr hanesydd Jane Nadel-Klein yn ei chyfrol hithau ar drefi glan môr yr Alban, 'women's prominent, public roles in the fishing industry helped to brand them and their families as odd, indeed, as less respectable than most other Scots . . . respectability being determined, in part, by adherence to gender appropriate social convention'.[16] Mae cysgod o'r hen agwedd hon ar sylwadau amddiffynnol Cranogwen ynghylch merched a gwragedd pentrefi a threfi arfordirol Cymru, wrth iddi eu disgrifio mewn adroddiad papur newydd yn 1904 am weithgareddau merched yr undebau dirwestol. Am Aber-porth, er enghraifft, meddai: 'Merched a gwragedd morwyr ydyw eiddo y lle hwn, ac eto cyrhaeddant ddyben eu bodolaeth yn ardderchog. Y mae y pentref wedi ei harddu a'i lanhau ganddynt lawer iawn, a ffrwythau cyfiawnder yn tyfu.'[17] Cyflea ei defnydd o'r geiriau 'ac eto' na fyddai ei darllenwyr yn disgwyl clywed am fenywod pentref morwrol yn cynnal glendid, harddwch a chyfiawnder gwâr yn eu cymuned. Ond camgymeriad fyddai'r fath ragfarn yn ôl Cranogwen; i'r gwrthwyneb, pileri gwareiddiad oedd gwragedd Aber-porth, er nad oeddynt eto wedi llwyddo i waredu eu pentref yn gyfan gwbl o'i holl dafarnau.

Un o ferched ardal Aber-porth oedd mam Cranogwen, Frances Rees (Frances Lloyd yn wreiddiol); magwyd hi ym Mlaen-porth, a chymeriad cryf, 'hollol ddirodres, a diragrith' ydoedd hithau, yn ôl ei choffawyr, un a 'ddywedai ei fai yn ngwyneb brenin'.[18] Ar ôl marwolaeth Frances yn 1884, honnir yn y *Faner* mai oddi wrthi hi yr etifeddodd Cranogwen ei dawn farddonol. Roedd gan Frances, meddir, '[l]awer o ddawn prydyddu' a byddai 'yn rhedeg yn naturiol yn y ffordd honno yn ei hymddiddanion cyffredin, pan fyddai mewn hwyl . . . Diau fod ei merch Cranogwen yn dra dyledus i'w mam am lawer o'r talentau disglaer y mae yn feddiannol arnynt.' Y fam hefyd oedd y beirniad cyntaf ar waith lenyddol ei merch: byddai Cranogwen yn troi ati 'er mwyn cael ei barn ar ryw bethau i'r wasg; ac os na theimlai yr hen wraig rhyw ragoriaeth ynddo, o bosibl nad i'r "fasged" y cawsai fyned'.[19] Iddi hi y cyflwynodd Cranogwen y casgliad o'i cherddi, *Caniadau Cranogwen*, a gyhoeddwyd yn 1868. Ond mae'n cydnabod yng ngherdd agoriadol y llyfr hwnnw, 'Y Cyflwyniad', na fyddai Frances Rees o reidrwydd heb air o feirniadaeth arno. Gan gyfarch ei mam, medd am 'flaenaf ffrwyth fy awen', sef y gyfrol:

> . . . Gwn
> Y gweli nad yw wedi tyfu'n llawn,
> Y teimli nad yw yn un aeddfed iawn;
> Ond blinais yn ei ddisgwyl ef, fy mam:
> A rhag i tithau orfod rhoddi cam
> I arall fyd, – i'r dieithr fyd a ddaw, –
> Cyn derbyn unwaith, i dy anwyl law,
> A gweled *peth* o ffrwyth y gangen hon
> A dyfodd yn dy gysgod, ar dy fron,
> A phrofi ei flas, – mi benderfynais i
> Ei dynu: – wele ef, fy mam, i ti.[20]

Cyflwynir y *Caniadau* felly fel 'ffrwyth' y fam yn ogystal â'r ferch a dyfodd yn 'gangen' o'r goeden gref, Frances Rees – coeden a daflodd, yn ôl ei choffawyr, gysgod maethlon a haelionus dros eraill yn y gymdogaeth yn ogystal â'i phlant ei hun. '[D]ywed ei chymmydogion', meddir, 'mai y nodweddau mwyaf pendant yn ei chymeriad oedd, caredigrwydd ac ewyllys da i'r tlawd. Yr oedd ei haelfrydedd yn ddiderfyn, pe buasai ei hadnoddau gyhyd a chyfled â'i hysbryd haelionus, buan y darfuasai y tlawd o ganol y tir.'[21] Ategir hynny gan Cranogwen wrth iddi hithau goffáu, flynyddoedd yn ddiweddarach, gymydog a oedd hefyd yn enwog yn yr ardal am ei haelioni. Meddai yn yr ysgrif ar 'Mrs Sarah Thomas, Cwmceiliog, Llangranog' yn 1902:

> Yr oedd hithau y nesaf i fod yr anwylaf o wragedd y wlad. Yr oedd yn gydymdeimladwy a charedig i'r pen pellaf; ni chai neb ddioddef os y medrai hi arbed; nid ai neb ymaith yn waglaw oddiwrth ei drws hi . . . Hyfryd yw genyf gofio mor hollol debyg oedd hi i un arall nes ataf fi hyd yn nod nag oedd hi, mor hollol debyg oeddynt fel yna i'w gilydd.[22]

Mae'n siwr mai at ei mam y cyfeiria Cranogwen yn y fan hon, fel yr 'un arall nes ataf fi'; yma, fel mewn llawer man arall yn llythyrau ac erthyglau ei merch, cofir am Frances Rees fel esiampl o gadernid a charedigrwydd cymdeithasol.

Mewn cymhariaeth, mae'n drawiadol cyn lleied o sylw gaiff John Rees, y tad, yng nghyfansoddiadau ei unig ferch. Hanai ef o deulu adnabyddus ym mhlwyf Llangrannog, sef teulu Pantyronen. Yn *Y Diwygiwr*, cylchgrawn misol yr Annibynwyr, cyhoeddodd Cranogwen erthygl led faith yn 1897 ar hanes y teulu hwn, gan fanylu ar gymeriad ei thad-cu, saer maen a blaenor gyda'r Annibynwyr yng Nghapel y Wig, a'i hewythr David Rees, a ddilynodd ei dad o ran galwedigaeth, ond a ddaeth yn enwog yn lleol fel cerddor. Meddai ei nith amdano:

> yr oedd ganddo ef yn ei ddyddiau goreu lais o'r pereiddiaf, canai yn swynol – yn wefreiddiol, a thebygaf hyd yn oed heddiw ei weled wrthi, a'i lygaid mawrion yn nghau – neu yn hanner felly, ei ddeigryn yn tarddu ac yn treiglo, ei drwyn mawr lluniaidd yn troi yn hytrach y naill ochr – yn rhyw ymogwyddo felly, fel y gwna hwyl gref llong dan bwys yr awel pan fyddo yn gwasgu arni. Felly ymlaen – hwyliai yn hyfryd lawer pryd o dan bwys ysbrydoliaeth a nwyf cân.[23]

Mae cymhariaeth o'r fath, sy'n benthyg ei delwedd o gyd-destun morio, yn nodweddiadol o arddull Cranogwen, ac yn addas ddigon wrth ddisgrifio'i thylwyth ym Mhantyronen gan i'r rhan fwyaf o frodyr David Rees ddewis y môr yn alwedigaeth. Morwyr oedd ei hewythrod, Evan a Daniel Rees, yn ogystal â'i thad. Ond dim ond un frawddeg o ddisgrifiad a roddir i'w thad yn yr erthygl hon. Am ei hewythr Daniel, medd Cranogwen, 'nid wyf yn ystyried fod ei goffadwriaeth ef, "ŵr anwyl", wedi cael y cyfiawnder dyladwy oddiar ddwylaw y rhai y perthynai hynny iddynt.'[24] Ond am ei thad, a fu farw heb unrhyw goffadwriaeth, yr unig beth a ddywed ei ferch yw'r frawddeg: 'Bu yntau ar y môr yn fwy neu yn llai cyson am 50 mlynedd, yn forwr o wadn ei droed i goryn ei ben, bu gartref ar derfyn ei oes am ryw 25ain mlynedd, a bu farw 4 blynedd yn ôl yn 86½, wedi, mi a obeithiaf, "weled iachawdwriaeth yr Arglwydd".'[25] Mae hynny'n rhoi'r ffeithiau moel, ond nid yw'n ychwanegu llawer atynt, ac mae'n drawiadol nad yw Cranogwen yn medru tystio'n fwy ffyddiog i gadwedigaeth ei thad.

Yn y cofiant cyntaf i Cranogwen a gyhoeddwyd yn 1932 gan y Parch. D. G. Jones, cyfaill agos i Cranogwen yn ei hen ddyddiau, ceir cyfeiriad sy'n esbonio, efallai, ddistawrwydd ei ferch ynghylch nodweddion John Rees. Wrth ddisgrifio sêl Cranogwen trwy gydol ei gyrfa o blaid y mudiad dirwest, medd D. G. Jones, 'yr oedd wedi gweld ei thad lawer gwaith yn drwm dan ddylanwad y ddiod', a bod hynny wedi creu ymateb cryf ynddi o atgasedd tuag at alcohol a'i effeithiau.[26] Ategir hynny gan ateb Cranogwen i'r cwestiwn 'Paham yr wyf yn Llwyrymwrthodwr', ateb a gyhoeddwyd yn *Y Tyst Dirwestol* yn 1898. Rhoddodd fel ei rheswm cyntaf a phennaf, 'Am mai felly yr argyhoeddwyd fi yn gynnar iawn, gan esiamplau drwg a da.'[27] Dichon mai ei thad oedd yr esiampl ddrwg gynnar iawn a'i mam yr esiampl dda. Serch hynny, nid oedd yn ffieiddio at ei thad oherwydd ei ddibyniaeth; yn ôl D. G. Jones, yr oedd ei hymwybyddiaeth o'i gyflwr yn hytrach wedi egino 'ei chydymdeimlad byw â'r rhai oedd ar lawr dan draed Syr John Barleycorn'.[28] Hynny yw, nid atgasedd tuag at y ddiod gadarn fel gwastraff arian neu achos rhialtwch dinistriol a ysgogodd holl ymdrechion dirwestol Cranogwen yn ei degawdau olaf, ond y boen o weld rhai agos ati yn suddo i bwll o anobaith o dan ei ddylanwad. Wrth iddi annerch cynulleidfaoedd Undeb Dirwestol Merched y De ar ddiwedd ei gyrfa, deuai teimladau cryf Cranogwen o gydymdeimlad â'r alcoholig i'r amlwg dro ar ôl tro. Seiliai ei hanerchiadau yn aml ar adnod yn efengyl Luc 21:34: 'Edrychwch na thrymhaoch eich calonnau drwy lythineb a meddwdod'. Ac yn ôl gohebwyr y papurau enwadol yn eu hadroddiadau ar y cyfarfodydd, yr oedd dan deimlad cryf wrth drafod tristwch y rhai a oedd yn gaeth i'r cyffur.[29]

Cydymdeimlo a wnâi â'i thad a'i debyg yn hytrach na ffieiddio atynt; ceisio chwilio am ffordd i'w ryddhau ef ac eraill o garchar eu dibyniaeth oedd yn ei gyrru ymlaen â'r gwaith dirwestol. Ymddengys o dystiolaeth cyfeillion a fu'n ymweld â hi yn ystod blynyddoedd olaf ei thad, a fu'n byw dan ofal ei ferch wedi marwolaeth Frances Rees, fod perthynas agos rhyngddynt. Er enghraifft, mewn ysgrif goffa i Cranogwen a gyhoeddwyd yng Ngorffennaf 1916 yn *Y Goleuad*, papur wythnosol y Methodistiaid Calfinaidd, rhoddir disgrifiad o'r hen ŵr a'i ferch ym Mryneuron, y tŷ ym Mhontgarreg ym mhlwyf Llangrannog a brynodd Cranogwen i'w rhieni wedi dychwelyd o'i thaith ddarlithio gyntaf yn yr Unol Daleithiau:

> Eisteddai ei thad, Capt. Rees, yn fethedig iawn yn yr hen gadair freichiau yn ymyl y tân pelau . . . gofynnodd Cranogwen i un o honom ddarllen Salm neillduol. Ond nid cynt y gofynnodd, nag yr atebodd yr hen ŵr ei thad (mewn moment), gyda phwyslais, 'Na, yr wyf fi am dy glywed *ti* yn darllen.' Chwareu teg iddo, teimlai yn ddiamheu y collai y fendith pe bae un o honom ni yn darllen, oblegyd yr oedd rhywbeth neillduol yn ei darlleniad hi bob amser.[30]

Serch hynny, er yr agosatrwydd rhyngddynt, nid oedd llawer o eiriau cadarnhaol y gallai'r ferch eu datgan wrth gofio am ei thad.

Darlun gwahanol iawn a gawn o Sarah, mam John Rees, yn yr ysgrif ar 'deulu Pantyronen'. Meddir amdani yno: 'Yr hen wraig hithau, ydoedd un o'r hen wragedd delaf, hoewaf, ysgafnaf-droed a sangodd ei bro erioed',[31] a cheir disgrifiad tebyg ohoni yn y llithiau hunangofiannol am ei phlentyndod a gyhoeddodd Cranogwen yn *Y Frythones*. O'i chwmpas yn nyffryn

Llangrannog, yr oedd Amasoniaid yn trigo, meddai, yn cynnwys ei mam-gu. Gan gyfeirio ati ei hun yn y trydydd person, yn ôl ei harfer wrth ysgrifennu yn *Y Frythones*, dywed mai 'Dynes fechan llawn arian byw oedd ei nain hono – llawn metel, llawn yni yn ei ffordd, di-ildio iawn.'[32] Yn ôl tystiolaeth ei hwyres, a fedyddiwyd ag enw ei mam-gu, rhoddodd Sarah Rees yr hynaf groeso arbennig i'r plentyn newydd pan aned hi, a hynny nid er gwaethaf ond *oherwydd* ei rhyw:

> Hi oedd y *ferch* gyntaf yn y teulu bychan, ac wedi cael o honi ei blaenori gan ddau fachgen, mae'n ymddangos y dysgwylid am dani. Yr oedd ei henw yn barod, a'i mam-gu o ochr ei thad, pan ei gwelodd, hytrach yn meddwl ei bod yn debyg iddi hi, ac y daethai rhywbeth o honi yn well na bod yn *hollol* ddiddefnydd.[33]

Yn ôl cyfundrefn rhywedd oes Fictoria, byw yn 'ddiddefnydd' ym mhob cyswllt ond y cartref oedd ffawd pob merch, ond yr oedd gwragedd y cymunedau morwrol yn awyddus am ferched cryf, defnyddiol, er mwyn iddynt fedru cynorthwyo gyda'r gwaith o gynnal y gymdeithas.

Felly mawrygwyd Cranogwen fel merch o'i genedigaeth gan wragedd ei theulu, ond go brin fod ei brodyr hŷn, Daniel a anwyd yn 1831 a David a'i dilynodd yn 1833, yn gweld ynddi o'r cyntaf yr un addewid. Ymddengys o ddisgrifiadau Cranogwen o'i brodyr fod y ddau bron mor wahanol i'w gilydd o ran cymeriad ag oedd eu tad a'u mam. Yn ysgrifau hunangofiannol *Y Frythones*, disgrifir yr hynaf fel bachgen hyderus a gymdeithasai'n eofn: un 'go holgar oedd . . . a thueddol i wneyd adnabyddiaeth, a thyna sut y gwnai ei ffordd yn mlaen mor lew'. Ond '[g]wahanol oedd y brawd ieuengaf; un iddo ei hun yn hytrach, byr ei ddawn i holi, ac anchwanog i wthio ei hun i mewn ac yn mlaen at neb . . . Nid allai agor ei ffordd yn mlaen fawr iawn.'[34] Serch eu gwahaniaethau, dilynodd y ddau frawd yr un alwedigaeth, sef morio; roeddynt ill dau wedi derbyn prentisiaeth yn y gwaith wrth gynorthwyo'u tad, ac ychydig o bosibiliadau o ran dewis gyrfa arall oedd ar gael iddynt yn Llangrannog. Cafodd yr hynaf, Daniel, yrfa lwyddiannus iawn cyn marw yn 74 oed yn ddiogel yn ei gartref yn y Fronlwyd,

Penbryn; bu'n gapten ar o leiaf ddwy long fasnachol, y *Britomart* a'r *Ada Letitia*.[35] Ond bu farw David yn ei bedwardegau ym mis Rhagfyr 1879 ar y môr ond nid mewn llongddrylliad. Pan oedd y llong yr oedd yn brif swyddog arni, y *Pegasus*, wedi angori yn harbwr Bae Simon yn Ne Affrica, syrthiodd David o'r mast i geudod y llong.[36] Ni wellhaodd o'i glwyfau, a chladdwyd ef yn Affrica. Yn *Y Frythones* ym mis Chwefror 1880, mae Cranogwen yn amlwg dan deimlad cryf wrth gofio amdano:

> O fy mrawd! Treuliasom foreu oes ddibryder – efe a minau yn cydchwareu, cydofni a chydobeithio. Ymagorodd llwybrau ein bywyd i gyfeiriadau pur bell oddi wrth ei gilydd [ond] . . . [h]ynod fel yr ymwaghaodd y byd pan ddaeth y newydd ei fod ef wedi ymadael; ymdaenodd megis llwydrew oer drosto i gyd . . . 'Gofid sydd arnaf am danat ti, fy mrawd; cu iawn,' er llawer o gamddealldwriaeth ac anwastadrwydd, a 'fuost gennyf fi; rhyfeddol oedd dy gariad tuag ataf, y tuhwnt i gariad gwragedd.'[37]

Wrth gyfeirio yma at alarnad Dafydd ar ôl Jonathan yn ail lyfr Samuel (1:26), mae Cranogwen fel petai'n cymharu ei pherthynas â David yn ystod eu plentyndod â pherthynas gariadus dau wryw yn hytrach na brawd a chwaer.

Ni cheir ganddi lith debyg yn dilyn marwolaeth Daniel. Ymddengys felly mai i'r brawd iau yr ysgrifennodd ei cherdd 'Fy Mrawd' a gynhwysir yn *Caniadau Cranogwen*. Ynddi, dywed fod y geiriau 'fy mrawd' iddi hi 'yn llawn / Adgofion am y pethau fu, / Yn nyddiau pell plentyndod cu!' Y pryd hynny:

> Ni theimlais ar fy ysgwydd wan
> Un baich o bwys, y dyddiau fu;
> 'Roedd gennyf 'frawd' o hyd o'm tu.[38]

Ond yn y gerdd hon mae hefyd yn prydery am ei brawd, erbyn hyn ar fordaith 'yn India bell', ac efallai'n 'unig' ac yn 'wrthrych sen a gwawd'. Medd wrtho: 'O! Na wnâi rhyw angel da / Ddywedyd wrthyt, "Ymgryfhâ!"'[39] Go brin y byddai wedi bod eisiau'r fath gyngor ar y brawd hŷn, Daniel, y brawd hyderus. Ym mhenodau ei 'Hunan-goffa', dywed amdani ei hun a'i brawd iau, 'y mae'n hollol bosibl y byddai ynom ninau fesur o eiddigedd tuag at D– [hynny yw, y brawd hynaf] . . . canys i lygaid y wlad, cyfrifem yr ymddangosai efe raddau o'n blaen ni, ac yn rhagorach'.[40] Gellir dirnad felly mai un o'r pethau a ddysgodd Cranogwen o'i pherthynas â'i brodyr oedd nad oedd y gwahaniaethau mawr rhwng cymeriadau unigolion yn dibynnu o reidrwydd ar eu rhyw na'u statws bydol. Gallai dau wryw fod yn wahanol iawn i'w gilydd yn eu hunan-dyb a'u hymagwedd tuag at eraill, er eu bod yn ymddangosiadol wedi derbyn yr un fagwraeth.

Gan amlaf, wrth gwrs, yn oes Fictoria, ychydig o gyfle a gâi merched mwy hyderus i arddangos eu cymeriadau a'u galluoedd hwythau'n llawn. Ond nid oedd hynny mor wir mewn cymuned fel Llangrannog, gyda'i ffordd o fyw anghonfensiynol. Yno, yr oedd y menywod hefyd yn cael cyfle i arddangos eu cryfderau yn gymdeithasol. Wrth ddisgrifio'i chymdogion yn ystod ei phlentyndod, mae'n drawiadol pa mor aml mae Cranogwen yn trawsnewid y confensiynau, gan roi i'r gwragedd y cymeriad a ddisgwylid yn eu gwŷr. Wrth sôn am gymydog yn y tŷ nesaf at Dolgoy-fach, er enghraifft, mae'n ei chyflwyno fel 'rhywun arall a'i gwr (nid ei gwr a hi)'.[41] Ac yn yr ail ysgrif ar ei phlentyndod, ychwanega amdanynt:

> y cwbl yn mron a gofiwn am y gŵr yn y tŷ hwnw oedd mai 'Job' oedd ei enw . . . Ond am y wraig, safai hi allan mewn mwy o eglurder. Dynes dal, luniaidd, lathraidd, feistrolgar ei golwg ydoedd hi . . . Ganddi hi oedd y ddawn i siarad a llywodraethu, ei ddawn yntau yn fwy tuag at ufuddhau. Beth all fod yn well nag i bawb wneud yn ol eu doniau – gwneud yr hyn a allont orau?[42]

Dyna efallai brif neges Cranogwen trwy gydol ei gyrfa fel awdur: dylai pawb geisio byw eu bywydau yn ôl eu doniau yn hytrach nag yn ôl syniadau eu hoes ynghylch yr hyn sy'n addas i'r rhywiau. Mae'n cyfleu'r syniad mewn ffordd ymddangosiadol ddiniwed fan hyn – 'Beth all fod yn well nag i bawb wneud yn ôl eu doniau?' – ond roedd goblygiadau chwyldroadol i'r fath gwestiwn yng nghyd-destun ideoleg rhywedd ei hoes. Yn ei 'Hunan-goffa', aiff rhagddi i ailbwysleisio'r un patrwm wrth sôn am 'y cymdogion agosaf at hyn': 'Gŵr diniwed oedd y tad, a dynes a gyfrifid yn "rhywun" yn y gymdogaeth oedd y fam, yn un o synnwyr cyffredin cryf, a llawer o farn. Cofiwyf y byddai megis yn fraint gennym gael ymweliad ganddi hi, canys edrychid i fyny ati.'[43] Doedd neb, mae'n amlwg, yn edrych i fyny ato *ef*, ond amdani *hi* . . .

Fodd bynnag, y cymeriad bu Cranogwen yn 'edrych i fyny ati' fwyaf o'u holl gymdogion yn Llangrannog yn ystod ei phlentyndod oedd – yn annisgwyl iawn ar un olwg – Esther Morris, neu 'Esther Judith' fel y gelwir hi yn *Y Frythones*, yr hen wraig ar y plwyf a oedd yn byw 'dan yr un to' â'r teulu Rees yn Dolgoy-fach. Meddir amdani yn yr ysgrifau hunangofiannol:

> Heblaw pobl ein ty ein hunain, hi, yr hen greadures ryfedd, a saif allan yn benaf ar ddarlun-len boreu ein hoes. Weithiau yn serchog, weithiau yn sarug; weithiau yn canmol, weithiau yn ceryddu . . . bob amser yn wrthrych o ddyddordeb fwy neu lai, yn swyddog cyfiawnder, ac yn genad trugaredd; yn un i'w hofni ac yn un i'w charu . . . Esther Judith! yr hen greadures ryfedd, gyfansawdd, ardderchog, ddofn, ddeallus! Y mae hiraeth yn ein calon am dani hyd yn nod y fynyd hon. Mor dda fuasai genym iddi gael byw nes i ni dyfu dipyn yn gallach ac arafach, fel ag i allu ei deall a'i gwerthfawrogi yn well.[44]

Cyn cyhoeddi'r 'Hunan-goffa', ymddangosodd yn *Y Frythones* rhwng Hydref 1880 a Gorffennaf 1881 gyfres o erthyglau ar 'Esther Judith', cyfres a gâi ei chydnabod yn un o gampweithiau Cranogwen; cyfeirir ati gyda pharch a brwdfrydedd yn yr ail *Gymraes* ddegawdau yn ddiweddarach. Trwy'r gyfres, pwysleisir y ffaith nad oedd doniau trawiadol Esther Judith yn rhai nodweddiadol fenywaidd, er eu bod yn hollol naturiol ac yn gynhenid iddi hi. Nid oedd yr hen wraig yn cyfaddawdu mewn unrhyw fodd â'r ystrydebau arferol ynghylch natur y rhyw fenywaidd; nid oedd o gymeriad goddefol na llariaidd, ac roedd yn anobeithiol am gadw tŷ. Yn ôl golygydd *Y Frythones*, '[g]an nad pwy a alwyd i "gadw tŷ" . . . *ni* alwyd Esther; ni feddai fawr fwy o gymhwyster a gallu i hyny nag a feddai Ioan Fedyddiwr, neu un o'r proffwydi cyntaf.'[45]

Yn wir, proffwyd oedd Esther Judith yn ôl Cranogwen, ond proffwyd heb fod yn gymeradwy yn ei gwlad ei hun. Disgrifir hi yn cario ei Beibl mawr allan o'r tŷ i'r ardd, ac yn ei ddarllen yn uchel yno, 'fel . . . y gellid ei chlywed o gryn bellter'. '[E]r mwyn cael tywallt allan gronfeydd yr huawdledd naturiol o'i mewn' yr oedd yn rheidrwydd arni ollwng allan ei llais 'megys ar draws y greadigaeth, i ganol cynulleidfa anian, yn gymaint ag na chai un gynulleidfa arall yn astud i wrando arni'.[46] '[H]uawdledd naturiol' oedd nodwedd gryfaf ei chymeriad, yn ôl ei chymydog. Bardd a phroffwyd rhwystredig ydoedd, llef yn llefain yn niffeithwch materol y bedwaredd ganrif ar bymtheg am fyd ysbrydol heb gategorïau dosbarth, a rhyw, a threfn:

> Y mae barddoniaeth trefn ni a wyddom: y mae beirdd a phroffwydi a ganant yn oreu mewn gerddi prydferth a rheolaidd, ac ystafelloedd glân a threfnus . . . ond nid o honynt hwy yr oedd Esther Judith; nid o blith proffwydi y coleg, a'r ddesc, yr esmwyth-fainc, a dillad esmwyth, yr ydoedd hi; un o feirdd y bryniau a llethrau y mynyddoedd ydoedd Esther, un o broffwydi yr anialwch.[47]

Ond mae Cranogwen yn mynnu 'parhau a pharchu ei choffadwriaeth' fel un yn meddiannu ar '*ddawn ymadrodd*' a 'chryfder deall' arbennig. Bardd neu bregethwr y dylasai 'yr hen greadur dewr' fod wedi bod, yn ôl Cranogwen, ac yr oedd yn golled iddi hi ac i'w gwlad na ddeallwyd hynny ar y pryd, ac na roddwyd iddi gyfle i amlygu ei thalentau. 'Medrai siarad yn gryf, yn rheolaidd, yn hylithr, ac awdurdodol iawn,' meddai:

> Nid oedd pall ar ei chyflawnder o eiriau; yr oeddynt at ei galwad yn hollol . . . Ac nid rhywfath o eiriau a ddefnyddiai, megis y geiriau cyffredin, afluniaidd, a haner Seisnigaidd ar lafar pobl y cymdogaethau, ond y geiriau gorau, cryfaf, a mwyaf detholedig. Yr oedd ei genau megis wedi ei llunio i siarad; yr oedd ymadrodd mor naturiol iddo ag yw i lygad y ffynnon roddi dwr allan. Nid geiriau gweigion hefyd oedd ei geiriau, ond geiriau llawn o sylwedd, synnwyr a barn.[48]

Y golled ydoedd na ddeallodd Esther, na neb arall, yr hyn y gallasai'r ddawn oedd ynddi fod wedi ei gyflawni yn y byd: 'pe y buasai yr amgylchiadau yn wahanol, *lawer* o ohonynt, a hi yn hollol yr un, gwnaethai areithiwr o'r bron digymhar; gallwn ddychmygu y rhoddasai y byd ar dân gan nerth huawdledd, brwdfrydedd ysbryd, a sel dros y gwirionedd'.[49] Serch ei thlodi, pe bai'n wryw fe fyddai doniau Esther wedi cael cyfle i'w hamlygu eu hunain yn gyhoeddus; fe fyddai ei chymuned a'i henwad wedi rhoi llwyfan iddi a chefnogi ei haddysg. Ond cyn degawdau olaf y bedwaredd ganrif ar bymtheg, ni châi merched gwerinol Cymru'r un cyfle â'i bechgyn. Wrth bortreadu Esther Judith mae Cranogwen yn creu darlun byw o'r modd y gwastraffwyd doniau merched ac y rhwystrwyd eu datblygiad, gan adael y gorau ohonynt yn byw ar ymylon eu cymdeithas, yn gymeriadau rhyfedd, bron i'w hofni.

Ond nid ym mhlwyf Llangrannog; yno, yng nghapel y Methodistiaid ac yn y gymdogaeth yn gyffredinol, yr oedd parch tuag at Esther Judith, ac yr oedd hithau, er ei diffyg statws bydol, yn cymryd cyfrifoldeb dros eneidiau'r plwyf, gan weddïo drostynt yn y seiat. Pryderai yn enwedig ynghylch enaid un a oedd yn swyddogol yn arwain y gymuned – George Price Jordan, ysgweier, Ynad Heddwch ac Uchel-Siryf Ceredigion, ac ŵyr i Dorothy Bowen, y Methodist cynnar. Nid oedd ef yn un o gynulleidfa Penmorfa; i'r gwrthwyneb, ymddengys ei fod wedi ei Seisnigeiddio gan ddylanwadau'r oes a'i brif ddiddordeb oedd marchogaeth gyda'i gŵn hela.[50] Ef oedd perchennog plasty Rhyd-y-colomennod a llawer iawn o'r tir a'r tyddynnod oddi amgylch, gan gynnwys Dolgoy-fach. Bu Esther cyn iddi heneiddio yn gweithio fel 'morwyn gwaith' i'w dad – nid morwyn tŷ, wrth gwrs; ni fyddai'n addas ar gyfer y swydd honno. Mynd ar neges oedd ei phrif waith, cario llythyrau yn ôl ac ymlaen i Aberteifi neu ymhellach, gan gerdded yr holl ffordd – gwaith dyn neu fachgen fel rheol. Ond testun pryder iddi yn ei henoed oedd etifedd y plas:

> Llawer o ofal a brofai ac a ddangosai hefyd o berthynas i'r bonheddwr . . . Buasai hi yn ngwasanaeth ei dad gryn lawer, a gwelsai ei ddwyn ef i fyny, bob cam, hyd at fod yn ddyn, yn benteulu . . . [R]hwng y naill beth a'r llall fel hyn – y berthynas rhyngddi a'r teulu...a'r ffaith nad oedd

y boneddwr presenol agos mor debyg ag y buasai hi yn dymuno i'w dad yn ôl y cnawd a'r Tad nefol, byddai ei phryder yn ei gylch yn ddwys ac yn ddwfn. Gwyddai yntau hynny yn dda, a theimlai yn achlysurol oherwydd hyny.

Hynny yw, yr oedd gan Esther Judith ddylanwad ar y bonheddwr, yn ogystal ag ar ei chymdogion mwy gwerinol, er nad oedd ef fel arall yn poeni rhyw lawer am drigolion ei ystâd:

> Gan nad sut ar adegau y byddai ei dymher a naws ei ysbryd at eraill (ac efe yn greadur pur oriog), cai Esther hwyl arno o hyd, toddai ac ymystwythai ger ei bron hi ar unwaith, a hyny, o fod yn oer ac yn galed enbyd at bawb ereill. Neu ynteu, os *na* wnai – os nad allai Esther gael trefn, a dosbarth, a hwyl ar J–, a rhai siarad oddiwrtho, cyfrifid ei fod am y tro yn sâl anfeddyginiaethol, ac y byddai gystal i bawb gadw yn mhell.[51]

Anhrefn gymdeithasol a ddisgrifir yma, anhrefn a adawodd i'r gŵr 'oriog', 'oer' a 'chaled enbyd' fod yn Ynad Heddwch ac Uchel-Siryf tra bo un llawer mwy deallus a chyfrifol nag ef yn byw fel tlotyn, yn ddibynnol ar ei chymdogion am ei phryd nesaf o fwyd. Gan Esther y mae'r grym a'r dylanwad i gadw'r bonheddwr mewn trefn; mae'r gymdogaeth yn gwybod hynny, ond nid oes unrhyw gydnabyddiaeth swyddogol o'i chyfraniad. Oherwydd lle mwy amlwg y fenyw yn y pentref morwrol, ni allai Cranogwen pan oedd yn blentyn beidio â sylwi ar yr anhrefn hon. Mae nodyn cryf o ddicter yn ei 'Hunan-goffa' – nodyn sydd hefyd yn ymdreiddio drwy'r erthyglau ar 'Esther Judith' – dicter at ddallineb y rhai oedd yn gwrthod cydnabod nad yn ôl rhyw na dosbarth cymdeithasol y dosberthir y doniau hynny o gydymdeimlad a dealltwriaeth sydd yn angenrheidiol os am gynnal cymdeithas wâr.

Dyma'r ymdeimlad cryf a borthodd benderfyniad Cranogwen wrth iddi aeddfedu i ddefnyddio ei doniau ei hun, o leiaf, yn llawn, a pheidio â chyfaddawdu â'r drefn a oedd yn ei thyb hi yn anhrefn. Ym mhentref ei phlentyndod yr oedd yn ddigon amlwg i bawb â llygaid i weled mai myth heb sail iddo oedd y syniadau confensiynol am y gwahaniaethau rhwng y rhywiau, ideoleg wedi ei chreu gan batriarchaeth er mwyn cadw dynion mewn grym. Deallodd Cranogwen hynny wrth fod yn dyst i fywydau ei theulu a'u cymdogion cynnar, y menywod hynny a weithredai o reidrwydd fel dynion yn absenoldeb eu gwŷr. Dywedwyd amdani gan ei chyfaill a'i disgybl Ellen Hughes yn y gyfres o erthyglau 'Yng Nghymdeithas Cranogwen':

> Meddai lygad i weled ei chymdogion, calon i gydymdeimlo â hwy, a gwroldeb i gydfyned a'u neilltuolion a'u rhagoriaethau. Digon tebig y gallasai y mwyafrif ohonom fod yn gymdogion i'r hen chwaer, Esther Judith, am flynyddau maith, heb weled ond ychydig ynddi, ond gwelodd Cranogwen, a hynny nid yn uniongyrchol trwy graffter deallol, ond yng ngrym y deimladaeth honno sydd, o drugaredd, yn arfer cyd-drigo ag athrylith.[52]

Wrth iddi ddod yn ymwybodol o'r gagendor rhwng galluoedd cymeriadau fel Esther Judith a'u sefyllfa fydol, eginwyd yn eu cymydog ifanc ddicter ynghylch yr anghyfartaledd rhwng y cyfleoedd a gaent hwy ac a gâi eu brodyr, dicter a'i gyrrodd ymlaen wedyn i dorri trwy bob gwaharddiad, ac i annog ei chwiorydd i ddilyn ei hesiampl. Yn Llangrannog yng nghanol y bedwaredd ganrif ar bymtheg, "Da women den could do laek men". Dyna'r wers a ddysgwyd i 'Ferch y Graig', nid gan donnau'r môr ond trwy sylwi ar fywydau ei chymdogion, a dyna'r gwirionedd yr aeth ymlaen i'w gyflwyno i'w 'chenedl gu'.

Ond er mwyn cyflwyno'r neges hon yn oes Fictoria yr oedd yn rhaid gwrthsefyll traddodiad patriarchaidd a fu mewn grym am ganrifoedd. Yn 1872 yn *Y Drysorfa*, cylchgrawn misol y Methodistiaid Calfinaidd, dyfynnir o bregethau'r Bedyddiwr dylanwadol Charles Spurgeon ar y pwnc 'Merched yn Pregethu'. Mae Spurgeon yn ei dro yn dyfynnu Samuel Johnson:

> Pan y dywedodd Boswell wrth Dr Johnson un diwrnod iddo glywed merch yn pregethu'r bore hwnw yn nhŷ cwrdd y Cwaceriaid, atebodd Johnson, 'Syr, y mae merch yn pregethu yn debyg i gi yn cerdded ar ei draed ôl. Nid yw yn gwneuthur hyny yn dda, ond yr ydych yn rhyfeddu ei fod yn cael ei

wneyd o gwbl.' Ni a chwanegwn ein bod yn synu yn ddirfawr
at ferched crefyddol yn dringo'r pulpud; canys y maent felly,
mae yn amlwg, yn gweithredu yn groes i orchymun yr Ysbryd
Glân, ysgrifenedig gan bîn yr apostol Paul.[53]

Cyn iddi fedru herio'r fath ddysgeidiaeth, ac ennill lle poblogaidd
iddi hi ei hunan ym mhulpudau Cymru, yr oedd llawer blwyddyn
o brofiad ac addysg o flaen Cranogwen. Ei chyngor i'w chyd-
Gymraesau llai hyderus oedd 'Meithrinwch ychwaneg o ysbryd
mynnu',[54] ac fel y cawn weld, fe fu'n rhaid iddi hithau fynnu cael
addysg, a brwydro am brofiadau amgenach bob cam o'r ffordd.

Mewn ysgrif hunangofiannol yn *Y Frythones*, ceir ganddi
hanesyn am ei dyddiau cynharaf sydd yn dra nodweddiadol o'r asbri
anorchfygol a berthynai iddi. Yn yr 1840au cynnar, yr oedd addysg
yn ddrud i deulu cymharol dlawd: ffi yr ysgol leol ym Mhontgarreg
oedd 'hanner coron y chwarter, ac os byddai disgybl am ddysgu
"seiffro", sef ymarfer trin ffigyrau a symio i fyny, byddai rhaid talu
coron'.[55] Nid oedd ei rhieni wedi ystyried y byddai'n rhaid rhoi
ysgol i'w merch yn ogystal â'u dau fab, ond perswadiwyd hwy i'r
gwrthwyneb gan y ffaith – ddigon arwyddocaol ynddi'i hun o ran
yr hyn oedd i ddyfod – i Cranogwen ddechrau llunio llythrennau
yn gynnar iawn. O'r cychwyn, yr oedd wedi arfer dilyn yn ôl traed
ei brodyr hŷn: 'yn swn dysgu'r brodyr', meddai yn 'Hunan-goffa',
'ymddangosodd y chwaer hytrach yn fuan a disymwth, yn medru
dywedyd geiriau o lyfr rhywbeth yn debyg ag y gwnelai eraill ac yn
medru ysgrifennu rhywbeth y gellid ei gyfieithu i'r iaith Gymraeg'.
Copïodd hwynt hefyd wrth ddefnyddio ei gallu newydd i anfon
neges at ei thad ar y môr. 'Y dadguddiad cyntaf o'r ddawn i wneyd
lluniau llythyrenau oedd math ar lythyr, a ysgrifenwyd rywdro, heb
yn wybod i'r fam, at y tad, i geisio rhywbeth y dymunid ei gael.'
Synnwyd John Rees yn fawr pan dderbyniodd lythyr oddi wrth
ei ferch fach, ac ar ôl iddo ddychwelyd adref codwyd y cwestiwn
ynglŷn â'i haddysg:

> 'Wel, rhaid iddi gael myn'd i'r ysgol,' meddai'r tad; 'mi ddysg,
> 'rwy'n credu.' 'Mae'n ddigon cynar,' meddai'r fam; 'beth
> ddysg shwt beth a hyn? 'Dall hi ddim cerdded, fachgen.'
> Llawn awydd oedd y neb y siaredid am dani am gael myn'd

i'r ysgol; nid hefyd, ni goeliwn, oblegid awydd *dysgu*, ond oblegid yr eisieu cael 'myn'd' ynddi. O'r dechreu, yr oedd hyn yn elfen, – 'myn'd'. Myned yn mlaen, a myned gydag ereill, ac felly. Credwn y gallwn ddweyd y daeth yn weddol fuan awydd 'dysgu,' megys er mwyn y peth ynddo ei hun, ond ni phallai un amser yr awydd i 'fyn'd.' Wel, hi gafodd 'fyn'd' i'r ysgol.[56]

Yn y bennod nesaf dilynir hynt Cranogwen trwy weddill ei haddysg, wrth iddi gamu allan o'i chymdogaeth gyntaf a dechrau 'myn'd' yn y byd mawr. '[Y] tuallan i'r teulu, pa fodd bynag, nid oedd yn ddim', meddai amdani ei hun yn yr 'Hunan-goffa';[57] daeth yr amser i roi prawf ar hynny.

Nodiadau

1   Nantlais, 'Cranogwen', dyfynnir gan D. G. Jones, *Cofiant Cranogwen* (Caernarfon: Argraffdy'r Methodistiaid Calfinaidd, dros Undeb Dirwestol Merched y De, d.d. [1932]), t. 161.
2   Islwyn, 'Llangrannog', *Caniadau Cranogwen* (Dolgellau: Robert Oliver Rees, d.d. [1870]), t. 5; cyhoeddwyd yn gyntaf gan yr un wasg yn 1868.
3   Evelyn Hope, *The Story of Llangrannog* (Llambedr: cyhoeddwyd ar gyfer yr awdur, 1915), t. 14.
4   J. Geraint Jenkins, *Llangrannog: Etifeddiaeth Pentref Glan Môr* ([Llangrannog]: Cyngor Cymuned Llangrannog, 1998), t. 5.
5   J. Geraint Jenkins, 'Llangrannog: Some Aspects in the Development of a Coastal Village', *Ceredigion: Cylchgrawn Cymdeithas Hynafiaethwyr Sir Aberteifi*, iii (1958), 235 a 240: 'Even in the last decades of the nineteenth century as much as 90% of the village's population was either directly or indirectly dependent on sea-faring.'
6   J. Geraint Jenkins, 'Caer Chwedlau a Phentre Llangrannog', *Llafar Gwlad*, ci (2008), 24–6: 26.
7   Cranogwen, 'Mrs Sarah Thomas, Cwmceiliog, Llangrannog', *Y Goleuad*, 28 Chwefror 1902.
8   Cranogwen, 'Esther Judith', *Y Frythones*, ii (Rhagfyr 1880), 367–8.
9   Mervyn Davies, *The Story of Llangrannog: History, Guide and Tours* (1973; trydydd arg., Llandysul: Gomer Press, 2003), t. 47.

10 Jenkins, *Llangrannog*, t. 46.
11 Y Parch. John Evans, Abermeurig, 'Mrs Eliza Jenkins, Glandwr, Llangrannog', *Y Drysorfa*, lviii (Chwefror 1888), 75.
12 [Cranogwen], 'Dyffryn Cranog', *Caniadau Cranogwen*, tt. 45–6.
13 Robin Evans, *Merched y Môr: Hanes Merched Cymru a'r Môr, 1750 hyd Heddiw* (Llanrwst: Gwasg Carreg Gwalch, 2013), t. 84.
14 Lynn Abrams, *Myth and Materiality in a Woman's World: Shetland 1800–2000* (Manchester: Manchester University Press, 2005), t. 17.
15 Abrams, *Myth and Materiality*, t. 191.
16 Jane Nadel-Klein, *Fishing for Heritage: Maternity and Loss along the Scottish Coast* (Oxford and New York: Berg, 2003), t. 51.
17 [Cranogwen], 'Undeb Dirwestol Merched y De', *Y Goleuad*, 28 Chwefror 1906.
18 'Marwolaeth a Chladdedigaeth Mrs Frances Rees, Bryneuron', *Baner ac Amserau Cymru*, 14 Mai 1884.
19 'Marwolaeth a Chladdedigaeth Mrs Frances Rees, Bryneuron', *Baner ac Amserau Cymru*, 14 Mai 1884.
20 [Cranogwen], 'Y Cyflwyniad', *Caniadau Cranogwen*, t. 3.
21 'Marwolaeth a Chladdedigaeth Mrs Frances Rees, Bryneuron', *Baner ac Amserau Cymru*, 14 Mai 1884.
22 Cranogwen, 'Mrs Sarah Thomas, Cwmceiliog, Llangrannog', *Y Goleuad*, 28 Chwefror 1902.
23 Cranogwen, 'Daniel Rees, Dolhawen, Llangranog, a Theulu Pantyronen', *Y Diwygiwr*, lxii (Hydref 1897), 320.
24 Cranogwen, 'Daniel Rees, Dolhawen, Llangranog, a Theulu Pantyronen', *Y Diwygiwr*, lxii (Hydref 1897), 321.
25 Cranogwen, 'Daniel Rees, Dolhawen, Llangranog, a Theulu Pantyronen', *Y Diwygiwr*, lxii (Hydref 1897), 320.
26 Jones, *Cofiant Cranogwen*, t. 131.
27 *Y Tyst Dirwestol* (Mawrth 1898); dyfynnir gan Clwydydd, 'Cranogwen: Hithau a fu farw', *Y Brython*, 6 Gorffennaf 1916.
28 Jones, *Cofiant Cranogwen*, t. 132.
29 Gweler, er enghraifft, 'Drefach, Felindre a'r Cylch: Undeb Dirwestol Merched y De', *Baner ac Amserau Cymru*, 26 Hydref 1904: 'Nos Fawrth bu Miss Cranogwen Rees, Llangranog, yn traddodi anerchiad yn nghapel Clos y graig ar ran y sefydliad uchod . . . seiliodd ei hanerchiad ar y geiriau, 'Edrychwch na thrymhäoch eich calonau drwy lythineb a meddwdod,' &c. Siaradodd yn gryf ac argyhoeddiadol am awr, ac yr oedd yn amlwg arni ei bod yn teimlo yn gryf o blaid yr achos dirwestol.'
30 M. Davies, Cefncoed, 'Cranogwen: Adgofion a Gwerthfawrogiad', *Y Goleuad*, 14 Gorffennaf 1916.

31 Cranogwen, 'Daniel Rees, Dolhawen, Llangranog, a Theulu Pantyronen', *Y Diwygiwr*, lxii (Hydref, 1897), 319.
32 [Cranogwen], 'Cranogwen', *Y Frythones*, v (Ionawr 1883), 6.
33 [Cranogwen], 'Cranogwen', *Y Frythones*, v (Ionawr 1883), 5–6.
34 [Cranogwen], 'Cranogwen', *Y Frythones*, v (Ionawr 1883), 8.
35 *Cambrian News*, 1 Ebrill 1904.
36 Gweler J. J. Morgan, Yr Wyddgrug, *Cofiant Evan Phillips, Castell Newydd Emlyn* (Lerpwl: Teulu Sunny Side, 1930), t. 162.
37 [Cranogwen], 'Fy Mrawd', *Y Frythones*, ii (Chwefror 1880), 53.
38 [Cranogwen], 'Fy Mrawd', *Caniadau Cranogwen*, tt. 69–70.
39 [Cranogwen], 'Fy Mrawd', *Caniadau Cranogwen*, t. 71.
40 [Cranogwen], 'Cranogwen', *Y Frythones*, v (Ionawr 1883), 8.
41 [Cranogwen], 'Cranogwen', *Y Frythones*, v (Ionawr 1883), 7.
42 [Cranogwen], 'Hunan-goffa', *Y Frythones*, v (Chwefror 1883), 39.
43 [Cranogwen], 'Hunan-goffa', *Y Frythones*, v (Chwefror 1883), 39.
44 [Cranogwen], 'Cranogwen', *Y Frythones*, v (Ionawr 1883), 7–8.
45 [Cranogwen], 'Esther Judith', *Y Frythones*, iii (Mai 1881), 145.
46 [Cranogwen], 'Esther Judith', *Y Frythones*, iii (Mawrth 1881), 82.
47 [Cranogwen], 'Esther Judith', *Y Frythones*, iii (Mai 1881), 145.
48 [Cranogwen], 'Esther Judith', *Y Frythones*, ii (Tachwedd 1880), 330.
49 [Cranogwen], 'Esther Judith', *Y Frythones*, iii (Mawrth 1881), 81.
50 Jenkins, *Llangrannog*, t. 46.
51 [Cranogwen], 'Esther Judith', *Y Frythones*, iii (Ebrill 1881), 115.
52 Ellen Hughes, 'Yng Nghymdeithas Cranogwen', *Y Gymraes*, xxvii (Mawrth 1923), 35.
53 'Merched yn Pregethu', *Y Drysorfa*, xlii (Mai 1872), 205. Cyfieithir yma o gyfrol Charles Spurgeon, *Feathers for arrows: or, Illustrations for preachers and teachers, from my note book* (London: Passmore & Alabaster, 1870), t. 349: 'WOMEN – Preaching. When Boswell told Johnson one day that he had heard a woman preach that morning at a Quaker's meeting, Johnson replied "Sir, a woman preaching is like a dog's walking on his hind legs. It is not done well; but you are surprised to find it done at all." We will add that our surprise is all the greater when women of piety mount the pulpit, for they are acting in plain defiance of the command of the Holy Spirit, written by the pen of the apostle Paul.'
54 Dyfynnir gan Ellen Hughes, 'Yng Nghymdeithas Cranogwen', *Y Gymraes*, xxvii (Ebrill 1923), 56.
55 Gerallt Jones, *Cranogwen: Portread Newydd* (Llandysul: Gwasg Gomer, 1981), t. 19.
56 [Cranogwen], 'Hunan-goffa', *Y Frythones*, v (Rhagfyr 1883), 374.
57 [Cranogwen], 'Cranogwen', *Y Frythones*, v (Ionawr 1883), 7.

Pennod 2

'Merch y Lli'

Hoeden go wyllt, llawn ynni a direidi, oedd Sarah Jane Rees yn blentyn, yn ôl ei thystiolaeth ei hun ac eraill. Cafodd D. G. Jones ei hanes gan rai o hen drigolion Llangrannog:

> Dywedir ei bod wedi dringo i frig pob pren ym mhlwyf Llangrannog . . . a chlywsom y cadwai ei mam yn lled brysur o ddydd i ddydd, ac efallai, o nos i nos, i gyweirio ei dillad. Nid oedd y fam yn cael llawer o drafferth gyda'i meibion, ond deuai'r ferch adref yn fynych a'i dillad yn garpiau oblegid dilyn campiau anturiaethus a pheryglus mewn coedwigoedd. A dywedir y dringai i hwylbren llong ei thad fel gwiwer, ac mai yno y byddai'n fwyaf cartrefol.[1]

'[T]ystiolaeth un a gyd-fagwyd â hi, oedd mai "*rhoces* ydoedd", sef *Tom-boy* digymysg,' meddai.[2] Ac yn ei hysgrif goffa ar ei chymydog Sarah Thomas, cofia Cranogwen ei hun am y ddwy ohonynt pan oeddynt yn blant yn cydgerdded y tair milltir ymlaen ac yn ôl i gapel Penmorfa ddwywaith bob Sul, a hithau'n 'llances dipyn yn ddireidus' yng ngofal ei chyfaill hŷn.[3] Ond yng nghwmni ei brodyr yr oedd fynychaf, yn ôl ei 'Hunan-goffa'. Arferai dreulio oriau yn chwarae llongau ar lyn bach cyfagos, oherwydd '[h]yn oedd rhan o chwareu y bechgyn yn y teulu, a byddai y chwaer, gan fynychaf, a chanddi ryw ran yn y difyrwch'.⁴

Yn ogystal â dysgu ysgrifennu trwy eu dynwared hwy, cafodd hefyd ei phrofiad cyntaf o esgyn i lwyfan cyhoeddus trwy eu dilyn. Oherwydd fod Penmorfa mor bell o'u cartref, arferai plant Dolgoy-fach fynychu ar nosweithiau gwaith 'ysgol fach' y Methodistiaid a gynhelid mewn tai cyfagos. Yno, dysgid iddynt sillafu a chanu, ac adrodd darnau o'r Beibl ar eu cof. Un Nadolig, cyn bod y chwaer wedi dechrau mynychu ysgol ddyddiol, penderfynwyd bod plant yr 'ysgol fach' wedi dysgu eu gwersi cystal nes eu bod yn haeddu cael rhoi datganiad cyhoeddus o lofft capel Penmorfa. Cyffrowyd Sarah Jane drwyddi:

> [C]anu gan yr 'ysgol fach' yn hen gapel P– ar y llofft! Yr anwyl! dyna ddyrchafiad a gogoniant. Ni fuasom ar y llofft erioed cyn hynny, ond er ieuenged – er 'bached', ys dywedid, yr oeddem i gael myned y tro hwn. Canys onid oeddym hefyd, yn sŵn y brodyr, wedi dysgu llawer o'r 'pwnc', ac yn gallu dweyd 'A thithau Bethlehem tir Judah', &c. – a chân anwyl yr angylion, a *lot* o ddarnau y ffordd hono, 'yn rhigil'.⁵

'Yn sŵn y brodyr' aeddfedodd yn gyflym, nes synnu a phlesio ei rhieni: 'Canmolid gryn lawer: gwnaethai llai y tro lawn gystal, canys yr oedd yr archwaeth yn o dueddol i felusion felly'.⁶ Cafodd felly gyflwyniad cynnar i lwyfannau cyhoeddus a hynny yng nghyd-destun pleser digymysg a phawb yn canu ei chlod. Nid plant Dolgoy-fach yn unig, wrth gwrs, a gafodd y fath brofiad ond cenhedlaeth ar ôl cenhedlaeth o blant bach y capeli Ymneilltuol – ac yn eu plentyndod câi aelodau'r ddau ryw yr un croeso i'r llwyfan.

Tua'r flwyddyn 1845 a hithau'n chwe blwydd oed,⁷ cychwynnodd Sarah Jane ei gyrfa fel disgybl yn ysgol Hugh Davies, neu Huw Dafis y Felin fel y gelwid ef yn y gymdogaeth. Yn ôl Isfoel, sef David Jones (1881–1968), un o deulu'r Cilie, yn ei gyfrol *Hen Ŷd y Wlad* (1966), 'cymeriad mawr ac amlwg iawn' yn ardal Llangrannog oedd Huw'r Felin, un a oedd 'wedi derbyn addysg mwy na'r cyffredin'.⁸ Meddai Cranogwen amdano ei fod 'o flaen ei oes' ac yn 'un hefyd o berchen meddwl llawn o yni a newydd-deb, ac yn teimlo llawer o ddyddordeb mewn dysgu plant'.[9] Nid oedd ysgoldy yn yr ardal ar y pryd, ac mewn tai annedd ac ysguboriau y cynhaliai Huw Dafis ei ddosbarthiadau. Ysgubor ffermdy Penrallt yn ardal Pontgarreg oedd ysgol gyntaf Sarah Jane Rees, adeilad heb ffenestri, 'yr holl oleuni' yn dyfod trwy 'y lowsedi – agoriadau wedi eu gadael yn y muriau i bwrpas ysgubor, yn ol ffasiwn yr adeg honno ar ysguboriau, *a* thrwy y drws.'[10] Ceir disgrifiad manwl o'i diwrnod cyntaf yn yr ysgubor yn ei 'Hunan-goffa'. Aeth yno gyda'i llyfr cyntaf yn ei llaw, yn cynnwys yr wyddor ac ychydig eiriau, ac '[e]r syndod llawen i'r hen athraw, aethom drwyddo yn rhwydd . . . yr oeddym yn ei wybod ar ein tafod cyn myn'd y boreu, a gallasem ei adrodd o'r diwedd i'r dechreu, ac o waelod y ddalen i'r *top*. Prynasid i ni efallai wythnos cyn myn'd i'r ysgol.'[11] Yn amlwg, plentyn o allu anghyffredin oedd Sarah Jane Rees, ac yn Huw Dafis cafodd athro a lawn werthfawrogai archwaeth ei 'sgwlheiges newydd', fel y galwai hi, am addysg.

Ond 'tranoeth neu dradwy trodd y gwynt'. Er mwyn sicrhau nad oedd gormod o blant yn gadael yr ysgubor ar yr un pryd yn ystod eu gwersi, roedd defod arbennig yn bodoli yn ysgol Huw Dafis. Rhaid oedd i'r plant gasglu darn bychan o bren 'oddeutu tair modfedd o hyd' o fwndel ohonynt ar fwrdd yr athro 'i fod yn ddifeth yn llaw pob un a elai allan'. Os digwydd bod pob un o'r ffyn bach allan yn barod, rhaid oedd i'r disgyblion aros eu tro nes cael gafael ar un wedi ei ddychwelyd. Ond gan nad oedd neb wedi egluro'r ddefod hon i Sarah, 'canlynodd gwmni o ferched, ac aeth allan' heb ffon fach.

> Ar bwys y ffynnon gerllaw yr ysgubor, meddai un o'r lleill wrthi: – 'O! does genych ch'i ddim *stick*: *dyna* hi, mi 'weda'i wrth Mistir.' Gyda'r geiriau bygythiol hyn, agorwyd llygaid y 'sgwlheiges newydd' a gwelodd yr hyn na welsai o gwbl o'r blaen, a'r hyn a'i tarawodd megys ergyd cleddyf – casineb a brad y ddynoliaeth . . . Yr oedd gelynes iddi, fel y tybiai, wedi ymddangos yn mhlith y plant, a pha gysur a fyddai i fyw ac aros ychwaneg gerllaw hono? Gallai fod ereill yn debyg i hono, a dyna beth oedd ysgol! Gwahanol a gwell o lawer oedd cartref![12]

Felly adref â hi yn syth, a gwrthod mynychu'r ysgol eto am wythnosau. Yn y diwedd bu raid i Huw Dafis ei hun ymweld â Dolgoy-fach a'i pherswadio i ddychwelyd i'r ysgubor.

Llwyddodd, gan mai ef 'creden ni, *oedd* y brenin',[13] ond mae'r digwyddiad yn taflu goleuni diddorol ar gymeriad Cranogwen yn blentyn. Er ei hawch am 'fyn'd', nid oedd yn fodlon derbyn heb brotest unrhyw sarhad anghyfiawn ar hyd y ffordd; roedd dogn helaeth o hunan-barch eisoes yn elfen gref yn ei phersonoliaeth. Yn ôl yr 'Hunan-goffa' roedd hefyd wedi dysgu'n gynnar fod yna hapusrwydd arbennig mewn unigrwydd, yn enwedig mewn crwydro'n unig ym myd natur. Disgrifia ei hun yn mynd am dro i ymweld â chyfeillion mewn ffermdy cyfagos 'yn y Gwanwyn, pan fyddai y gwyrddlesni newydd yn dod allan'. 'Yr oedd y llwybyr a arweiniai o'n tŷ ni iddynt', meddai, 'i'n meddwl plentynaidd, yn un o swyn a thegwch annhraethol, megys yn un o lwybrau Paradwys . . . a goreu i gyd os y caem fyned "ein hunain", heb neb gyda ni megys i oeri calon y peth.' Mae'n ei hamddiffyn ei hun rhag unrhyw gyhuddiad ei bod yn gorliwio ei hatgofion yma, gan ddweud, 'Gall rhai dybied ein bod fel hyn yn priodoli i ni ein hunain fwy o ddealldwriaeth . . . nag ydoedd yn debyg o fod mewn plentyn ieuanc, ond nid ydym. O ran hyny nid dealldwriaeth ydoedd, nid deall yr oeddym, ond teimlo.'[14] Plentyn annibynnol iawn oedd Sarah Jane Rees, felly, yn byw yn driw i'w theimladau cryf ei hunan, hyd yn oed os oedd hynny'n golygu bod yn ystyfnig a gwrthod derbyn trefniadau eraill ar ei chyfer.

Fodd bynnag, wedi iddi ildio i Huw Dafis, bu gweddill ei gyrfa addysgiadol dan ei ofal ef yn foddhaol iawn, gymaint felly nes iddi aros yn ei ysgol dipyn yn hwy na'r arfer y pryd hwnnw, yn enwedig yr arfer i ferched. Yn ôl Llyfrau Gleision 1847 roedd safon addysg merched yng Nghymru yn waradwyddus o isel: 'Not only in the amount of schooling but in attainment, they were decidedly worse off than boys . . . The effect is observable in the gross ignorance of the female peasantry; and this is especially great in Cardiganshire and Radnorshire.'[15] Ond llwyddodd Sarah i berswadio'i rhieni i adael iddi barhau dan hyfforddiant Huw Dafis tan ei bod yn rhyw bymtheg oed.[16] Erbyn hynny, rhoddwyd heibio'r ysgubor, a oedd, mae'n siwr, gyda'i drws agored, yn anaddas iawn fel ysgol yn y gaeaf. Ar ôl cyfnod o'i chynnal yn llofft capel lleol yr Annibynwyr, Capel y Wig, adeiladwyd ysgoldy newydd sbon ar gyfer plant yr ardal ym Mhontgarreg, ysgol a oedd yn ôl yr 'Hunan-goffa' 'hytrach yn mlaen ar ei oes o ran gwedd a chyfleusdra'.[17] Ond roedd ariannu addysg eu merch, yn enwedig ei hawch am lyfrau, yn broblem i deulu Dolgoy-fach; yn yr 'Hunan-goffa' rhoddir pennod lawn i ddisgrifio'r drafferth a gâi Sarah Jane i hel llyfrau.

'Dygwyddiadau mawrion a phwysig bywyd yr amser hwnw oedd *cael llyfr newydd*,' meddai, ond 'drudion oeddynt, ac anhawdd eu cael' – hynny yw, cael gan ei rhieni i'w prynu iddi. Yn achos pob cyfrol, 'gorchest fawr fu *dechreu* dweyd am dano ef – tori'r ia, i ddwyn ei enw i'r bwrdd; a dyn a'n helpo, bu raid dweyd a dweyd, a chrio, a llawer o bethau cyn enill gwrandawiad a *chydsyniad*'. Ond 'gwyn fyd' a gâi wedyn, gyda'r trysor o lyfr newydd:

> 'Y mae S–, chwi allech feddwl, wedi cael buwch a llo,' meddai ein mam, gan gyfeirio at y peth wrth rywun arall. Hum. Buwch a llo, yn wir; ni roddaswn fawr o ddiolch am olud felly y pryd hwnw, er cystal bendith a fuasai; ond am *lyfr newydd*, tlws a swynol, yr *o'em* yn teimlo yn llawen ar ol ei gael.[18]

Ei phrif ddadl wrth geisio dwyn perswâd ar ei rhieni i'w prynu oedd bod 'yr Hen Athraw', hynny yw, Huw Dafis, wedi pwysleisio'r angen amdanynt. Gyda chymorth ei ddylanwad ef cafwyd y *Dictionary*, 'a digon o eiriau Cymraeg a Saesneg i ddiwallu y wanc fwyaf ddofn', yr *Arithmetic*, y *Grammar*, a'r *Geography* – llyfrau Saesneg, gan fwyaf. Saesneg oedd iaith swyddogol addysg plant yng Nghymru erbyn yr 1850au, ond ymddengys nad oedd hynny wedi newid rhyw lawer ar arfer Huw'r Felin o gyfathrebu â'i ddisgyblion yn eu hiaith gyntaf, hyd yn oed wrth ddysgu pwnc fel daearyddiaeth. Nid oedd dysgu'r fath destun yn arferol mewn ysgolion bychain gwledig, 'ond yr oedd Hugh Davies o flaen ei oes; ac yr oedd yn *rhaid* i S. R. fel y d'wedai'r hen ŵr' gael ei *Geography*. Roedd yr 'Hen Athraw' yn amlwg yn cymryd diddordeb arbennig yn 'S. R.' fel disgybl addawol. Erbyn iddi gyrraedd uchelfannau'r *Geography*, ymddengys fod galluoedd ei ferch wedi gwneud argraff ddofn ar John Rees hefyd. Fel morwr yr oedd ganddo barch arbennig at ddaearyddiaeth fel maes astudiaeth. Tybiai 'fod yn sicr rhyw ogoniant yn nglyn â'r wybodaeth yma, ac y byddai efallai yn ffortun i'w ferch, neu o leiaf y byddai yn glod dihafal iddo ef ei fod wedi caniatau ei roddi yn ei phen, a chyfranu tuag at hyny'. Nid oedd y fam mor rhwydd ei pherswadio; ymddengys mai arni hi y syrthiai'r prif gyfrifoldeb am gynilo ceiniogau prin y teulu. Ildiodd o'r diwedd yn achos y *Geography*, ond dim ond wedi iddi gael addewid mai hwnnw fyddai'r gwerslyfr olaf y byddai'n rhaid ei brynu; teimlai 'megys gwaredigaeth wrth fod son bellach am "ben draw" a "diwedd" a'r "peth diweddaf"'.[19] Yr oedd dyddiau 'S. R.' dan hyfforddiant Huw'r Felin yn dod i ben a rhaid oedd meddwl am ei dyfodol.

Yng nghanol y bedwaredd ganrif ar bymtheg nid ystyrid gwaith cyflogedig o unrhyw fath yn addas ar gyfer merch ddibriod os oedd i gystadlu am ŵr dosbarth canol yn y farchnad briodasol. Nid oedd merched o deuluoedd cyffordus eu byd materol yn arfer gweithio am gyflog. Mae'r ffaith fod rhieni Sarah Rees yn cymryd yn ganiataol fod yn rhaid ei pharatoi ar gyfer ennill cyflog yn arwydd clir fod y teulu'n perthyn i ddosbarth cymdeithasol is. Roedd teulu llawer capten llong llewyrchus yn perthyn i'r dosbarth canol ond nid felly deulu Dolgoy-fach. Rhaid oedd i ferch y teulu ennill ei bywoliaeth fel ei brodyr, ond yr unig feysydd amlwg ar ei chyfer oedd naill ai gweini, neu wnïo dillad, neu amaethyddiaeth, fel llaethferch, er enghraifft. Penderfynwyd ar yr ail ddewis, er mai galwedigaeth ddigon llwm oedd bod yn wnïyddes yn yr oes honno. Oherwydd bod llawer gormod ohonynt yn gorlenwi'r farchnad ar eu cyfer, ffawd y mwyafrif oedd gweithio oriau hir iawn – rhwng 16 ac 20 awr y dydd[20] – am gyflog o bedwar i chwe swllt yr wythnos.[21] Fodd bynnag, anfonwyd Sarah ar brentisiaeth at wniadwraig yn Aberteifi er mwyn iddi ddysgu'r grefft. Ond ymhen chwe mis yr oedd yn ôl yn Llangrannog, wedi ymwrthod â'r alwedigaeth yn llwyr. Fe allai fod wedi amddiffyn ei safbwynt i'w rhieni drwy eu cyfeirio at gerdd Thomas Hood, 'Song of the Shirt' (1843), a gyfieithwyd gan Iorwerth Glan Aled a'i chyhoeddi gan Ieuan Gwynedd yn *Y Gymraes* yn 1851. Yn y gerdd honno mae 'gwraig mewn carpiog wisg' yn prysur wnïo 'Pwyth – Pwyth – Pwyth' wrth ganu 'Cân y Crys':

> Gwaith, Gwaith, Gwaith,
> Nes toro gwawr y nen;
> Gwaith, Gwaith, Gwaith,
> Nes t'wyno'r ser uwchben . . .
> . . .
> Gwniad – cwysiad – clwm,
> Am gyflog fechan geir,
> Nes uwch botymau cysgu'n drwm,
> A'r gwaith mewn breuddwyd wneir.[22]

Go brin y byddai rhoces Llangrannog yn bodloni ar y fath dynged. Gwrthododd ddychwelyd i Aberteifi, gyda'r un pendantrwydd ag a ddangosodd wrth ymwrthod â'r ysgol wyth mlynedd ynghynt, a'r tro hwn nid ymddangosodd unrhyw 'frenin' fel Huw Dafis i'w pherswadio i newid ei meddwl.

Yn hytrach, yn bymtheg oed, llwyddodd Sarah Jane i berswadio'i rhieni i roi cyfle iddi ymgymryd â galwedigaeth hollol wahanol – fel morwr.[23] Yn anffodus, mae ysgrifau 'Hunan-goffa' Cranogwen yn dod i ben gyda diwedd ei dyddiau yn ysgol Huw Dafis. Mae'n debyg ei bod 'yn ei blynyddoedd diweddaf wedi ysgrifennu hunangofiant lled gyflawn, ond collodd ei *bag* a'r MS. yn y trên, ac ni chlybiwyd gair amdanynt byth'.[24] Ychydig o adnoddau sydd ar gael, felly, i daro goleuni ar yr adeg arbennig hon yn ei bywyd, pan ddewisodd am y tro cyntaf droi ei chefn ar fyd confensiynol merched ei hoes. Ond yn ôl Ellen Hughes, a gyhoeddodd gyfres o erthyglau bywgraffyddol ar ei chyfaill dan y teitl 'Yng Nghymdeithas Cranogwen' yn yr ail *Gymraes* yn yr 1920au, yr oedd ei dewis yn hollol ddealladwy o adnabod ei chymeriad:

> O'r ddau, hawddach dychmygu Cranogwen yn forwr nag yn wniadyddes, gan ei bod yn rhy fywiog, hoenus, ac aflonydd, i fod yn ei helfen yn ystafell y 'dressmaker'. Ni wnaed mohoni ar gyfer bywyd amyneddgar a hunanymwadol y 'dressmaker', er na fynnem ar un cyfrif awgrymu nad arferodd lawer o amynedd a hunan-ymwadiad yn ei chylch ei hunan. Ond myn'd, gwneud, ac arwain, oedd yn unol a'i hanianawd hi, ac oblegid hynny ystyrid hi i ryw fesur yn wrrywaidd. Bid sicr, y mae bron yn amhosibl tynnu

llinell rhwng nodweddion gwrrywaidd a benywaidd mewn cymeriad, ond eto y mae ystyr yn yr hon yr oedd Cranogwen yn fwy gwrrywaidd na'r cyffredin o ferched . . . Cymeryd pethau fel y deuent a gwneud y goreu ohonynt a ddisgwylid i ferch, goddef rhwystrau gydag addfwynder, ac nid ymdrechu i'w symud. Ond ganwyd Sarah Jane Rees i fynnu a gorchfygu, a phan y gosodai nôd o'i blaen, nid llawer o bethau a allent sefyll ar ei ffordd i'w gyrhaeddyd.[25]

Fodd bynnag, nid Sarah Jane Rees oedd yr unig ferch Fictoraidd i ymateb yn gadarnhaol i atyniad byd y morwr, ac erbyn hyn y mae nifer o astudiaethau hanesyddol wedi eu cyhoeddi ar brofiadau merched yn morio yn y bedwaredd ganrif ar bymtheg. Yn ôl Suzanne J. Stark, yn ei chyfrol *Female Tars: Women Aboard Ship in the Age of Sail* (1998), gellir dosbarthu'r menywod a welid ar fyrddau llongau hwylio yn ystod y ganrif honno i dri dosbarth, sef, yn gyntaf, wragedd capteiniaid yn hwylio gyda'u gwŷr; yn ail, ferched mewn cuddwisg, wedi gwisgo fel dynion a chofrestru fel morwyr cyffredin; ac yn drydydd, y cariadon a'r puteiniaid a ddeuai i'r llongau wedi iddynt gyrraedd porthladdoedd.[26] Ceir esiampl Gymreig o un o ferched yr ail ddosbarth yng nghyfrol Robin Evans, *Merched y Môr: Hanes Merched Cymru a'r Môr, 1750 hyd Heddiw* (2013), lle rhoddir hanes merch ifanc o Ferthyr a wisgodd fel dyn er mwyn ceisio ymuno â chriw llong ym mhorthladd Caerdydd yn 1842. Adroddwyd ei stori gan y *Times*, sy'n tynnu sylw at y ffaith ei bod yn uniaith Gymraeg: 'She cannot speak a word of English.'[27]

Ond gan mai ei thad oedd capten a pherchennog ei getsh, y *Betsey*,[28] nid oedd unrhyw reidrwydd ar Sarah Jane i guddio'i rhyw cyn cychwyn hwylio. I'r dosbarth cyntaf o ferched ar y môr y perthynai ei phrofiad hi, ond eto yr oedd yn bur wahanol i brofiad nifer o aelodau benywaidd teuluoedd capteiniaid. Yng nghyfrol Aled Eames, *Gwraig y Capten* (1984), cawn ddisgrifiad manwl o fywyd un arall o ferched y dosbarth cyntaf, sef Ellen Owen o Dudweiliog yn Sir Gaernarfon, a hwyliodd gyda'i gŵr, capten y *Cambrian Monarch*, yn 1881–2. Ymddengys nad byd y morwr go iawn oedd byd gwraig capten llong go fawr. Llong haearn, tri mast, gyda hwyliau sgwâr rig llawn, oedd y

Cambrian Monarch. Ar y môr, y lle a briodolwyd ar gyfer Ellen Owen oedd y 'pŵp' yn y starn, yn hytrach na dec y llong. Yn ôl Eames, sy'n dyfynnu'n helaeth o ddyddiadur Ellen yn ei gyfrol, rhaid oedd iddi 'ymwrthod yn hollol fwriadol rhag ymyrryd â gweithgareddau'r llong' os am brofi'n fendith i'w gŵr ar y daith; ei hunig waith oedd gofalu ar ôl ei fwyd a'i ddillad ef.[29] Mewn cofnodion nodweddiadol o'i dyddiadur, ceir hi yn poeni ynghylch pryd i ladd y mochyn ac a fyddai'r afr yn parhau i roi llaeth iddynt – pryderon digon tebyg i'r rhai a fyddai'n dod i'w rhan ar dir sych.[30] Llanwai ei horiau gweigion ar y môr gyda gwaith gwnïo: 'crossio yr ydwyf wedi bod yn ei wneud ers pan yr ydwyf wedi hwilio', nododd ar 2 Chwefror, ac, yr wythnos wedyn, 'yr wyf wedi bod yn hemio napkins, 10 rhei i ni ein hunain'.[31]

Ond go brin fod Sarah Jane wedi ymwrthod â'i phrentisiaeth yn Aberteifi dim ond er mwyn ailgydio yn ei nodwydd ar long ei thad. Ac nid oedd y fath foethusrwydd â 'phŵp' i'w gael ar getsh fechan John Rees; badlong dau fast oedd *ketch*, gyda howld i ddal y cargo, ond fawr ddim o le cysgodol arall. Yn ôl D. G. Jones yn ei gofiant iddi, sydd wedi ei selio ar sgyrsiau rhyngddynt, gwaith morwr go iawn a brofodd Sarah Jane yng nghanol yr 1850au. 'Ai i borthladdoedd Ffrainc ambell waith', meddai. 'Byddai ym Mriste yn awr ac yn y man; ac, wrth gwrs, cynhefin oedd â phorthladdoedd De a Gogledd Cymru.'[32] Nodwyd hefyd mewn ysgrif gofiannol anghyhoeddedig gan un o'i chyfeillion cynnar ei bod wrth hwylio gyda'i thad 'wedi chwarae'i rhan yn rheolaeth y llong'.[33] Fel ei brodyr, fe fyddai Sarah Jane wedi cymryd ei thro ar y llyw, ar ddringo'r mastiau a thrin yr hwyliau, a helpu gyda'r cargo. Yr arfer oedd i gapteiniaid y llongau bychain fynd â'u meibion gyda hwy i'w cynorthwyo wrth hwylio'r glannau, ond ymddengys nad John Rees oedd y cyntaf nac, mae'n siwr, yr olaf i fynd â'i ferch gydag ef ar ôl i'w brodyr ddechrau ar eu gyrfaoedd annibynnol eu hunain fel morwyr. Yn ei lyfr *Borth: A Maritime History* (2009) mae Terry Davies yn rhestru nifer o gapteiniaid llongau bychain a aeth ag aelodau benywaidd o'u teuluoedd gyda hwy i hwylio'r glannau o draeth pentref Borth ym Mae Ceredigion. Yn yr 1830au arferai gwragedd a merched y brodyr John a Hugh Davies, er enghraifft, hwylio gyda'u gwŷr ar gychod bychain y teulu, y slwpiau *Sarah*, *France* a'r *Amity*, a rhoddodd gwraig John Evans, capten y slŵp *Mermaid*, enedigaeth i'w mab ar y môr yn ystod un fordaith gofiadwy yn 1822.[34] Fodd bynnag, yn ôl Robin Evans yn ei gyfrol gynhwysfawr *Merched y Môr*, yr 'enghraifft amlycaf' ohonynt oll oedd Sarah Jane Rees; hi, meddai, oedd 'capten' y morwyr benywaidd Cymraeg.[35]

Yn achos teulu Dolgoy-fach, ymddengys fod y fam, Frances Rees, hefyd ar fwrdd y llong yn ystod o leiaf rai o fordeithiau ei merch. Ymhlith llawysgrifau y Llyfrgell Genedlaethol, ceir cyfres o erthyglau gan gyfaill i Cranogwen a aeth gyda hi ar un o'i theithiau darlithio o gwmpas Cymru yn 1867. Ar un achlysur, wrth i'r ddwy ohonynt oedi i syllu ar brydferthwch Bae Ceredigion, atgoffwyd Cranogwen am rai o'i phrofiadau dwysaf fel morwr. "Mae'n brydferth nawr, ond rwy'n cofio'i weld fel arall," meddai wrth ei chyfaill:

> Then speaking lower, as if to herself, 'and once, in a calm, cross currents – cross, troublesome, distressing sea; it was only a small vessel, and it began to fill; the water came over the stern and sides. We could not stir; there was no wind; we expected to be lost; there was nothing to be done – nothing but *pray*. My mother sailed with my father then; she was in bed; the cabin was filling; but there was nothing could be done but *pray*,' again there was silence, and a grave shadow dropped down into the earnest face.
> 'And how did you escape?'
> 'Well – a breeze of wind filled the sails, and we were saved that time.'
> 'Was it here?'
> 'No; further south, in one of the sounds near Milford Haven.'[36]

Nid yw'r fam, sylwer, yn cyfranogi yng ngofidion y ferch a'i thad ynghylch sut i achub y *Betsey*. Mae'n bosib nad oedd swyddogaeth Frances Rees ar y llong yn wahanol iawn i un Ellen Owen ar y *Cambrian Monarch*, er y byddai wedi bod yn un dipyn llai cyfforddus. Digon tebyg mai gofalu am luniaeth y teulu oedd ei phrif gyfrifoldeb, ar y môr fel ar y tir. Ond gwaith morwr go iawn oedd gwaith y ferch, ac fe rannai gyfrifoldebau a gofidiau ei thad.

Daw hynny'n amlwg mewn hanesyn arall ynghylch ei phrofiadau morwrol a roddir gan D. G. Jones yn ei gofiant. Er mai bychan oedd ei phrofiad hi o'r môr i'w gymharu â'r oes o forio a gawsai ei thad, wrth anghytuno ynghylch beth i'w wneud mewn argyfwng, y ferch oedd gallaf ar o leiaf un achlysur. Meddai D. G. Jones:

> Clywsom flynyddoedd lawer yn ol iddi fynd yn ddadl rhwng y ferch a'i thad unwaith pan oedd storm ar dorri arnynt, ar 'Pa un oedd oreu, bwrw allan i'r môr, ai ceisio dianc i gysgod porthladd?' Yr oedd y capten yn credu mai myned i'r cysgod oedd y peth goreu a ellid ei wneud, ond credai'r ferch mai bwrw allan i'r môr oedd y peth mwyaf synwyrol. Aeth yn storm rhwng y ddau, ond o'r diwedd trawodd hi ei throed gyda grym ar y *deck*; heriodd awdurdod a phrofiad ei thad, a gorfododd ef i blygu i'w barn.
>
> A hynny a fu dda iddynt, oblegid buasai'r storm wedi eu dal cyn cyrraedd ohonynt unrhyw loches. Allan ar y môr nid oedd gan y llong na chraig na thraeth i'w ofni; ymladd a'r storm oedd ei hunig waith, a gorchfygodd.[37]

Ni wyddom a oedd Frances Rees ar fwrdd y llong ai peidio ar yr achlysur hwn; os oedd, byddai hynny wrth gwrs wedi ychwanegu at bryder ei gŵr a'i merch. Ond ar adegau eraill, mae'n siwr fod cael ei mam wrth ei hochr yn aml wedi bod o gymorth i Sarah Jane yn ystod ei gyrfa fer fel morwr. Fe fyddai byd y morwr wedi ei chyflwyno yn ei harddegau i sefyllfaoedd nad oeddynt yn rhai cyfarwydd iddi ym mhentref cysgodol ei phlentyndod. Yn y dociau, yn ogystal ag ar y môr, roedd sialensiau newydd i'w hwynebu. Wedi llwytho'r cargo, yn aml rhaid oedd aros am ddyddiau yn y doc yn disgwyl am dywydd ffafriol ar gyfer y daith adref. Gan mai llwch glo oedd prif nwydd masnachol ei thad, mae'n rhaid ei bod yn gyfarwydd â phorthladd Caerdydd, lle prysur iawn yr adeg honno oherwydd y twf yn y diwydiant glo; yn ôl Robin Evans, roedd 'cymaint â 120 o longau yn y porthladd ar unrhyw adeg'. Yr oedd ardal y dociau yno 'eisoes yn enwog am y rhesymau anghywir, gan gynnwys trais, dwyn a phroblem arbennig o gyfeiriad ffeuau opiwm'. Crwydrai'r morwyr segur ar hyd strydoedd yr harbwr lle roedd tafarndai a phuteindai niferus i'w diddanu: 'yn 1860 cofnodwyd 420 o buteiniaid yn gweithio yn Nhrebiwt', adroddir yn *Merched y Môr*.[38] Yn y cyd-destun garw hwn, mae'n debygol fod Sarah Rees wedi profi aml wers a'i dysgodd sut i'w hamddiffyn ei hun ac ymwrthod â sylw gwrywaidd annymunol.

Fe fyddai'r fath addysg wedi bod o gymorth iddi wedyn ar lawer o'r anturiaethau yr aeth ymlaen i'w profi – er enghraifft, ei thaith ar draws gorllewin gwyllt yr Unol Daleithiau ar ei phen ei hun yn 1870. Go brin y byddai merch ddiniwed a dibrofiad fyth wedi mentro rhoi cynnig ar y fath siwrnai. Ceir gan O. M. Edwards hanes trawiadol amdani ar ddechrau'r 1860au, ar ôl iddi gychwyn ar ei gyrfa fel athrawes yn Llangrannog, hanes sydd yn dangos yn glir ei hymagwedd tuag at unrhyw ddyn a geisiai roi cynnig arni:

> Clywais ystori am dani adroddid gan forwyr hyd lannau Môn. Un noson yr oedd nifer o forwyr yn ei hysgol yn dysgu morwriaeth. Wrth iddi roddi ei llaw ar y ddesc yn ymyl un o'i disgyblion i gywiro ei rifyddiaeth, rhoddodd yntau ei law yn chwareus fentrus ar ei llaw hi. Safodd hithau'n syth ac urddasol, a gofynnodd iddo, – 'Oeddych chwi'n meddwl rhywbeth?' Atebodd y morwr serch-glwyfus yn ddistaw ac ofnus dan ei anadl, – 'Wel, oeddwn'. A chyda hynny dyma iddo glewten ar ochr ei wyneb wnaeth iddo weld y sêr yr oedd wedi bod yn ceisio deall rheol eu symudiadau.[39]

Mae'n debyg fod hon yn stori enwog yn ystod oes Cranogwen; rhoddir yr un hanes yng nghofiant D. G. Jones ond yno trigolion Llangrannog a'r cylch sy'n ei adrodd, a 'bonclust annwyl' yn hytrach na 'chlewten ar ochr ei wyneb' a gaiff y morwr ifanc am ei hyfdra.[40] Mae'r glewten dipyn yn gryfach yn fersiwn Moelona o'r un stori. Ar ôl iddi hithau ddisgrifio'r 'disgybl egwan' yn cael ergyd i'w chofio, ychwanega: 'Mae'r glewten honno'n ddangoseg o fywyd Cranogwen ar ei hyd. Dyna fu ei hoes faith, ddefnyddiol, a llwyddiannus – clewten feiddgar ac effeithiol ar gernau dynion bach, dof, cul, a rhagfarnllyd ei hoes.'[41]

Ysgol profiad oedd y môr i Sarah Jane, felly, ond er garwed y profiad hwnnw, a phoblogrwydd y farn gyffredin nad oedd yn alwedigaeth addas ar gyfer menywod parchus, nid yw Cranogwen, ymhen blynyddoedd wedyn, ar unrhyw achlysur yn ceisio cuddio neu ddangos cywilydd ynghylch y ffaith ei bod wedi dilyn gyrfa forwrol. I'r gwrthwyneb, gellir dweud ei bod yn ei frolio. Mewn ysgrif o'i heiddo a gyhoeddwyd yn *Y Goleuad* yn 1897, sy'n dathlu'r ffaith fod y Methodistiaid Calfinaidd wedi agor capel newydd yn Aber-craf, mae'n llongyfarch ei henwad gyda'r geiriau dilynol:

> Da iawn, dyma argoel ein bod yn dechreu ymysgwyd a gwasgu yn dynach ar ein llywiau. Ni dorwn beth dwfr gwyn cyn bo hir bellach, rwy'n disgwyl, hyny yw (rhag i neb o honoch, dirwyr, gamddeall iaith hen forwr), ni a symudwn beth i ganlyn yr oes, ac i wneyd ein gwaith yn fywiocach beth, cyn byddo hir bellach.[42]

Dim ond 'merch y lli' go iawn fyddai wedi taro ar y fath gyffelybiaeth. Wrth gyfeirio ati ei hun fel 'hen forwr' ac at ei darllenwyr fel 'tirwyr' (hynny yw, *landlubbers*), mae Cranogwen yn dangos yn glir ei bod yn ystyried morwriaeth yn rhan annatod o'i hunaniaeth bersonol, a'i bod yn falch o hynny. Cyfeiriai at ei phrofiadau ar y môr wrth ddarlithio a phregethu hefyd; mae Isfoel yn ei bortread ohoni yn *Hen Ŷd y Wlad* yn cofio iddo ei chlywed yn pregethu yng Nghapel y Wig yn Llangrannog, 'ac yn adrodd tipyn o'i hanes morwrol wrth drin ei thestun, – "Ystorm ar fôr Tiberias"'.[43]

Yn ei gyrfa fel bardd yn ogystal, o'i dechrau i'w diwedd, ceir Cranogwen yn aml yn tynnu ei delweddau o'r cyd-destun morwrol. Yn 'Yr Ystorm', a ymddangosodd ym misolyn yr Annibynwyr, *Cennad Hedd*, yn 1890, er enghraifft, rhoddir disgrifiad egnïol o storm ar y môr fel brwydr i'r eithaf rhwng y môr a'r tywydd. Caiff y môr ei bersonoli fel un wedi digio'n arw at hyfdra trahaus y storm sy'n ffyrnigo'r awyr uwch ei ben:

> Dyna'r môr yn cynhyrfu yn ddwfn i'w waelodion,
> A digter ofnadwy yn llenwi ei galon,
> Yn lluchio ei donau i entrych y nefoedd, –
> Fel pe mynai herio eu gallu a'u nerthoedd, –

Yn poeri i'w gwyneb, mewn llawn ddiystyrwch,
Fel un yn dibrisio a gwawdio eiddilwch!
Ond Ah! mae y dymhestl yn ymgynddeiriogi,
A meirch ei cherbydau trwmlwythog yn ffrochi, –
Yn gyru'n gyflymach, – ei hudgorn yn seinio,
A dyna'r magnelau ofnadwy yn tanio!
Y mellt yn ehedeg yn wallgof oddeutu!
Ah! dacw fanerau'r ystorom i fyny.[44]

Y storm sy'n ennill y frwydr, gan adael llong ddrylliedig ar ei hôl ar y dyfroedd, fel corff truenus ar faes y gad. Defnyddir y môr a'i longau fel trosiad hefyd yn y gerdd gan Cranogwen a ddaeth yn fuddugol mewn eisteddfod Nadolig yn Rhymni yn 1864. Arwrgerdd Gristnogol yw 'Pedr yn Nhŷ Cornelius', sy'n dilyn hanes Sant Pedr yn cyflwyno trysorau'r ysgrythurau i'r cenhedloedd am y tro cyntaf. Ynddi, disgrifir y ffydd Gristnogol fel llong yn hwylio moroedd y byd. 'O lestr odidog yw un Iachawdwriaeth!', cana'r bardd:

Bu'n hwylio hyd foroedd y seremoniau,
　Gan ddwyn ei thrysorau i'r Iuddew ei hun;
Ond bellach, fy awen, rho ganiad heb gymhell,
　Hi laniodd ar draethell y genedl-ddyn![45]

Mewn cerdd arall o'i heiddo, cymerodd Cranogwen y cyfle i adlewyrchu ei phrofiad a'i hadnabyddiaeth o'r alwedigaeth forwrol yn llawn. Yn 'Drylliad y North Fleet', y gerdd a enillodd iddi ei hunig gadair eisteddfodol, mewn eisteddfod yn Aberaeron yn 1873, rhoddir disgrifiad manwl ac argyhoeddiadol o longddrylliad hanesyddol a ddigwyddodd yn gynharach y flwyddyn honno. Ym mis Ionawr 1873, hwyliodd y North Fleet allan o borthladd Gravesend gyda'r bwriad o gario labrwyr a'u teuluoedd i Tasmania lle roeddynt i adeiladu rheilffordd. Llwythwyd y llong yn ogystal â rheiliau haearn ar gyfer y rheilffordd, dros 500 tunnell ohonynt. Yr oedd y tywydd yn arw a bu'n rhaid bwrw angor yn y Sianel, lle drylliwyd y llong pan hwyliodd agerfad i mewn iddi trwy ddamwain yn nhywyllwch y nos. Mewn ymgais i osgoi'r bai, prysurodd yr agerfad ymaith yn syth gan adael 293 o griw a theithwyr y North Fleet i foddi. Suddodd y llong drymlwythog mor gyflym fel mai dim ond 86 o fywydau a arbedwyd, er nad oeddynt ond ychydig filltiroedd o arfordir Caint.

Yng ngherdd Cranogwen, a gyhoeddwyd yn *Y Traethodydd* yn 1877 dan y teitl 'Suddiad y Northfleet', ceir disgrifiad o obeithion y teithwyr a'r criw ar gychwyn eu taith. Edrychai'r ymfudwyr ymlaen at fywyd gwell yn Tasmania, wedi dianc rhag y cyni mawr oedd ym Mhrydain ar y pryd, a gobeithiai'r morwyr gael dychwelyd adref wedi 'derbyn am eu llafur gyflog mawr', a chael wedyn 'nofio mewn pleserau hyd y min, / Rai yn eu cartref, eraill yn eu gwin.'[46] Ond blinir rhai ohonynt, gan gynnwys y capten, gan argoelion annifyr fod rhyw anffawd ofnadwy ar ddigwydd. Yna, deffroir y capten o'i 'freuddwyd hyll' gan 'ysgytiad / Dychrynllyd',

> A gwel y llanw cryf i mewn yn rhuthro,
> Heb fod yn bosib codi gwrthglawdd iddo;
> A'r llestr gref, odidog, a'i hystôr
> Yn cychwyn ar ei thaith i waelod môr.[47]

Rhai misoedd ar ôl cyhoeddi 'Suddiad y Northfleet' yn *Y Traethodydd*, ymddangosodd dyfyniad o'r gerdd yn y cylchgrawn *Trysorfa y Plant* dan y pennawd 'Nos a Dydd fel Trai a Llanw'. Rhagflaenir y dyfyniad gan y sylw canlynol o law golygydd y cylchgrawn, yr awdur a'r pregethwr Thomas Levi: 'Gwna ein lleng o feirdd ieuanc yn dda astudio a meistroli yn hollol ddarlyn y llinellau hyn; yna cânt syniad o lew am yr hyn ydyw barddoniaeth.'[48] Daw'r darn a hawliodd ei sylw o ran gyntaf y gerdd, wrth i Cranogwen ddychmygu breuddwydion cythryblus rhai o deithwyr a chriw'r *North Fleet* cyn i'r agerfad ei dryllio. Disgrifir oriau'r dydd fel y llanw sy'n cuddio oddi wrthym ddirgelion y dyfnder, ond gyda'r trai datguddir hwynt unwaith eto, fel y mae breuddwydion y nos, yn ôl Freud o leiaf, yn aml yn dadlennu gwirioneddau'r isymwybod:

> Mae'r nos fel trai, y dydd fel llanw llawn,
> Ei donau hyfion weithiau'n uchel iawn.
> Y trai a ddengys ini *waelod* môr,

> Y llanw dwfn a'i cuddia â'i ystôr.
> Un wedd y nos ddatguddia'i feddwl dyn,
> A'r amgylchiadau ynt ag ef yn nglyn.
> Breuddwyd a geir – y gwaelod ydyw ef,
> Yn d'wedyd 'Wele fi' wrth ddae'r a nef.
> Ond pan y deffry'r bore, deffry'r byd,
> A'i lanw mawr a'i cuddia ef i gyd;
> Ni welir bellach grib ei uchel fryn
> Na'i fynydd ban – mae'r cwbl oll yn llyn –
> Y cwbl yn fôr, a'i donau hyf eu dawn
> Yn chwarae hyd-ddo foreu a phrydnawn;
> Ond pan y cilia ymaith gyda'r dydd,
> Y gwaelod eto yn ymddangos sydd;
> Y breuddwyd fel y graig yn d'od i fyny,
> A dyn ar draeth ei fryd ei hun yn synu.[49]

Crëwyd y llinellau hyn ddegawdau cyn i Sigmund Freud gyhoeddi ei gampwaith *Die Traumdeutung* (Dehongli Breuddwydion) yn 1899, ond ceir ynddynt yr un syniad o'r isymwybod fel dyfnderoedd dieithr o dan yr wyneb ym mhob unigolyn; caiff gip ohonynt o dro i dro, er syndod iddo. '[T]here is no choice for us but to assert that mental processes are in themselves unconscious, and to liken the perception of them by means of consciousness to the perception of the external world by means of the sense-organs,' meddai Freud yn 1915,[50] a chawn yr un syniad yng ngherdd Cranogwen, yn y ddelwedd o'r unigolyn yn sefyll 'ar draeth ei fryd ei hun' yn syllu allan arno mewn syndod.

Yn nodweddiadol ohoni, cafodd afael ar y ddelwedd wrth ystyried y môr a'i nodweddion. Bu ei phrofiadau ar y môr o bwys i Cranogwen mewn llawer cyd-destun, ac nid y lleiaf ohonynt oedd dylanwad y dyddiau hynny ar ei gyrfa addysgiadol ôl-forwrol. Yn ystod y ddwy i dair blynedd y bu'n hwylio gyda'i thad, digon tebyg i alluoedd arbennig eu merch ddod yn amlwg iawn i'w rhieni. Erbyn hyn yr oedd y brodyr wedi dechrau ar eu gyrfaoedd annibynnol, ac yr oedd ychydig mwy o arian yn llogellau'r teulu. Penderfynwyd ildio i awydd brwd Sarah Jane am addysg bellach, addysg a fyddai'n ei pharatoi ar gyfer swydd fel ysgolfeistres. Yn wir, mae'n bosib mai rhan o'r paratoad ar gyfer y swydd honno oedd ei blynyddoedd ar y môr. Un adnodd defnyddiol ar gyfer ennill swydd athro mewn ardal forwrol yn ystod oes Fictoria oedd y gallu i baratoi disgyblion ar gyfer sefyll arholiadau'r Bwrdd Masnach Forwrol ac ennill y *master mariner's certificate*. Ar ôl 1850 roedd yn rhaid ennill y cymhwyster arbennig hwnnw cyn dod yn gapten llong; enillodd John Rees ei dystysgrif ef yn 1851.[51] Rhaid oedd i bob ymgeisydd llwyddiannus basio dau arholiad ar bapur ac un llafar, ar bynciau megis astroleg, daearyddiaeth a mathemateg berthnasol i forio; rhaid oedd iddynt hefyd fod wedi bwrw prentisiaeth ymarferol ar y môr, er mwyn gallu dangos gwybodaeth drylwyr ynghylch pob agwedd o hwylio llong. Er mwyn paratoi disgyblion ar gyfer yr arholiadau hyn, rhaid oedd i'r athro hefyd fod wedi derbyn addysg briodol. Gan fod mawr alw am fwy o forwyr gyda'r fath gymwysterau ym Mhrydain ar y pryd, paratowyd cyrsiau arbennig yn yr ysgolion mordwyo i hyfforddi athrawon i'w dysgu.[52] Rhwng y blynyddoedd 1856 ac 1859 mynychodd Sarah Jane ysgolion yng Ngheinewydd ac Aberteifi oedd yn arbenigo mewn paratoi eu disgyblion ar gyfer gyrfa ar y môr,[53] ac un arall ym Mhontsiân, sef ysgol gan weinidog gyda'r Undodiaid, y Parch. Thomas Thomas, a oedd hefyd yn dysgu 'rheolau morwriaeth'.[54] Aeth wedyn i Ysgol Fordwyo Llundain a daeth oddi yno gyda'r cymwysterau a'i galluogai nid yn unig i fynd yn gapten llong, pe bai'r fath yrfa ar gael i ferched y pryd hynny, ond hefyd i baratoi eraill ar gyfer eu harholiadau morwrol. Roedd wedi dilyn cwrs a fyddai heddiw yn cyfateb i gwrs gradd galwedigaethol.[55]

Achosodd ei gyrfa addysg bellach beth cynnwrf yn Llangrannog. Yn ôl ei chefnder, Tom Rees, 'pur gymysg oedd teimladau pobol yr ardal wrth weld Cranogwen yn cael mynd i ysgolion ymhell o'i chartref. Rhyw dybio roedden nhw fod gormod o falchder yn nheulu Dolgoy-fach yn gyrru'r ferch i ysgolia yn Lloeger.'[56] Roedd ei rhieni wedi tramgwyddo yn erbyn rhagfarnau eu cymuned wrth gytuno i gefnogi uchelgais eu merch, ac ni allai'r fath gam fod wedi bod yn un rhwydd i'w gymryd am resymau cymdeithasol yn ogystal ag ariannol. Blynyddoedd wedyn, yn 1897 yn yr ail *Gymraes*, talodd Annie Catherine Prichard ('Ruth') deyrnged ddidwyll i John Rees, gan ddweud amdano mai gwr oedd mewn un peth o leiaf o flaen ei oes, sef yn ei benderfyniad i roddi i'w eneth gymaint ag a allai o addysg. Diameu fod gan hoffder ei ferch at 'ei llyfr', a'i syched a'i hymchwil di-wall am wybodaeth, rywbeth i'w wneyd a'r penderfyniad, ond nid yw ei glod ef fymryn llai oblegid hyny.[57]

Fodd bynnag, fe wireddwyd gobeithion y teulu yn 1859 pan lwyddodd Sarah Jane i ennill hen swydd Huw Dafis fel ysgolfeistr Llangrannog wedi iddo ymddeol oherwydd ei iechyd. Synnwyd y pentref gan yr apwyntiad: yn ôl Jon Meirion Jones yn ei gyfrol *Hanes Ysgol Pontgarreg, Ceredigion, 1867–2012*, roedd 'llawer o anfodlonrwydd yn yr ardal fod merch wedi ei dyrchafu i'r swydd'.[58] Yn sicr, ni fyddai Miss Rees wedi llwyddo i ddod yn olynydd i'w 'Hen Athraw' heb y cymwysterau i ddysgu morwriaeth. Gan mai pentref morwrol oedd Llangrannog, gyda llawer o'i ddynion ifanc yn frwd dros yrfa ar y môr, yr oedd cael athro a fedrai eu paratoi ar gyfer pasio arholiadau'r Bwrdd Masnach Forwrol yn gaffaeliad o bwys i'r ardal ar ôl 1850. Yr arfer oedd i'r morwyr ieuanc fynychu'r ysgol yn y gaeaf, pan oedd y tywydd yn anffafriol i forio; dysgasant dan ofal Miss Rees bob agwedd ar forwriaeth, ac aeth llawer ohonynt ymlaen i yrfaoedd o fri. Yn ôl John Evans (1858–1963), un o'i disgyblion, 'bu llawer Capten a hwyliodd longau i bellafoedd byd ar ôl hynny yn cael eu haddysg gan Cranogwen, rhai fel Capten Parry, Bodwenog, a Chapten Jones, Clifton Hill a Chapten Evans, Castle Rock'.[59] 'Capteiniaid Cranogwen' oedd enw lluosog yr ardal arnynt.

Nid morwyr yn unig a ffynnodd dan ei gofal; aeth John Evans ei hun yn weinidog gyda'r Annibynwyr, ac ar ôl derbyn gradd yng Ngholeg Newydd Llundain a dysgu am gyfnod yng Ngholeg Coffa'r Annibynwyr yn Aberhonddu, diweddodd ei yrfa yn Athro Diwinyddiaeth ym Mhrifysgol Cymru. Cofiodd ei athrawes gyntaf fel un oedd â 'llygaid byw yn pefrio, ac yn gweld popeth. Llais uchel a chryf oedd ganddi, fel llais gŵr, ac yr oedd yn bersonoliaeth gref ac awdurdodol . . . Fe'n cosbai ni'r plant am bob trosedd ac anufudd-dod – ond nid byth yn llym.'[60] Un arall o'i hen ddisgyblion oedd John Griffiths (Ioan Gruffydd, 1845–1926), a fu wedyn yn ysgolfeistr yn Aberdâr ac yn un o sylfaenwyr Cymdeithas yr Iaith Gymraeg, y gymdeithas a gychwynnwyd yn 1885 i hyrwyddo'r

Gymraeg oddi mewn i gyfundrefn addysg Cymru. Meddai ef amdani, 'Hi fu yn offeryn i ddwyn y Tonic Sol-ffa i sylw ardaloedd Llangranog.'[61] Yr oedd ganddi ddiddordeb arbennig yn y sol-ffa: cynhaliai ysgol gân i oedolion yn ogystal â phlant y pentref, gan arwain côr a 'gwneud copiau o'r dôn neu'r anthem yn y Sol-ffa i'r rhai na ddeallent yr Hen Nodiant'.[62]

Am saith mlynedd rhwng dechrau 1859 a diwedd 1865, fe fu Cranogwen, felly, fel ysgolfeistres Llangrannog, yn gwneud llawer i hybu diwylliant ei phentref genedigol, ac yn rhoi cyfle i'w phlant ddilyn grisiau gyrfaol yr oes oedd ohoni. Trwy fynnu mynd i forio a dilyn hynny gyda'r addysg bellach a enillodd iddi'r cymwysterau i fod yn athro ar forwyr yn ogystal â phlant, llwyddodd, yn un ar hugain oed, i dorri trwy ragfarnau ei chymdeithas. Serch ei rhyw, nid oedd mwyach 'yn ddim' y tu allan i'w chartref, ond yn ennill parch ei chymdogaeth a digon o gyflog i gynnal nid yn unig ei hunan ond ei rhieni hefyd wedi i'w thad ymddeol o'r môr. Yn ôl ei chyfaill Annie C. Pritchard, 'Saith mlynedd ymhlith rhai dedwyddaf ei bywyd oedd y rhai a dreuliodd Miss Rees fel ysgolfeistres. Yr oedd wrth fodd ei chalon gyda'r gwaith.'[63] Ond ym mis Medi 1865 newidiodd ei byd unwaith eto a dechreuodd ar bennod arall yn ei hanes. Os cyffrowyd Llangrannog gan y newydd mai merch Dolgoy-fach a oedd i ddysgu ei morwyr, cyffrowyd Cymru benbaladr gan gamp nesaf Miss Rees.

Nodiadau

1 D. G. Jones, *Cofiant Cranogwen* (Caernarfon: Argraffdy'r Methodistiaid Calfinaidd dros Undeb Dirwestol Merched y De, d.d. [1932]), t. 92.
2 Jones, *Cofiant Cranogwen*, t. 55.
3 Cranogwen, 'Mrs Sarah Thomas, Cwmceiliog, Llangranog', *Y Goleuad*, 28 Chwefror 1902.
4 [Cranogwen], 'Hunan-goffa', *Y Frythones*, v (Ebrill 1883), 120.
5 [Cranogwen], 'Hunan-goffa', *Y Frythones*, v (Mehefin 1883), 179.
6 [Cranogwen], 'Hunan-goffa', *Y Frythones*, v (Mehefin 1883), 179.

7   Gweler Jon Meirion Jones (gol.), *Hanes Ysgol Pontgarreg, Ceredigion, 1867–2012* (Aberteifi: Pwyllgor Hanes Ysgol Pontgarreg, 2012), t. 24.
8   Isfoel, *Hen Ŷd y Wlad* (Llandysul: Gwasg Gomer, 1966), t. 22.
9   [Cranogwen], 'Hunan-gofiant', *Y Frythones*, vi (Ebrill 1884), 120; 'Hunan-goffa', *Y Frythones*, v (Awst 1883), 246.
10 [Cranogwen], 'Hunan-goffa', *Y Frythones*, v (Rhagfyr 1883), 374.
11 [Cranogwen], 'Hunan-goffa', *Y Frythones*, v (Rhagfyr 1883), 374.
12 [Cranogwen], 'Hunan-goffa', *Y Frythones*, vi (Chwefror 1884), 54–5.
13 [Cranogwen], 'Hunan-goffa', *Y Frythones*, v (Rhagfyr 1883), 375.
14 [Cranogwen], 'Hunan-goffa', *Y Frythones*, v (Mawrth 1883), 80–1.
15 *Report of the Commission of Inquiry into the State of Education in Wales* ... (1847), dyfynnir gan Dewi W. Thomas, 'Addysg yng Ngheredigion, 1800–1850, yn ôl y Cofiannau', *Ceredigion: Journal of the Cardiganshire Antiquarian Society*, vi (1971), 55.
16 Gweler Jones, *Hanes Ysgol Pontgarreg*, t. 24.
17 [Cranogwen], 'Hunan-goffa', *Y Frythones*, vi (Chwefror 1884), 56.
18 [Cranogwen], 'Hunan-goffa', *Y Frythones*, vi (Ebrill 1884), 118–19.
19 [Cranogwen], 'Hunan-goffa', *Y Frythones*, vi (Ebrill 1884), 120.
20 Gweler Nicola Pullin, '"A Heavy Bill to Settle with Humanity": The Representation and Invisibility of London's Principal Milliners and Dressmakers', yn Beth Harris (gol.), *Famine and Fashion: Needlewomen in the Nineteenth Century* (Aldershot: Ashgate, 2005), tt. 215–228: 219.
21 Gweler Ivy Pinchbeck, *Women Workers and the Industrial Revolution 1750–1850* (London: Routledge, 1930), t. 288.
22 Iorwerth Glan Aled [Edward Roberts, 1819–67], 'Cân y Crys', *Y Gymraes*, ii (Gorffennaf 1851), 224–5.
23 Jones, *Cofiant Cranogwen*, t. 58.
24 Jones, *Cofiant Cranogwen*, t. 62.
25 Ellen Hughes, 'Yng Nghymdeithas Cranogwen', *Y Gymraes*, xxvii (Ebrill 1923), 56.
26 Suzanne J. Stark, *Female Tars: Women Aboard Ship in the Age of Sail* (London: Pimlico, 1998), t. 3.
27 'A Female Sailor', *The Times*, 28 Medi 1842; dyfynnir gan Robin Evans, *Merched y Môr: Hanes Merched Cymru a'r Môr, 1750 hyd Heddiw* (Llanrwst: Gwasg Carreg Gwalch, 2013), t. 266.
28 Gweler *http://www.welshmariners.org.uk*, lle ceir cofnod ar 'Rees, John; Llangrannog' fel perchennog y *Betsey*.
29 Aled Eames, *Gwraig y Capten* (Caernarfon: Archifdy Gwynedd, 1984), t. 46.
30 Eames, *Gwraig y Capten*, t. 82.

31 Eames, *Gwraig y Capten*, tt. 71 a 72.
32 Jones, *Cofiant Cranogwen*, t. 59.
33 LlGC 2142D, 'Bywgraffiad Cranogwen': 'Cranogwen went to sea with her father and took a share in the management of the ship.'
34 Terry Davies, *Borth: A Maritime History* (Llanrwst: Gwasg Carreg Gwalch, 2009), t. 101.
35 Evans, *Merched y Môr*, tt. 113 a 248–9.
36 LlGC 19246A, [Elizabeth Nicholson], 'Sketches of Wales and its People', Part VII.
37 Jones, *Cofiant Cranogwen*, t. 60.
38 Evans, *Merched y Môr*, t. 129.
39 [O. M. Edwards], 'Llyfrau a Llenorion', *Cymru*, 51 (Medi 1916), 140–1.
40 Jones, *Cofiant Cranogwen*, t. 65.
41 Moelona, 'Cranogwen', *Y Geninen* (Rhifyn Gŵyl Dewi, 1917), 10.
42 Cranogwen, 'Hyn a'r Llall', *Y Goleuad*, 1 Rhagfyr 1897.
43 Isfoel, *Hen Ŷd y Wlad*, t. 53.
44 Cranogwen, 'Yr Ystorm', *Cennad Hedd*, x (Mawrth, 1890), 96.
45 [Cranogwen], 'Pedr yn Nhŷ Cornelius', *Caniadau Cranogwen* (Dolgellau: Robert Oliver Rees, d.d. [1870]), t. 30.
46 Cranogwen, 'Suddiad y Northfleet', *Y Traethodydd*, xxxi (Gorffennaf 1877), 316.
47 Cranogwen, 'Suddiad y Northfleet', *Y Traethodydd*, xxxi (Gorffennaf 1877), 323.
48 Cranogwen, 'Nos a Dydd fel Trai a Llanw', *Trysorfa y Plant*, xxxi (Rhagfyr 1877), 322.
49 Cranogwen, 'Nos a Dydd fel Trai a Llanw', *Trysorfa y Plant*, xxxi (Rhagfyr 1877), 322–3.
50 Sigmund Freud, 'The Unconscious' (1915), *Pelican Freud Library*, xi (Harmonsworth: Penguin, 1979), t. 172.
51 *UK and Ireland, Masters and Mates Certificates, 1850–1927*: 'Master mariner's certificate, John Rees, Llangrannog, born 1807, issued 4 October 1851'.
52 Alston Kennerley, 'Early state support of vocational education: the department of science and art navigation schools, 1853–63', *Journal of Vocational Education and Training*, lii (2000), 211–24.
53 Gweler Thomas, 'Addysg yng Ngheredigion', 64, 85, 87.
54 W. J. Davies, *Hanes Plwyf Llandyssul* (Llandysul: J. D. Lewis, 1896), tt. 89–90.
55 Kennerley, 'Early state support of vocational education', 212.
56 Dyfynnir gan Gerallt Jones, *Cranogwen: Portread Newydd* (Llandysul: Gwasg Gomer, 1981), t. 34.

57 Miss Prichard, Birmingham, 'Cranogwen', *Y Gymraes*, i (Hydref 1896), 4.
58 Jones, *Hanes Ysgol Pontgarreg*, t. 39.
59 'Cofion yr Athro John Evans', yn Jones, *Hanes Ysgol Pontgarreg*, t. 42.
60 'Cofion yr Athro John Evans', yn Jones, *Hanes Ysgol Pontgarreg*, t. 42.
61 John Griffiths, 'Cranogwen', *Y Tyst Dirwestol*, iv (Gorffennaf 1901), 98.
62 Ceridwen Peris, 'Cranogwen (1839–1916)', *Y Drysorfa*, cix (Gorffennaf 1939), 262.
63 Miss Prichard, Birmingham, 'Cranogwen', *Y Gymraes*, i (Hydref 1896), 4.

Pennod 3

'Yr Awenferch'

O'i phlentyndod cynnar, cymerai Sarah Jane ddiddordeb arbennig yn sŵn a swyn geiriau. Yn ystod yr adeg y bu'n mynychu'r 'ysgol fach' ym Mhontgarreg, cyn iddi gychwyn fel disgybl yn sgubor Huw Dafis, dechreuodd ymhyfrydu ym marddoniaeth iaith y Beibl. 'Yr oedd darlleniad rhwydd a hwylus o ryw ddarn o farddoniaeth y Beibl, yn gweini i ni rhyw foddlonrwydd a boddhad anhawdd i'w esbonio,' meddai, a hynny'n foddhad 'cystal neu well na'r chwareu goreu yn y fan oreu yn yr ardal'.[1] Roedd gan ei mam, fel y gwelsom, '[l]awer o ddawn prydyddu', a gâi fynegiant 'yn ei hymddiddanion cyffredin, pan fyddai mewn hwyl'.[2] Digon tebyg, felly, i'w merch ei dilyn a dechrau rhigymu yn gynnar. Daeth ei thalent i'r amlwg am y tro cyntaf pan gipiodd y wobr mewn cyfarfod cystadleuol a gynhaliwyd ym Mhontgarreg yn 1864. Bryd hynny, roedd mudiad ar droed i 'godi'r plwyf' a chymerodd hithau, fel yr athrawes leol, ran frwdfrydig ynddo, gan ymaelodi yn y cylch llenyddol a gychwynnwyd yn y fro, yn ogystal ag arwain y côr lleol a dysgu dosbarth sol-ffa. Cynhaliodd y cylch llenyddol hwnnw gystadleuaeth ar gyfansoddi cerdd o fawl i 'Ddyffryn Cranog', a Miss Rees ddaeth yn fuddugol. Rhyw ardd Eden yw dyffryn Crannog yn y gerdd hon, gyda'r bardd yn ymhyfrydu yn y ffaith ei bod yn perthyn i'r fath fan. A harddwch cynhenid y fro sydd, yn ôl y gerdd, wedi ysbarduno ei thrigolion i fynnu gwella eu bydoedd. Gan gyfarch y cwm, meddai'r bardd: 'Mae'th olwg adfywiol yn denu dy feibion / A'th ferched i geisio ymgodi o'r llaid'.[3]

Mae'n rhaid fod Sarah Jane wedi derbyn cymeradwyaeth frwd am y gerdd ac anogaeth i wneud yn fwy o'i sgiliau barddonol, oherwydd aeth rhagddi yn yr un flwyddyn i gystadlu am wobr fwy uchelgeisiol yn Eisteddfod Nadolig y Cymrodorion yn Rhymni. Hysbysebwyd cystadlaethau'r eisteddfod hon yn eang o flaen llaw trwy gyfrwng y wasg; gallai ei threfnwyr frolio rhyw bythefnos cyn yr ŵyl fod 'rhyw luoedd o ymgeiswyr wedi dyfod i'r maes, yn feirdd, yn draethodwyr, yn nofelwyr, ac yn gerddorion, y tu hwnt i'n dysgwyliadau yn mhell'.[4] Mawr oedd syndod y gynulleidfa yn Rhymni ar 26 Rhagfyr 1864 pan enillodd '[g]enethig wledig' un o'u prif gystadlaethau, gyda phryddest ar hanes cenhadaeth gyntaf yr Iddewon at y cenhedloedd, fel y'i disgrifir yn negfed bennod llyfr yr Actau. Yn ôl y beirniad, Rhisiart Ddu o Wynedd (Richard Foulkes Edwards, 1836–70), yr oedd yn y cais buddugol ar y testun 'Pedr yn Nhŷ Cornelius' farddoniaeth 'anfarwol' a 'meddylddrychau Miltwnaidd'. Cyfeirio y mae at linellau fel y rhai canlynol ar ymlediad yr Efengyl, sydd, o ran eu cynnwys, yn debyg i neges Milton mewn cerddi fel 'On the Morning of Christ's Nativity':

> Yn awr mae yr eira tragywydd yn gwrido,
>   A'r rhew yn llesmeirio, yn ngwenau yr Haul,
> A llaw'r Adgyfodiad yn britho'r llanerchau
> A cheinion a blodau na welwyd eu hail![5]

Ond digon sur oedd ymateb rhai o sylwebwyr y papurau newyddion. Meddai gohebydd *Seren Cymru* am y gystadleuaeth mewn adroddiad ar yr ŵyl:

> yr oedd naw yn cystadlu, a rhoddodd y beirniaid ganmoliaeth uchel i amryw o'r Pryddestau . . . Yr oreu oedd eiddo Miss Sarah Jane Rees, Dolgoyfach, Llangranog. Mae rhyw ofyniad tebyg i hyn yn rhedeg i'n meddwl yn anwrthwynebol pan y byddo merch ieuanc fel yr uchod yn ennill, ac amryw ddynion o dalent yn cydymdrechu am y gamp? Ai nid oedd rhyw help wrth law i gynnorthwyo?[6]

Hynny yw, ni fedrai gohebydd y *Seren* dderbyn mai merch oedd unig awdur cerdd o gymaint bri. Mynegiant o ragfarn sy'n gyfarwydd erbyn heddiw sydd yma: fel y datgelwyd mewn cofiant diweddar ar fywyd Eluned Phillips, er enghraifft, yr un oedd yr ymateb i'w llwyddiant hithau pan enillodd y Goron yn Eisteddfod Genedlaethol y Bala yn 1967.[7] Canrif ar ôl goruchafiaeth Sarah Jane Rees, gofynnwyd yn achos Eluned hefyd, 'Pwy a'i cynorthwyodd? Pa ddyn yw gwir awdur y gerdd?'

Mae'n annhebyg na chlywodd Sarah Jane am ymateb y *Seren* i'w champ, nac ychwaith na roddodd y fath ddrwgdybiaeth ragfarnllyd boen meddwl iddi. Gwelwyd o'r blaen yn yr ail bennod na allai ymdopi'n rhwydd ag unrhyw fath o driniaeth annheg. Gwrthod dychwelyd i'r ysgol, i bresenoldeb yr un â'i sarhaodd, oedd ei hymateb i annhegwch pan oedd yn blentyn, ond y tro hwn yr oedd y rhagfarn niweidiol wedi ei hanelu'n fwy eang, nid ati hi yn unig ond at ei rhyw yn gyffredinol. Rhaid oedd ymateb yn enw ei chwiorydd yn ogystal â hi ei hun, yn enwedig gan fod gohebydd y *Seren* wedi mynd yn ei flaen i osod sialens arbennig o'i blaen. Meddai:

> Ni fynem er dim daflu un diystyrwch ar y ferch ieuanc dalentog, ond os ydym i dderbyn tystiolaeth y beirniad am deilyngdod y bryddest fuddugol, sef eiddo Miss Rees, – fod y meddylddrychau sydd ynddi yn Filtwnaidd, ac felly yr oeddynt os ydym i farnu wrth y rhanau a ddyfynwyd o honi, – y mae Miss Rees yn glod i'n cenedl, ac yn addurn i'n gwlad. Mae y llawryf a'r gadair genedlaethol yn ei hymyl. Byddai yn ddywenydd genyf ei gweled yn cael ei harwain i'r gadair yn Eisteddfod ddyfodol Aberystwyth.[8]

Mae hyn yn darllen fel gwawd hanner cuddiedig: go brin fod yr awdur wir yn disgwyl gweld merch Dolgoy-fach yn gwisgo'r llawryfon ar lwyfan yr Eisteddfod Genedlaethol. Ond o safbwynt Sarah Jane, os dyna a gymerai i ddangos i'r sylwebydd, ac i bawb arall o'r un farn ag ef, mor gyfeiliornus oedd ei ragdybiaethau, yna yr oedd yn rhaid derbyn y sialens. Llwyfan Eisteddfod Genedlaethol Aberystwyth amdani, felly. Ni cheisiodd am y Gadair, serch hynny: fe fyddai hynny wedi golygu meistroli'r gynghanedd, ac nid oes un gerdd ganddi yn y mesurau caeth. Ond ymgeisiodd yng nghystadleuaeth y bryddest, ar y testun 'Dafydd', yn yr eisteddfod honno, yn ogystal ag ar y gân i'r 'Fodrwy Briodasol'.

Digwyddiad llwyddiannus iawn, ar un olwg, oedd yr Eisteddfod Genedlaethol a gynhaliwyd yn Aberystwyth ym mis Medi 1865. Oddi ar sefydlu'r Eisteddfod yn ŵyl genedlaethol flynyddol yn 1860, hon oedd un o'r goreuon, o ran niferoedd ac elw o leiaf. Llwyddodd nid yn unig i dalu ei ffordd ond i wneud digon dros ben i ddileu'r dyledion oedd wedi pentyrru yn sgil eisteddfodau llai llewyrchus y blynyddoedd blaenorol.[9] Daeth y rheilffordd i Aberystwyth yn 1864, ac yn 1865, yn barod ar gyfer yr eisteddfodwyr, agorwyd Gwesty'r Castell ar y promenâd, yr adeilad mawreddog a ddaeth wedi hynny yn gartref cyntaf i goleg prifysgol Aberystwyth. Ymgynullodd tyrfa niferus ym mhafiliwn yr Eisteddfod: wrth annerch y dorf o'r llwyfan fore dydd Iau'r ŵyl gallai llywydd y dydd, y barwnig lleol Syr Thomas Davies Lloyd, ddweud â boddhad: 'Yr wyf yn tybied fy mod yn gweled rhywbeth tebyg i 4,000 o bobl o fy mlaen.'[10] Ond siomwyd y gynulleidfa pan ataliwyd rhai o'r gwobrwyon pwysicaf ar sail diffyg teilyngdod. Enillodd y prifardd Llew Llwyfo y wobr am y bryddest, ond nid ystyriwyd yn deilwng yr un o'r saith a fu'n cystadlu am y Gadair.[11] Ac nid oedd neb ychwaith yn deilwng o'r wobr o gan gini a gynigiwyd ym mhrif gystadleuaeth ryddiaith yr ŵyl, sef traethawd ar y pwnc 'Dechreuadau Cenedl y Saeson', gyda sylw arbennig i'w roddi i'r cwestiwn 'I ba raddau y maent yn ddisgynyddion i'r Brythoniaid?' Un o feirniaid y traethawd oedd y Tywysog Louis-Lucien Bonaparte, mab i frawd Napoleon Bonaparte. Hysbysebwyd y byddai'n bresennol yn yr ŵyl ac yn llywyddu'r Eisteddfod ar y dydd Mawrth, ond oherwydd salwch nid ymddangosodd – siom arall i'r gynulleidfa. 'Steddfod fawr atal y gwobrau' oedd hi yn ôl y bardd Glan Cunllo.[12]

Yn y cyd-destun hwn, cafodd un o feirdd buddugol yr ŵyl fwy o sylw nag efallai y byddai wedi ei gael mewn eisteddfod lai poblogaidd o ran nifer yr ymwelwyr, neu un fwy llwyddiannus o ran gwobrwyo. Cynyddwyd diddordeb y dorf yn y gystadleuaeth am y gân ar 'Y Fodrwy Briodasol' o flaen llaw gan branciau un o'r cystadleuwyr, Telynog (Thomas Evans, 1840–65), morwr o dref Aberteifi a wnaeth enw iddo'i hun fel bardd poblogaidd yn y mesurau rhyddion. Cyn cyhoeddi'r dyfarniad ar 'Y Fodrwy Briodasol', gwerthwyd i'r cyhoedd ar faes yr Eisteddfod daflen yn cynnwys ei gais ef am y wobr. Llwyddodd i wneud elw o fwy na thair gini gyda'i rigymau digrif, sy'n gwatwar menywod yn gyffredinol oherwydd eu hawch am y fodrwy. 'Mae merched teg ein gwlad', yn ôl Telynog, 'Yn hynod hoff o gylchau . . . / Hwy fynant *gylchio*'u godrau' (hynny yw, gwisgo crinolin):

> Ond am gylch bach y *bys*,
>   Y maent yn wallgo' parod,
> A thynga f'ewythr Rhys
>   Mai hwn yw nef menywod.
>
> Mi glywais Shan o'r Allt
>   Yn cicio *row* ofnadwy,
> Gan gnoi a thynu ei gwallt,
>   O herwydd colli'i modrwy;
> Dywedais wrthi'n llon.
>   Am beidio wylo gormod,
> Caiff afael eto'n hon
>   Os daw hi i'r Eisteddfod.[13]

Ac felly ymlaen. Mae'n siwr fod amryw ymhlith y gynulleidfa, ar ôl darllen cynnig Telynog, yn disgwyl sbri ysgafn pan ymgasglasant i wrando ar feirniadaeth 'Y Fodrwy Briodasol'. Ond profiad gwahanol a gawsant.

Dau weinidog Anghydffurfiol oedd beirniaid y gystadleuaeth, sef Hwfa Môn (Rowland Williams, 1823–1905), gweinidog gyda'r Annibynwyr, ac I. D. Ffraid (John Evans, 1814–75), gweinidog gyda'r Methodistiaid Calfinaidd. Iddynt hwy, fel yr eglurodd Hwfa Môn wrth agor ei feirniadaeth, yr oedd ystyron moesol o bwys yn gysylltiedig â thestun y gystadleuaeth:

> Wrth roddi'r testyn prydferth hwn, gallem feddwl mai nid amcan y Pwyllgor oedd cael disgrifiad barddonol o'i [*sic*] fodrwy euraidd a brydfertha law'r briodasferch ar ddydd ei phriodas, ond cael darluniad cywir a theg o deuluaeth cyfreithlawn, yn cael ei brydferthu ag urddas priodasol a

chysegredig. Ac yn y goleuni yma yr edrychasom ar yr holl gyfansoddiadau a anfonwyd i'r gystadleuaeth hon.[14]

Dangosir olion effeithiau hir dymor Adroddiad Addysg 1847 yn y pwyslais a roddir yma ar 'deuluaeth cyfreithlawn' a 'phriodas gysegredig'. Yn y Llyfrau Gleision tystiodd nifer o glerigwyr Anglicanaidd fod mwyafrif y niferoedd gwarthus o blant siawns a anwyd yng Nghymru wedi eu cenhedlu o ganlyniad i gyfarfodydd hwyrol yr enwadau Anghydffurfiol. Yn ôl y Parch. John Price, rheithor Bleddfa, er enghraifft:

> the chief causes of this disregard to modesty and chastity may be referred . . . to the *bad habit of holding meetings* at dissenting chapels or farmhouses after night, where the youth of both sexes attend from a distance for the purpose of walking home together. As a magistrate, I can safely report that in the investigation of numerous cases of bastardy I have found most of them to be referred to *the opportunities of meeting above mentioned*.[15]

Ugain mlynedd ar ôl cyhoeddi'r Llyfrau Gleision yr oedd y fath ensyniadau o hyd yn dân ar groen gweinidogion Anghydffurfiol Cymru, a rhaid oedd cymryd pob cyfle i'w gwadu. Yn y cyd-destun hwn, gwelai'r ddau feirniad y gystadleuaeth ar 'Y Fodrwy Briodasol' fel cyfle i'r beirdd amlygu'n gyhoeddus anghywirdeb y fath dystiolaeth, a phwysleisio yn hytrach barch y Cymry Cymraeg tuag at 'deuluaeth cyfreithlawn'.

Ni wnâi rhigymau cellweirus Telynog y tro o gwbl, felly, na cherdd sentimental Ceiriog ychwaith, lle mae'r bardd a'i gariad yn crio dros y fodrwy ar drothwy eu priodas: 'Cymer hi, Annie . . . ofer yw rhwystro, / Dyferwlaw'r amrantau rhag tywallt i lawr.'[16] Yn ôl y beirniaid, 'plentynaidd' oedd ei gais ef, ac ni phlesiwyd hwy ychwaith gan gerdd ramantaidd Islwyn, lle mae'r bardd yn mynegi cryfder ei gariad at ei wraig trwy ei gymharu â hirhoedledd y fodrwy. Cerddi gweddol fyr a gafwyd gan Telynog, Ceiriog ac Islwyn, ac ar un olwg yr oedd hynny'n ddigon teg gan mai am gân y gofynnwyd. Ond yr oedd gan y beirniaid rywbeth mwy dwys mewn golwg, ac fe'i cawsant gan 'Muta'. Cwynodd

Ceiriog wedi'r dyfarniad nad cân ond pryddest, 'ac nid un fer ychwaith', a gynigiwyd gan 'Muta', ond yn ôl y beirniaid yr oedd ei chais 'yn rhagori ar yr holl rai blaenorol. Rhagora yn ei chynllun, yn ei weithiad allan, yn ei barddoniaeth, ac yn ei moes wersi.'[17] Ac felly galwyd ar 'Muta' i esgyn i'r llwyfan, a rhoddwyd iddi groeso arbennig gan drwch y gynulleidfa. Yn ôl gohebydd y *Faner*, yr oedd yr 'awenferch athrylithgar o Langranog' wedi 'taflu i'r cysgod yn hollol' yr holl o'r 'brodyr barddol'.[18] Meddai D. G. Jones yn ei gofiant iddi, 'Wele hi yn dod i sylw Cymru gyfan ar unwaith. Cododd i uchder ffurfafen farddol ei gwlad megis ag un llam. Holid amdani gan bawb, siaredid amdani ar y meysydd ac yn nyfnderoedd pyllau glo Morgannwg a Mynwy.'[19]

Agwedd arall ar yr ymgyrch hirbarhaol yn erbyn y Llyfrau Gleision, i raddau, a ddygodd i'r 'enethig wledig' y fath fri. Yn Aberystwyth yn 1865 gwelodd y gynulleidfa ferch ieuanc a oedd yn amlwg o'i gwisg yn perthyn i'r dosbarth gwerinol yn esgyn i lwyfan yr Eisteddfod Genedlaethol i dderbyn y llawryfau. Dyma'n union y fath o berson a sarhawyd yn Adroddiad 1847 fel 'gwarth' Cymru. Nid yn gymaint ffaeleddau'r ddau ryw ond 'want of chastity in the women' a gafodd y bai am holl fabanod anghyfreithlon Cymru,[20] nad oeddynt, mewn gwirionedd, yn fwy niferus nag mewn llawer ardal o Loegr ar y pryd, yn ôl archwiliadau manwl Ieuan Gwynedd.[21] Ond yn ôl yr Adroddiad roedd merched gwerinol Cymru yn ddi-ddysg ac yn anwaraidd, yn byw fel anifeiliaid yn eu tyddynnod brwnt a blêr, a rhaid oedd i'r Cymry gwlatgar wrthsefyll y fath gamdystiolaeth. Y prif symbyliad y tu ôl i sefydlu'r Eisteddfod Genedlaethol yn y lle cyntaf yn 1860 oedd y gobaith y byddai'n chwarae'i rhan yn yr ymgyrch i 'godi Cymru' allan o'r gwarth a ddisgynnodd arni fel gwlad yn 1847. Yn anerchiadau Eisteddfod Aberystwyth rhoddwyd pwyslais arbennig ar y modd yr oedd yr ŵyl yn dod â bri i'r genedl fel un y gellid yn anrhydeddus ei chymharu ag unrhyw genedl arall.

Roedd yr Eisteddfod, meddai Caledfryn (William Williams, 1801–69) ar y dydd Mawrth, 'wedi dangos i'r byd' mai 'ymgystadlu mewn llenyddiaeth a barddoniaeth' oedd 'prif hyfrydwch' y Cymry, yn hytrach nag adloniannau llai gwaraidd. Er i lawer bradwr, meddai, broffwydo tranc yr iaith, fe fyddai'r Gymraeg yn goroesi i raddau oherwydd yr Eisteddfod. Gorffenodd ei araith trwy ddarllen cerdd o'i waith ei hun ar 'Yr Iaith Gymraeg', lle dywedir am yr iaith:

> Tybiai rhai, os ceid ffyrdd haiarn,
>   A pheiriannau tân a mwg
> I'r dyffrynoedd, y dychrynai
>   Fel rhag ofn yr ysbryd drwg;
> Na cheid llengcyn drwy'n gororau,
>   Na merch ieuangc uchel glod,
> Yn ei siarad na'i hastudio,
>   Fod ei diwedd wedi d'od.
>
> Yn lle hyny, dynion ieuaingc
>   A gwyryfon teg eu gwawr
> Yw y campwyr ar destynau
>   Ddyddiau yr Eisteddfod fawr.[22]

A'r diwrnod wedyn, ar ddydd Mercher yr ŵyl, ymddangosodd 'gwyryf deg ei gwawr' yn fuddugol ar y llwyfan fel ymgnawdoliad o'i broffwydoliaeth. Roedd ei rhyw, ei hieuenctid a'i dosbarth cymdeithasol i gyd i raddau yn gyfrifol am y 'banllefau' o gymeradwyaeth a dderbyniodd. Ar y cyfan, ni ellir disgrifio'r gynulleidfa a bortreadir yn y darluniau o bafiliwn Eisteddfod Aberystwyth fel un 'wledig' yr olwg: mewn crinolin y mae'r rhan fwyaf o'r menywod. Ac yr oedd amryw o'r areithiau a glywsant o'r llwyfan yn yr iaith Saesneg, er mawr ddicter i rai o'r gynulleidfa. Yr oedd tyndra amlwg ymhlith llywyddion yr ŵyl rhwng y rhai a ymfalchïai yn nhwf y dosbarth canol dwyieithog yng Nghymru, fel y ffordd ymlaen o ran 'codi' y genedl, a'r rhai, fel Caledfryn, a roddai'r prif bwyslais ar gadw'r iaith a'r diwylliant Cymraeg yn wyneb pob bygythiad. Dangosodd ymddangosiad annisgwyl Sarah Jane Rees, yn ei gwisg ddirodres (roedd yn gas ganddi'r crinolin), fod diwylliant yn y Gymraeg yn ffynnu ymhlith yr ifanc gwledig. Ar ôl sarhad celwyddgar Adroddiad 1847, yr oedd ei buddugoliaeth yn brawf i'r byd nad barbariaid anfoesol ac anllythrennog oedd holl ferched gwerinol Cymru, ac ymfalchïai ei chynulleidfa wlatgar yn ei champ.

Yn y cyd-destun hwn, mae'n ddiddorol sylwi ar arwyddocâd y ffugenw a ddewisodd Cranogwen ar gyfer y gystadleuaeth hon. Un o dduwiesau'r Rhufeiniaid oedd Muta; hi oedd duwies distawrwydd – nid distawrwydd tangnefeddus, ond distawrwydd a orfodwyd arni gan y duw Iau (Jupiter). Ar ôl deall iddi ddarganfod ei gamweddau rhywiol ef a datgelu ei gyfrinachau i'w wraig, caeodd Iau geg Muta yn llythrennol, a'i chondemnio i ddistawrwydd bythol. Ceisiodd y Llyfrau Gleision hefyd gau cegau y Cymry Cymraeg. Y Saesneg oedd iaith diwylliant, gwareiddiad a chynnydd yn ôl y Llyfrau Gleision; carcharu eu hunain mewn isfyd barbaraidd yr oedd y Cymry wrth fynnu siarad eu mamiaith, a gwell oedd iddynt gau eu cegau oni bai eu bod yn siarad Saesneg. Yn ôl syniadau'r oes ynghylch y fenyw ddelfrydol, gwell oedd iddi hithau hefyd gau ei cheg y tu allan i'r cartref. Yn achos Cranogwen, yn ei hanes personol yn ogystal â'i hanes fel Cymraes, condemniwyd bardd Miltonaidd Eisteddfod Rhymni i rengoedd y di-lais, nid yn gymaint trwy gau ei cheg ond trwy wrthod credu bod y geiriau a fynegodd yn eiddo iddi. Protest ffeminyddol oedd ei dewis o'r ffugenw 'Muta' felly, ond wrth ymgeisio mewn cystadleuaeth Gymraeg yn Eisteddfod Aberystwyth, a'i hennill hefyd, roedd 'Muta' Llangrannog yn gwrthdystio yn erbyn y fath gondemniad, a'r condemniadau o'i rhyw, ei hiaith a'i chenedl yn gyffredinol, ac yn mynnu codi ei llais.

Y mae elfen gref o brotest ffeminyddol hefyd yn ymhlyg yn y gerdd a gynigiodd 'Muta' i'r gystadleuaeth ar 'Y Fodrwy'. Casgliad o bedair cân, neu 'Darlun', a geir yn y gerdd, a phob darlun yn dangos agwedd wahanol ar gyflwr gwragedd y tu mewn i'r gyfundrefn batriarchaidd. Yn y gyntaf portreadir priodasferch yn synfyfyrio ar ei phen ei hun ar brynhawn ei phriodas, gan obeithio am y gorau ond ofni'r gwaethaf. Gan gyfarch y fodrwy newydd ar ei bys, medd:

> 'O! pa beth a ddygi i
>   Fy rhan, nid wyf yn gwybod, –
> Ai melus win dedwyddwch pur,
>   Ai chwerw ddyfroedd trallod:
> Yn wir ni thybiais hyd yn awr
>   Am ddim ond perffaith fwyniant
> Tu fewn i'th gylch; – ond O! 'r wy'n gweld
>   Y *gall* fod yma siomiant!

> . . .
> Mae yn amhosibl! – O! fe wnai
>   Ddychrynu, dori'm calon!
> Ond na, gwirionedd yw y *gall*
>   Fod ynot wr *anffyddlon*,
> A mam *wywedig*, o dan lwyth
>   O siomiant trwm yn methu.'[23]

Yn yr 1860au, cyn pasio Deddf Eiddo Gwragedd Priod, os am ffoi o briodas anhapus rhaid oedd i'r wraig wneud hynny'n waglaw, heb geiniog i'w chynnal a heb hawl gyfreithiol ar ei phlant. Mae canlyniadau posibl y weithred o'i rhoi ei hunan mewn priodas yn amlwg yn pwyso'n drwm ar y wraig ifanc hon yng nghân 'Muta'. Y neges sy'n ymhlyg yn y 'Darlun' cyntaf hwn i'r darllenwyr benywaidd yw: gwell ystyried y posibiliadau hyn *cyn* priodi.

Yn yr ail 'Ddarlun', gwelir holl ofidiau'r wraig gyntaf wedi eu gwireddu ym mhrofiad trallodus gwraig y meddwyn. Caiff ef ei bortreadu fel cythraul o'r radd flaenaf; gŵyr ei wraig, sydd wrthi yn ei chartref yn ceisio diddanu ei baban egwan, y daw o'r dafarn yn

> . . . llew
> Cynddeiriog 'mhen ychydig,
> I larpio, hwyrach, yn ei gŵydd
>   Ei hangel bach gwywedig![24]

Melltithia'r fodrwy sy'n ei chadwyno wrth y briodas, gan ddweud wrthi:

> 'Breuddwydiais, – credais dy fod di
>   Fel careg yr athronydd,
> Yn meddu'r hynod rin i droi
>   Y cwbl yn aur o ddefnydd . . .
>
> Ond O! y siomedigaeth flin
>   Sydd wedi'm goddiweddyd!
> Yr oll a ddysgaist imi, er
>   Gwych addaw, ydoedd drygfyd;
> Nid allaf siarad allan byth

> Fy ing! – mae yn anhraethol!
> A dyma ffrwyth dy weniaith di,
> Fy "modrwy briodasol."
>
> Gwyn fyd nad allwn sangu'n ol
> Ar lanerch dêg gwyryfdod!
> Dialedd melys fyddai 'ffwrdd
> Dy daflu mewn dibrisdod'[25]

'Twyll' oedd addewid y fodrwy a'i 'gweniaith', ond nid oedd dihangfa rhagddo; pe bai'r wraig hon yn dianc gyda'i phlentyn o afael ei gŵr, yr unig loches ar gael iddi fyddai'r tloty lleol, lle gwahanwyd mamau oddi wrth eu plant. Hawdd deall pam y plesiwyd beirniaid y gystadleuaeth gan y 'Darlun' hwn. Dyma lais benywaidd sydd nid yn unig yn hollol bur yn y cyd-destun rhywiol – mae'n well ganddi 'dêg gwyryfdod' na phriodas anhapus – ond sydd hefyd yn protestio'n ingol ac argyhoeddiadol yn erbyn un arall o ffaeleddau honedig y Cymry yn ôl y Llyfrau Gleision, sef meddwdod. Dangosir drwyddi'r modd y darostyngwyd gwragedd a phlant diotwyr, yn ogystal â'r meddwyn ei hun. Ac yntau'n un o brif arweinwyr y mudiad dirwestol yng ngogledd Cymru ar y pryd, fe fyddai I. D. Ffraid yn sicr o fod wedi cydymdeimlo'n ddwys â neges yr ail 'Ddarlun'.

Gwraig i forwr yw canolbwynt y trydydd 'Darlun'. Ac yntau ymhell dros y môr, mae hithau'n ddiddos yn ei chartref yn chwarae â'i phlant:

> Ei bryd yn llwyr a swynir gan
> Arabedd yr ieuengaf,
> Tra mae'n ymdrechu'n drwsgl iawn
> I watwor y rhai hynaf.[26]

Darlun o deulu Cranogwen ei hun yn ystod ei phlentyndod sydd yma i bob golwg, gyda'r chwaer fach yn ceisio efelychu ei brodyr hŷn ym mhob dim. Ond yna'n sydyn, mae'r fam yn sylwi ar ei modrwy yn sgleinio yn yr heulwen, ac mae'n cofio am ei gŵr, ymhell ar y môr ac efallai mewn perygl. Rhoddir yr argraff fod y wraig hon, yn ei dedwyddwch teuluol, yn teimlo peth euogrwydd ei bod yn medru bod mor ddiddig yn absenoldeb ei gŵr. Nid yw'r un euogrwydd yn poeni gwrthrych y 'Darlun' olaf, fodd bynnag. Hen wraig dlodaidd ar ei gwely angau yw hon, sy'n ffarwelio â'i modrwy gan ddweud wrthi ei bod, ar ôl priodas hir lle gofalodd yn 'gywir a difrifol' am 'dy urddas di / Fy "modrwy briodasol"', yn awr yn anelu at uniad gwahanol, lle na fyddai'r hen berthynas faterol o unrhyw bwys:

> 'Ffarwel yn awr! – hir, hir ffarwel!
> Dy adael 'r wyf: – dos eto,
> Os myni, ar fy marwol fŷs
> I'r bedd, lle gwna falurio:
> Cyfodi'm golwg 'r wyf yn awr,
> Fy "modrwy briodasol",
> I wlad sydd a'i hundebau yn
> Ymestyn yn dragwyddol!'[27]

Neges y 'Darlun' hwn yw mai gwell yw'r briodas nefol â Christ nag unrhyw briodas fydol. Ar y cyfan, ni ellir dweud fod y stad briodasol yn cael ei chyflwyno yn y gerdd hon fel unrhyw fath o 'nef menywod', chwedl Telynog. Ond, serch hynny, mae'r pedair gwraig wedi gwarchod 'urddas' priodas a 'theuluaeth gyfreithlon' yn 'gywir a difrifol', ac fe fyddai hynny, wrth gwrs, hefyd wedi plesio'r beirniaid.

Fodd bynnag, yr hyn sy'n debyg o daro darllenwyr fel elfen hynod yng nghais Cranogwen ar 'Y Fodrwy Briodasol' yw absenoldeb llwyr y priodfab. Nid yw'r un o'r gwŷr yn ymddangos trwy gydol y 'Darluniau', er eu bod i gyd yn eu habsenoldeb yn pwyso i raddau ar feddyliau eu gwragedd. Yn hytrach na siarad â'r gŵr, mae'r wraig ym mhob 'Darlun' yn cynnal ymddiddan ynghylch natur ei phriodas â'r fodrwy. Yn ddiddorol, amlygir y ddwy nodwedd neilltuol hyn, sef yn gyntaf, absenoldeb gwrywod, ac yn ail, dueddd y traethydd i gyfarch ac ymgomio â gwrthrychau nad ydynt yn fodau dynol, ar raddfa fwy eang yn y casgliad o gerddi, *Caniadau Cranogwen*, a ymddangosodd yn 1868.

Y gerdd fwyaf trawiadol ar un olwg yn y casgliad hwnnw yw 'Fy Ffrynd' lle mae Cranogwen yn datgan i'r byd a'r betws nad 'cariad' a phriodas yw ei nod personol hi mewn bywyd ond yn hytrach 'gyfeillgarwch' am oes gyda'i ffrind benywaidd. Ymdrinnir yn fwy penodol gyda 'Fy Ffrynd' yn chweched bennod y gyfrol hon, lle edrychir ar fywyd carwriaethol Cranogwen, ond gellir dweud yma fod y gerdd, serch ei hynodrwydd, yn nodweddiadol o'r casgliad yn y pwyslais y mae'n ei roddi ar ferched yn hytrach na dynion. Nid yw absenoldeb cymharol y gwrywod yn amlwg o'r cychwyn wrth edrych ar gynnwys y gyfrol: yn ogystal â dwy gerdd i Grist, enwir dynion yn nheitlau tair o'r pum cerdd a deugain a restrir, sef 'Pedr yn Nhŷ Cornelius', 'Difyniadau o Gân ar "Dafydd"' a 'Rhys Dyfed'. Ond cerddi a gyfansoddwyd ar gyfer cystadlaethau eisteddfodol arbennig oedd y tair hyn. Fel y gwelsom, 'Dafydd' oedd teitl y bryddest yn yr Eisteddfod yn Aberystwyth, a 'Pedr yn Nhŷ Cornelius' oedd testun Eisteddfod Nadolig Rhymni yn 1864. Yn achos 'Rhys Dyfed', dyna oedd testun cystadleuaeth farddonol yn Eisteddfod Undebol Dyffryn Teifi, 1868. Ar ôl marwolaeth gynnar y bardd Rhys Dyfed (Rees Arthur Rees, 1837–66) o Rydlewis, Ceredigion, gofynnwyd i'r beirdd gyfansoddi marwnad iddo; John Thomas (1839–1921) o Flaenannerch a gipiodd y wobr y tro hwnnw. Yr hyn a ddengys y teitlau hyn, felly, yw awydd cryf Cranogwen yn ystod yr 1860au i dorri trwy'r rhagfarn yn erbyn beirdd benywaidd trwy gystadlu'n llwyddiannus mewn eisteddfodau, yn hytrach na'i diddordeb personol mewn gwrthrychau gwrywaidd fel y cyfryw. Yr unig eithriad yw'r gerdd 'Fy Mrawd', y cyfeiriwyd ati yn y bennod gyntaf.

Ar y llaw arall, mae nifer o gerddi'r *Caniadau* yn dathlu bywydau menywod, fel, er enghraifft, y gerdd o fawl i'r gantores Margaret Watts (Hughes yn ddiweddarach, 1847–1907), 'Miss Watts', a'r marwnadau i 'Hannah Jenkins, Llangranog' ac 'Elizabeth Owens, Cilie, Pensarn'. Ac mewn cerddi eraill, er y cyfeirir at wrywod, menywod sydd yn derbyn holl sylw'r bardd. Y mae hyn yn amlwg iawn yn 'Y Cyflwyniad' sydd yn agor y gyfrol. Er bod y bardd yn diolch i'w dau riant am ei magwraeth – 'ei magu wnaethoch chi eich dau, / Fy nhad a'm mam, ei chyson ddyfrhâu' – rhoddir yr holl bwyslais yng ngweddill y gerdd ar y fam yn unig, fel y gwelsom yn y bennod gyntaf. Iddi hi, yn benodol, ac nid i'r ddau riant, y cyflwynir y gyfrol: 'Yn awr, fy mam, fel *dafn* o foroedd serch / Yw hwn i ti oddiwrth dy unig ferch.'[28]

Gwelir yr un tuedd i ganolbwyntio ar hanes gwragedd yn y gerdd a enillodd i Sarah Jane Rees wobr Eisteddfod Genedlaethol arall, a gynhaliwyd yng Nghaer fis Medi 1866. 'Hiraeth' oedd testun y gân arobryn y tro hwnnw, ac unwaith eto cafodd cais Miss Rees ganmoliaeth uchel, er i'r wobr yn y diwedd gael ei rhannu rhyngddi hi ac ymgeisydd arall. Hanes gwraig i genhadwr a aeth allan gyda'i gŵr i feysydd cenhadol y Methodistiaid Calfinaidd ar Fryniau Casia yn India a geir yn 'Hiraeth'. Trawyd ei gŵr yn ddifrifol wael ar y daith a bu farw cyn i'w llong gyrraedd Asia, ac ni all hithau ddygymod â'i ffawd: mae 'storm ofnadwy iawn / Yn rhwygo trwy ei chalon'. Nid hiraeth ar ôl ei gŵr yn unig sy'n ei llethu, ond hefyd ei hymwybyddiaeth o'r ffaith ei bod trwy ei golli ef wedi colli holl bwrpas ei phresenoldeb yno ar y llong yn agosáu at y cyfandir newydd. Gan gyfarch ei gŵr ar ei daith i'r nefoedd, ymbilia'r wraig:

> Ai ni allesit hawlio cael
>   Troi'n ôl wrth borth marwolaeth?
> Ai ni ddywedaist yno fod
>   Dy briod yn myn'd allan
> I Fryniau Cassia? – a pha beth
>   A wnai hi yno'i hunan?[29]

Yn 1866 nid oedd y Methodistiaid Calfinaidd eto wedi dechrau hyrwyddo menywod i fod yn genhadon yn eu rhinwedd eu hunain. Mynd i India fel 'gwraig y cenhadwr' yr oedd arwres y gerdd, a heb y statws hwnnw nid oedd iddi ddefnyddioldeb. Fel 'gwraig y cenhadwr', wrth gwrs, fe fyddai wedi bod disgwyl iddi weithio'n ddi-baid i'w gynorthwyo a'i gynnal ef gyda'i fenter. Ond yr oedd pwrpas ei bodolaeth yno yn dibynnu arno ef; nid oedd yn ddim ar ei phen ei hun.

Yn ymhlyg yn y gerdd hon, felly, fel yn 'Y Fodrwy Briodasol' drwyddi draw, mae protest ynghylch rôl y wraig yng nghanol oes Fictoria, gyda'i statws bydol yn ddibynnol ar statws ei gŵr neu ei theulu, a hithau heb unrhyw fodd i greu hunaniaeth a swyddogaeth annibynnol iddi hi ei hun. Yn amlwg, erbyn iddi gyrraedd ei hugeiniau, teimlai Sarah Jane Rees y rhwystredigaeth hon i'r byw. Rhan o'i hymgais i ennill gwaredigaeth oddi wrthi yw'r cywreinrwydd ynghylch ffyrdd amgen o fyw y mae'n ei ddangos yn amryw o gerddi'r *Caniadau*. Ceir hi yn gwneud cyffes o'i chywreinrwydd yn y gerdd 'Hiraeth', sy'n cychwyn gyda'r bardd yn agosáu at y wraig drallodus oherwydd bod arni 'awydd dirfawr' am 'ddeall natur'.[30] Ond yr unig ateb a gaiff oddi wrth y wraig hiraethus honno, fel oddi wrth y menywod y clywir eu lleisiau yn 'Y Fodrwy Briodasol', yw bod bywyd a hunaniaeth gwraig yn dibynnu'n llwyr ar ei gŵr. Fel pe na bai'n fodlon derbyn yr ateb hwnnw, ceir Cranogwen yn amryw o'i cherddi yn troi at wrthrychau sy'n bodoli ym myd natur y tu allan i gyfundrefn rywiol ei chymdeithas ddynol hithau, ac yn gofyn iddynt hwy beth yw hanfod eu bodolaeth.

O'r cychwyn, roedd y tuedd i ddynoli a phersonoli gwrthrychau naturiol yn amlwg yn ei gwaith. Yn y gerdd 'Dyffryn Cranog' portreadir afon 'Hawen', sy'n rhedeg trwy'r dyffryn, fel benyw ifanc. Wrth i'r afon syrthio i lawr craig y Gerwyn ar ei ffordd tuag at draeth Llangrannog, medd y bardd:

> Och fi! fe ga Hawen, afonig ddibrofiad,
>   Wrth ddisgyn i'r gwaelod, fawr ddychryn a loes!
> Y fechan ddiniwed! mae'n ddrwg genyf drosti,
>   Yn cael y fath godwm ar derfyn ei hoes!ial[31]

Mewn cerddi eraill, wrth iddi bersonoli agweddau gwahanol o fyd natur, ceir hi'n aml yn eu cyfarch yn uniongyrchol, fel y cyfarchai'r gwragedd eu modrwyon yn 'Y Fodrwy Briodasol'. Mae ei cherdd 'Yr Haul', er enghraifft, yn cychwyn â'r geiriau, 'Wi! ardderchog, olau heulwen! / Gwn dy fod yn agos iawn'.[32] Ychydig iawn o feirdd buddugol eisteddfodau'r bedwaredd ganrif ar bymtheg a fyddai'n meiddio cychwyn cerdd gyda'r ebychiad 'Wi!' Ond yn y cerddi hyn mae llais y bardd fel llais plentyn, yn llawn cywreinrwydd ynghylch pob elfen o fyd natur o'i chwmpas, ac am ofyn iddynt sut mae byw.

Yn y gerdd 'Y Ffynon', er enghraifft, gofynnir i'r ffynnon ym mha fodd y mae'n medru rhoddi maeth i'r llysiau o'i chwmpas yn ddi-baid, eu bwydo â'i bywyd ei hun, ddydd a nos, ac eto gyfleu llonder heini:

> Llifo allan yw dy fywyd,
>> Gweini'n rhad i ddynol ryw
> . . .
> Wnei di adael imi wybod
>> Y dirgelwch am dy stôr?
> . . .
> Gwelaf y dymunit siarad,
>> Gwenu, murmur, mae dy li';
> O nad allwn, heb betruso,
>> Ddeall beth ddywedi di![33]

Teitl un o ddarlithiau mwyaf poblogaidd Cranogwen oedd 'Doethineb y Pethau Bychain' ac un arall o 'bethau bychain' byd natur sy'n doethinebu yn ei cherddi yw'r gwlith. Mae ganddi gerdd i'r 'Gwlithyn', lle disgrifir golau cyntaf yr haul yn torri ar ddiferyn o wlith ac yn ei wneud 'O mor ddisglair! / Mor anhraethol dlws a llon!' Ond ddim yn hir, wrth gwrs. Â'r gerdd rhagddi:

> Dyna ti yn ymwregysu,
>> I ymgodi tua'r nen;
> A yw'n ffôl i mi ddymuno
>> Bendith ar dy annwyl ben?[34]

Wrth gwrs ei fod yn ffôl: mae'n siarad â'r gwlith, yn ymateb iddo fel plentyn, bron yn hurt o ddiniwed. Ond mae'r ffaith ei bod yn gwneud hynny mewn ffordd mor naturiol yn ei galluogi wedyn i greu symbol o'r gwlithyn, fel ffenomen hollol dryloyw, nad yw'n bodoli ond am fflach o amser, ond yn ystod yr amser hwnnw yn dyfrhau a phrydferthu ei amgylchedd. Mae'r gerdd yn gorffen:

> Ceisiaf finau gan fy Nuw
>> Ddwyfol ras, i ymddisgleirio,
> Fel tydi, tra fyddwyf fyw.
>> A phan gyfyd heulwen ddysglair
> Tragwyddoldeb uwch fy mhen,
>> Gael fy swyno i ffwrdd yn hyfryd,
> Fel tydi, i entrych Nen.[35]

Rhoddodd yr ymddiddan â'r gwlithyn ateb iddi i'r cwestiwn sut i fyw, ond nid yw'r ateb hwnnw'n cyd-fynd â syniadau ystrydebol ei hoes ynghylch dilysrwydd 'disgleirio' fel ffordd o fyw i ferch. Yn ôl yr ideoleg batriarchaidd nid oedd yn addas i fenyw barchus ddisgleirio y tu allan i'w thŷ; rhaid oedd iddi guddio'i thalentau oddi wrth y byd cyhoeddus. Neges natur, yn hytrach, oedd 'Disgleiria di! Gwna'n amlwg yr adnoddau a roddwyd i ti er mwyn budd dy gymdeithas. Paid â phoeni am ragfarnau dynion; paid â gadael iddynt dy droi'n fud a dilewyrch.'

Yr un yw neges y sêr yn ôl y gerdd 'Y Seren': mae seren y nen, fel gwlith y llawr, yn cynnig i'r ddynoliaeth 'addysg olau, addysg râd', a bwrdwn yr addysg honno hefyd yw 'Disgleiriwch!' Mae'r bardd yn gofyn iddi:

> Beth ddywedi, anwyl seren,
> Yn dy le ar fron yr wybren?
>
> Onid wyt yn dyweyd i mi
> Am oleuo, fel tydi?
> Ac am wenu, seren dlôs,
> Fel tydi yn nyfnder nôs?
> Dyna 'n ddiau, anwyl seren,
> Ran o'th iaith ar fron yr wybren.[36]

Er bod iddi oblygiadau digon chwyldroadol yng nghyd-destun cyfundrefn rywiol y cyfnod, cyflëir y neges hon, y dylai pawb ddisgleirio yn ôl y talentau a roddwyd iddynt, mewn modd ymddangosiadol ddiniwed, plentynnaidd hyd yn oed, yn amryw o gerddi Cranogwen. Fel y cawn weld yn y bennod nesaf, dyna un o'i phrif themâu yn y darlithiau yr aeth ymlaen i'w traethu hefyd: ei neges gyson yw 'Bydded i bawb, gwryw a benyw fel ei gilydd, ddarganfod eu doniau cynhenid a'u defnyddio er lles eu cymdeithas ac er anrhydedd eu Creawdwr: dyna'r ffordd ddilys tuag at fywyd llawn a defnyddiol.' Dyna ddysgeidiaeth natur, a dyna ddysgeidiaeth Crist, a ddywedodd wrth y torfeydd yn y Bregeth ar y Mynydd: 'Chwi yw goleuni'r byd . . . Ac ni oleuant gannwyll, a'i dodi dan lestr, ond mewn canhwyllbren; a hi a oleua i bawb sydd yn y tŷ. Llewyrched felly eich goleuni gerbron dynion, fel y gwelont eich gweithredoedd da chwi, ac y gogoneddont eich Tad yr hwn sydd yn y nefoedd.'[37] Mae addysg natur, felly, yn un ag addysg Cristnogaeth; dim ond cyfundrefn annaturiol ac anfoesol batriarchaidd oes Fictoria a fynnai na ddylai hanner y boblogaeth ddynol ddisgleirio'n gyhoeddus.

Ond er pwysigrwydd y neges hon, caiff ei hamlygu yn y cerddi ar natur mewn modd mor ysgafn ac ymddangosiadol blentynnaidd fel nad yw'n debyg o godi gwrychyn neb. Nid oedd Cranogwen yn ofni ymddangos yn blentynnaidd; yn ôl tystiolaeth rhai o'i chyfeillion roedd ei hymddygiad o ddydd i ddydd hefyd ar adegau yn nodweddiadol anhunanymwybodol. Meddir amdani gan Ceridwen Peris, er enghraifft: 'Yn y gwasanaeth yn y capel byddai ei hysbryd yn llawenhau a'i chorff yn symud yn ôl ac ymlaen yn sŵn y canu melys' – hynny yw, fel plentyn yn canu.[38] Ac wrth gyflwyno'i hatgofion cynnar i'r darllenydd yn ei 'Hunangoffa', meddai Cranogwen amdanynt: 'Pethau plentynaidd ydynt boed siwr – ysmala iawn, ond cofia, ddarllenydd mai megys o feddwl a chalon plentyn plentynaidd eu cymerwyd. Y mae ychydig o dyfiant wedi bod ar ol hyn, ond yn wir, plentynaidd ydym eto.'[39] Wrth ddewis ymateb fel plentyn i'r byd o'i chwmpas yr oedd o leiaf yn osgoi gorfod byw yn ôl rheolau cyfundrefn rywiol ei hoes.

Mae ysmaldod yn elfen gref yn nifer o gerddi'r *Caniadau*; disgrifir y profiad annifyr o golli trên, er enghraifft, mewn modd cellweirus iawn yn y gerdd 'Ar ol colli y train (a gyfansoddwyd ym Moat Lane Station, Hydref 1866)'. Ar ei ffordd i roi darlith yn y Dyffryn, Ponterwyd, cyrhaeddodd y bardd orsaf Caersŵs ychydig funudau yn rhy hwyr, a bu'n rhaid iddi aros yno am dair awr yn disgwyl y trên nesaf, yn ingol ymwybodol o'i chynulleidfa'n ymgynnull yn ddisgwylgar filltiroedd maith i ffwrdd:

> O dynged flin! O dynged anyoddefol;
> Fan hon fy hun, mewn cyflwr anobeithiol;
> Y *train* i ffwrdd, – un creulawn, di-dosturi,
> Y byddar gawr, na wrendy waedd na gweddi . . .
>
> Pa beth a wnaf, O gerbyd anrhugarog!
> Tri munud byr yn hŵy o aros ni wnai geiniog
> O golled iti, na! . . .

Pe gwnai rhyw angel gwyn roi benthyg i mi heno
Ei aden gref, am hyn, O mi ddiolchwn iddo!
O fel yr awn i ffwrdd! mor gyflym yr ehedwn,
Heb aros dim, nes yn y Dyffryn y disgynwn!

Ond na, ni chaf, y mae gan engyl waith rhagorach
I'w wneud, a'i gwblhâu, na rhoddi i ryw fodach
O fân ddarlithwyr byd eu hesgyll, i ymgrwydro
Trwy'r nef, 'rol colli'r *train*, fel darfu i mi heno.

'Does dim i'w wneud ynte, ond ceisio ymdawelu;
Er colli unwaith, nid fy arfer i yw hyny;
Ac er im' golli'r *train*, mae'r Nef i'w chyrraedd eto,
Na ato'r grasol Dduw i mi i golli hono!'[40]

Ceir ganddi hefyd yn y *Caniadau* gerdd ddoniol i'w chi, Fan, sy'n cychwyn â'r geiriau, 'Os myna rhywun wawdio, / Gwnaed hyny, meddaf fi; / Rwy'n penderfynu canu cân / O serch i'm hoffus gi.' Mae Fan, meddai, mor llon ac 'iach ag un creadur' er nad yw 'ei diod hi / Yn ddim ond llaeth a dŵr!'[41] Yn ôl D. G. Jones, roedd Cranogwen 'yn ffrind i bob math ar greadur direswm, ac nis gallai oddef neb i'w gamdrin. Ac os clywai greadur yn crio mewn cyfyngder, rhaid oedd talu sylw iddo ar unwaith.' Ar un achlysur, a hithau'n teithio i roi darlith mewn cerbyd y tro hwn, clywodd gath yn wylofain mewn magl ar ochr y ffordd a rhaid oedd aros nes rhyddhau'r anifail cyn symud ymlaen. Tro arall dilynwyd hi i gwrdd gweddi yng nghapel Bancyfelin gan ei chi. 'Pan oedd hi ar weddi, digwyddodd i rywun sangu ar droed y creadur bach, a pheri iddo roddi sgrech. Ataliwyd y weddi am eiliad, a gofynnodd hi, "Pwy roddodd gic i'r ci bach yn awr?"'[42]

Agwedd arall ar ei chymeriad a amlygir yn y *Caniadau* yw ei chenedlgarwch. Yn ei cherdd 'Fy Ngwlad', nid oes ganddi unrhyw amynedd â Dic Siôn Dafyddion ei hoes, y rhai sy'n gwadu a 'bradychu / Eu gwlad a'u hiaith.' 'Wel, croesaw i'r rhai hyn', meddai, 'I fyned gyda brys; fydd yma neb yn cwynfan / Eu colled ar eu hol.'[43] Mae pob Cymro a Chymraes gwerth ei halen yn hytrach yn 'noddi eu hiaith a'u gwlad o gywir galon', ac yn ymfalchïo yn harddwch ei thirlun. 'O Gymru fynyddig! fy nghartref, fy ngwlad!' cana mewn cerdd wladgarol arall, 'Mae ysbryd y cerddor, mae awen y prydydd, / O hyd yn dy awel, o hyd yn dy fynydd.'[44] Trwy'r *Caniadau* pwysleisir tlysni byd natur o'i chwmpas, yn ei bro enedigol ac yng Nghymru'n gyffredinol.

Fe blesiwyd darllenwyr y *Caniadau* gan ei chaneuon ar fyd natur yn enwedig; mewn nifer o adolygiadau a ymddangosodd ar y gyfrol tynnir sylw at eu swyn. 'Mae amryw o'r caniadau hyn yn siarad iaith natur yn ddifloesgni . . . yn ei symledd', meddai Ab Vychan (Robert Thomas, 1809–80), wrth adolygu'r gyfrol yn *Y Dysgedydd Crefyddol* ym mis Awst 1868.[45] Yn ôl adolygydd y *Caniadau* yn *Y Cylchgrawn*, 'Natur mewn geiriau yw y cynhyrchion hyn. Paentia olygfa â phwyntel iaith nes y mae y darlun yn anadlu o'ch blaen.'[46] Plesiwyd ef gan y gerdd 'Y Gwlithyn' yn enwedig. 'Nid oes canig fwy barddonol yn yr iaith na hon,' meddai; 'Y mae cyfaddasder yr arddull i'r testyn yn drawiadol dros ben.'[47] 'Y Gwlithyn' oedd hoff gerdd adolygydd *Y Diwygiwr* hefyd; yn ei farn ef 'Nis gallwn ni ond rhoddi y ganmoliaeth a'r gymeradwyaeth uwchaf i'r "Caniadau" tyner, tlysion, yma' ac i brofi ei bwynt mae'n dyfynnu o'r 'Gwlithyn' cyn ychwanegu, 'Os nad yw hyna yn cymeradwyo y llyfr, pa beth allwn ni? . . . Dos rhagot eto, Cranogwen.'[48]

Ond i rai o'i beirniaid, yr oedd iaith y *Caniadau* yn rhy naturiol ac yn rhy dafodieithol. 'Nid oes genym gynyg i ddarllen tra'd, gwa'd, ma's, bla'n, erio'd, o'r bron, oe't, siwr', meddai adolygydd *Y Gwladgarwr*. 'Wrth ei eiriau y mae gwybod yn mha fath gymdeithas y mae awdwr wedi byw yn more ei oes; os na chaiff ddiwylliant bydd yr hen eiriau garw (*vulgar*) yn tori allan drwy bob peth.'[49] I'r adolygydd hwn, y mae'r cerddi hefyd yn ddiffygiol o ran eu mesur; mae'n feirniadol iawn, er enghraifft, o'u toriadau 'clogyrnog' ar ddiwedd llinell. Medd am 'Y Fodrwy Briodasol': 'Yr ydym yn ffaelu gweled yr angenrheidrwydd mewn cân rydd i'r llinell gyntaf gael ei gorphen yn yr ail; yr hyn a welir yn rhy fynych yn rhedeg drwy y gân hon . . . Nid ydym yn cofio ini ganfod y dull afrywiog yma yn cael ei arfer mor fynych, os mewn un gân erioed o'r blaen.'

I eraill yr oedd rhyddid arddull Cranogwen yn rhan o apêl y cerddi. 'Cwyna rhai hwyrach o herwydd yr hyfdra a ddefnyddir gyda'r mesurau,' meddir yn *Y Cylchgrawn*: 'Ond nid ydym ni yn gofalu mymryn am newid mesurau, creu mesurau, cymysgu mesurau, neu ganu heb fesurau o gwbl, ond i gael llithrigrwydd arddull a gogoniant barddonol.'[50] Ym marn yr adolygydd hwn, yr oedd Cranogwen i'w hedmygu oherwydd ei bod, wrth arbrofi â mesurau, 'wedi creu arddull iddi ei hun, ac y mae yn wahanol i arddull pawb ereill'. Yr un oedd barn adolygydd y *Faner* hefyd; meddai ef am Cranogwen:

> y mae yn ymddangos ei bod hi o nifer y rhai a gredant fod barddoniaeth yn bodoli yn anibynol ar gynghanedd, odl, a mesur, ac mae y dull goreu i farddoni ydyw y dull mwyaf naturiol, syml, a melodaidd ac nid oes genym yr ammheuaeth leiaf na bydd rhai o'r caniadau byrion yn y llyfryn hwn yn cael eu darllen gyda blas pan y bydd llawer o'n hawdlau cadeiriol o'r golwg.[51]

Yn gyffredinol, gellir dweud i'r *Caniadau* gael croeso gwresog. Yn sicr, nid oedd un beirniad erbyn hyn a feiddiai awgrymu nad Cranogwen ei hun oedd awdur pob llinell a ymddangosodd dan ei henw. Mewn erthygl faith ar 'Gallu a Dylanwad Merched' a ymddangosodd yn *Y Beirniad* yn 1870, meddir: 'Y mae yn dda genym feddwl y gallwn ninau fel cenedl ymffrostio yn ngalluoedd meddyliol ambell un o'n rhianod . . . Cranogwen sydd enghraifft ogoneddus. Y mae ei llyfr yn glod i ben a chalon unrhyw ddyn.'[52] Eto i gyd, ceir rhai yn awgrymu mai mater i'r galon ac i'r teimlad yn unig, yn hytrach nag i'r pen a'r meddwl, oedd symlrwydd a naturioldeb ei barddoniaeth, a bod hynny yn briodol ac yn addas ddigon iddi *fel benyw*. Yn adolygiad *Y Drysorfa* ar y *Caniadau*, er enghraifft, meddir: 'Os yw yr ystlen deg yn gadael llonydd i'r gwrywod wisgo'r llawryf am eu goruchafiaethau mewn gwyddiant, arddansoddiaeth, a'r cyffelyb, dylid addef fod gan ferch pob hawl a chymhwysder i gystadlu â mab ar faes barddoniaeth.' Gan mai 'anhepgor barddoniaeth yw teimlad' mae'n briodol 'rhoddi y flaenoriaeth i'r rhyw fenywaidd' yn y maes hwnnw, ond nid o reidrwydd mewn meysydd deallusol eraill.[53] Mynegir yr amharodrwydd hwn i newid yr hen drefn yn agored mewn adolygiad ar y *Caniadau* yn *Yr Eurgrawn Wesleyaidd*:

Nid ydym eto wedi ymgymodi â'r meddylddrych o gael merched a gwragedd i areithio, darlithio a phregethu; ond am yr *idea* o gael merch i ganu fel hyn, can croesaw iddi. Awen wylaidd, dyner, brydferth yw awen *Cranogwen*; ac y mae oblegid hyny yn fwy cymeradwy yn ein golwg. Nid cydweddol rywfodd fuasai beiddgarwch ac eofndra gyda'r meddwl am athrylith merch. Gwell genym ei chlywed yn trydar yn doddedig fel colomen, nac yn gwibio, ac yn gawri fel eryr gwyllt.[54]

Rhoddodd y fath fynegiant agored o ragfarn her newydd i Cranogwen. Ymddengys nad oedd, wrth wneud enw iddi ei hun fel bardd, o reidrwydd wedi llwyddo i dorri trwy'r rhagfarnau cyffredinol yn erbyn cyfartaledd y rhywiau. Gellid ei derbyn fel bardd tyner a naturiol, ond nid oedd hynny'n golygu parodrwydd i'w derbyn hi nac unrhyw fenyw arall yn arweinydd diwylliannol. Yn wyneb yr her newydd hon, rhaid oedd camu ymlaen unwaith eto, er mwyn mynnu lle i 'ferched a gwragedd i areithio, darlithio a phregethu'.

Nodiadau

1   [Cranogwen], 'Hunan-goffa', *Y Frythones*, v (Gorffennaf 1883), 209.
2   'Marwolaeth a Chladdedigaeth Mrs Frances Rees, Bryneuron', *Baner ac Amserau Cymru*, 14 Mai 1884.
3   [Cranogwen], 'Dyffryn Cranog', *Caniadau Cranogwen* (Dolgellau: Robert Oliver Rees, d.d. [1870]), t. 51.
4   'Rhymni a'r Eisteddfod', *Y Gwladgarwr*, 17 Rhagfyr 1864.
5   [Cranogwen], 'Pedr yn Nhŷ Cornelius', *Caniadau Cranogwen*, t. 43.
6   'Eisteddfod Cymrodorion Rhymni', *Seren Cymru*, 6 Ionawr 1865.
7   Gweler Menna Elfyn, *Optimist Absoliwt: Cofiant Eluned Phillips* (Llandysul: Gwasg Gomer, 2016), t. 159.
8   'Eisteddfod Cymrodorion Rhymni', *Seren Cymru*, 6 Ionawr 1865.
9   Tecwyn Jones, *Eisteddfod Genedlaethol Aberystwyth, 1865* (Llandysul: Gwasg Gomer, 1992), t. 77.
10 *Baner ac Amserau Cymru*, 20 Medi 1865.
11 Llew Llwyfo, 'Llenyddiaeth Gymraeg y Ganrif Presenol: Pa un ai

gwella neu dirywio y mae? II', *Y Geninen*, viii (Ionawr 1890), 30.
12 Jones, *Eisteddfod Genedlaethol Aberystwyth*, t. 47.
13 Gwili, 'Y Fodrwy Briodasol', *The Amman Valley Chronicle and East Carmarthen News*, 17 Awst 1916.
14 Dyfynnir gan Gwili, 'Y Fodrwy Briodasol', *The Amman Valley Chronicle and East Carmarthen News*, 10 Awst 1916.
15 *Report of the Commission of Inquiry into the State of Education in Wales . . . In Three Parts. Part I, Carmarthen, Glamorgan and Pembroke. Part II, Brecknock, Cardigan, Radnor and Monmouth. Part III, North Wales* (London: Hansard, 1847), ii, t. 61.
16 Ceiriog, 'Y Fodrwy Briodasol', dyfynnir gan Gwili, 'Y Fodrwy Briodasol', *The Amman Valley Chronicle and East Carmarthen News*, 10 Awst 1916.
17 Ceiriog, 'Y Fodrwy Briodasol', dyfynnir gan Gwili, 'Y Fodrwy Briodasol', *The Amman Valley Chronicle and East Carmarthen News*, 10 Awst 1916.
18 'Eisteddfod Aberystwyth', *Baner ac Amserau Cymru*, 27 Medi 1865.
19 D. G. Jones, *Cofiant Cranogwen* (Caernarfon: Argraffdy'r Methodistiaid Calfinaidd dros Undeb Dirwestol Merched y De, d.d. [1932]), t. 67.
20 *Report of the Commission of Inquiry into the State of Education in Wales*, ii, t. 57.
21 Gweler Evan Jones, *A Vindication of the Educational and Moral Condition of Wales in reply to William Williams, Esq. late MP for Coventry* (London: Longman & Co., 1848), yn Brinley Rees (gol.), *Ieuan Gwynedd: Detholiad o'i Ryddiaith* (Caerdydd: Gwasg Prifysgol Cymru, 1957), tt. 78–102.
22 *Baner ac Amserau Cymru*, 20 Medi 1865.
23 [Cranogwen], 'Y Fodrwy Briodasol', *Caniadau Cranogwen*, tt. 9–10.
24 [Cranogwen], 'Y Fodrwy Briodasol', *Caniadau Cranogwen*, t. 11.
25 [Cranogwen], 'Y Fodrwy Briodasol', *Caniadau Cranogwen*, tt. 12–13.
26 [Cranogwen], 'Y Fodrwy Briodasol', *Caniadau Cranogwen*, t. 15.
27 [Cranogwen], 'Y Fodrwy Briodasol', *Caniadau Cranogwen*, t. 19.
28 [Cranogwen], 'Y Cyflwyniad', *Caniadau Cranogwen*, t. 4.
29 [Cranogwen], 'Hiraeth', *Caniadau Cranogwen*, t. 22.
30 [Cranogwen], 'Hiraeth', *Caniadau Cranogwen*, t. 20.
31 [Cranogwen], 'Dyffryn Cranog', *Caniadau Cranogwen*, t. 49.
32 [Cranogwen], 'Yr Haul', *Caniadau Cranogwen*, t. 120.
33 [Cranogwen], 'Y Ffynnon', *Caniadau Cranogwen*, tt. 130–1.
34 [Cranogwen], 'Y Gwlithyn', *Caniadau Cranogwen*, t. 126.
35 [Cranogwen], 'Y Gwlithyn', *Caniadau Cranogwen*, t. 127.

36 [Cranogwen], 'Y Seren', *Caniadau Cranogwen*, t. 123.
37 Mathew 5:14–16.
38 Ceridwen Peris, 'Cranogwen (1839–1916)', *Y Drysorfa*, cix (Gorffennaf 1939), 262.
39 [Cranogwen], 'Hunan-goffa', *Y Frythones*, v (Mehefin 1883), 179.
40 [Cranogwen], 'Ar ol colli y train', *Caniadau Cranogwen*, tt. 134–6.
41 [Cranogwen], 'Fan', *Caniadau Cranogwen*, t. 115.
42 Jones, *Cofiant Cranogwen*, t. 165.
43 [Cranogwen], 'Fy Ngwlad', *Caniadau Cranogwen*, t. 148.
44 [Cranogwen], 'Cymru', *Caniadau Cranogwen*, t. 66.
45 Ab Vychan, 'Caniadau Cranogwen', *Y Dysgedydd Crefyddol*, xlvii (Awst 1868), 276–7.
46 'Adolygiad y Wasg: *Caniadau Cranogwen*', *Y Cylchgrawn*, viii (Mawrth 1869), 97.
47 'Adolygiad y Wasg: *Caniadau Cranogwen*', *Y Cylchgrawn*, viii (Mawrth 1869), 98.
48 '*Caniadau Cranogwen*', *Y Diwygiwr*, xxx (Awst 1868), 246.
49 '*Caniadau Cranogwen*', *Y Gwladgarwr*, 1 Awst 1868.
50 *Y Cylchgrawn*, viii (Mawrth 1869), 98.
51 *Baner ac Amserau Cymru*, 15 Gorffennaf 1868.
52 'Gallu a Dylanwad Merched', *Y Beirniad*, xii (Gorffennaf 1870), 10.
53 *Y Drysorfa*, xxxviii (Medi 1868), 338.
54 *Yr Eurgrawn Wesleyaidd*, lx (Awst 1868), 334.

Pennod 4

Llafur a Llwyddiant

Nid Cranogwen oedd y fenyw gyntaf i gael gyrfa fel darlithydd gyda'r enwadau Anghydffurfiol Cymraeg; dilyn yn ôl traed rhagflaenydd yr oedd i gychwyn. Meddai un a'i hadwaenai, 'gofynnais unwaith i Granogwen ai hi oedd y ddynes gyntaf i bregethu ac i areithio yng Nghymru. "Nage," meddai hithau, "Yr oedd Miss Mabws o'm blaen i."'[1] Rebecca Sophia Evans oedd 'Miss Mabws', neu 'Becca Mabws' fel y cyfeirir ati ar lafar gwlad. Ganwyd hi yn 1833 yn ffermdy llewyrchus Mabws Fawr ym mhlwyf Llangloffan, Sir Benfro, a chafodd addysg freintiedig mewn ysgolion i ferched bonedd yn Lloegr. Yr oedd ei thad yn flaenor gyda'r Bedyddwyr, ac er mwyn ei gynorthwyo gyda'i gyfrifoldebau ar adegau pan na châi afael ar bregethwr gwadd mewn pryd i gynnal oedfa, dechreuodd hithau lenwi'r pulpud o dro i dro. Derbyniodd ganmoliaeth, a daeth galw arni i bregethu a darlithio mewn capeli eraill ar hyd ac ar led y Deheubarth. Bu'n areithio ym Mlaenau Gwent ym mis Tachwedd 1865, er enghraifft; yn ôl gohebydd *Y Gwladgarwr*, mawr oedd yr awydd yno am ei chlywed, gymaint felly nes 'gorfu i rai canoedd droi yn ol yn siomedig, am fod y capel yn orlawn'. Gwnaeth y capel elw sylweddol o'i darlith, ac o ganlyniad daeth ati 'amryw bersonau o wahanol fanau i'r diben o sicrhau ei gwasanaeth i bregethu a darlithio yn eu capeli'.[2] Ni chodid tâl am glywed pregeth, wrth gwrs, ond gallai capel glirio'i ddyled gyda'r elw o ddarlithiau. Pan aeth Becca Mabws i Gwmifor, Llandeilo, er enghraifft, 'elid i mewn i'r ddarlith trwy docynau o £1 i lawr i 1s. yr un; yr elw at leihau y ddyled sydd yn aros ar yr addoldy'.[3] Yr oedd punt yn arian mawr yn 1865, pan nad oedd cyflog gwas fferm yn fwy na £2.30 i £2.80 y mis.[4]

Ond diweddglo digon trist oedd i hanes Becca Mabws. Yn 1866 ymbriododd â'i gweinidog yn Llangloffan, sef y Parch. Thomas Williams, gŵr gweddw â saith o blant. Cawsant ddau blentyn arall, ond fe fu farw Thomas yn ddisymwth yn 1870. Gadawyd ei wraig mewn trallod, yn ceisio cynnal ei theulu lluosog trwy ddarlithio ond, oherwydd salwch, yn methu cadw at ei rhaglen addawedig. Yn Awst 1874 bu farw ei merch fach dair blwydd oed, a bu farw'r fam hithau ym mis Tachwedd yn yr un flwyddyn.[5]

Yn 1865, fodd bynnag, yr oedd yn ei hanterth, yn boddhau cynulleidfaoedd mawrion, ac yn clirio dyledion capeli'r Bedyddwyr trwy'r wlad, gymaint oedd yr awydd i weld ac i glywed yr hynodrwydd hwnnw – menyw yn areithio. Yn naturiol, felly, dechreuodd rhai o'r capeli na lwyddodd i sicrhau ymweliad oddi wrth Miss Mabws edrych am rywrai eraill a allai ennyn yr un diddordeb – a'r un elw. Pa ferch arall allai ddenu'r lluoedd? Yn ôl blaenoriaid capel y Methodistiaid Calfinaidd yn Llandudoch, Sir Benfro, yr oedd un ateb amlwg i'r cwestiwn hwnnw. Rhoddwyd hanes eu hymchwiliad yn y *Faner* yn Rhagfyr 1865:

> Yn gymmaint â darfod i'n brodyr yn nghapel Sïon, Llandudoch, fyned i dipyn o ddyled, trwy ymgymeryd â rhoddi oriel newydd i'w haddoldy, a chan eu bod yn ychydig a gweiniaid, ac felly, er ar ôl gwneuthur eu goreu, yn cael fod llawer o'r ddyled etto yn aros, daeth i feddwl rhai o honynt, wedi clywed am enwogrwydd Miss Rees fel barddones, a'i llwyddiant yn yr Eisteddfod Genedlaethol ddiweddaf, wneuthur cynnyg i'w chael i draddodi dwy ddarlith er eu cynnorthwyo i symmud y ddyled. Wedi gwneuthur y cais yn hysbys i Miss Rees, ac iddi hithau ymgynghori â'i brodyr crefyddol a chael ei chymell i ufuddhau, addawodd, er yn anewyllysgar, i gydsynio â'u cais.[6]

Nid yw'n syndod i Miss Rees betruso cyn derbyn y gwahoddiad: roedd yn fodlon iawn ei byd fel athrawes, mewn swydd y gweithiodd yn galed i'w hennill ac a oedd yn cynnig cynhaliaeth ddibynadwy i'w rhieni yn eu henaint yn ogystal ag iddi hi ei hun.

Fodd bynnag, nos Fawrth a nos Fercher, 19 a 20 Rhagfyr 1865, rhoddodd 'Miss S. J. Rees (*Cranogwen*), ysgolfeistres Llangranog, awdures y gân fuddugol ar y Fodrwy briodasol yn Eisteddfod Genedlaethol Aberystwyth', fel y cyflwynwyd hi, ei darlithiau cyhoeddus cyntaf yn Llandudoch ac Aberteifi.[7] Sylwer ei bod o'r cychwyn wedi mabwysiadu'r enw barddol 'Cranogwen' wrth ddarlithio. Dewisodd siarad ar 'Y Plant a'u Haddysg' ac 'Yr Ieuenctid a Diwylliant eu Meddyliau', pynciau cyfarwydd iawn iddi fel athrawes, wrth gwrs. Cafodd dderbyniad cadarnhaol iawn, mewn capeli gorlawn. Siaradai am ddwy awr ar y tro, 'y rhai a aethant heibio megys ychydig funydau, gan y boddhâd yr oeddid yn ei deimlo wrth ei gwrandaw', yn ôl gohebydd y *Faner*.[8] Rhoddwyd disgrifiad manwl o'i darlith ar 'Yr Ieuenctid a Diwylliant eu Meddyliau' gan un a'i clywodd yng Nghroesoswallt yn 1867. Yn ôl hwnnw, traethodd ar bwysigrwydd blynyddoedd cynnar bywyd, a'r angenrheidrwydd i ddysgu hunanreolaeth y pryd hynny a mabwysiadu arferion a fyddai'n hybu meddylgarwch. Tynnodd sylw'r gynulleidfa at 'y duedd sydd mewn dyn i anghofio ei hun, anghofio y fath greadur ydyw, y fath fawredd &c. a osodwyd arno; y fath allu y mae yn ei feddu, a'r fath gyfoeth sydd yn ei feddiant'. Yn achos llawer unigolyn aiff y potensial hwn yn angof, a bywyd diffrwyth yw'r canlyniad, 'a chan mai nid ar unwaith y daeth i'r sefyllfa hon, y mae yn naturiol i ni dybied fod tymor ieuengctid yn gyfnod pwysig iawn, gan ei fod yn rhoddi cyfeiriad i'w fywyd ar y ddaear'. O ganlyniad, mae cyfrifoldeb arbennig ar ysgwyddau pawb sy'n gofalu ar ôl plant; mae'n 'ddyledswydd bwysig ar y rhai sydd mewn oedran aeddfetach i'w cyfarwyddo a'u dysgu yn briodol'.[9]

Yn addas ddigon, o gofio hanes blaenorol Cranogwen, gorffennodd gohebydd y *Faner* yr erthygl sy'n disgrifio ei chamau cyntaf ar lwyfannau cyhoeddus ei gwlad trwy gymharu gyrfa darlithydd i yrfa morwr. Gan ddiolch 'i'r pwyllgor yn Llandudoch am ei thynu, er o'i hanfodd, i fôr bywyd darlithyddol', dymunodd iddi 'ddigon o bwysau yn ngwaelod ei llestr i hwylio yn llwyddiannus dros fôr bywyd cyhoeddus dan y fath hwyliau mawrion o dalentau sydd yn dechreu ymledu ar ei brig'.[10] Ac yn wir, yr oedd y daith o'i blaen yn un hir a llafurus, a digon tymhestlog hefyd ar brydiau. Ond nid oedd byth heb alwadau arni: gormod o alwadau oedd ei phrif drafferth, yn enwedig yn y misoedd cyntaf pan geisiodd ei gorau i gadw ei swydd fel athro ysgol Llangrannog. Ym mis Ionawr 1866 derbyniodd alwad i roi darlith yn Aberystwyth, dan nawdd Cymdeithas Harmonic y dre, ond bu'n rhaid iddi hysbysu'r trefnwyr '*na allaf* gyflawni eu dymuniadau ar fyrder gan fy mod eisoes wedi cael fy hudo i addaw *mwy* yn y cyfeiriad hwn nag a allaf gyflawni gyda rhwyddiant am yspaid pur hir heb beryglu llwyddiant yr ysgol, yr hon y mae ei gofal arnaf'. Ac meddai ymhellach:

> Ewyllysiwn i chwi ddeall fod y ffurf gyhoeddus hon o ymddangos a gweithredu yn mhell o fod yn ddymunol genyf; ymgymerais â hi ar y cyntaf yn unig er boddhau cyfeillion monwesol. Er hyny . . . os byddai yn rhyw bleser i'r lliaws ac yn rhyw ddaioni i rywbeth, yr wyf yn barod i'ch ateb yn gadarnhaol, os, hefyd, y bydd yr amser y gallaf fi ddyfod yn gymeradwy, sef yw hynny, rywbryd ar ol Mawrth y 18fed. Nos *Wener* fyddai yn fwyaf cyfleus i mi, gan gau allan Nos Wener y Groglith pa fodd bynag, pryd yr wyf wedi addaw bod yn Aberteifi.[11]

Ond cynyddu a wnaeth y galwadau arni, ac erbyn mis Ebrill 1866 bu'n raid iddi dderbyn nad oedd modd cynnal gyrfa fel darlithydd cyhoeddus a bod yn gyfrifol am redeg ac addysgu mewn ysgol ar yr un pryd. Yn un o gyfarfodydd y gymdeithas lenyddol yn Llangrannog, cyfarchodd y gynulleidfa ag 'Anerchiad Ymadawol (a adroddwyd gan yr awdures . . . mewn cysylltiad â'r ysgol ddyddiol y bu hi yn cymeryd ei gofal am flynyddau)', a dymunodd 'Ffarwel, gyfeillion' yn ddigon trist:

> Os na chawn byth ond hyny gwrdd,
> Fan hon, yn llawen, fel yn awr,
> Nid oes i'w wneyd ond cadw 'mlaen
> A pheidio rhoddi breichiau i lawr.[12]

Erbyn hyn derbyniai'n gyson lu o wahoddiadau a'i galluogodd i drefnu rhaglen lle âi o gwmpas un ardal ar y tro, yn rhoi darlith dwy awr bron bob nos o'r wythnos heblaw'r Sul, mewn capeli a neuaddau gwasgaredig ar draws trefi a phentrefi'r fro ddewisedig. Yna egwyl fer yn ôl yn harbwr Llangrannog cyn cychwyn eto ar ei theithiau.

Aeth ei hymroddiad egnïol yn fuan yn ddihareb, gymaint felly nes i un gohebydd ei rhybuddio mor gynnar â mis Ebrill 1866 i gymryd gofal rhag gorweithio:

> Dymunem awgrymu i Miss Rees ein bod yn ofni fod traddodi am lawn dwy awr o amser i gynulleidfaoedd mawrion mewn capelau eang am dair, pedair a rhagor, o nosweithiau yn olynol, a theithio weithiau ugeiniau o filldiroedd yn y dydd rhyngddynt, yn ormod iddi wneyd heb fod yn y perygl o niweidio ei chyfansoddiad a'i hiechyd, yr hyn, pe digwyddai yn awr, a fyddai yn golled yn ddiau i'r dywysogaeth. Tybiem ei bod yn well iddi gymmedroli mewn pryd er mwyn iddi allu parhau yn hwy.[13]

Ond hwylio ymlaen a wnaeth, gan roddi ar gyfartaledd rhyw gant a hanner o ddarlithiau bob blwyddyn. Yn ôl ysgrif ar 'Addysg' a gyhoeddwyd yn *Y Cylchgrawn* ym mis Mai 1868, 'llai na deg o bob cant o enwogion penaf Cymru sydd wedi gwneyd cymaint yn eu hoes, ag a wnaeth y ddarlithyddes enwog Cranogwen yn ystod y ddwy flynedd ddiweddaf. Clywsom gan awdurdod credadwy, fod y foneddiges dalentog wedi traddodi dros dri chant o ddarlithiau, a chlirio dros bedair mil o ddyled addoldai.'[14]

Tystia'r adroddiadau lu yn y wasg am ymweliadau Cranogwen â gwahanol fannau – y wasg Saesneg yng Nghymru yn ogystal â'r wasg Gymraeg – fod y ffigyrau hynny'n ddigon dilys. Chwe cheiniog yr un, neu swllt i ddau, oedd pris y tocynnau i ddarlith gan Cranogwen fel arfer – tipyn rhatach na phrisiau darlithiau Becca Mabws – a derbyniai hithau rhyw ddwy sofren am draddodi. Felly ar gyfartaledd, os yw ffigyrau'r *Cylchgrawn* yn gywir, cafwyd rhyw chwe chant o wrandawyr i bob darlith, ffigwr sydd hefyd yn cyfateb yn ddigon agos i'r nodiadau ar y niferoedd yn y cynulleidfaoedd a geir yn adroddiadau'r wasg. Yn y *Brecon*

County Times ym mis Hydref 1866, er enghraifft, rhoddwyd hanes cyfarfod yn Nhrecastell, Morgannwg (Llanhari erbyn heddiw), lle gwnaethpwyd elw o £17 ar werthu ticedi chwe cheiniog i glywed Cranogwen yn darlithio.[15] Casglu ar gyfer ysgol leol dan nawdd yr Anghydffurfwyr (*British School*) yr oedd y trefnwyr yn Llanhari; fel rheol âi elw darlithiau Cranogwen at dalu dyledion naill ai capeli yr Anghydffurfwyr neu eu hysgolion. Nid y Methodistiaid yn unig a elwai o'i darlithiau; siaradai yn aml yn, ac er mwyn, capeli'r Annibynwyr (Annibynnwr oedd ei thad cyn iddo briodi). Ond ni chyfrannodd at goffrau'r Eglwys Sefydledig na'r ysgolion dan ei nawdd, y *National Schools*, er i'w darlithiau weithiau gael eu cynnal mewn eglwysi oherwydd nad oedd capeli'r ardal yn ddigon o faint. Yn Ystradfellte ym mis Awst 1867, er enghraifft, bu'n areithio yn 'hen eglwys y plwyf' – a 'thystiolaeth preswylwyr y lle ydoedd ei bod yn llawnach nag y bu erioed cyn hyny. Onid ydoedd yn rhyfedd fod mwy o ddynion wedi dyfod at ei gilydd i'r Llan ar noson y ddarlith, a hyny heb eu galw trwy i'r un tonc gael ei rhoddi gan y clychau, nag oedd wedi bod ynghof neb, er galw yn gysson'?, gofynnodd gohebydd yn y *Faner*.[16]

Os gwnaethpwyd elw o £17 ar docynnau gwerth chwe cheiniog yr un yn Llanhari yn 1866, yna yr oedd rhyw 680 o bobl yn bresennol yn y ddarlith honno, mewn pentref yr oedd ei boblogaeth dipyn yn llai – 280 oedd cyfanswm poblogaeth Llanhari yn 1881, yn ôl *The Comprehensive Gazetteer of England & Wales, 1894–5*. Mae'n rhaid fod llawer yn barod i deithio cryn bellter er mwyn clywed Cranogwen wrth ei gwaith. Hynodrwydd y ffaith mai menyw oedd yn darlithio oedd y prif atyniad, wrth gwrs. Ar ei thaith gyntaf i gymoedd de Cymru yng ngwanwyn 1866 cafodd dderbyniad arbennig o wresog. Meddai gohebydd y *Merthyr Telegraph* am ei hymweliad â Rhymni, 'the attendance was very large, as there could not have been less than one thousand persons present. It does appear that female lecturers are fascinating.'[17] I eraill, fodd bynnag, nid yn gymaint ei benyweidd-dra ond ei champ yn Eisteddfod Aberystwyth a enynnai eu chwilfrydedd. 'Mae y foneddiges hon wedi dyfod yn dra enwog yn mhlith y Methodistiaid, ac nid ydym yn gallu synnu dim at hyny,' meddai gohebydd *Seren Cymru* mewn adroddiad ar ei darlith ym Merthyr ym mis Mawrth. 'Hon ydoedd yr hon fu yn fuddugol ar y "Fodrwy Briodasol" yn Aberystwyth pan oedd amryw o'n beirdd a ystyrir yn alluog yn cystadlu.'[18]

I rai, anodd oedd coelio bod menyw ifanc wedi llwyddo i'r fath raddau. Wrth iddi ddarlithio yn Aberdâr ym mis Ebrill, er enghraifft, yr oedd o leiaf un o'r gynulleidfa wedi mynd yno â'r bwriad o'i beirniadu. Wedi clywed am ei llwyddiant yn Aberystwyth, 'a deall hefyd fod ein beirdd blaenaf, megys Islwyn a Cheiriog yn cystadlu, braidd nad oeddwn yn haner gredu fod rhyw "faw yn y caws" yn rhywle,' meddai 'William', mewn erthygl yn *Y Gwladgarwr*. Ond siom ar yr ochr orau a gafodd wrth wrando arni:

> Dyma Miss Rees erbyn hyn ar ei thraed, a minau yn dechreu gwrando yn feirniadol; ond dyn a'm helpo, aeth fy *mhwt* llinyn mesur i'r pen cyn iddi fod ar ei thraed nemawr fynydau, a minau yn fy mawredd yn gorfod cywilyddio am fy mod wedi cynyg ar y fath orchwyl. Nis gwn yn iawn beth i'w ddywedyd am y ddarlith, ond gallaf ddywedyd na chlywais mewn dwy awr o'r blaen gymaint o *sylwedd*, ac nid yw yn rhyfedd genyf bellach ei bod wedi maeddu ein prif feirdd.[19]

Gwaetha'r modd, ni chyhoeddodd Cranogwen erioed un o'r darlithiau hynny a roddodd gymaint o syndod a boddhad i'w gwrandawyr, ond gellir cael rhyw syniad o'u cynnwys oddi wrth y rhai cannoedd o adroddiadau arnynt yn y papurau newyddion. Erbyn iddi gyrraedd Aberdâr yr oedd ganddi ddarlith newydd ar 'Anhebgorion Cymeriad Da'. 'Fel pethau anhebgorol i ddyn tuag at ffurfio cymmeriad da, nododd y pethau canlynol: hunan-adnabyddiaeth, hunan-ymroad, a hunan-ymwadiad, yr hwn sydd yn gweithio i hunan-gyflawniad,' adroddwyd yn y *Faner*.[20] Addurnwyd y ddarlith gan nifer o esiamplau o'r math o gymeriad y dylid, neu na ddylid, ei efelychu. 'Mor ddiseremoni y mae yn tynu dros yr ysgolhaig coeg, hunanol yna,' nododd gwrandawr yn Ffynnon Taf ym mis Awst. 'Onid yw yn ymddangos yn beth gwag dros ben wedi iddi hi ei droi o'r neilldu? A'r hen chwaer dwymgalon fuasai yn ei fagu, onid ydym yn teimlo yn hoff o honi, yn ei symlrwydd dirodres?'[21] Uchafbwynt y ddarlith i un a'i clywodd ym Maesteg ym mis Medi oedd ei disgrifiad o'r 'golosgiad cyffredinol' pan fyddai'r 'hen ddaear yma, yn chwyrnellu i ddinystr trwy'r gwagle, nes myned yn fflamiau gwyllt . . . ond y pryd hwnw, bydd cymeriad da yn gwenu yn ddyogel uwch y goelcerth angladdol, ac yn chwerthin mewn gwynfyd tragwyddol.'[22] Cyfareddid ei gwrandawyr, boed hwy'n hen neu'n ieuanc, gan y fath ddelweddau. 'Ni chlywais y fath ddarlith erioed yn fy myw,' tystiodd un o'i hedmygwyr iau ar ôl clywed 'Anhebgorion Cymeriad Da' yn Ystradyfodwg ym mis Hydref. 'Fy nghyd ieuenctyd siriol, dyma'r fan i gael addysg. Cranogwen fedr ddarlunio gwahanol gymeriadau a gosod allan syniadau mawreddus, nes y bydd yn gwefru yr holl gynulleidfa . . . Buaswn yn foddlon i aros yno hyd y boreu, am a wn i.'[23]

Aeth y newydd am arbenigrwydd Cranogwen fel tân gwyllt drwy Gymru yn ôl pob sôn. 'Er nad yw ond geneth ieuanc, ac er nad oes fawr iawn o amser er pan gychwynnodd ar ei gyrfa gyhoeddus, eto mae wedi cyrhaedd pinacl uchel enwogrwydd fel darlithyddes a barddones, ac y mae ei henw da wedi ei gerfio yn ddwfn ar galonnau ei chydwladwyr', meddai'r *Tyst Cymreig* yng Ngorffennaf 1868.[24] Ond ddwy flynedd ynghynt, yr oedd adlach yn ei herbyn hefyd wedi cychwyn, yn ogystal ag amddiffyniad brwd. 'Peth sy'n taraw yn ysmala ar fy nghlust i yw clywed fod ambell i beth "bychan bach," o dan yr enw pregethwr, yn son ei fod yn dra anmhriodol i Cranogwen sefyll yn gyhoeddus i siarad fel y mae!' cwynai gohebydd yn *Y Gwladgarwr* yn Awst 1866: 'Wel, peth *odd* iawn i mi, fod y Brenin Mawr wedi rhoi . . . cymhwysderau a thalent iddi at beth felly . . . os nad yw yn meddwl iddi wneud *use* o honynt! . . . [N]is gallant fod mor ddigrefydd a cheisio atal y fath yna gan nad beth, neu fe fydd y gŵr drwg yn siwr o lyfu ei wefl pan aiff y newydd i'w *office* e'!'[25] Ond mae'n amlwg oddi wrth amddiffyniadau a phrotestiadau ei chyfeillion fod y grwgnach yn ei herbyn yn parhau. Wedi iddi roi ei darlith ar 'Y Plant a'u Haddysg' yng Nghwm-bach ym mis Medi 1866, diolchwyd iddi ar gân gan gadeirydd y noson, y bardd William Morgan o Aberdâr. Ar ôl canmol 'ei hathrylith gref / Ac eangderau'i hanian', a'i chymharu ag 'eryr mawr' sy'n codi ei gynulleidfa gydag ef 'ar ei hadenydd cryfion', meddai:

> Mae ambell hen ddyllhuan nos,
>   Ac ambell fran aflafar,
> Yn ceisio crawcian chwerwol sen
>   I ti, Cranogwen hawddgar.
>
> Ond nid yw hyn yn profi grym,
>   Na phrofi dim yn hynod,
> Na, dim ond profi fod y rhai'n
>   Yn frain a dyllhuanod.
>
> . . .
>
> Dos di'n dy flaen, Cranogwen fad,
>   Mae'th wlad ar ei dysgwylfa;
> Cei wenau pob ryw werthfawr ddyn,
>   A Duw ei hun yn noddfa.[26]

Erbyn hyn, cyfarchiadau gan y beirdd lleol oedd y diweddglo arferol i noson o ddarlith gan Cranogwen, ac yn aml byddai mwy nag un bardd yn codi i'w mawrygu. 'Wedi i Miss Rees orffen ei darlith, daeth o ddeutu dwsin o feirdd yn mlaen i'w hanerch,' meddir mewn adroddiad yn y *Faner* ar ei darlith yn Abermeurig ym mis Tachwedd. 'Ni chredasom o'r blaen fod Dyffryn Ayron yn meddu cymmaint o feib yr awen.'[27]

Yn amlwg, nid oedd 'chwerwol sen' ei gwrthwynebwyr wedi gwneud dim i leihau poblogrwydd Cranogwen gyda'r niferoedd a dyrrai'n llawn cywreinrwydd i'w chlywed, ond yr oedd bod yn wrthrych dadl mor gyhoeddus yn ychwanegu at y straen o brysuro ymlaen â'r fath raglen drom o ddarlithiau. Rhaid oedd iddi gymryd gofal i beidio ag ymddangos, yn ôl rhagfarnau ei hoes, naill ai'n rhy wamal fenywaidd neu'n orhyderus wrywaidd. Mewn erthygl ar y merched hynny o'r bedwaredd ganrif ar bymtheg a ddechreuodd lefaru'n gyhoeddus yn yr Unol Daleithiau, mae'r hanesydd Judith Mattson Bean yn dadlau bod ystrydebau rhywiol yr oes yn cyfyngu'n ddirfawr ar ymddygiad yr arloeswragedd hyn: 'women who appeared as speakers could be interpreted as immodest and presumptuous . . . Ironically, a woman could be accused of either becoming "unsexed" or being too sexually appealing.'[28] Ar gyfer rhoi darlith, ymddangosai Cranogwen mewn ffrog ddu, heb het a'i gwallt yn dynn am ei phen, 'wedi gwisgo yn syml, a *white choker* am ei gwddf, er efelychu y *ministerial brethren*, ellid meddwl', meddai un a'i gwelodd yng Nglynebwy ym mis Mehefin 1866.[29] Gofalai beidio ag edrych yn fenywaidd atyniadol, ond y canlyniad oedd ei bod yn taro rhai ymhlith ei gwrandawyr o'r cychwyn yn rhy wrywaidd.

Ond i un gweinidog gyda'r Methodistiaid, o leiaf, cyfuniad delfrydol o'r benywaidd a'r gwrywaidd oedd Cranogwen. Fel y nodwyd eisoes yn rhagarweiniad y gyfrol hon, disgrifiwyd hi gan y Parch. Thomas Levi mewn erthygl faith yn *Trysorfa y Plant* ym mis Awst 1866 fel un ag ynddi 'gydgyfarfyddiad hynod o wyleidd-dra benywaidd a nerth gwrywaidd'. Gwyddai Levi, serch hynny, fod beirniadaeth rhai o'i gyd-weinidogion yn pwyso'n drwm ar feddwl Cranogwen. 'Mae rhai yn ammheu y priodoldeb i ferch sefyll i fyny i ddysgu yn gyhoeddus; ac yn wir, clywsom fod "Cranogwen" ei hun yn cael ei blino â'r syniad,' meddai. Ond iddo ef nid oedd cwestiwn ynghylch y mater: 'Rhaid i ni addef nad yw y syniad yna wedi blino dim erioed arnom ni, ac nad ydym yn meddwl blino byth yn ei gylch.' Aiff yn ei flaen i osod allan restr o resymau yn dadlau ei achos:

> A yw y Bibl yn gwrthwynebu? Gwir fod Paul yn dyweyd, "Na ddylai gwraig athrawiaethu;" ac mor wir â hyny fod Crist yn dyweyd, "I'r hwn a dderbyniodd lawer, llawer a ofynir ganddo." Ac y mae a fyno yr adnod olaf â merch yn gystal â mab. Onid oes hanes merched yn y Bibl yn prophwydo yn gyhoeddus, ac hyd yn nôd yn barnu Israel? Darllener hanes Deborah . . .
>
> Oni oddefir i'r fenyw wneyd pethau eisoes llawn mor bwysig? . . . Ië, onid merch sydd yn eistedd ar orsedd Prydain heddyw, yn barnu tiriogaethau mor ehang nad yw yr haul byth yn machlud arnynt? . . .
>
> Os bydd gwerth gwironeddol i'w gael, beth waeth o ba le y daw? Ond cael cinio da, beth waeth pa un ai gwas ai morwyn fu yn ei choginio, neu yn ei gosod ar y bwrdd? Ond cael araeth dda, pwy sydd ar fedr myned i ymholi pa un ai mab ai merch a'i traddododd hi?[30]

Fodd bynnag, nid pawb a dderbyniai ddadleuon Thomas Levi. Daeth yr ymchwydd beirniadol yn erbyn areithwyr benywaidd i benllanw yng Nghymru yn sasiwn flynyddol y Methodistiaid Calfinaidd yn 1866, gydag araith y Parch. Henry Rees, Lerpwl, a ddyfynnwyd yn y rhagarweiniad, yn condemnio 'merched yn llefaru' fel ffenomen 'andwyol', 'anweddaidd' ac 'annaturiol'.[31] Cyfeiriwyd at ddadleuon Henry Rees mewn cyhoeddiad cryn dipyn yn fwy ymfflamychol a ymddangosodd ar ffurf pamffled ddiwedd 1866, ac a atgynhyrchwyd wedi hynny yng nghylchgrawn *Yr Haul* ym mis Ebrill 1867. 'Pregeth Newydd i Gymru' oedd hon, pregeth ar yr adnod 'Gwagedd o wagedd, medd y Pregethwr, gwagedd o wagedd; gwagedd yw y cwbl', a bregethwyd 'i nifer o'r Eglwyswyr ar achlysur penodol yr Adfent, 1866.' Ynddi mae offeiriad yn yr Eglwys Sefydledig sy'n ei alw ei hun yn 'G.' yn taranu yn erbyn arfer yr Anghydffurfwyr o geisio codi arian i'w hachosion a'u hadeiladau trwy hybu 'yr Efengyl yn y cylchau (*the Gospel in crinolines*)'. 'Nid oes dim ar wyneb daiar las ag sydd yn argoeli mwy o wendid yn y gyfundrefn ymneilltuol fel cyfundrefn, na'r ffaith hon,' meddai 'G.': 'er i Henry Rees roddi gwrthwynebiad cryf iddynt tua Chaer yn Arfon draw, mewn sasiwn, nid oedd ei waith ond chwiban yn y gwynt.'[32] Â 'G.' rhagddo i gymharu 'merched yn llefaru' â'r menywod hynny a oedd yn enwog yng Nghymru ar ddechrau'r bedwaredd ganrif ar bymtheg fel gwrachod:

> y mae rhyw oleuni newydd o'r un ansawdd a'r un ag oedd gan *Mari'r Fantell Wen*, a *Martha'r Mynydd Bach*, *Bela o Ddinbych* a *Bessi o Lansantffraid*, wedi dyfod eto i lewyrchu ar Gymru, ac nid oes neb a ŵyr na cheir ryw chwaer i Johanna Southcott mewn rhyw dwll neu gilfach yn nheml fawr Ymneillduaeth Cymru cyn pen hir, ac y bydd ... merch addolwyr y Gospel yn y Crinoline yn dylifo ati.[33]

'Proffwyd gau' ac arweinydd cwlt oedd Joanna Southcott, a honnodd yn 1814 ei bod ar fin rhoi genedigaeth i'r ail Feseia; gwiddon ddrwgenwog a enillai ei thamaid trwy ddweud ffortiwn oedd Bela Fawr o Ddinbych. Gellir bod wedi tybio nad oedd yn debygol y byddai unrhyw Anghydffurfiwr yn cymryd 'pregeth' 'G.'

o ddifrif; roedd yn amlwg wedi ei wenwyno gan ragfarn yn erbyn Ymneilltuaeth. Ond ym mis Mai 1867, wrth roi nodyn sur yn y cylchgrawn *Seren Cymru* am ymweliad Cranogwen â Llanidloes, meddai un sy'n ei alw ei hun yn 'Cyndaf': 'Da fyddai i'r rhai hynny sydd yn bleidiol i siarad, pregethu ac areithio menywod, i ddarllen yn ystyrbwyll . . . y "Bregeth newydd i Gymru gan G" . . . Tybiwyf ei bod yn ddigon i argyhoeddi unrhyw berson o anmhriodoldeb . . . y "Gospel in the Crinolines".'[34] I bob pwrpas, nod ei eiriau oedd cyhuddo Cranogwen o geisio dylanwadu ar ei gwrandawyr fel gwrach neu broffwyd gau a hudai 'merch addolwyr' i bwll gwagedd â chyfaredd ei darlithiau.

Yn ddealladwy ddigon, yng ngwanwyn 1867 dihangodd hithau dros dro o'r cynnwrf a'r straen o fod yn wrthrych y fath gweryl, ac aeth ar daith i ddarlithio i'r Cymry yn Lerpwl a Llundain. Ond ni chafodd ryddhad llwyr oddi wrth ei gwrthwynebwyr yno ychwaith. Nodwyd yn y rhagarweiniad pa fath o gyflwyniad a gafodd ar lwyfan y Neuadd Gyngerdd yn Lerpwl gan ei chadeirydd, y Parch. J. Ogwen Jones, a fynegodd 'fy marn personol . . . nad yw y rhyw deg wedi eu bwriadu gan y Creawdwr i gymmeryd y lle hwn'.[35] Eithriad yn profi'r rheol gyffredinol na ddylai menywod 'sefyll i fyny yn gyhoeddus i gyfarch cynulleidfa' oedd Cranogwen iddo ef. Roedd cael ei gweld fel eithriad ychydig yn fwy cyfforddus na chael ei phortreadu fel gwrach, efallai, ond nid oedd yn cynnig llawer o obaith o ran newid agweddau rhagfarnllyd. Eto i gyd, gyda phob darlith, llwyddai Cranogwen i dorri trwy ragfarnau ei chynulleidfaoedd ac ennill llu o gefnogwyr newydd. Barn un arall a'i clywodd yn darlithio ar yr union un achlysur yn y Neuadd Gyngerdd yn Lerpwl, er enghraifft, oedd nad 'dynes ddynol' (hynny yw, gwrywaidd) mohoni 'ond merch ieuanc landeg ag sydd yn glod ac addurn i'r genedl Gymreig'. 'Mynwch ei chlywed,' oedd ei gyngor ef i ddarllenwyr *Y Gwladgarwr*, 'a sicr ydyw, y caiff pob un sydd yn caru y barddonol, y tlws, a'r mawreddog ei lwyr foddloni ynddi.'[36]

Erbyn mis Mai 1867, fodd bynnag, yr oedd Cranogwen yn ôl yng Nghymru, yn rhoi'r ddarlith yng nghapel Cae-pant-tywyll ger Merthyr, gyda Rose Crawshay yn cadeirio, y cyfeiriwyd ati yn y rhagarweiniad. Ymddengys fod pawb a oedd yn bresennol y noson honno yn ymwybodol fod hwn yn ddigwyddiad o arwyddocâd anghyffredin – cael dwy fenyw yn ddarlithydd a chadeirydd cyfarfod cyhoeddus, heb ddyn ar y llwyfan. Synnwyd gohebydd y *Faner* wrth weld 'y llywyddfa a'r areithfa yn nwylaw ac at ewyllys' merched. 'Dyna beth newydd dan haul, onidê?' meddai. 'Y mae'n rhaid i'r gwrywod edrych ati, onidê hwy gollant eu safle flaenredol ac arweiniol yn y wlad, gan fod y menywod yn . . . honni iddynt eu hunain safle ac hawliau cyfartal yn y wladwriaeth.'[37]

Daw'n amlwg oddi wrth adroddiadau'r wasg ar ei darlithiau cynnar fod cyfraniad ymarferol Cranogwen tuag at hybu cydraddoldeb rhywiol yng Nghymru yn un pwysig a dylanwadol o ganol yr 1860au ymlaen. Roedd hi'n cynnig model effeithiol a phoblogaidd o'r hyn y gallai menywod ei wneud, ac yn cael ei derbyn fel arloeswraig i'w dilyn. Neu felly yr honnai un o'r beirdd a'i cyfarchodd â chyfres o englynion ar ôl y ddarlith yng nghapel Cae-pant-tywyll. Yn ôl Tydfylyn (Daniel Thomas Williams, 1820–76), yr oedd dyfodiad Cranogwen i'r llwyfan cyhoeddus yn arwyddocáu gwawr newydd i'w rhyw yn gyffredinol. Nid eithriad mohoni, ond arloeswraig:

> I fawr ddawn y farddones – y genedl
>   A gana'n ddirodres;
>   A thodda areithyddes
>   Galonau llu gyda lles.
>
> Lles, saif yn hanes hynod – o allu,
>   Diwylliant, myfyrdod;
>   Yn awr, pwy yn fawr gânt fod
>   Y *ni*, neu y *menywod*?
>
> A! yn hwy deil menywod! – gwyliwn
>   Gan gilio i'r cysgod;
>   Tra tyr gwawr, eglurfawr glod
>   A renir i rianod.[38]

Roedd Cranogwen wedi bwriadu cyflwyno darlith newydd i'r gynulleidfa yng Nghae-pant-tywyll, ond ni lwyddodd i'w gorffen mewn pryd. Fodd bynnag, erbyn iddi ymweld â Llwytgoed, Aberdâr, ychydig ddyddiau wedi hynny yr oedd y ddarlith newydd,

'Elfennau Gwir Ddedwyddwch', yn barod, a daeth yn fuan yn un o'i darlithiau mwyaf poblogaidd. Ceir disgrifiad lled fanwl ohoni mewn adroddiad yn *Y Tyst Cymreig*: 'Sylwa yn ei dechreu fod rhyw ymchwiliad yn mhobpeth trwy y greadigaeth am ddedwyddwch,' meddai'r gohebydd. 'Ac am ddyn, mae yntau yn ddiorffwys yn chwilio am ddedwyddwch.' Cynigiwyd yn y ddarlith fod i ddedwyddwch ddwy elfen hanfodol, sef rhyddid a chariad. Yn gyntaf, 'mae llefau y plentyn yn rhoi ar ddeall fod teimlad greddfol yn ei natur i ymwrthod a chaethiwed, a'i fod yn ymwybodol o'i iawnderau i ryddid, cyn ei fod yn alluog i ddatgan ei deimlad mewn geiriau'.[39] Ond yn ogystal, gwna'r plentyn hi'n amlwg ei fod hefyd yn dyheu am gariad; unwaith y caiff ei ryddid cwyd ei lais unwaith eto am agosatrwydd a gwres cariad. Y trueni yw bod niferoedd yn edrych am ryddid a chariad yn y lleoedd anghywir, yn ôl Cranogwen: y diotwr yn ceisio am ryddid yn ei ddiod, er enghraifft, ond o ganlyniad yn mynd yn gaeth i'w ddinistr; y cybydd yn caru ei aur ond yn cael ohono ond gwacter oer. Ei neges oedd bod angen 'gwrteithio y meddwl' er mwyn cyrraedd at wir ddedwyddwch, ac iddi hi yr oedd y ffordd at hynny 'yn rhwydd a syml. Darllener llyfrau da yn araf ac ystyriol, ac yn neillduol llyfr Duw. Ymdrecher deall yr hyn a ddarllenir, fel y byddo i'r deall a'r amgyffrediad ymagor ac ymehangu. Meistroler gwyddor ar ol gwyddor, a bydd eich pleser a'ch hyfrydwch chwithau yn cynnyddu' nes cyrraedd at 'ddigon o eangder i ddyn gael rhyddid am dragwyddoldeb'. 'Yr oedd ar ei huchelfanau trwy yr holl ddarlith,' meddai gohebydd *Y Tyst*, 'a pharhaodd i siarad am ddwy awr a hanner.'[40]

Ond yr oedd areithio am ddwy awr a hanner, rhyw dair neu bedair gwaith bob wythnos, yn straen arni. Ceir darlun byw o'i phrofiad fel darlithydd ar daith yn y gyfres o dair ar ddeg o erthyglau yn dwyn y teitl 'Sketches of Wales and its People' a gasglwyd ymhlith llawysgrifau Cranogwen yn y Llyfrgell Genedlaethol.[41] Ynddi, disgrifia'r awdures ddienw ei hanturiaethau ar ôl iddi adael porthladd Lerpwl ar 15 Mehefin 1867 i gyfarfod â Cranogwen (y cyfeirir ati fel 'C.' trwy'r gyfres) yng Nghaernarfon, a mynd yn gwmni iddi ar daith ddarlithio a ddaeth i ben rhyw fis wedi hynny yn ne Cymru, yn Ystradgynlais.

Ni ellir ond dyfalu pwy oedd yr awdur. Yn ôl Iorwen Myfanwy Jones, mewn pennod ar Cranogwen yn ei thraethawd

'Merched Llên Cymru o 1850 i 1914' (1935), y tebyg yw i'r awdur 'ddyfod i adnabyddiaeth o Cranogwen yn Blackburne House canys dywaid iddi ei hadnabod yn lled dda am ychydig fisoedd, ac o Lerpwl y deuai i Gymru.'[42] Sefydliad addysgiadol i ferched dan ofal yr Undodiaid oedd Blackburne House, Lerpwl, yn cynnig y peth agosaf posibl y pryd hynny at addysg uwch i ferched, gan baratoi menywod ar gyfer swyddi fel athrawon, yn ogystal â dysgu merched iau.[43] Hwn oedd 'un o'r Sefydliadau mwyaf uwchraddol i ferched ar y pryd,' meddai Ellen Hughes yn ei chyfres o erthyglau ar fywyd Cranogwen, 'ac nid oedd y ferch ieuanc o Langranog yn foddlon heb yr addysg oreu a allai gael er ei chynorthwyo i ddatblygu y galluoedd ag yr ymdeimlai yn barhaus â'u hymweithiad.'[44] Bu Cranogwen yn ddisgybl dros dro yno yn 1865, yn ôl Annie Catherine Prichard, yn dilyn cwrs mewn llenyddiaeth. Yno hefyd 'enillodd barch ac edmygedd anghyffredin, a ffurfiodd gyfeillgarwch arosol â'r foneddiges a ddaeth wedi hynny yn brif athrawes y sefydliad'.[45] Mae'n rhaid mai Elizabeth Nicholson (ganwyd 1831) oedd hon; llenyddiaeth oedd ei phwnc, a hi oedd yr unig aelod o'r staff a oedd yn athrawes yn Blackburne House yn ystod yr adeg y bu Cranogwen yno ac a ddaeth wedi hynny, o 1873 i 1888, yn brifathrawes y sefydliad.[46] Miss Nicholson, felly, yw awdur mwyaf tebygol y 'Sketches of Wales and its People'.

Ceir yn y gyfres ddarluniau manwl a thrawiadol o'r ddarlithwraig wrth ei gwaith. Yn y cwrdd yng Nghaernarfon, y tro cyntaf i awdur y 'Sketches' glywed Cranogwen wrthi, siaradodd ei chyfaill yn isel i gychwyn, er yn glir, gyda rhyw bedwar cant yn y gynulleidfa yn gwrando arni'n astud, ond magodd ei llais wres a grymuster wrth iddi barhau. Mae'n debyg fod elfen garismataidd i apêl Cranogwen: er nad newyddbeth hollol i'r awdur oedd clywed merch yn siarad yn gyhoeddus, meddai am ei phrofiad yn ystod y ddarlith honno, 'Though I did not understand a word of Welsh, I could not help both looking at her and listening the whole time' – hynny yw, am o leiaf ddwy awr.[47] Mae'n cofnodi ymateb y gwrandawyr eraill yn fanwl hefyd: y gŵr a safodd ar ei draed i ddweud nad oedd o'r blaen wedi credu y dylai merched lefaru'n gyhoeddus, ond a oedd ar ôl clywed Cranogwen wedi newid ei feddwl; yr hen wraig a ddaeth ymlaen ar y diwedd 'with tears in her eyes, to clasp C.'s hand, and bless her, and bid her "Go on"'.

Dengys y 'Sketches' yn ogystal pa mor hynod egnïol oedd Cranogwen ar ei theithiau darlithio. Rhoddodd dair darlith yng Nghaernarfon, ar y nos Wener a'r nos Sadwrn ac yna un arall ychwanegol ar ddirwest brynhawn Sul, cyn symud ymlaen i Lanberis ddydd Llun a rhoi darlith arall yno. Ar ôl y ddarlith honno ymunodd Cranogwen â chriw i ddringo'r Wyddfa a gweld y wawr yn torri o'i chopa. Bore dydd Mawrth bu'n rhaid cychwyn ar frys, dros y bryniau mewn coets fach, i roi darlith ym Mhwllheli y noson honno:

> The shadows of that long bright day were lengthening as we drew near the sea at Pwllheli, and at half-past six, as C– leaned her wearied head on her arms in her room, she heard the town crier's bell, and the announcement that her lecture would commence at seven. Thirty-eight hours without sleep, and open-air travelling the whole time, are not conducive to vigour and energy. But the lecture was given thoroughly well, though with rather less life than usual.[48]

Maer Pwllheli oedd yn cadeirio y noson honno. 'In a speech in Welsh at the end of the lecture he said he had entertained much prejudice against lady lecturers, but had that night been agreeably surprised, and should not think thirty miles too far to go to hear Miss –.' Erbyn nos Iau yr oeddynt yng Nghroesor, gyda phum cant yn y gynulleidfa, a hynny mewn pentref gyda thipyn llai na hynny yn y boblogaeth. Yn amlwg yr oedd eraill, yn ogystal â maer Pwllheli yn barod i deithio degau o filltiroedd er mwyn ei chlywed. Yn ystod eu teithiau, gofynnodd ei chyfaill i Cranogwen paham yr oedd yn derbyn gwahoddiadau i roi darlithiau mewn lleoedd mor fychan a diarffordd: oni fyddai'n well canolbwyntio ar y trefi mawrion yn unig? Atebodd hithau nad oedd yr un angen ar y canolfannau mwy, tra bo ar y rhai llai yn aml wir angen pregethwyr, athrawon ac arian, a mynd atynt hwy oedd ei blaenoriaeth.[49]

Yr oedd y capel yng Nghroesor yn rhy fychan i ddarparu seddi i'r pum cant a ddaeth i glywed 'C.', a sylwodd awdur y

'Sketches' ar ffordd y gynulleidfa o ddod dros yr anhawster hwn, arfer a welodd wedi hynny mewn llawer man ar y daith:

> This chapel, like many others we were in, was too small for the audience, so they took it in turns to stand. When each pew contained as many as could be seated, two or three more were put in, who never seemed looked upon as intruders, but as having equal rights with the original occupants. They stood partially till one or other of the seated ones gave place, and took a turn at standing. The whole thing was done very quietly, and, as a matter of course, old people were rarely allowed to stand.[50]

Llwyddiant ysgubol oedd y ddarlith hon yng Nghroesor, yn ôl cyfaill Cranogwen: 'the form, and eye, and voice of the speaker were never more noble, and bright, and thrilling'.

Y noson nesaf roeddynt yn Nhanygrisiau, gyda saith cant o wrandawyr, rhai ohonynt wedi eu dilyn o Groesor. Y tŷ capel oedd eu llety y noson honno, yng ngofal hen wraig garedig ond hollol uniaith: 'She understood no English, and could not see why one of her visitors understood no Welsh. She would fix a wistful, kind look, and say something, as if she expected it would perhaps sink in and produce some effect.' Ar ôl y ddarlith, cynhaliwyd yn y tŷ capel yr hyn y mae awdur y 'Sketches' yn ei alw'n *levée*. Eisteddai nifer o'r ardalwyr o gwmpas Cranogwen, yn cynnal trafodaeth fywiog yng ngolau canhwyllau, ac o'u cwmpas yn y cysgodion safai neu eisteddai rhagor eto. 'It was about ten o'clock on a summer night. The house door was open, and one by one they dropped in. Some sat without speaking, their hat between their knees, staring at C– with all their might.'[51]

Syndod oedd y mateb mwyaf nodweddiadol ei chynulleidfaoedd i Cranogwen a'i darlithiau yn ôl y gyfres hon. Dim ond mewn un lle, nas enwir gan yr awdur, y cawsant dderbyniad llai na gwerthfawrogol. Yn y pentref dienw hwnnw nid oedd gwraig y tŷ lle roeddynt i aros dros nos wedi cael ar ddeall cyn eu dyfod nad gyda'r Methodistiaid yr oedd Cranogwen i ddarlithio y noson honno, ond yng nghapel lleol yr Annibynwyr. Digiodd ar ôl clywed, a gwrthododd agor ei drws iddynt, gan ddweud wrth

Cranogwen ei bod wedi 'bradychu ei hegwyddorion' fel aelod gyda'r Methodistiaid Calfinaidd trwy gynnig ei chymorth i'r Annibynwyr, ac nad oedd hithau am fradychu ei henwad trwy roi croeso iddi ar ei haelwyd.[52]

Ond ni fu i neb yn ystod y daith hon gweryla'n agored â Cranogwen oherwydd ei bod yn darlithio'n gyhoeddus; i'r gwrthwyneb, bron ym mhob man mae un neu fwy o'r gynulleidfa yn cyfaddef iddi eu bod yn arfer dal rhagfarn yn erbyn 'merched yn llefaru' ond eu bod wedi newid eu meddyliau ar ôl ei chlywed hi. Gwyddai pawb, fodd bynnag, fod yna wastad nifer o arweinwyr crefyddol ym mhob ardal nad oeddynt yn bresennol oherwydd eu bod yn gwrthod mynychu darlith gan fenyw. Ar un achlysur, a hwythau erbyn hyn ym Mhontrobert, cynigiodd ei chyfaill i 'C.' mai cenfigen oherwydd ei phoblogrwydd oedd y rheswm am eu gwrthwynebiad.

> 'No,' C. replies, 'it is not that; I am sure it is not that. They are *good men*, and they think I am *wrong*;' and the idea that good men think her wrong in the way she tries to do good, is a saddening thought, so saddening, indeed, that perhaps this work – in which little thought of self mingles – might hardly be able to be carried on, were it not for the encouragement of a large majority of the very best and ablest men of her denomination; and also, above all, the *inward consciousness* that it is right.[53]

Yn sicr yr oedd cefnogaeth llawer o weinidogion ymhlith y Methodistiaid Calfinaidd wrth iddi hwylio ymlaen ar ei theithiau darlithio o bwys arbennig i Cranogwen; derbyniodd sawl arwydd fod trwch ei henwad o'i phlaid. Ym mis Mai 1867, er enghraifft, gofynnwyd iddi gymryd rhan yn y seremoni o osod carreg sylfaen capel newydd y Methodistiaid yn Nhreherbert. Hi, yn hytrach nag un o'r pedwar gweinidog lleol a oedd hefyd yn bresennol, a gafodd yr anrhydedd o osod y garreg, a chyfansoddodd gerdd i ddathlu'r achlysur. Yna, ym mis Hydref 1867, wedi i'w chyfaill o Loegr ddychwelyd i Lerpwl, derbyniodd wahoddiad i ddarlithio yng nghanolfan y Methodistiaid Calfinaidd yn Nhalgarth, a daeth holl fyfyrwyr Coleg Trefeca i wrando arni. Cafodd '[w]ynt teg yr holl fordaith', yn ôl gohebydd y *Faner*, a daeth y ddarlith i'r lan 'yn ogoneddus . . . yn nghanol taranau cymmeradwyaeth y dorf'.[54] Darllenwyd dwy gerdd o deyrnged iddi ar ddiwedd y noson honno, un yn Saesneg gan 'Ab Howel' (sef mab llywydd Coleg Trefeca, y Parch. W. Howells), yn ei sicrhau ei bod wedi concro pob gelyn: 'all, e'en slandering foes, caught in the conqu'ring tide, / Lie prostrate, 'neath the billows of thy orat'ry'.[55] Myfyriwr yn y coleg o'r enw W. Rheidol Pierce oedd awdur y llall, sy'n cychwyn:

> Cyfododd llawer seren
>   Erioed yn Ngwalia gu;
> Ac yn eu goleu disglaer
>   Y llawenychai llu;
> Ond ha! cyfododd Comed
>   O'r diwedd yn ein gwlad
> Diflana mwy pob seren
>   O flaen Cranogwen fâd.[56]

Yr oedd Cranogwen wedi llwyddo i raddau annisgwyl i dorri trwy'r rhagfarn yn erbyn 'merched yn llefaru', ac arweiniodd hynny at ganlyniadau pwysig i'w rhyw yn gyffredinol. Yn ei dydd, cafodd effaith amlwg ar yrfaoedd merched eraill; dilynwyd ei llwyddiant cynnar hi fel darlithydd yn yr 1860au gan lwyddiannau cyffelyb rhagor o ddarlithwyr benywaidd. Er enghraifft, dechreuodd Brynferch, sef Hannah Davies o Lanelli, gyhoeddi ei barddoniaeth cyn diwedd yr 1860au, ac erbyn 1870 yr oedd hithau hefyd yn traddodi darlithiau, gyda'r Annibynwyr a'r Bedyddwyr.[57] Adroddwraig oedd Creirwy (1849–77), sef Mary Mason o Aberdâr, i gychwyn; enillodd lawer gwobr am adrodd mewn eisteddfodau lleol. Ond magodd yr hyder cyn diwedd ei hoes fer i ddechrau adrodd darnau o'i chyfansoddiad ei hun, ac erbyn 1870 yr oedd yn ennill cystadlaethau barddonol yn yr eisteddfodau.[58] Yn wahanol i Becca Mabws, nid merched o dras fonheddig, wedi derbyn addysg ysgol breswyl, oedd y rhai hyn; perthynai'r ddwy i gymdeithasau trefi diwydiannol de Cymru. Annog rhai tebyg iddynt i amlygu eu doniau hwythau oedd neges un o'r darlithiau newydd a roddwyd yn gyntaf gan Cranogwen yng ngwanwyn 1868. Roedd ei darlith 'Llafur a Llwyddiant', yn ôl gohebydd *Y Gwladgarwr*, yn 'llawn o awgrymiadau a byddai yn dda i'r bobl ieuanc i ddilyn ei gwersi, ac yna mwy na thebyg gwelem fwy o enwogion yn codi o'r *lower ranks*, ac yn dangos i'r byd, mai nid gan y cyfoethog yn unig mae gwybodaeth yn cael ei chadw'.[59] Ac nid gan y dynion yn unig ychwaith. Mewn darlith newydd arall, ar 'Ann Griffiths a'i Hemynau', a draddodwyd am y tro cyntaf yn Rhymni yng ngwanwyn 1869, pwrpas penodol Cranogwen oedd 'codi cymeriad "y rhyw deg"', yn ôl gohebydd *Y Tyst a'r Dydd*.[60] 'Yr oedd Cranogwen ar ei huchel fanau wrth son am yr Emynyddes', meddir yn *Y Tyst Cymreig*.[61]

Nid yn gymaint amddiffyn 'cymeriad "y rhyw deg"' ond yn hytrach amddiffyn enw da ei chenedl oedd ei nod mewn darlith arall o'i heiddo a ddaeth yn boblogaidd iawn yn ail hanner 1868, sef 'Cymru – ei Haddysg a'i Chrefydd'. Ymosodiad ar yr Adroddiad ar Addysg yng Nghymru a greodd gymaint o wrthwynebiad yn 1847 oedd y ddarlith hon. Ynddi, amddiffynnid y Cymry fel cenedl ddarllengar gyda sêl arbennig o blaid crefydd, ond pwysleisid y dylid rhoi mwy o sylw i addysg y plant, y merched yn ogystal â'r bechgyn. Synnwyd rhai o'i chynulleidfa gan danbeidrwydd ei chenedlaetholdeb yn y ddarlith hon, a'i dadleuon dros anfarwoldeb yr iaith Gymraeg. Yn ôl un gohebydd yn *The Welshman*:

> We were surprised, though, at one of her ideas, that the Welsh language would never become extinct; in fact, that it would live for ever! Now, we hold with Talhaiarn that railways will 'kill it at last', however good it may be; therefore, it is folly to insist upon making the attempt to bolster it up. We certainly did not expect such intensely national ideas from one who has read so much, and of such great experience, and who usually takes such a broad view of all matters.[62]

Rhaid fod y gohebydd hwn yn medru'r Gymraeg, gan mai yn yr iaith honno y traddododd Cranogwen y ddarlith a glywodd, yn Llanelli ym mis Ionawr 1869. Ond nid oedd yn hyddysg yng ngweithiau Cranogwen neu ni fyddai ei brwdfrydedd dros Gymru a'i hiaith wedi ei synnu cymaint. Erbyn y dyddiad hwnnw yr oedd

Caniadau Cranogwen wedi ei gyhoeddi, a nifer o adolygiadau arno wedi ymddangos yn y wasg. Yng ngherdd olaf y gyfrol honno, 'Fy Ngwlad', mawrygir y Cymry hynny sy'n driw i'w gwlad a'u hiaith, 'Er pob ystorm, er llif cyfnewidiadau, / Yn aros, fel y graig, yn ansigledig.' Rhybuddir hwy y bydd yn rhaid brwydro llawer eto os am gadw eu hunaniaeth:

> Ah! ie, bydd yn wrol *iawn*, fy Nghymru!
> Mae llengoedd cryfion atat yn dynesu,
> Mae rhuthro enbyd i fod arnat eto.[63]

Wrth orffen y gerdd mae Cranogwen yn diolch i'w gwlad, yn ddiffuant iawn, am roddi iddi'r fath groeso fel bardd a darlithydd:

> . . . mae gwawr
> Dy roesaw a dy garedigrwydd llon
> Yn llifo i mewn yn fyd o ddydd i'm bron . . .
> Yn gwneud i'm calon beunydd lawenhâu
> A mawr ddymuno gallu i'th fawrhâu.

'Pa beth a wnaf i ti? Pa beth a dalaf?' gofynna. ''R wy'n teimlo f' hunan yn y ddyled fwyaf.' Ei gobaith yw y caiff 'dreulio mywyd i'th wasnaethu di'.[64]

Fodd bynnag, erbyn diwedd yr 1860au, roedd llawer o alw arni i wasanaethu ei chyd-Gymry nid yn unig ym Mhrydain ond trwy dalu ymweliad â'r nifer fawr ohonynt a oedd wedi eu gorfodi trwy dlodi i adael eu gwlad a cheisio bywyd gwell yn yr Unol Daleithiau. Yng ngwanwyn 1869, ffarweliodd â Chymru'r wlad am dymor er mwyn cynnig ei gwasanaeth i'r Cymry oddi cartref. Yn y bennod nesaf cawn ei dilyn ar ei hanturiaethau dros yr Iwerydd.

Nodiadau

1 Elenor Williams, Castle Street, Llundain, 'O Fan i Fan', *Seren Cymru*, 15 Tachwedd 1918.
2 'Miss R. S. Evans (Mabws), yn Mlaenau Gwent', *Y Gwladgarwr*, 2 Rhagfyr 1865.

3   Ioan o'r Dyffryn, *Seren Cymru*, 8 Rhagfyr 1865.
4   Robin Evans, *Merched y Môr: Hanes Merched Cymru a'r Môr, 1750 hyd Heddiw* (Llanrwst: Gwasg Carreg Gwalch, 2013), t. 74.
5   Gweler Major Francis Jones, 'Mabws Fawr', *Transactions of the Honourable Society of Cymmrodorion* (1970), Part 1, 112–29.
6   *Baner ac Amserau Cymru*, 30 Rhagfyr 1865.
7   *Baner ac Amserau Cymru*, 30 Rhagfyr 1865.
8   *Baner ac Amserau Cymru*, 30 Rhagfyr 1865.
9   *Baner ac Amserau Cymru*, 13 Gorffennaf 1867.
10 *Baner ac Amserau Cymru*, 30 Rhagfyr 1865.
11 LlGC 2843E, llythyr oddi wrth Cranogwen at Richard Samuel, 13 Ionawr 1866.
12 [Cranogwen], 'Anerchiad Ymadawol', *Caniadau Cranogwen* (Dolgellau: Robert Oliver Rees, d.d. [1870]), tt. 62–3.
13 *Baner ac Amserau Cymru*, 14 Ebrill 1866.
14 J. G., Trecynon, 'Addysg', *Y Cylchgrawn*, vii (Mai 1868), 160.
15 *The Brecon County Times, Neath Gazette and General Advertiser*, 13 Hydref 1866: 'The proceeds went to defray the expenses of the British School, and the amount realized was far beyond the expectation of the promoters, the total sum amounting (by sixpenny admission tickets) to a few shillings less than £17.'
16 *Baner ac Amserau Cymru*, 10 Awst 1867.
17 *The Merthyr Telegraph and General Advertiser for the Iron Districts of South Wales*, 7 Ebrill 1866.
18 *Seren Cymru*, 13 Ebrill 1866.
19 *Y Gwladgarwr*, 5 Mai 1866.
20 *Baner ac Amserau Cymru*, 14 Ebrill 1866.
21 *Y Gwladgarwr*, 18 Awst 1866.
22 *Y Gwladgarwr*, 29 Medi 1866.
23 *Y Gwladgarwr*, 6 Hydref 1866.
24 *Y Tyst Cymreig*, 10 Gorffennaf 1868.
25 *Y Gwladgarwr*, 18 Awst 1866.
26 *Y Gwladgarwr*, 29 Medi 1866.
27 *Baner ac Amserau Cymru*, 14 Tachwedd 1866.
28 Judith Mattson Bean, 'Gaining a Public Voice: A Historical Perspective on American Women's Public Speaking', yn Judith Baxter (gol.), *Speaking Out: The Female Voice in Public Contexts* (Basingstoke and N.Y.: Palgrave Macmillan, 2006), tt. 21–39: tt. 25–6.
29 *Seren Cymru*, 22 Mehefin 1866.
30 [Thomas Levi], 'Cranogwen', *Trysorfa y Plant*, lvi (Awst 1866), 204, 205.

31 'Merched yn Llefaru', *Y Gwladgarwr*, 15 Medi 1866; gweler y rhagarweiniad am y dyfyniad llawn.
32 G., 'Pregeth Newydd i Gymru', *Yr Haul*, xi (Ebrill 1867), 99–100.
33 G., 'Pregeth Newydd i Gymru', *Yr Haul*, xi (Ebrill 1867), 100.
34 *Seren Cymru*, 3 Mai 1867.
35 *Baner ac Amserau Cymru*, 13 Mawrth 1867.
36 *Y Gwladgarwr*, 30 Mawrth 1867.
37 *Baner ac Amserau Cymru*, 11 Mai 1867.
38 *Y Cyfaill o'r Hen Wlad yn America*, xxx (Gorffennaf 1867), 229.
39 'Ab Ynys', *Y Tyst Cymreig*, 12 Hydref 1867.
40 'Ab Ynys', *Y Tyst Cymreig*, 12 Hydref 1867.
41 Mae copi llawn o'r gyfres hon yn y Llyfrgell Genedlaethol, ar ffurf toriadau wedi eu gludio yn ofalus ar dudalennau dyddiadur; mae'n debyg mai Bob Owen, Croesor, a'i darganfyddodd ac a'i rhoddodd i'r Llyfrgell. Gweler LlGC 19246A, *Blackwood's Foolscap Octavo Diary No. 6*, 1874.
42 Iorwen Myfanwy Jones, 'Merched Llên Cymru o 1850 i 1914', traethawd MA anghyhoeddedig, Prifysgol Gogledd Cymru, Bangor, 1935, t. 80.
43 Gweler Ruth Watts, *Gender, Power and the Unitarians in England* (London and New York: Routledge, 1998), t. 138.
44 Ellen Hughes, 'Yng Nghymdeithas Cranogwen', *Y Gymraes*, xxvii (Ebrill 1923), 57.
45 Miss Prichard, Birmingham, 'Cranogwen', *Y Gymraes*, i (Hydref 1896), 3–5: 4. Gweler hefyd LlGC 2142D, llawysgrif anhysbys sy'n cynnwys bywgraffiad byr o Cranogwen, ac sy'n honni, 'After a course of study at Blackburne House, Liverpool, she was prevailed upon to devote herself to public speaking.'
46 Gweler Herbert J. Tiffin, *A History of the Liverpool Institute Schools 1825 to 1935* (Liverpool: Liverpool Institute Old Boys' Association, 1935), tt. 91–2.
47 LlGC 19246A, 'Sketches of Wales and its People', Part I.
48 LlGC 19246A, 'Sketches of Wales and its People', Part III.
49 LlGC 19246A, 'Sketches of Wales and its People', Part I.
50 LlGC 19246A, 'Sketches of Wales and its People', Part IV.
51 LlGC 19246A, 'Sketches of Wales and its People', Part V.
52 LlGC 19246A, 'Sketches of Wales and its People', Part IX: 'The good lady of that house belonged to the Calvinist Methodists; and because C–, who is also of that body, had "betrayed her principles" by going to the Independent chapel, the old dame would not "betray" hers by inviting her to her home. She would have been "proud and happy to receive her if she had been true to her principles"; but she had gone

to give help and knowledge to another "corph" and the old lady set her face against such doings.'
53 LlGC 19246A, 'Sketches of Wales and its People', Part IX.
54 *Baner ac Amserau Cymru*, 9 Hydref 1867.
55 *The Brecon County Times, Neath Gazette and General Advertizer*, 19 Hydref 1867.
56 *Baner ac Amserau Cymru*, 9 Hydref 1867.
57 Gweler 'Brynferch a beirdd Llanelli', *Y Gwladgarwr*, 23 Rhagfyr 1871.
58 Gweler 'Deng munud gyda Chreirwy', *Tarian y Gweithiwr*, 8 Ebrill 1909.
59 *Y Gwladgarwr*, 23 Mai 1868.
60 *Y Tyst a'r Dydd*, 10 Mai 1872.
61 *Y Tyst Cymreig*, 23 Ebrill 1869.
62 *The Welshman*, 22 Ionawr 1869. Am broffwydoliaeth Talhaiarn, 'Pan anwyd y steam engine, ganwyd angau y Gymraeg', gweler 'Gweledigaeth Tal', *Yr Herald Cymraeg*, 25 Mawrth 1865.
63 [Cranogwen], 'Fy Ngwlad', *Caniadau Cranogwen*, t. 149.
64 [Cranogwen], 'Fy Ngwlad', *Caniadau Cranogwen*, t. 150.

Pennod 5

Tu Draw i'r Iwerydd

Erbyn 1868 roedd enw Cranogwen yn un cyfarwydd ymhlith Cymry'r Unol Daleithiau yn ogystal â'u cydgenedl yn y famwlad; cyfeirir ati'n aml ym mhapurau Cymraeg America a chan ohebwyr o'r Unol Daleithiau ym mhapurau a chylchgronau Cymru. Ym mis Ionawr, er enghraifft, wrth i un o Gymry America ganmol yn *Y Gwladgarwr* ddarlithiau'r ffeminydd gynnar ac ymgyrchydd yn erbyn caethwasiaeth, Anna Elizabeth Dickinson o Philadelphia, meddai: 'Mae y ferch yma yn America yn debyg i'r un yw Cranogwen yn Nghymru. Mae ei henw yn deuluaidd.'[1] Yn *Seren Cymru* ym mis Chwefror, nid oedd gan Samuel Evans, gohebydd o Efrog Newydd, ddim i'w ddweud o blaid Charles Dickens a oedd ar y pryd ar daith ddarlithio yn yr Unol Daleithiau: 'nid yw Mr. Dickens yn ddarllenwr da o gwbl,' cwyna. Yna caiff syniad gwell: 'O na welwn Cranogwen Rees, y Gymraes anwyl heb ei hail, yn dyfod drosodd, i roddi gwledd araethyddol i Gymry America. Byddai hithau yn sicr o gael gwledd o arian, parch, a chariad, yn dal am ei llafur gwerthfawr.'[2]

Yn ystod y misoedd dilynol, derbyniodd Cranogwen nifer o alwadau cyffelyb, ac erbyn gwanwyn 1869 roedd wedi penderfynu mentro dros yr Iwerydd. Cyhoeddwyd ei mordaith fel atyniad i eraill fordwyo gyda hi; cafwyd mewn llawer papur newydd Cymraeg yr hysbysiad canlynol:

Gan fod y Parch John Roberts (Ieuan Gwyllt) yn nghyd a'i wraig, a Miss Rees (Cranogwen) yn bwriadu myned drosodd i'r America, ar wahoddiad yr Eglwysi Cymreig yn y wlad hono, byddai yn ddoeth i bawb a hoffai eu cwmpeini ar y fordaith ddanfon yn ddioed eu henwau, eu hoedran, yn ngyda blaendal o £1 yr un, i Messrs Lamb & Edwards, 41, Union Street, Liverpool. Maent i hwylio yn yr agerlong ardderchog *Minnesota*, Captain Price, Cymro, ar y 20fed o Ebrill: bydd y Cymry oll gyda'i gilydd yn y llong.[3]

Gweinidog gyda'r Methodistiaid Calfinaidd ym Merthyr oedd Ieuan Gwyllt (1822-77), awdur y gyfrol boblogaidd *Llyfr Tonau Cynulleidfaol* (1859) a chyfieithydd yr emyn Americanaidd 'Gwahoddiad' – 'Mi glywaf dyner lais' – i'r Gymraeg. Roedd yntau hefyd, fel Cranogwen, wedi teithio i bob rhan o Gymru yn darlithio – ar ganu crefyddol yn ei achos ef – ac yn awr fel hithau am ehangu ei orwelion. Ond ni chafodd, nac unrhyw un arall a ymatebodd i'r hysbysiad, gwmni Cranogwen ar y daith wedi'r cwbl. Nid ar yr 20fed ond ar yr 28ain o Ebrill yr hwyliodd hi, ac nid y *Minnesota* oedd enw ei llong ond y *City of London*; ymddengys ei bod wedi newid ei threfniadau. Efallai nad oedd ymgais Messrs Lamb & Edwards i ddefnyddio ei henw yn abwyd i ddenu cwsmeriaid eraill i'w llong wedi ei phlesio.

Fodd bynnag, diwrnod poenus iddi oedd diwrnod y ffarwelio. Yn y cyntaf o'i hamryw gyfraniadau i'r papurau newyddion yng Nghymru ac yn yr Unol Daleithiau ar ei hanturiaethau yn ystod y daith hon, cyfaddefodd Cranogwen fod cychwyn 'hyd lwybr llaith a maith y Werydd . . . yn pwyso yn drwm ar fy ysbryd i; rhyw anadlu yn brin yr wyf er y boreu – anadlu mewn caethiwed. Yr wyf yn teimlo fy hun ar ryw derfyn, ac yn arswydo camu drosodd, ond rhaid beiddio hefyd bellach – *rhaid* myned, a dyma ryw gymaint o ryddhad o'r diwedd mewn llif o ddagrau.'[4] Mae D. G. Jones yn ei gofiant iddi yn cymryd yn ganiataol y byddai Cranogwen, fel un a fu'n morio ac astudio morwriaeth, yn mwynhau'r profiad ar y llong, ac mae'n ei dychmygu yn ymddiddan yn wybodus â'r capten a'r criw ynghylch manylion y fordaith.[5] Ond yn ei dyddlyfr tystia Cranogwen i'r gwrthwyneb; elfen estron, anghydnaws yw'r môr iddi erbyn hyn, meddai.

Blinwyd hi o'r cychwyn gan hiraeth, hiraeth am dir yn ogystal â theulu a chartref:

> O yr hen ddaiar anwyl! Ei choedydd, ei blodau, ei gwyrddlesni! mor deg! mor gu! mor annhraethol anwyl i mi! Ie, yr wyf yn cofio, ar y ddaiar yr ydw' i eto; ond ei *thir* i mi – ei *môr* i ryw rai eraill mwy. Bum unwaith yn gryn dipyn o – beth dd'weda' i – o forwres? Wel, y gair a fyner; do, yn hoffi bod ar y môr, yn hoffi crwydro ei wyneb, ac yn teimlo ac yn arfer tipyn o ddyddordeb yn ei fasnach; ond mae'r cwbl wedi darfod – y tipyn serch wedi oeri bron yn llwyr. Ffarwel iddo am byth, ond hyd y byddo *raid*.[6]

Ond mater o raid oedd hi, os oedd am gadw ei haddewidion, felly dechreuwyd ar y daith, a dechreuwyd hefyd ar ddyddiadur lle cadwodd Cranogwen gofnod manwl o'i helyntion dros yr Iwerydd. Yn ystod ei thaith ac wedi iddi ddychwelyd cyhoeddwyd darnau o'i dyddiadur mewn sawl ffurf. Yn 1869 ac 1870 ymddangosodd tudalennau ohono ym misolyn Cymraeg y Methodistiaid Calfinaidd yn yr Unol Daleithiau, *Y Cyfaill o'r Hen Wlad yn America*, ac anfonwyd darnau yn ôl adref hefyd i'w cyhoeddi yn *Y Goleuad* ac yn *Trysorfa y Plant*. Yna, yng ngaeaf 1873–4, cyhoeddwyd yn *Y Traethodydd* gyfres o ysgrifau yn seiliedig ar y dyddiadur, dan y teitl 'Tu Hwnt y Mynyddoedd Creigiog', ac ymddangosodd dwy gyfres arall, 'Dalen o'n Dyddlyfr yn y Flwyddyn 1870' a 'Dalen o Ddyddiadur 1870', yn *Y Frythones* yn 1883–4 ac 1886. Gyda'r ysgrifau hyn chwaraeodd Cranogwen ei rhan yn nhwf math arbennig o lenydda a oedd wedi dod yn boblogaidd erbyn canol y bedwaredd ganrif ar bymtheg, sef llên teithio. Ynddynt, rhoddai fynegiant agored i'w phrofiadau ar hyd y daith, a hithau weithiau dan straen blinder ac unigrwydd, ond ar adegau eraill yn llawenhau yng ngwres y croeso a dderbyniodd mewn llawer man, neu yng ngodidowgrwydd byd natur o'i chwmpas.

Daw'n eglur yn rhan gyntaf y dyddiadur, a gyhoeddwyd yn *Y Cyfaill* yn Hydref 1869, mai byr iawn oedd ei hamynedd gyda'i chyd-deithwyr ar y *City of London*, a hithau'n dal bryd hynny i deimlo'n gaeth mewn awyrgylch estron. Porthladd y Cobh ger Corc oedd eu harhosfan gyntaf, neu 'Queenstown' fel y gelwir y lle gan Cranogwen: rhwng 1849 ac 1920 roedd hen enw'r porthladd wedi ei newid i goffáu ymweliad gan y Frenhines Fictoria. Un o'r prif borthladdoedd ar gyfer y miliynau a adawodd Iwerddon yn ystod blynyddoedd y Newyn Mawr oedd y Cobh, ac yno ymunodd llawer o Wyddelod â'r *City of London*. Ychydig iawn o gydymdeimlad a ddangosir gan Cranogwen tuag atynt. 'Dyma hwy i fewn yn gannoedd,' meddai; 'Dyn a'n helpo!' Ond ar ôl mynegi ei rhagfarn yn ddigon noeth, ymddiheura wedyn, gan ei hatgoffa ei hunan, 'Wedi'r cwbl, y maent hwythau "o rifedi ei greaduriaid Ef," ac am hyny, dystawrwydd a weddai i ni.'[7] Eithr nid yw'n ddistaw yn hir; nid yw'r adloniant a drefnwyd ar gyfer y teithwyr cyfoethocaf ar fwrdd y llong yn ei bodloni ychwaith. Cynhelid cyngherddau a phartïon yn yr hwyr, gyda thipyn o rialtwch a'r gwin yn llifo, ond ymateb Cranogwen yw tosturio tuag at y lleuad ddiniwed sy'n gorfod bod yn dyst i'r fath 'weithredoedd annheilwng': 'Paham y trefnwyd fel hyn, fod i ddiniweidrwydd a gwyleidd-dra fel pe b'ai – fod y *lleuad* i orfod tystio yr ysgelerder gwaethaf?'[8]

Y Saeson ar y llong, yn hytrach na'r Gwyddelod, oedd ar fai am gywilyddio'r lleuad yn ystod y cyngherddau, ac mae Cranogwen yn cwyno'n hallt am eu 'clebran ac ymffrostio' hwy, heb unrhyw ymddiheuriad y tro hwn. 'Rhyfedd byth i allu y Saeson yma i siarad', meddai. ''Does dim diwedd arnynt; siarad, siarad, siarad o hyd, o hyd, o hyd, yn ddidaw, di-derfyn bron. "Yn enw'r rhyfedd," ys dywed pobl —, ai siarad yw bywyd i fod i gyd?' Iddi hi, poen a blinder oedd gorfod goddef eu cwmni: '[y]chydig o brofedigaethau mwy profedigaethus fydda'i yn gyfarfod mewn bywyd cyffredin, na phan y mae deddfau moesgarwch yn fy rhwymo i wrando ymddyddanion annyddorol.' Ac mae hunanfodlonrwydd y Saeson hefyd yn ennyn ei dicter. 'Dyna fel y mae bod, meddant hwy; dyna'r math o siarad sydd i gymeryd i fyny oriau brecwast a chiniaw, ac oriau hamddenol, a ffyliaid yw pawb a ddychymygont am fod yn fwy sylweddol.'[9] Ar hyd ei thaith ychydig o ras nac amynedd sydd ganddi yn gyffredinol tuag at unrhyw hil ond y Cymry. Ymhellach ymlaen, wedi cyrraedd America, mae'n cyfarfod â Chernywiaid, ond nid ydynt hwy chwaith yn cymharu'n dda: 'Llawer o debygrwydd i'r Cymry yn y bobl hyn, o ran pryd a gwedd, ond yn fwy arwynebol ac ysgafn, yn foesol a chrefyddol.'[10] Heblaw am ei chyd-wladwyr, dim ond un hil a gaiff ei chanmol yn gyffredinol yn ei dyddiadur: tywysogion o bobl yw'r dynion du, yn ddieithriad. Cyfarfu â rhai ohonynt wrth deithio'r rheilffyrdd ar draws y Mynyddoedd Creigiog, ac mae ei hedmygedd ohonynt fel cymeriadau 'nobl, cydwybodol iawn ... mor awyddus i fod yn roesawgar' yn cael ei bwysleisio yn y gyfres ar ei thaith yn *Y Frythones*,[11] a hefyd yn ei hysgrifau yn *Y Traethodydd*. Wrth deithio ar yr Union Pacific Rail Road, fe'i cafodd ei hun yng ngofal 'brawd du, o'r ddynoliaeth hawddgaraf, hynawsaf, a gyfarfuasom nemor erioed', noda yn 'Tu Hwnt y Mynyddoedd Creigiog'.[12]

Yn ei chydymdeimlad â'r Affro-Americanwyr roedd Cranogwen yn cyd-fynd ag agweddau gwleidyddol y rhan fwyaf o'i chydgenedl yn yr Unol Daleithiau yn yr 1860au. Yn ystod Rhyfel Cartref 1861–5, ochrodd y Cymry'n gryf â safiad Lincoln, a chefnogwyd y mudiadau gwrth-gaethwasiaeth yn egnïol gan y papurau Cymraeg yn America. Roedd yr enwad yr aeth Cranogwen allan yn benodol i'w wasanaethu, y Methodistiaid Calfinaidd yn America, yn selog o blaid Lincoln. Yn 1863, yng nghanol yr ymrafael, cyhoeddodd y *New York Times* gyfieithiad o bregeth gan y Parch. William Roberts, arweinydd y Methodistiaid Cymraeg yn Efrog Newydd, yn diolch i Dduw am yr argoelion da fod gormes caethwasiaeth o'r diwedd i'w weld yn colli'r dydd.[13] Mae'n debyg mai'r gŵr hwnnw, William Roberts (1809–87), o Sir Fôn yn enedigol, a ddaeth i gyfarch Cranogwen pan, o'r diwedd, ar 9 Mai, hwyliodd y *City of London* i mewn i borthladd Efrog Newydd. Nid yw Cranogwen yn enwi'r 'gŵr hynaws o'r Hen Gorff' a ddaeth i'w chyfarfod, ond gan mai ei weithred gyntaf oedd dangos iddi gapel y Methodistiaid Calfinaidd yn Nhrydedd Stryd ar Ddeg y ddinas, a'i chyflwyno i rai o'r aelodau, y tebygrwydd yw mai naill ai William Roberts neu, o bosib, un o'i ddiaconiaid ydoedd. Cafodd groeso twymgalon yn ei gartref hefyd, a theimlo gollyngdod mawr: 'Dyma fi ar unwaith, o ganol yr holl bryder, yn y wlad ddyeithr hon, ar unwaith yn teimlo mor gartrefol a phe yn un o "dai capeli" yr Hen Wlad, ac y mae hyny, yn fy achos i beth bynag, yn golygu perffeithrwydd.'[14]

Daeth yr ymdeimlad hwn o berthyn, o fod yn gartrefol, o gynyddol bwys i Cranogwen ar hyd y daith; ar ddiwedd y 'Dalen o'r Dyddlyfr' a gyhoeddwyd yn *Y Cyfaill* mae'n myfyrio ynghylch natur perthynas o'r fath. Wrth gyfarfod â'r Methodistiaid yn Efrog Newydd, 'teimlais ar unwaith fy mod yn nghanol cylch o gyfeillion – fod yr "Hen Gorff" – yr "Eglwys fawr" yn America a Chymru – "yr un".' Mae'n ymwybodol fod, yn ôl rhai, ochr dywyll i'r 'terfynau, y rhwymau, y muriau gwahaniaeth yma'; wrth rwymo ei haelodau at ei gilydd maent hefyd yn eu rhannu oddi wrth bawb sydd y tu allan i'r cylch. Ond '[f]edra'i lai na chredu ynddynt, y rhwymyn cenedlaethol a'r rhwymyn enwadol,' meddai; 'maent yn wasanaethgar ... yn peri i ddynion adnabod eu gwaith a'u cyfrifoldeb, a'u cymeryd i fyny'. Ohonynt hwy y daw pwrpas bywyd: y tu mewn i'r 'gwahanol gorlanau yma' y caiff yr unigolyn afael ar ei briod waith yn ei gymdeithas. 'Pe b'ai y cwbl yn "un llawr gwastad", beth, ni fyddai unrhyw adnabyddiaeth a chyfeillgarwch *agos* yn bod', meddai, 'a "gwaith pawb yn waith i neb" fyddai hi.' Ond mae'n cydnabod hefyd, fel pe bai unwaith eto'n ymddiheuro am ei diffyg cydymdeimlad â'r 'arall', fod yn rhaid 'cael y gwahanol lwythau i fyw mewn heddwch eto', cyn bod 'pob peth yn dda'.[15] Cyfle oedd profiadau'r daith – y rhaniad sydyn oddi wrth bopeth oedd yn gyfarwydd iddi, ei dieithrwch oddi wrth ei chyd-deithwyr ar y llong, ac yna'r dychweliad annisgwyl i'r 'cartrefol' filltiroedd maith o'i chartref cynhenid – cyfle oeddynt iddi synfyfyrio mewn modd nodweddiadol ohoni ar ddibenion bywyd.

Fodd bynnag, unwaith iddi ei chael ei hun yn glyd yng nghartref yr hen Fethodist croesawgar, daeth ei phwrpas a'i gwaith yn yr Unol Daleithiau yn glir iawn iddi. Yn Efrog Newydd roedd achos y Calfiniaid yn ddigon llewyrchus: 'Mae teml y Methodistiaid yma yn un bur brydferth a theilwng,' meddai, a'r 'cwbl wedi ei dalu!' Ond y tu allan i'r ddinas, mewn ardaloedd gwledig o'r dalaith fel swydd Oneida, roedd nifer fawr o Gymry wedi ymsefydlu nad oedd ganddynt ddigon wrth gefn i gynnal capeli yn ôl eu dymuniad. Cael cyfle i ffermio eu tir eu hunain, yn hytrach na bod yn ddibynnol ar landlordiaid trahaus, oedd prif atyniad ardal fel Oneida i'r Cymry, ynghyd â'r rhyddid i grefydda fel Anghydffurfwyr heb orfod talu degwm i'r Eglwys Anglicanaidd. Daeth y Cymry cyntaf i'r ardal yn yr 1800au cynnar, ac erbyn 1865 roedd 3,148 o fewnfudwyr a anwyd yng Nghymru yn trigo yn Oneida.[16] Aeth Cranogwen i'r ardal yn fuan ar ôl iddi gyrraedd yr Unol Daleithiau, gan draddodi nifer o ddarlithiau mewn capeli bychain yma ac acw ar fynyddoedd Apalachia.

Hi oedd y prif siaradwr yng Nghymanfa Ddirwestol Talaith Efrog Newydd yn Floyd, swydd Oneida, ar 2 Mehefin 1869; cyfyngwyd gweddill y siaradwyr i bymtheng munud o drafodaeth yr un, ond cafodd hi rwydd hynt i ddarlithio am ba hyd bynnag y mynnai. Yn ôl adroddiad ar y Gymanfa yn *Y Cenhadwr Americanaidd*, sef cyfnodolyn yr Annibynwyr Cymreig yn America, roedd 'areithiau Miss Rees yn swynol dros ben. Rhyfeddai pawb at ei galluoedd, nid yn unig i draddodi, ond i gyfansoddi ei hareithiau. Teimlai pawb oddiwrth ei sylwadau miniog a da, y cymedrolwyr a'r meddwon.' Fel yng Nghymru, cyferchid hi'n aml â chân gan y beirdd lleol ar ddiwedd darlith. Yn Floyd, diolchwyd iddi gan 'Gwyneddfardd', sef T. B. Morris o Scranton,[17] mewn englyn sy'n defnyddio trosiadau benywaidd iawn i ddisgrifio'i medrau – er efallai nad oeddynt yn taro Cranogwen fel rhai priodol, gan mai cas beth ganddi hi oedd gwnïo, ar ôl ei phrofiad anhapus yn brentis i wniadyddes:

>Cywrain egyr Cranogwen – ei llithiau
>   Yn llwythog o awen:
>Nydda ei llinyn addien, –
>Dyga'r pwyth yn deg i'r pen.

Ar ddiwedd y cyfarfodydd pasiwyd penderfyniad unfrydol 'ein bod fel Cymanfa yn Floyd yn teimlo yn falch fod Miss Sarah J. Rees (Cranogwen) wedi cael ar ei meddwl i dalu ymweliad a'r wlad hon, gyda'r amcan o wneyd daioni cyffelyb i'r hyn a wnaeth yn yr Hen Wlad'. Ymfalchïai'r Gymanfa hefyd yn y ffaith 'fod gan y genedl Gymreig un o'r rhyw deg yn feddiannol ar y fath dalentau i siarad dros achosion daionus', a chyflwynasant hi i'r Cymry yn America yn gyffredinol 'gan obeithio y bydd i bawb roddi iddi ddrws agored i fyned rhagddi mewn gwneuthur daioni yn ystod ei harosiad yn ein plith'.[18]

Y diwrnod wedyn roedd yn Rhufain, ardal gyfagos yn Oneida, yn cymryd rhan yng Nghymanfa Bregethu'r Methodistiaid Calfinaidd. Pasiwyd penderfyniad tebyg yno, 'ein bod yn cymeradwyo llafur Miss Rees o blaid rhinwedd, yn ei darlithiau gwerthfawr, ac yn ei chymeradwyo i ffafr ein cyd-genedl trwy y wlad'.[19] Ac unwaith eto cyfarchwyd hi gan y beirdd. Yn ôl y bardd cadeiriol lleol John Edwards (Eos Glan Twrch) yn ei englyn 'Cranogwen yn Rhufain':

> Cranogwen os ceir yn agos – gynull
>   Yn ganoedd werinos,
> Siarad wna nes rhed y nos
> Heibio i'r boreu heb aros.[20]

Yn amlwg roedd gallu Cranogwen i ddenu i'w chyfarfodydd nifer fawr o wrandawyr yr un yn yr Unol Daleithiau ag yr oedd yng Nghymru. Gan mai ardal wledig oedd Rhufain, â'i ffermydd yn bell ar wasgar ar draws y mynyddoedd, os oedd cannoedd yno yn gwrando arni, mae'n rhaid fod llawer ohonynt wedi teithio'n hir i'w chlywed. Darlithiai ar yr un pynciau â'r rhai a brofodd mor llwyddiannus yng Nghymru – 'Anhepgorion Cymeriad Da', 'Elfennau Gwir Ddedwyddwch', 'Llafur a Llwyddiant' – a'r pwyslais yn gyffredinol ar y rheidrwydd i ddiwyllio'r meddwl, darganfod pwrpas mewn bywyd er lles eraill, a bod yn hunanddisgybledig. Ac yno, fel yng Nghymru, enynnodd ei geiriau barch ac edmygedd – er efallai nad yw'r cwpled olaf hwnnw o waith Eos Glan Twrch heb ei gic slei at ei thueddiad i siarad yn o faith. Ond i fardd arall, sef y Parch. J. P. Harris (Ieuan Ddu) o Sandusky, a fu'n gwrando ar un o'r 'llithiau penigamp' a drafododd Cranogwen yn swydd Cattaraugus yn nhalaith Efrog Newydd:

> Gemwaith aur yw'r llith gymhen – yn haeddol
>   Gyhoeddwyd gan feinwen;
> Ar neges mae Cranogwen
> I wella byd – diwyllio'i ben.[21]

Ac yntau'n olygydd *Y Seren Orllewinol* ac yn awdur llithiau yn erbyn 'Caethwasanaeth', roedd enw da i Ieuan Ddu fel dyngarwr;[22] wrth ganmol Cranogwen fel cyd-weithwraig iddo ymhlith y rhai a fynnai 'wella'r byd', ychwanegodd yn sylweddol at ei bri ymhlith ei gyd-wladwyr.

Yr oedd patrwm gwaith Cranogwen yr un yn yr Unol Daleithiau ag yng Nghymru. Arhosai mewn un ardal a darlithio mewn nifer o gymunedau bychain lleol, gydag elw'r cyfarfodydd yn mynd at dalu dyledion capeli, cyn symud ymlaen – dros, wrth gwrs, lawer iawn mwy o filltiroedd nag yng Nghymru – at y clwstwr nesaf o gapeli Cymraeg a oedd wedi gofyn am ymweliad ganddi. Mewn erthygl yn *Cymru* yn 1901, amcangyfrifir ei bod, yn ystod y daith gyntaf hon 'tu draw i'r Werydd', wedi darlithio '[b]edwar cant o weithiau,' ac wedi 'tynnu miloedd o bunnau o ddyled addoldai yng ngwlad y Gorllewin'.[23] Yn Oneida, bu'n 'dweud gair' hefyd yn ardaloedd Steuben a Remsen; ymsefydlodd rhyw dair mil o Gymry yn y ddwy ardal gyfochrog hyn, ac agor yno ugain o gapeli, nifer ohonynt yn perthyn i'r Methodistiaid. Pen-y-caerau oedd y capel cyntaf a godwyd gan y Methodistiaid yno, rhwng Remsen a Steuben, a dilynwyd ef gan Gapel Ceryg yn Remsen, Capel Nant yn Steuben, a chapeli eraill ym mhentrefi cyfagos Enlli a Prospect, yn ogystal â chapel mwy llewyrchus yn Utica, prif ddinas swydd Oneida. Y gweinidog yno oedd William Rowlands, golygydd misolyn y Methodistiaid Calfinaidd yn America, sef *Y Cyfaill*, lle cyhoeddodd Cranogwen ei chyfres 'Dalen o'm Dyddlyfr'.[24]

Ond yn y darnau o'i dyddiaduron a ddewiswyd i'w hargraffu, rhoddir mwy o bwyslais ar ddisgrifio'r lleoedd trawiadol yr aeth ei chyfeillion newydd â hi i'w gweld nag ar ei chyfarfodydd darlithio. Ar 14 Mehefin aeth i weld rhaeadrau Trenton, hyd afon y Canada Creek yn agos at Rufain, ac ymddangosodd ei disgrifiad ohonynt nid yn unig yn *Y Cyfaill* ond hefyd yn rhifyn cyntaf *Y Goleuad* yng Nghymru, ym mis Hydref 1869, ac ym misolyn Cymraeg Awstralia, *Yr Awstralydd*, ym mis Mawrth 1870. Mae ei phortread o'r pum rhaeadr 'mewn llai na haner milltir', a'r creigiau o bob ochr iddynt o 'uchder dirfawr', yn nodweddiadol o'i thuedd i bersonoli natur a gweld ynddi wersi moesol. Yn gyntaf, tynnwyd ei sylw at y 'coed prydferth . . . yn tyfu mor bell i lawr ar y graig – yn hunan-ymwadu cymaint fel pe bai, i guddio ei hagrwch hi, gymaint ag yw yn bosibl iddynt, a "byw." *Prin* digon i gynnal eu bywyd y mae y graig yn abl ei gyfranu o angenrheidrwydd, ond y maent yn ymfoddloni arno.' Eu neges hwy, meddai, yw dilysrwydd 'byw er mwyn eraill . . . er y rhaid am yr "amser presenol" ymwadu a llawer o esmwythder'.[25] Yna, wrth iddi 'basio heibio pob penrhyn o graig, a dyfod i olwg y naill raiadr ar ol y llall', mae rhialtwch yr holl olygfa yn ei tharo. 'Y mae natur ffordd yma yn union yr un fath a phe b'ai wedi cael caniatad i wneyd fel y mynno â hi ei hun', meddai. 'Fel plentyn wedi ei ollwng yn rhydd o'r ysgol…y *mae* yn wyllt, y *mae* yn llamu ac yn chwerthin, yn neidio ac yn dawnsio, yn bloeddio ac yn chwareu! Nid oes derfyn ar ei hystranciau!' Ac mae'r holl '[d]rochion dysglaer, a'r enfys hardd sydd fel pont camfa angylion uwch eu llif' iddi hi yn dyst o'r modd 'y mae delw ei Chreawdwr ar natur yn mhob peth'.[26]

Yna, dechreua bendroni ynghylch atyniad rhaeadrau yn gyffredinol:

Beth yw y swyn sydd mewn *rhaiadr* – y rhaiadr unig, yn mhell fry yn y mynyddoedd, neu yn mhell draw yn y diffaethwch, a miloedd o ddynion . . . yn crwydro yno drwy rwystrau lawer, hwyrach, i'w weled a'i edmygu? Beth yw y gallu sydd yn eu tynu yno? . . . Y mae yn y rhaiadr ryw fywyd sydd yn rhyw beth tebyg iawn i gydymdeimlad, ac oblegid hyny, mae'n debyg, yn tynu calonau ato, ac yn eu cylymu wrtho. Y mae y dwfr yn myned i lawr yn chwareuol a difeddwl ddrwg at ddibyn y graig – yno ar unwaith yn gorfod cymeryd ei godwm i'r dyfnder obry; yr ydym yn teimlo drosto ryw fodd, yn fwy felly o lawer na thros y gareg neu y pren fyddo yn myned i lawr yn ei lif, oddieithr i ni *dybied* bywyd yn y rhai hyny. Nid oes raid ei *dybied* yn y dwfr, y mae ynddo yn weledig, debygem, a dyna ni yn dal ein hanadl tra fyddo yn disgyn i lawr, a bron methu symud nes ei weled yn ymddangos drachefn yn y gwaelod, ac yn llifo i ffwrdd yn fyw; a'r fath ryddhad ydyw ei weled yn chwareu yn iach a llon, wedi ymddadebru o'i godwm erchyll. Y mae felly fwy o gymdeithas a chydymdeimlad rhyngom a'r rhaiadrau nag a'r clogwyn neu yr ogof, er fod yno hefyd *bresenoldeb*.[27]

Gwêl hefyd wahaniaethau yn natur y llif: 'lle y mae mwyaf o ddwfr yn disgyn, y mae yn ymroddi i'w dynged yn y radd mwyaf hunan feddiannol a thawel . . . y mae yn cymeryd ei godwm felly yn ddigyffro'. Mewn cymhariaeth, 'mae ffrydiau llai y rhaiadr yn fwy gwyllt, yn fwy *nervous*, fel pe baent yn brysio i lawr mewn tymer hytrach, a'r dafnau yn taraw eu hunain fel ffyliaid bychain ar y graig yn y gwaelod'. Ond ar ôl y cwymp gwelir y ffrydiau mwy gwyllt, wedi iddynt 'lifo at y dyfroedd eraill, a deall eu bod hwythau wedi ei chael yr un modd, yn ymlonyddu'. Yn y pwll ar waelod y rhaeadr, mae'r 'tonau bychain, llawen, yn rhedeg at ei gilydd o bob cyfeiriad, i holi ei gilydd, debygem, sut y maent wedi ymdaraw – faint o niwed gawsant wrth ddisgyn, ac felly yn mlaen; ac yna, wedi nifer o ymgyfarchiadau, yn troi i ffwrdd yn araf dan ymgomio yn hapus'. Cymuned o wahanol gymeriadau yw rhaeadr, yn ôl Cranogwen, sydd oll yn dysgu ei gilydd sut i ymdopi â pheryglon bywyd, a byw'n ddiddos er gwaethaf pob cwymp. Dyma ddychwelyd, felly, at un o'i phrif themâu yn ei dyddiadur Americanaidd, sef pwysigrwydd cymuned lle gellir teimlo'n gartrefol a darganfod gwerth mewn bywyd. Fel yn ei cherddi ar fyd natur, mae'n gweld y bywyd gwyllt o'i chwmpas fel alegori sydd yn dysgu gwers ar sut i fyw; mae'n debyg fod tynnu gwers foesol o'r fath o olygfeydd trawiadol a ffyrdd anghyfarwydd o fyw yn elfen nodweddiadol o lên teithio ei chyfnod.[28]

Ar ôl treulio mis Mehefin gyda Chymry Oneida, aeth rhagddi ar ei hunion at y gymuned fwyaf niferus ac adnabyddus o'i chydgenedl yn America, sef Cymry talaith Pensylfania. Yno, yn Philadelphia ac i'r gorllewin o'r ddinas honno, yn Narberth, Bryn Mawr, Bala Cynwyd, Tredyffrin, Uwchlan a Berwyn, yr ymsefydlodd Crynwyr o Gymru yn yr ail ganrif ar bymtheg. Yno hefyd, yn 1798, y sefydlwyd gwladfa Gymreig gan Morgan John Rhys, golygydd *Y Cylchgrawn Cynmraeg*, ar ôl iddo orfod ffoi o Brydain oherwydd ei gydymdeimlad â'r Chwyldro Ffrengig.[29] Rhoddodd ar ei wladfa yr enw Cambria; erbyn 1804 sir yng ngorllewin talaith Pensylfania ydoedd Cambria County. Ardal wledig oedd hi yn nyddiau Morgan John Rhys, ond erbyn yr 1860au roedd yn ganolfan ddiwydiannol, gyda Chwmni Haearn Cambria yn enwog am gynhyrchu mwy o ddur nag unrhyw gwmni arall yn yr Unol Daleithiau. Yn haf 1869 ymgartrefodd Cranogwen yn Johnstown, un o brif ddinasoedd Cambria. Ar ôl ei chlywed yn darlithio yno ar 'Ddiwylliad y Meddwl', honnodd un o'r beirdd a'i cyfarchodd fod 'nerth dy areithyddol dân / Yn gwefru'n gwlad a bendith'.[30]

O Johnstown aeth ar amryw deithiau darlithio o gwmpas Cambria a'r siroedd cyfagos, ac ar draws talaith Pensylfania. Yn ninas Philadelphia, cafodd groeso yn nhŷ David Jones a'i wraig yn stryd Wharton, lle roedd '"Ystafell y Prophwyd", fel y galwai Mr. Jones hi', lle bu 'enwogion Cymreig, o bob enwad a galwad, yn aros tra yn y ddinas', gan gynnwys Samuel Roberts, Thomas Levi a'r bardd Llew Llwyfo.[31] Yn Wilkes-Barre yng nghornel ddwyreiniol y dalaith bu'n 'gwneuthur gorchestion galluog a rhyfedd' wrth draddodi ei darlith ar 'Elfennau Cymeriad Da'. 'Campus yn wir,' oedd barn gohebydd yn *Y Gwladgarwr* am y ddarlith honno.[32] Cafodd Pittsburg yng ngorllewin y dalaith o leiaf ddau ymweliad oddi wrthi, ac yn ôl *Y Tyst Cymreig* rhoddodd '[l]wyr foddlondeb bob tro'.[33] Aeth oddi yno at y Cymry yn nhalaith gyfagos Ohio, gan ddarlithio mewn mannau fel Newburgh a Parisville.[34]

Yng Ngorffennaf 1869 bu'n darlithio yn Hyde Park, swydd Westmoreland, sir ar y ffin â Chambria, a chyhoeddwyd adroddiad o'r ddarlith honno yn *Y Cyfaill*. Mae'r gohebydd, David Powell (Dewi Cwmtwrch) o Bellevue, ger Pittsburgh, yn cychwyn ei lith gyda disgrifiad o'i ymweliad ef yn haf 1864 â '[ph]entref bychan prydferth, ar lan y môr, yng ngodreu Sir Aberteifi', sef Llangrannog. Yno,

> aethom i ysgoldy Pontgareg, lle y gwelem lawer o blant serchog a glanwedd ac ychydig fechgyn wedi tyfu i fyny yn dysgu Morwriaeth. Synem at y drefn dda, a'r dystawrwydd dymunol oedd yn teyrnasu dros yr holl le. Merch ieuanc lled dal, gyda gwallt du, talcen uchel, llygaid mawrion, tawel, a myfyrgar, mewn gwisg wledig, gyda llais a golwg lled wrywaidd, a'r cyfan fel wedi ei gyfuno i ddangos gallu ac awdurdod. Dyna Sarah Jane Rees, yr Ysgolfeistres. Mewn gair, dyna athraw y *Band of Hope*, ysgolfeistr yr ardal, prif fardd y lle, a meddwl arweiniol y gymdogaeth, wedi cydgyfarfod mewn geneth ieuanc.[35]

Pum mlynedd yn ddiweddarach bu Dewi Cwmtwrch yn gwrando ar yr un ferch yn darlithio ar 'Ann Griffiths, yr Emynyddes Gymreig' i dyrfa luosog, 'o Gymry parchusaf yr ardal', yng nghapel yr Annibynwyr yn Hyde Park, Pensylfania. Mae'n amlwg o'i ysgrif nad oedd wedi arfer pleidio achos rhyddfreiniad y merched. 'Nid ydym yn credu mewn rhoddi yr etholfraint i fenywod, a llawer o bethau cyffelyb,' meddai. 'Credwn mai cartref yw ymerodraeth merch; ond eto tybed i'r Hollalluog roddi y fath gymhwysder ac athrylith yn y ferch hon heb i neb gael clywed oddiwrthi tu allan i'w phentref bychan ei hun?' Eithriad ymhlith ei rhyw oedd Cranogwen iddo ef, felly, fel i'r Parch. J. Ogwen Jones o Lerpwl y cyfeiriwyd ato eisoes. Serch hynny, canmolir hi ganddo fel 'un o'r merched mwyaf athrylithgar a gynyrchodd Cymru erioed': 'clywsom lawer yn traethu ar athrylith,' meddai, 'ond credwn mai hi yw yr oreu a glywsom erioed.'

Rhoddir ganddo ddisgrifiad manwl o'i hymddygiad ar y llwyfan: siaradai o'i dewis o'r sêt fawr yn hytrach na'r pulpud ac edrychai'n 'hynod o wylaidd':

> dechreuodd siarad yn isel, ac ymddangosai rhyw lonyddwch a difrifoldeb anghyffredin yn ei llygaid . . . Fel yr elai yn mlaen, yr oedd ei llais yn codi, ei llygaid yn dyfod yn anesmwyth – tynai ei bonnet oddiam ei phen, gan ei gosod yn lled esgeulus ar y bwrdd. Erbyn hyn yr oedd yr holl gynulleidfa fel wrth ei hewyllys yn ei gwrando yn traethu mor alluog am ei harwres am yn agos i ddwy awr.

Gyda boddhad, mae hefyd yn cyfeirio at ffraethineb y darlithydd: 'Taflai yn awr ac eilwaith yr awgrymiadau mwyaf gwawdlyd a llym-finiog at yr *would be* beirniaid, emynwyr, a beirdd, nes oedd y gynulleidfa yn chwerthin bron yn ddilywodraeth, gan fod cynifer o honom yn Hyde Park a'r cylchoedd.' Ac mae'n gorffen trwy ddymuno iddi 'lwyddiant i ddysgu dy genedl yn mhob parth o'r byd'.[36]

Yn ystod ei thaith, llwyddodd Cranogwen i ennill canmoliaeth frwd ei chyd-wladwyr ym mhob parth o America os nad 'pob parth o'r byd'. Erbyn yr 1860au roedd y Cymry wedi ymledu i'r gorllewin, o daleithiau arfordirol yr Iwerydd i mewn i ganolbarth yr Unol Daleithiau. Yn dilyn pasio'r Ddeddf Gyfannedd (*Homestead Act*) yn 1862, denwyd cannoedd ohonynt i adael siroedd fel Oneida er mwyn ymsefydlu ar diroedd rhad ac am ddim mewn ardaloedd a oedd cyn hynny yn ddiffaith.[37] Bu Cranogwen yn teithio ar eu hôl yn hydref a gaeaf 1869, trwy daleithiau Indiana, Illinois, Wisconsin a Minnesotta.[38] 'Mae Miss Cranogwen Rees yn hynod o lwyddiannus yma gyda'i darlithiau,' meddai 'Gohebydd Penodol' o America yn *Seren Cymru* yn Ionawr 1870. 'Mae hi wedi bod mor bell yn y Gorllewin a thalaith Minnesotta, ac yn mhob man mae hi yn cael derbyniad poblogaidd iawn.'[39] Erbyn misoedd y gwanwyn, fodd bynnag, roedd yn ôl yn Johnstown yng Nghambria. Ddydd Gŵyl Dewi, 1870, cychwynnodd oddi yno ar draws mynyddoedd yr Alleghenny i roi darlith ar 'Ddirwest' yn Harrisburg, prif ddinas Pensylfania, ac yna ymlaen oddi yno i West Bangor yn swydd Northampton, yng nghornel ddwyreiniol y dalaith. Ardal chwareli llechi oedd Bangor, wedi ei sefydlu gan Gymry yng nghanol y ddeunawfed ganrif; chwarelwr oedd y gweinidog yng nghapel yr Annibynwyr yno, lle bu Cranogwen yn rhoi darlith ar 7 Mawrth. Yn ei dyddiadur mae'n nodi iddi gael '[h]wyl i siarad' y noson honno, ac mae'n '[g]obeithio y bydd rhyw ffrwyth i'r cyfarfod heno, ond y mae llawer un tebyg iddo, gwell nag ef ar lawer ystyr yn ymddangosiadol, wedi myned yn hollol *ddi*ffrwyth, mor bell ag y gellir gweled'.[40] Ar y cyfan ychydig iawn o sôn sydd yn ei dyddiaduron am ei darlithiau fel y cyfryw, ac nid yw byth yn eu brolio.

Rhaid oedd cadw addewid i ddarlithio yn Baltimore y diwrnod wedyn, ar draws y ffin daleithiol yn Maryland, gan gychwyn am 'dri, y boreu, mewn *spring-wagon* agored. Yr aer yn oer iawn'.[41] Aeth ymlaen oddi yno i Washington, gan gyrraedd y ddinas ar 9 Mawrth, a mynd ar ei hunion i wrando dadl yn y Senedd. Ond siom gafodd yno: 'difywyd' iawn oedd y drafodaeth ac mae'n dwrdio'r seneddwyr yn hallt:

> Tybed nad ellwch chwi ymroddi ati dipyn, fechgyn, '*for my sake,*' ys dywedai cyfaill Pickwick, i mi gael rhyw *idea* sut rai ydych pan yn debyg i chwi eich hunain – sut y medrwch siarad pan yn *ceisio* siarad, oblegid 'rwan' rhyw haner cysgu yr ydych ch'i bob un . . . Dyma fi wedi d'od gannoedd o filldiroedd o bwrpas i'ch gweled a'ch clywed

. . . a dyma ch'i fan yma fel malwod wedi cysgu. 'Nenw'r dyn,' ellwch ch'i ddim yn well na hyn?'[42]

Ond mae'n nodi â phleser iddi weld yno 'Mr. Revels, y Seneddwr o Mississippi – y Seneddwr o liw cyntaf erioed yn yr Undeb Americanaidd'. 'Mor gyflym y mae olwyn amgylchiadau wedi troi yn ddiweddar,' meddai gyda boddhad, 'cenedl wedi ei geni mewn un dydd'. O ddeutu'r adeg hon y cyfansoddodd ei cherdd 'America' a gyhoeddwyd yn *Trysorfa y Plant* yn ôl yng Nghymru, lle mae'n mawrhau 'Amerig ardderchog' oherwydd bod pob coedwig a bryn ynddi'n awr 'Yn adsain o ryddid i'r Negro tylawd, / Mae yntau o'r diwedd yn frawd!'[43]

Erbyn 15 Mawrth roedd yn ôl yn Johnstown, yn 'teimlo yn gysurus a difyr fel hyn yn nghanol cylch o gyfeillion gwir garedig, llawn o gydymdeimlad', ond 'wedi blino yn aruthrol. O! fel yr wyf wedi blino'.[44] Dim syndod am hynny, wrth gwrs; mewn cwta bythefnos roedd wedi traddodi o leiaf saith o ddarlithiau ac wedi teithio cannoedd o filltiroedd, mewn cerbyd a char llusg yn yr awyr agored, yn ogystal ag ar y rheilffyrdd. Ond ni roddodd lawer o egwyl iddi'i hunan, oherwydd 'gan gymaint y son gan bawb am y gorllewin . . . yr oedd yr awydd am ganlyn yr haul tuag yno, a chael gweled, a chlywed, a phrofi drosom ein hunain wedi ei gynneu yn effeithiol yn ein hysbryd'. Hynny yw, teimlai dynfa'r alwad boblogaidd '*Go West, young man*!' ond nid ati hi na'i rhyw yr anelwyd yr alwad honno, wrth gwrs. Yn gyffredinol, y disgwyliad oedd mai'r gwryw yn hytrach na'r fenyw a fyddai'n ymateb i'r her o brofi ei wrhydri yn y Gorllewin Gwyllt,[45] ond i Cranogwen yr oedd yn sialens bersonol. Felly dyna gychwyn ar gyfres o deithiau newydd a fyddai'n mynd â hi ar draws cyfandir cyfan, yn trafaelio ar ei phen ei hun dros diroedd anial a thrwy gymunedau ansefydlog oedd newydd brofi rhwygiadau Rhyfel Cartref – anturiaeth beryglus iawn, yn enwedig i fenyw heb gydymaith.

I gychwyn, taleithiau'r Great Plains, lle bu dros y gaeaf, oedd 'y Gorllewin' iddi; yn Ebrill a Mai 1870, aeth ymlaen oddi yno am Missouri, Kansas ac Iowa. Darllenwyd llythyr ganddi yng Nghymanfa Methodistiaid Calfinaidd yr Unol Daleithiau yn haf 1870, lle roedd yn apelio am arian a chyngor ar ran cylch bychan o Fethodistiaid y cyfarfu â hwynt yn Williamsburgh, Iowa, oedd ag awydd codi capel.[46] O ddinas Emporia yn nhalaith gyfagos Kansas ysgrifennodd gohebydd at *Y Cenhadwr Americanaidd* ym mis Mai i fynegi bodlonrwydd y Cymry yno â'r darlithiau a glywsant yn ddiweddar gan Cranogwen: 'Mae llawer o ysgrifenu wedi bod am dani yn y dwyrain yna,' meddai. 'Gymaint sydd genym ni yn y gorllewin i'w ddweyd yw, fel dywedai brenhines Seba, na fynegwyd yr haner.'[47] Yn amlwg, i'r gohebydd hwnnw talaith Kansas yng nghanolbarth America oedd 'y Gorllewin', ond darganfu Cranogwen pan oedd yno nad oedd eto ond hanner ffordd at ei nod. '[Y]r oedd "y Gorllewin" can belled ag o'r blaen, ac wedi ymgilio erbyn hyn y tu hwnt i'r mynyddoedd creigiog, a thua glan y Tawelfor', meddai wrth sôn am ei hanturiaethau yn *Y Traethodydd*, ac â rhagddi i fanylu ar y profiad hwn o'r 'Gorllewin symudol':

> Y mae y '*West*' yn America ... yn union fel cydgyfarfyddiad y ddaear a'r awyr yn nyddiau plentyndod, yn ymgilio rhagom ... nid yn unig fel yr ydym yn nesâu ato, ac oblegid hynny, ond hefyd tra yr aroswn yn llonydd. Hynny yw, bydd rhywun o hyd yn ei ddwyn i ffwrdd gyda hwy. Y mae gorllewin pell y pryd hwn ymhell iawn oddi wrth orllewin deng mlynedd ar hugain, ïe, oddi wrth eiddo deng mlynedd yn ol. Yr hyn sydd yn awr yn ganolbarth y wlad, a Chicago fel ei ganolbwnc a brifddinas, oedd y pryd hwnnw yr hyn a elwid y '*far West*'.[48]

I'r gorllewin pell go iawn yr aeth y rhai hynny o'i chydwladwyr a gafodd eu denu i ymuno â'r Rhuthr am Aur yn 1849. Roedd eu presenoldeb hwy ar draethau'r Tawelfor yn rheswm arall dros ildio i'w hysfa gref i weld 'y mynyddoedd moelion, fuont unwaith yn gartref i'r anwarddyn a'r bwystfil gwyllt ... yn awr yn fyw ac yn iach gan dwrf llafur, trwst arfau, a dadwrdd ergydion y mwynwr'. O ganlyniad, 'penderfynasom...y gwnaem un cynnig arall, egnïol a phenderfynol, "*to go West*".' Felly, 'ar foreu teg y 15fed o Fehefin 1870', fe'i cafodd ei hunan yng ngorsaf y North Missouri Railroad yn St Louis yn 'cychwyn i chwilio am Orllewin pell y blynyddoedd diwethaf hyn – ...

chwilio am wlad yr aur a'r haul ar lan y Cefnfor Tawel', taith o dros ddwy fil o filltiroedd.[49]

Newydd ei gorffen – ar 10 Mai 1869, yn ôl Cranogwen – yr oedd y rheilffordd ar draws y Mynyddoedd Creigiog a'r Sierra Nevada; bu'n teithio arni am wythnos, a phlesiwyd hi gan y profiad. Mewn modd sy'n nodweddiadol ohoni, mae'n cymharu trenau America a Phrydain trwy eu personoli. Ym Mhrydain, meddai,

> yn union y daw rhywun neu rywbeth i fesur yn bwysig . . . y mae twymyn pendefigaeth yn ei gymeryd ac o angenrheidrwydd yn rhwystro ei wasanaethgarwch. Y mae yn tyfu yn hunanol, a hunan-ddigonol, ac yn canlyn y ffasiwn wael o ofalu mwy am foddhâu ei hun, na boddhâu neb arall. Felly y mae wedi digwydd i'r trên hefyd; y mae yntau, yma [hynny yw, ym Mhrydain], wedi tyfu yn bur falch ei fryd. Os bydd arno syched diwalla ei hun heb gydnabod neb arall, – heb gydnabod syched na newyn un dyn byw, 'bedyddiol', o fewn ei gorff; gwna hyny mewn man a sefyllfa na fydd, fel rheol, yn caniatau i neb arall yr un fraint. Y mae y *train* Americanaidd, fel, o ran hynny, y dylai fod, yn llawer mwy o werinwr. Cydnebydd ef angen eraill – y teithwyr ynddo, hyd yn nôd o flaen ei eiddo ei hun . . . Y mae prydiau ymborth i'w cael yn rheolaidd hyd y ffordd haiarn yn America.[50]

Bonheddwyr hunanol yw trenau Prydain ond gwerinwyr cymwynasgar yw trenau'r Amerig. Elfen ddigon cyfarwydd mewn llên teithio gan ymwelwyr o Brydain yn yr Unol Daleithiau yn ystod canol y ganrif oedd cymariaethau beirniadol o'r fath rhwng cyfyngderau'r strwythur dosbarth cymdeithasol yn ôl ym Mhrydain a'r rhyddid cymharol a welent yn America ar y pryd.[51] Trawyd yr un nodyn gan Charles Dickens, er enghraifft, yn ei *American Notes* (1863) ar hanes ei daith gyntaf ef dros yr Iwerydd.[52] Yn y dyfyniad uchod, mae Cranogwen yn delio â'r thema gyda hiwmor, ond serch hynny yr oedd y pwnc yn un pwysig iddi. Nid oes fyth ganddi air da am y system o wahaniaeth cymdeithasol ym Mhrydain; yn anaml iawn mae aelodau o'r dosbarth canol neu'r aristocratiaid yn gymeriadau gwerth chweil yn ei hysgrifau hi. Dim ond y werin bobl sy'n derbyn ei chymeradwyaeth.

Ar y daith hon i San Ffransisco gwelodd o'r trên 'nifer o Indiaid (y *Shaw-shawnee tribe* eu gelwir) ar eu *ponies*, yn crwydro, druain, yn mhlith y gwrug; a . . . nifer o Chinamen yn gweithio ar y *railways*.'⁵³ Ond nid ydynt hwy, yn wahanol i'r dyn du, yn ennyn ei llwyr gydymdeimlad, oherwydd eu bod, yn ei thyb hi, yn arfer nid yn gymaint anghyfartaledd rhwng dosbarthiadau cymdeithasol ond anghyfartaledd rhwng y rhywiau. Dywed am ffordd o fyw yr Americaniaid brodorol fod 'pob gwaith, ond yr helwriaeth, yn gorffwys ar y merched a'r gwragedd yn eu plith'. 'Hollol gyffredin ganddynt yw i wraig, "*squaw*", fel y dywedant hwy, fyned o gwmpas â baich o goed neu byst y babell ar ei chefn, yn llwyth trwm; ei baban, '*papoose*' . . . yn ei breichiau . . . tra y bydd y gŵr a'r tad yn gyru heibio fel Arab ar ei geffyl chwim, heb un baich o gwbl, ond ei fwa a'i wn.' A '[ch]aethwasanaeth dwfn a blin' yw bywyd i wragedd y 'Chineaid' hefyd, yn ôl Cranogwen. Daw i'r casgliad mai '[g]oleuni a gwres gwareiddiad Cristionogol *yn unig* sydd yn chwalu tywyllwch ac yn dadmer rhew ei chaethiwed hi' – hynny yw, caethiwed gwraig y pagan. Ac mae yma'n dyfynnu epistol Paul at y Galatiaid (3:28) i brofi ei phwynt: yng Nghrist, meddai Paul, 'nid oes nac Iddew na Groegwr, *gwryw na benyw*, caeth na rhydd, oblegid nyni oll un ydym' (Cranogwen sy'n italeiddio).⁵⁴ Wrth gwrs, fel y gwelsom yn y bennod ddiwethaf, roedd Cranogwen yn ymwybodol iawn o'r ffaith fod rhai o eiriau eraill Sant Paul wedi eu defnyddio mewn dadleuon yn erbyn rhoi rhwydd hynt iddi hi ddarlithio: 'tawed eich gwragedd yn yr eglwysi', meddai Paul; 'nid wyf yn cenhadu i wraig athrawiaethu'.⁵⁵ Ei hymateb yma yw defnyddio'r epistol at y Galatiaid i ddadlau, yn hytrach, mai rhodd Cristnogaeth i'r byd yw'r syniad o gyfartaledd rhwng y rhywiau, ac os na dderbynnir hynny gan ei herlidwyr yna nid Cristnogion go iawn mohonynt ond anwariaid.

Ar y daith dros y Sierra Nevada, yn ogystal â gwledda ar fwyd y gwerinwr rhadlon o drên, cafodd Cranogwen hefyd wledd i'w llygaid. 'Dyma brydferthwch a godidogrwydd digymhar', meddai yn y 'Dalen o'n Dyddlyfr' a gyhoeddwyd yn *Y Frythones*. 'Aruthredd ac ardderchawgrwydd hollol annarluniadwy! Y mae yr olwg arno, ac arogl iach y *pine* wedi adfywio fy nghorff a'm holl ysbryd. Groesaw fywyd ym mhob ffurf arno!'[56] Cyrhaeddodd San Ffransisco ar 21 Mehefin wedi taith fythgofiadwy, ond ar y cyfan siom a gafodd yn y ddinas honno. Cyfarfu yno 'â lluaws o hen adnabyddiaeth' ymhlith y Cymry, ond cafodd eu bod 'wedi cyfnewid llawer. Pobl yr *advanced thought* yn eu bryd eu hunain yw y rhan amlaf o Gymry y ddinas hon; yn mhell yn mlaen ar yr hyn a fuont unwaith, pan dan gyfarwyddyd pobl hen ffasiwn eu gwlad enedigol'.[57] Hynny yw, Cymry wedi gwneud arian ac wedi ymbarchuso oedd Cymry San Ffransisco. Mwy wrth fodd Cranogwen oedd y gweithwyr tlawd, a ymunodd â'r Rhuthr am Aur yn rhy hwyr i elwa ohono; aeth rhagddi i gyfarfod â'r rheini yn y trefi cyfagos, yn Nortonville, Summerville, San Juan, Port Wine a Brandy City. Yn ôl ei hamcangyfrif hi, roedd ar y pryd 'wyth cant i fil o'n cenedl ni' yn poblogi cloddfeydd aur a gweithfeydd glo Califfornia, a medrai ddweud 'i ni ein hunain weled o bump i chwe chant' ohonynt.[58] Daethant yn llu niferus i'w chlywed yn darlithio, a rhoddasant groeso cynnes a gwerinol iddi.

Ym mhentref Comptonville, er enghraifft, ar 14 Gorffennaf, er bod y '*mines* wedi eu gweithio allan', y mwynwyr 'wedi symud oddiyma yn mron i gyd' a chapel bychan y Cymry 'wedi ei adael yn nesaf peth i fod yn anghyfanedd', eto '[d]aethpwyd ynghyd . . . o bell ac agos, gwmni go lew o gryf, a chafwyd cyfarfod bychan cynnes, dedwydd iawn'. Mae'n enwi unigolion ymhlith y cwmni gyda pharch ac edmygedd:

> Un George Jones, yn wreiddiol o sir Gaerfyrddin, yn aros yma, dyn da *iawn*, cynes, caredig a gwir grefyddol – felly yng nghyfrif pawb . . . Rhyw Trevor Williams o Langefni, Môn, hefyd, pentewin wedi ei achub o'r tân, yn ddirwestwr gwrol a ffyddlawn ers blynyddoedd. Brawd iddo hefyd yma, newydd 'droi dalen' er gwell . . . Rhyw ddyn o Aberteifi, fuasai forwr, ac a ddaethai i fyny yma i gloddio, wedi marw a chael ei gladdu yma . . . Pobl serchog, gynes iawn ffordd yma – neillduol felly. Bendith arnynt oll.[59]

Bu'n ymweld â chloddfa aur, ac aeth i mewn 'filoedd o droedfeddi dan y ddaear – y tro cyntaf i mi fod felly. Lle rhyfedd, ac i mi yn ddychrynllyd mewn llawer man. Ar ein traed a'n dwylaw, yn ymwthio yn mlaen ac i fyny, drwy *gangways*, ac ar hyd *inclines*, &c. Gymaint yr anturiaeth er mwyn aur!'⁶⁰ Ymlaen wedyn i Relief Hill, 'pentref bychan hynod o brydferth, ar lechwedd bryn serth', lle cafodd aros gyda 'Mr. a Mrs. Jones o Ogledd Cymru – pobl garedig iawn. Teimlo yn artrefol. Bendith drom a ddisgyno arnynt. Cyfarfod bychan hynod o gynes, nifer o lew yn nghyd.' Yn Brandy City ar yr 20fed cyfarfu â'r 'hen bobl, Mr. a Mrs. Lewis':

> Teimla hi hiraeth trwm ar ol yr Hen Wlad a'i chrefydd; wyla yn ddwys wrth son am dani . . . ond nid oes ganddi, meddai, obaith cael ei gweled mwy . . . Buasai efe flaenor gyda'r Annibynwyr yng Nghymru; anghofiodd y cwbl yn mhell yng ngwylltineb cymdeithas y cloddfeydd, pa fodd bynnag, ac eto, ymddengys y dyddiau hyn fel pe buasai wedi 'galw i'w gof' gryn lawer y pethau o'r blaen; ac fel pe byddai yn ngwaelod ei galon lawer o garedigrwydd teimlad tuag at y Gwaredwr a'i deyrnas. Dylanwad enbyd y sydd gan gymdeithas! Drwg genyf eu gweled a'u gadael yma, yn hen bobl amddifaid – eu plant i gyd wedi eu gadael, heb ganddynt fawr y tucefn.⁶¹

Ond gadael oedd raid, a dychwelyd i San Ffransisco, gan deimlo 'mesur o hiraeth ar ôl cyfeillion y cloddfeydd; canys, boed sicr, cefais lawer o honynt yn gyfeillion gwir'.

Ymhlith Cymry'r *'advanced thought'* yn y ddinas, ni chafwyd yr un croeso twymgalon: 'Go anghartrefol ar y goreu yw cyfarfod Cymraeg yn San Fransisco', meddai. Ac weithiau roedd eu cymdeithas yn artaith go iawn; cwynai un noson 'oddidan iau drom cyfarfod ddifyn'd gyda Chymry y ddinas – cyfarfod y mae'n drugaredd iachus fod pob awr yn ei wthio yn mhellach oddiwrthym tua'r gorphenol, byth i ddychwelyd mwy'.⁶² Roedd hyd yn oed y mynyddoedd o gwmpas y ddinas iddi hi yn oeraidd eu naws, 'yn llwyd a moel, yn rhyw lonydd-eleffantaidd yr olwg arnynt'. 'Yn rhywfodd, nid oes dim megys parchedigaeth a chysegredigrwydd yn perthyn i'r mynyddoedd hyn', meddai. 'Mynyddoedd diorchwyliaeth, difater, *annuwiol* ydynt, megys yn hollol ddyeithr i grefydd.'⁶³

Gadawodd San Ffransisco ar 28 Gorffennaf, gyda'r bad, heb deimlo hiraeth ar ei hôl. 'Nid wyf yn waeth, mi obeithiaf, o'i gweled a bod ynddi,' meddai am y ddinas honno, 'ac eto, wn i beth ydw' i na neb arall yn *well*. Wel, y mae fy adnabyddiaeth o'r byd ychydig yn helaethach, ac y mae hyny yn ddiau yn enill.'[64] Ar ei thaith hir yn ôl i Efrog Newydd, bu'n ymweld â chwm Yosemite, ac yn rhyfeddu at ei goed anferth 'fel gweddillion y cyn fyd – gweddillion oes cewri y byd anifeilaidd . . . yn awr fel yn gorfyw eu hamser'.[65] Arhosodd mewn amryw fan ar y ffordd i roi darlith. Yn Virginia City ar 7 Awst cafodd lety gyda 'Mr. F. Jones, o rywle yn Ngogledd Cymru'. Gweithiwr yng nghloddfeydd arian yr ardal oedd Mr. Jones, a sosialydd cynnar, 'yn credu ac yn dadleu yn frwd dros gydraddoldeb mewn meddianau . . . Ystyria y dylid trethu *landowners* a *capitalists*, nes eu dwyn i lawr i *level* pobl ereill; a chred efe y daw amser pan y bydd raid i bawb weithio rhyw gymaint.'[66] Ymlaen yr aeth wedyn i ddarlithio yn Hen Gapel y Cymry yn Big Rock ar 27 Awst, ar 'Ddiwylliant y Meddwl', a'r noson drannoeth yn eu Capel Newydd ar 'Elfennau Cymeriad Da'. Yn ôl gohebydd *Y Cenhadwr Americanaidd* yno, 'Yr oedd yr addoldai yn orlawn o wrandawyr, y ddwy noswaith, pa rai a gawsant eu boddhau yn y modd mwyaf dymunol . . . dymunant ddatgan eu barn am Miss Rees "na fynegwyd mo'r haner" am ei galluoedd.'[67] Yno, manteisiodd Cranogwen ar y cyfle i ddringo Mynydd Davidson, a rhyfeddodd weld o'i gopa 'eangder dirfawr diderfyn, o fynyddoedd llwydion, salw, meirwon, tua'r dwyrain a thua'r gogledd, i gyd yn debyg i'w gilydd, ac eto i gyd yn wahanol, ac i gyd yn ymddangos i ni megys yn huno hun anghof o Dduw!'[68]

Ond erbyn hyn roedd ar ei ffordd yn ôl tuag at fynyddoedd mwy duwiol a chartrefol Cymru. Gadawodd Efrog Newydd ar 29 Hydref ar long y *City of Brussels*; dymunwyd mordaith ddiogel iddi gan *Y Cyfaill*, a diolchwyd iddi am areithio 'rai canoedd o weithiau i gynulleidfaoedd lluosog o'i chydgenedl mewn gwahanol fanau, a hyny gyda chymeradwyaeth gyffredinol. Nid gormod dyweyd i'w theithiau fod yn feithach, a'i hanerchiadau yn lluosocach nag eiddo unrhyw berson a ymwelodd ag America o'r Hen Dywysogaeth erioed.'[69] Yn yr un rhifyn o'r cylchgrawn hwnnw ceir hefyd lythyr o ffarwel gan Cranogwen, yn diolch am yr holl garedigrwydd a dderbyniodd, ac yn annog ei chydgenedl yn America i barhau 'yn Gymry gonest, unplyg, cywir, didwyll, calon agored, difrad, diragrith, ac yn gadarn yn y ffydd . . . Cael y *galon* yn iawn yw'r mater pwysig – y galon yn uniawn, yn iach, ac agored.'[70] Efallai mai dyna hefyd yn fwy na dim arall a ddysgodd Cranogwen yn America. Roedd wedi treulio misoedd maith yn teithio ar ei phen ei hunan, ac wedi teimlo unigrwydd llethol ar brydiau. Yn y fath sefyllfa roedd pob caredigrwydd diffuant, pob cyfle i deimlo'n 'artrefol' ymysg natur a chymdeithas, wedi ei chyffwrdd i'r byw. Dysgodd pa mor bwysig iddi oedd cymdeithasu'n dwymgalon gydag eraill, ac ymlacio'n gyfforddus yn eu cwmni, fel gwrthbwynt i'r 'eisieu cael "myn'd"' oedd hefyd yn nodwedd mor gryf ynddi o'i phlentyndod.[71] 'Wel, hi gafodd "fyn'd"', yn ôl ac ymlaen ar draws cyfandir cyfan, cyn dychwelyd o'r diwedd i Langrannog.

Nodiadau

1 *Y Gwladgarwr*, 11 Ionawr 1868.
2 Samuel Evans, 'Pethau Pwysig ac Ysgafn yn America', *Seren Cymru*, 14 Chwefror 1868.
3 *Y Gwladgarwr*, 20 Mawrth 1869.
4 Cranogwen, 'Dalen o'm Dyddlyfr', *Y Cyfaill o'r Hen Wlad yn America*, xxxii (Hydref 1869), 314.
5 D. G. Jones, *Cofiant Cranogwen* (Caernarfon: Argraffdy'r Methodistiaid Calfinaidd dros Undeb Dirwestol Merched y De, d.d. [1932]), t. 93.
6 Cranogwen, 'Dalen o'm Dyddlyfr', *Y Cyfaill o'r Hen Wlad yn America*, xxxii (Hydref 1869), 314.
7 Cranogwen, 'Dalen o'm Dyddlyfr', *Y Cyfaill o'r Hen Wlad yn America*, xxxii (Hydref 1869), 314.
8 Cranogwen, 'Dalen o'm Dyddlyfr', *Y Cyfaill o'r Hen Wlad yn America*, xxxii (Hydref 1869), 315.
9 Cranogwen, 'Dalen o'm Dyddlyfr', *Y Cyfaill o'r Hen Wlad yn America*, xxxii (Hydref 1869), 314.
10 [Cranogwen], 'Dalen o'n Dyddlyfr yn y Flwyddyn 1870', *Y Frythones*, v (Hydref 1883), 317.
11 [Cranogwen], 'Dalen o'n Dyddlyfr yn y Flwyddyn 1870', *Y Frythones*, v (Ionawr 1883), 29.

12 [Cranogwen], 'Tu Hwnt y Mynyddoedd Creigiog', *Y Traethodydd*, xxvii (Hydref 1873), 501.
13 'Rev. William Roberts', *New York Times*, 27 Tachwedd 1863: 'Do the signs of the times tell us that tyranny, oppression and Slavery, mental and physical, are on the eve of abolishment? Let us thank God and take courage.'
14 Cranogwen, 'Dalen o'm Dyddlyfr', *Y Cyfaill o'r Hen Wlad yn America*, xxxii (Hydref 1869), 317.
15 Cranogwen, 'Dalen o'm Dyddlyfr', *Y Cyfaill o'r Hen Wlad yn America*, xxxii (Hydref 1869), 317.
16 Paul Demund Evans, 'The Welsh in Oneida County, New York', traethawd MA anghyhoeddedig, Prifysgol Cornell, 1914: *http://sites.rootsweb.com/~nyunywh/oneidawelsh/page24.html* (2001).
17 R. D. Thomas, *Hanes Cymry America* (Utica: T. J. Griffiths, 1872), cyf. Martha A. Davies a Phillips G. Davies, *A History of the Welsh in America* (Langham, Maryland: University Press of America, 1983; arg. newydd Wymore, Nebraska: Great Plains Welsh Heritage Project, 2008), t. 360.
18 'Cymanfa Ddirwestol Talaeth Efrog Newydd', *Y Cenhadwr Americanaidd*, xxx (Gorffennaf 1869), 214–15.
19 'Cymanfa y T. C. yn nhalaeth N. Y. yr hon a gynhaliwyd yn Rome, Mehefin 3, 4, 1869', *Y Cyfaill o'r Hen Wlad yn America*, xxxii (Gorffennaf 1869), 220.
20 Eos Glan Twrch, 'Cranogwen yn Rhufain', *Y Cenhadwr Americanaidd*, xxx (Gorffennaf 1869), 214.
21 Ieuan Ddu, 'Cranogwen yn Cattaraugus', *Y Cenhadwr Americanaidd*, xxx (Awst 1869), 246.
22 Gweler Jerry Hunter, *Sons of Arthur, Children of Lincoln: Welsh Writing from the American War* (Cardiff: University of Wales Press, 2007), tt. 63–6.
23 Elsbeth, 'Cymruesau'r ganrif', *Cymru*, xx (Ionawr 1901), 11.
24 Evans, 'The Welsh in Oneida County', t. 11.
25 Cranogwen, 'Dalen o'm Dyddlyfr – Y Trenton Falls', *Y Cyfaill o'r Hen Wlad yn America*, xxxii (Awst 1869), 251.
26 Cranogwen, 'Dalen o'm Dyddlyfr – Y Trenton Falls', *Y Cyfaill o'r Hen Wlad yn America*, xxxii (Awst 1869), 252.
27 Cranogwen, 'Dalen o'm Dyddlyfr – Y Trenton Falls', *Y Cyfaill o'r Hen Wlad yn America*, xxxii (Awst 1869), 252.
28 Gweler Tim Youngs, 'Strategies of Travel: Charles Dickens and William Wells Brown', yn Youngs (gol.), *Travel Writing in the Nineteenth Century: Filling the Blank Spaces* (London: Anthem Press, 2006), t. 168.

29 Gweler John T. Griffith, *Rev. Morgan John Rhys: The Welsh Baptist Hero of Civil and Religious Liberty of the Eighteenth Century* (Carmarthen: W. M. Evans, 1910); Gwyn A. Williams, *The Search for Beulah Land: The Welsh and the Atlantic Revolution* (New York: Holmes & Meier Publishers, 1980); E. Wyn James, 'Morgan John Rhys a Chaethwasiaeth Americanaidd', yn Daniel G. Williams (gol.), *Canu Caeth: Y Cymry a'r Affro-Americaniaid* (Llandysul: Gwasg Gomer, 2010), tt. 2–25.

30 'Cranogwen', *Y Cyfaill o'r Hen Wlad yn America*, xxxii (Hydref 1869), 312.

31 D. E. Davies, 'Mrs. David Jones, Philadelphia: Marwolaeth Cymraes Adnabyddus Iawn yn y Cylch Cymreig ers Dros Haner Canrif', *Y Drych*, 2 Gorffennaf 1914.

32 B. Lawrence (Hirwaunwyson), Wilkes-Barre, *Y Gwladgarwr*, 28 Awst 1869.

33 H. E. Thomas, 'Ymweliad ag America', *Y Tyst Cymreig*, 17 Medi 1869.

34 Christopher Bach, 'Trem tra yn Tramwy yn Ohio', *Y Drych*, 9 Gorffennaf 1895.

35 Dewi Cwmtwrch, 'Cranogwen', *Y Cyfaill o'r Hen Wlad yn America*, xxxii (Awst 1869), 250–1.

36 Dewi Cwmtwrch, 'Cranogwen', *Y Cyfaill o'r Hen Wlad yn America*, xxxii (Awst 1869), 251.

37 Evans, 'The Welsh in Oneida County', t. 12.

38 Cranogwen, 'Tu Hwnt y Mynyddoedd Creigiog', *Y Traethodydd*, xxvii (Hydref 1873), 482.

39 *Seren Cymru*, 28 Ionawr 1870.

40 [Cranogwen], 'Dalen o Ddyddiadur 1870', *Y Frythones*, viii (Tachwedd 1886), 345.

41 Cranogwen, 'Dalen o'm Dyddlyfr', *Y Cyfaill o'r Hen Wlad yn America*, xxxiii (Gorffennaf 1870), 219.

42 Cranogwen, 'Dalen o'm Dyddlyfr', *Y Cyfaill o'r Hen Wlad yn America*, xxxiii (Gorffennaf 1870), 220.

43 Cranogwen, 'America', *Trysorfa y Plant*, ix (Awst 1870), 203.

44 Cranogwen, 'Dalen o'm Dyddlyfr', *Y Cyfaill o'r Hen Wlad yn America*, xxxiii (Awst 1870), 252–3.

45 Gweler Sidonie Smith, *Moving Lives: Twentieth-Century Women's Travel Writing* (Minneapolis: University of Minneapolis Press, 2001), t. ix: 'prominent in the repertoire of meanings identified with journeying in the West have been the meanings attached to itinerant masculinity'.

46 'Cymanfa y T. C. yn Wisconsin. Mehefin 14–16, 1870', *Y Cyfaill o'r*

Hen Wlad yn America, xxxiii (Awst 1870), 255.
47 'Emporia, Kansas, Mai 14, 1870', *Y Cenhadwr Americanaidd*, xxxi (Gorffennaf 1870), 217.
48 Cranogwen, 'Tu Hwnt y Mynyddoedd Creigiog', *Y Traethodydd*, xxvii (Hydref 1873), 482–3.
49 Cranogwen, 'Tu Hwnt y Mynyddoedd Creigiog', *Y Traethodydd*, xxvii (Hydref 1873), 483–4.
50 Cranogwen, 'Tu Hwnt y Mynyddoedd Creigiog', *Y Traethodydd*, xxvii (Hydref 1873), 487.
51 Gweler J. Meckier, *Innocents Abroad: Charles Dickens's American Engagements* (Lexington: University Press of Kentucky, 1990), t. 78: 'a travel book about America supplied an excellent means of writing about England by airing one's attitudes towards change, progress, and the future, for which three things Victorian travellers soon considered the United States virtually metonymic.'
52 Charles Dickens, *American Notes for General Circulation* (London: Chapman and Hall, 1863).
53 [Cranogwen], 'Dalen o'n Dyddlyfr yn y Flwyddyn 1870', *Y Frythones*, v (Ionawr 1883), 28.
54 Cranogwen, 'Tu Hwnt y Mynyddoedd Creigiog', *Y Traethodydd*, xxvii (Hydref 1873), 497; Cranogwen sy'n italeiddio.
55 I Corinthiaid 14:34; I Timotheus 2:12.
56 [Cranogwen], 'Dalen o'n Dyddlyfr yn y Flwyddyn 1870', *Y Frythones*, v (Mawrth 1883), 92.
57 [Cranogwen], 'Dalen o'n Dyddlyfr yn y Flwyddyn 1870', *Y Frythones*, v (Ebrill 1883), 127.
58 Cranogwen, 'Tu Hwnt y Mynyddoedd Creigiog', *Y Traethodydd*, xxviii (Ionawr 1874), 101.
59 [Cranogwen], 'Dalen o'n Dyddlyfr yn y Flwyddyn 1870', *Y Frythones*, v (Hydref 1883), 317.
60 [Cranogwen], 'Dalen o'n Dyddlyfr yn y Flwyddyn 1870', *Y Frythones*, v (Hydref 1883), 319.
61 [Cranogwen], 'Dalen o'n Dyddlyfr yn y Flwyddyn 1870', *Y Frythones*, v (Hydref 1883), 319.
62 [Cranogwen], 'Dalen o'n Dyddlyfr yn y Flwyddyn 1870', *Y Frythones*, v (Medi 1883), 286.
63 [Cranogwen], 'Dalen o'n Dyddlyfr yn y Flwyddyn 1870', *Y Frythones*, v (Mai 1883), 158.
64 [Cranogwen], 'Dalen o'n Dyddlyfr yn y Flwyddyn 1870', *Y Frythones*, v (Tachwedd 1883), 349.
65 [Cranogwen], 'Dalen o'n Dyddlyfr yn y Flwyddyn 1870', *Y Frythones*, vi (Ionawr 1884), 32.

66 [Cranogwen], 'Dalen o'n Dyddlyfr yn y Flwyddyn 1870', *Y Frythones*, vi (Mai 1884), 159.
67 'Cranogwen', *Y Cenhadwr Americanaidd*, xxxi (Hydref 1870), 315.
68 [Cranogwen], 'Dalen o'n Dyddlyfr yn y Flwyddyn 1870', *Y Frythones*, vi (Mai 1884), 160.
69 *Y Cyfaill o'r Hen Wlad yn America*, xxxiii (Tachwedd 1870), 346.
70 *Y Cyfaill o'r Hen Wlad yn America*, xxxiii (Tachwedd 1870), 347.
71 [Cranogwen], 'Hunan-goffa', *Y Frythones*, v (Rhagfyr 1883), 374.

Pennod 6

'Fy Ffrynd'

Dychwelodd Cranogwen o'r Unol Daleithiau gydag enillion helaeth, digon nid yn unig i dalu dyledion Bancyfelin, capel newydd y Methodistiaid Calfinaidd yn Llangrannog, ond hefyd i adeiladu tŷ newydd i'w rhieni, sef Bryneuron ym Mhontgarreg, a fu'n gartref iddi hithau hefyd tan farwolaeth ei thad yn 1893. Serch hynny, ni chymerodd lawer o egwyl; erbyn dechrau 1871 yr oedd wrthi unwaith eto, yn teithio trwy Gymru gyda'i darlith newydd 'Tu Hwnt i'r Mynyddoedd Creigiog'. Yn Llanilltud Fawr ym mis Chwefror cafodd cynulleidfa fawr 'wledd', yn ôl gohebydd *Y Gwladgarwr*. 'Gallai ambell i ffwlcyn fyned i California heb ganfod dim ond yr aur melyn,' meddai: 'Nid felly y Gymraes o Langranog. Gwelodd hi bethau anhygoel . . . Cawsom fath o banorama ysplenydd ganddi o glogwyni, bryniau, dyffrynoedd, gwastad-diroedd, afonydd a phoblogaeth California.'[1] 'Bu darlithio mawr ar "Y Tuhwnt i'r Mynyddoedd Creigiog",' meddai D. G. Jones yn *Cofiant Cranogwen*: 'Clywyd y ddarlith ugeiniau o weithiau trwy'r wlad i gyd . . . Wrth holi yr ydym yn cael fod mwy o gofio am hon heddiw nag am un o ddarlithiau eraill Cranogwen.'[2]

Fodd bynnag, erbyn 1873 yr oedd ganddi destun newydd, 'Pwy yw y Gwron?', sef darlith ar nodweddion y gwir arwr, lle profai 'y tu hwnt i amheuaeth mai plentyn Natur yw y gwron – y cywir, y gonest, a'r hunanaberthwr'.[3] Ond yn Ninas Mawddwy ym mis Gorffennaf, pwnc i godi crechwen oedd y syniad fod menyw ddibriod ar hynt i ddarganfod 'Pwy yw y Gwron?' '[Rh]ywfodd neu'i gilydd, nid oedd y ddarlithyddes wedi bod mor ffodus a chael gafael arno, er bod yn America,' meddai gohebydd *Y Dydd*: 'Hyderwn y bydd Cranogwen, yn ei chrwydradau a'i hymchwiliadau, wedi canfod y Gwron erbyn y tro nesaf, a chael meddiant personol o hono.'[4] Byth oddi ar iddi ennill yn Eisteddfod Aberystwyth gyda'r 'Fodrwy Briodasol' roedd y ffaith nad oedd gan Cranogwen ei hun y fath fodrwy wedi goglais synnwyr difyrrwch rhai aelodau o'i chynulleidfaoedd. Sylwodd Elizabeth Nicholson yn 1867, yn ei chyfres o erthyglau ar deithiau darlithio Cranogwen, ar y chwerthin mawr ar ôl un ddarlith yng Nghaernarfon. Esboniwyd iddi wedyn fod un o'r gynulleidfa wedi codi i ddweud 'if anyone disapproved of a lady lecturing, he ought to feel it his duty to put an end to it by finding her a good husband. Then another got up, and remarked that, so far as his experience went, getting married did not prevent a lady giving lectures if she felt so inclined.'[5] Yn fwy difrifol, diweddodd y bardd William Morgan (1819–78) ei gerdd o fawl 'I Sarah Rhys', ar ôl iddi roddi darlith yn Aberdâr ym mis Ebrill 1866, â'r englyn:

> Dymunaf harddaf hirddydd – i'n chwaer hon,
>   A chyrraedd byd dedwydd;
>   A gŵr hoff o gywir ffydd,
>   A'n da Iesu'n dywysydd.[6]

Ymddengys fod diddordeb arbennig ymhlith ei chynulleidfaoedd yn rhagolygon priodasol Cranogwen: fel yn hanes llawer seren boblogaidd heddiw, llanwyd nifer o'i hedmygwyr â'r awydd i wybod mwy am ei bywyd personol. Aeth si ar led ei bod wedi dyweddïo â Richard Foulkes Edwards (Rhisiart Ddu o Wynedd), sef y bardd a enillodd Gadair Eisteddfod Genedlaethol Llandudno yn 1864 a'r beirniad a ddyfarnodd bryddest Cranogwen ar 'Pedr yn nhŷ Cornelius' yr orau yn Eisteddfod Nadolig Rhymni yr un flwyddyn. Yn ôl Iorwen Myfanwy Jones yn ei thraethawd anghyhoeddedig 'Merched Llên Cymru o 1850 i 1914', 'er bod pawb yn ystyried Cranogwen yn hen ferch, fe syrthiodd hithau a dyweddiwyd hi i Rhisiard Ddu o Wynedd'. Cafodd, meddai, yr wybodaeth hon gan 'Mrs Jones, 14 Penrallt Road, Bangor, un a gofiai'r digwyddiad'. Aeth Mrs Jones rhagddi i ddatgelu diweddglo trist y garwriaeth honedig: trawyd Rhisiart Ddu yn wael â'r ddarfodedigaeth, 'ac aeth i'r Amerig gan feddwl gwella. Bu farw yno a chladdwyd ef yn y Mynyddoedd Creigiog. Yn wir, i weld ei fedd yr aeth Cranogwen ar ei thaith enwog dros yr Amerig i'r Mynyddoedd Creigiog ar ei hymweliad cyntaf â'r wlad honno.'[7] Ceir yr un hanes mewn erthygl yn y cylchgrawn *Cymru* yn 1916; yn ôl D. Ifor Jones, bedd Rhisiart Ddu yn y Mynyddoedd Creigiog, 'am reswm neillduol, fu yn foddion i atdynnu Cranogwen i deithio yr holl ffordd yno i'w weled, a chafodd Cymru fwynhau ei darlith odidog ar y testun'.[8]

Ychydig iawn o sail sydd i'r stori ramantus hon. Yn sicr, nid er mwyn gweld bedd Rhisiart Ddu yr aeth Cranogwen i America: roedd ef o hyd ar dir y byw pan gychwynnodd ar ei thaith yn 1869. A phan fu farw, ym mis Mawrth 1870, nid yn y Mynyddoedd Creigiog y claddwyd ef ond yn Wisconsin, lle'r ymsefydlodd ei deulu. Nid yw'n amhosibl fod y ddau ohonynt wedi cyfarfod yn ystod misoedd y gaeaf yn 1869, pan fu Cranogwen yn Wisconsin. Ond nid oes sôn am y fath gyfarfod, nac unrhyw gyfeiriad at Rhisiart Ddu, yn y dyddiaduron a'r llythyrau lle y cofnododd ei helyntion yn America. Ar ddiwrnod ei farwolaeth yr oedd Cranogwen yn darlithio yn nhalaith Pensylfania, ac wedi hynny, dros ddyddiau ei angladd, aeth ar wibdaith i ymweld â'r brifddinas Washington: adeg ryfedd i ddewis mynd ar wyliau pe bai unrhyw gysylltiad agos yn wir wedi bod rhyngddynt. Nid yw ei enw, nac unrhyw gyfeiriad at ddyweddïad, yn ymddangos ychwaith yn un o'r cofiannau i Cranogwen, nac yn y llu o erthyglau cofiannol a ysgrifennwyd amdani gan ei chyfeillion ar ôl ei marwolaeth. Cyhoeddwyd cofiant lled fanwl am fywyd Rhisiart Ddu hefyd, gan gyfaill a'i dilynodd o Gymru i America, ond ni chrybwyllir enw Cranogwen yn hwnnw ychwaith, ac nid oes sôn ynddo am unrhyw ddyweddïad.[9] Mae'n bosibl mai unig sail yr holl hanes oedd y noson honno ym Mrithdir ym mis Mai 1866 pan gododd Rhisiart Ddu i gynnig gair o ddiolch i Miss Rees ar ôl iddi roi ei darlith ar 'Ieuenctid a Diwylliad eu Meddyliau'. Gorffennodd trwy ddarllen englynion o glod a gyfansoddodd iddi:

Curo beirdd cewri y byd – a fedrodd,
    Mae'r 'Fodrwy' 'n brawf hyfryd;
A chyfiawn drecha hefyd
Areithwyr da Gwalia'i gyd.

Pa fawreddog gamp fai rhoddi – rhyw lawn
    Ddarluniad o honi;
Ei mwyn ddawn a'm wymnodd i –
O'r anwyl, 'r wy'n gwirioni![10]

Dotiodd ei gynulleidfa at y diweddglo hwnnw, ac efallai mai wedi hynny y tyfodd y stori am eu carwriaeth, gyda'r cyd-ddigwyddiad eu bod yn America ar yr un pryd fel petai'n ei gwireddu.

I roi cychwyn i sïon cyffelyb, ymddengys nad oedd yn rhaid i fardd dibriod, o oedran addas, wneud dim mwy na chodi ar ôl un o'i ddarlithiau i glodfori Cranogwen mewn cân a oedd ychydig yn fwy brwdfrydig a phersonol na'r cyffredin. Yn 1866, agorodd Osian Gwent (John Davies, 1839–92) ei gerdd iddi â'r geiriau 'I ni yn wir y mae fel duwies ganaid'.[11] Brodor o Aberteifi oedd Osian Gwent yn wreiddiol, ond symudodd ei deulu i fyw yn Rhymni ac yno cafodd swydd fel saer coed yn y gweithfeydd. Yn yr 1880au cyfrannodd erthyglau a cherddi i'r *Frythones*, ac mewn erthygl yn *Y Drych* ar ôl ei farwolaeth, meddir amdano: 'Hen lanc oedd efe, ac yr oedd efe a Cranogwen yn gyfeillion mawr, ac yr oedd llawer yn credu y buasent yn priodi.'[12] Ond unwaith eto nid oes sôn am Osian Gwent yn yr ysgrifau cofiannol am Cranogwen, nac yn ei holl gyhoeddiadau hi ei hun ychwaith. Enghraifft arall yw'r si am garwriaeth rhyngddynt o'r holl awydd ymhlith edmygwyr bardd 'Y Fodrwy Briodasol' i'w gweld hi'n cael gafael ar briod.

Rhaid fod Cranogwen yn ymwybodol o'r diddordeb brwd hwn yn ei bywyd carwriaethol, ac yn un o'r erthyglau a gyhoeddodd yn *Y Traethodydd* yn 1868 y mae bron fel petai'n chwarae â disgwyliadau gobeithiol ei dilynwyr ar ei chyfer. Yn y llith 'Ymweliad a Gogledd Lloegr' disgrifia daith ddarlithio y bu arni ym mis Awst 1867 i blith y 'nifer nid bychan o'n cydwladwyr' a oedd y pryd hynny'n poblogi trefi gweithfaol gogledd a chanolbarth Lloegr. Yr oedd y daith i Lerpwl o Gastell-nedd, lle bu'n darlithio'r noson cynt, yn un hir a blinderus, ond wrth i'r trên agosáu at orsaf Penbedw fe'i cafodd Cranogwen ei hun yn llawn cyffro disgwylgar. Gan gyfeirio ati hi ei hun yn ôl ei harfer yn y person lluosog, mae'n datgelu'r rheswm dros ei chynnwrf:

> Yr ydym ninnau wedi gweled wyneb trwy ffenestr y cerbyd wrth ddyfod i mewn ag y teimlwn yn werth gadael pobpeth i fyned i chwilio am dano, a cholli llawer hefyd, pe byddai raid, er cael gafael arno . . . Rhyfedd mor loew, mor anwyl, ac mor swynol ydyw wyneb cyfaill neu gyfeilles yn aros am danom – yn *dysgwyl* am danom yn rhywle ymhell o gartref – un y gwyddom fod yr hwn fyddo yn ei ddwyn yn hiraethu am ein gweled, ac wedi paratôi ar ein cyfer! Mor wynfydedig y teimlwn ar y cyfryw achlysuron, yn enwedig os bydd y cyfryw un o fysg yr ychydig nifer – yn un o'r ddau neu y tri anwylaf genym ar y ddaear! Pwy fedr ddarlunio ein hapusrwydd pan y syrth ein llygad ar y wyneb anwyl, serchog, a bendigedig hwnw, a hyny mewn man fel hwn, lle y teimlwn fod pawb yn edrych ar ac am yr eiddynt eu hunain – fod pawb yn ddisylw o honom ond y wyneb anwyl hwnw sydd yn rhywle ymysg y dorf? Un fel yna oedd y wyneb a welsom ni drwy ffenestr y cerbyd; gan hyny, a oes eisieu gofyn maddeuant am fyned i chwilio am dano yn "gyntaf peth"?[13]

Hawdd dychmygu chwilfrydedd rhai o'i darllenwyr i wybod pwy oedd piau'r wyneb 'bendigedig' hwn, a phwy oedd yr un neu ddau arall o'r 'rhai anwylaf' ganddi 'ar y ddaear' hefyd. Ond nid yw Cranogwen yn datgelu mwy tan iddi, yng nghwmni'r 'wyneb', gyrraedd dinas Lerpwl, a chael ei thywys gan yr 'wyneb' i'w gartref, yn 'un o derfynau eithaf y dref fawr, lle y mae'n ymddangos, a fuasai byth yn ddyeithr i ni, oni buasai i Ragluniaeth, yn un o'i ffyrdd neillduol a rhyfedd ei hun, gylymu ein calon wrth eiddo y chwaer anwyl y soniwyd am dani eisoes, yr hon sydd yn un o breswylwyr y tŷ y daethom iddo.'[14] Yn y modd hwn, mewn ffordd ymddangosiadol ysgafn, mae Cranogwen yn datgelu'r gwirionedd. Benyw, nid gwryw, yw gwrthrych ei serchiadau; chwaraewyd cast â disgwyliadau ei darllenwyr gyda chymorth cenedl y gair 'wyneb' yn yr iaith Gymraeg. Ac wrth ailystyried y dyfyniad uchod yng ngoleuni'r datguddiad hwn, rhaid derbyn y posibilrwydd hefyd mai benywaidd yw pob un o'r 'ddau neu y tri anwylaf genym ar y ddaear': cyfri wynebau yr oedd hi.

Pwnc sy'n ymestyn fel isdestun trwy'r ysgrif 'Ymweliad â Gogledd Lloegr' yw'r modd y mae personau go iawn yn aml yn gwrthod cydymffurfio â disgwyliadau confensiynol eu hoes ynghylch rolau a dyheadau gwryw a benyw. Ar y trên, cyn cyrraedd Penbedw, eisteddai Cranogwen yng nghwmni teulu o ddau fab a dwy ferch gyda'u rhieni, ac mae'n rhoi disgrifiad manwl ohonynt. Mae'r ferch hynaf 'yn ymddangos fel yn addaw peidio myned drwy y byd heb i ryw nifer, beth bynag, wybod ei bod ynddo'. Wrth i'w thad siarad, nid yw'n 'petruso dadgan ei barn wahanol am rai materion, a chyflawni y diffygion mewn ambell ystori nad oedd ei thad yn teimlo y pwysigrwydd o fod yn fanwl a chyflawn yn ei adroddiad ohonynt'. Mewn gwrthgyferbyniad llwyr, 'dystaw diymhongar' yw'r chwaer arall, yn dangos o'i gwedd ei bod 'yn teimlo oddiwrth yr hyn sydd ragorol' yng ngeiriau ei thad, 'ac yn peidio sôn am yr hyn sydd yn wahanol'. Allblyg iawn yw cymeriad y mab hynaf, sydd 'mor lawn o fywyd a gwroldeb â phe byddai wedi ei fwriadu i ddadymchwelyd teyrnasoedd'. Distaw yw'r brawd iau, o'i gymharu, ond 'mae rhywbeth yn ei lygaid, er ieuenged yw, yn prophwydo gallu, dybygem, ond gallu dystaw . . . gallu i fesur yn guddiedig'. Maent 'pob un, os nad ydym yn camsynied, yn cynnrychioli dosbarth gwahanol o'r hiliogaeth ddynol' ac mae ar yr hil eisiau doniau gwahanol pob un ohonynt, er nad yw'r chwaer hŷn, eofn ei barn, nac ychwaith y brawd iau mewnblyg yn cyfateb i ddisgwyliadau confensiynol oes Fictoria ynghylch y gwahaniaeth rhwng y rhywiau. Wrth ddod i ben â disgrifio'r teulu, gofynna Cranogwen, gan gyfeirio ati ei hunan yn y lluosog unwaith eto, 'A oes eisiau i ni ysgrifenu â'n llaw ein bod *ninnau* yma yn cynrychioli rhyw ddosbarth o'r hil ddynol? Caiff y darllenydd ddyfalu pa un.'[15] Gosodir ei darllenwyr ar brawf, felly, wrth iddynt droi at weddill ei llith, i ddatrys y cwestiwn pa ddosbarth o'r hil ddynol a gynrychiolir gan Cranogwen? Ac os ydynt wedi deall goblygiadau ei disgrifiad o gymeriadau'r plant ar y trên, ni fyddant o reidrwydd yn disgwyl bod ei rhyw wedi ei chyfyngu o flaen llaw i unrhyw ddosbarth penodol o'r hil.

Ymhellach ymlaen ar ei thaith i ogledd Lloegr, ar ôl ffarwelio â Lerpwl a'r 'chwaer anwyl', fe'i caiff Cranogwen ei hun yng nghwmni 'cyfaill o Ddeheudir Cymru' sy'n digwydd bod 'yn myned yr un cyfeiriad â ni'.[16] Ni ddatguddir ei enw, ond y tro hwn mae'n eglur o'r cychwyn mai gwryw ydyw. Un prynhawn prydferth, a hwythau erbyn hyn yng nghanol ysblander Ardal y Llynnoedd, aiff y ddau allan mewn bad ar lyn Windermere, pleserdaith ddigon rhamantaidd i bob golwg, ond nid yw'r cyfaill yn ddedwydd ei fyd. Gofynnir iddo gan y badwr a fyddai'n hoffi 'ymarfer ychydig ar y rhwyfau', ond:

> Nid yw ein cyfaill, pa fodd bynag, yn teimlo unrhyw awydd am y fath beth . . . y mae ei ddwylo yn dyner, ac wrth gwrs y mae yn ormod o hunanaberth i unrhyw ddyn cynnil, gofalus am y rhif 1, i ddefnyddio ei fenyg at waith fel hyn; ac yn waeth na'r cwbl y mae yn cwyno ei fod yn 'sâl'. Y mae hyn yn bur ryfedd, a ninnau ar ddyfroedd llonydd llyn . . . Y mae ein bâdwr yn synu yn anghyffredin . . . ond yn cydnabod yn ddoeth fod pethau rhyfedd yn bod! Oes, oes y mae! byd rhyfedd yw hwn, drwyddo i gyd, a chrëaduriaid rhyfedd ydym ninnau, ei drigolion: felly, rhaid i ni ddyoddef ac ystyried ein gilydd.[17]

Go brin fod ymateb ei chyfaill yn cyd-fynd â'r hyn a ddisgwylid oddi wrtho fel gwryw yn ôl ystrydebau rhywiol ei gyfnod. Nid oes arno unrhyw awydd dangos ei fod yn wydn gyhyrog nac yn feistrolgar, ac mae'n poeni mwy am ei fenyg nag am ei ddelwedd wrol. Ond 'creaduriaid rhyfedd ydym' oll; rhaid derbyn hynny a pharchu ac 'ystyried ein gilydd' fel yr ydym.

Fodd bynnag, nid yw anhwylder ei chydymaith yn amharu rhyw lawer ar fwynhad Cranogwen, sydd wedi dwli'n llwyr ar yr olygfa o'i chwmpas. Gyda'r nos, aiff allan ar y llyn unwaith eto, ar ei phen ei hun y tro hwn, er ei bod yn ymwybodol nad yw'r fath ysbryd anturus i'w ddisgwyl gan fenywod, a'i bod 'yn ymddangos yn rhy farddonol i feddwl sobr athronyddol'. Ond '[c]hware têg i bawb ddilyn eu cyfeiriadau eu hunain,' meddai. Weithiau, serch hynny, rhaid cyfaddawdu â'r confensiynau ryw ychydig. Am hanner awr wedi chwech y bore wedyn, wrth iddi godi o'i gwely mewn gwesty ar lannau'r llyn, trewir hi gymaint gan yr olygfa o'i ffenestr, sy'n un 'annhraethol ogoneddus', nes y '[b]u agos i ni anghofio gwisgo am danom yn swyn yr olygfa'.[18] Ond 'yn ffodus,' meddai, 'dygwyddodd i rywbeth ein hadgofio am yr anhebgor hyny; felly ni a gawsom ein hunain yn eistedd wrth fwrdd ein boreufwyd yn weddol debyg i eraill, yn ein dillad a'n hiawn bwyll'.[19]

Pa 'rhyw ddosbarth o'r hil ddynol' a gynrychiolir gan Cranogwen, felly, yn ôl tystiolaeth yr erthygl hon? Yn amlwg nid un confensiynol fenywaidd yn ôl syniadau'r oes Fictoraidd. Mae'n anturus, yn feiddgar, yn ymgolli'n llwyr ym mhrydferthwch byd natur, yn gymharol ddi-hid o'i golwg a'i gwisg ond yn sylwgar iawn o gymeriad pawb a phopeth arall o'i chwmpas. Ac y mae 'Rhagluniaeth, yn un o'i ffyrdd neillduol a rhyfedd ei hun', wedi 'cylymu' ei chalon wrth galon chwaer yn hytrach nag un o'r brodyr. Gellir tybied mai ei nod wrth gyhoeddi'r erthygl 'Ymweliad â Gogledd Lloegr' oedd datgelu ei hun i'w chynulleidfa o ddilynwyr fel un nad oedd yn perthyn i'r dosbarth o ferched a ddeisyfai briodi dyn: nid oedd Rhagluniaeth wedi ei pharatoi ar gyfer y fath ffawd. Ac yn yr un flwyddyn, yn ei chasgliad *Caniadau Cranogwen*, cyhoeddodd ddatganiad cryfach fyth o'i llwyr ymroddiad i 'gyfeillgarwch' â 'chwaer anwyl' yn hytrach na chariad gwahanrywiol.

Cychwynna'r gerdd 'Fy Ffrynd' gyda phenillion o fawl i '[f]lodeuyn cyfeillgarwch', sy'n 'rosyn hardd / Yn d'wysog mewn prydferthwch'. Ond yn ôl rhai, medd y bardd, mae 'rhagorach' blodyn i'w gael yn yr ardd,

> Yn dlysach yn ei liw a'i lun,
> A gwell arogledd iddo;
> Ac fod y t'wysog hwn erioed
> Yn arfer ei gydnabod,
> Ac, heb ymddadlu, yn ddioed
> Ymgrymu i'w awdurdod:
>
> A hwnw, meddir drwy y wlad,
> Yw'r *pen*, neu yw y *brenin*,
> Ac nad yw'r eraill flodau mâd
> Ond deiliaid yn ei ganlyn.[20]

'Cariad', mewn dyfynodau yn y gerdd, yw'r enw ar y rhosyn brenhinol hwn. Mae'r bardd yn cydnabod ei geinder ac yn derbyn bod y mwyafrif am ei glodfori. Ond eto nid ef yw ei hoff ddewis hi ymhlith y blodau, ac nid yw'n barod i'w fawrygu fel 'brenin' personol dim ond oherwydd mai dyna yw'r arfer:

> Wel, bydded "Cariad" ynte'n *ben*,
>   Yn *frenin* cain y blodau,
> A deued beirdd y ddae'r a'r Nen
>   I ganu iddo odlau;
> Mi ganaf finau'r ganig hon
>   Yn llawen, doed a ddelo,
> I d'wysog Cyfeillgarwch llon,
>   Sydd wedi'm hollol swyno.

Aiff ymlaen yn ddi-oed i geisio mynegi beth a olyga 'Cyfeillgarwch' iddi hi, gan gyfarch ei 'Ffrynd' yn uniongyrchol. O'r cychwyn, nid yw'n ei chyfarch fel 'cyfaill' yn ystyr arferol y term hwnnw ond yn hytrach fel gwrthrych ei holl ddyheadau. Meddai wrthi:

> Ah! anwyl chwaer, 'r wyt ti i mi,
>   Fel lloer i'r lli', yn gyson;
> Dy ddilyn heb orphwyso wna
>   Serchiadau pura'm calon.

Cân serch yw hon, wedi'r cwbl, felly, er yr holl bwyslais yn y penillion cyntaf ar wahaniaethu rhwng 'Cariad' a 'Chyfeillgarwch'. Ac wrth iddi fynd yn ei blaen, mae iaith y bardd yn troi'n ddiamwys ramantaidd:

> I seren dêg dy wyneb di
>   Ni welaf *fi* un gymhar
> . . .
> Mae miloedd eraill, sêr o fri,
>   Yn gloewi y ffurfafen;
> Edmygaf hwy, ond *caraf* di,
>   Fy Ngwener gu, fy 'Ogwen'.

'Gwener', neu Fenws, duwies cariad, yw 'Fy Ffrynd' iddi, ac 'Ogwen', cariad y bardd mewn baled boblogaidd o'r cyfnod. Mae'n gorffen trwy sicrhau ei 'Ffrynd' a'r darllenydd mai perthynas sefydlog, hirdymor fydd hon:

> Wel, dyna i gyd, bydd yma o hyd,
> Nes llifo'm bywyd allan;
> A phleser cu fy mywyd i
> Fydd syllu arni'n mhobman.[21]

Cynnig priodas sydd yma i bob golwg: dyhead y bardd yw treulio gweddill ei dyddiau yng nghwmni ei 'Ogwen'.

Cyfeillgarwch rhamantaidd iawn yw hwn, mae'n amlwg. Ymddengys mai math o allweddeiriau yw 'Cariad' a 'Chyfeillgarwch' yn y gerdd hon, i ddynodi dyheadau gwahanrywiol y mwyafrif yn achos y cyntaf a rhai cyfunrywiol yn achos yr ail. Yn yr iaith Saesneg, *romantic friendship* oedd y term arferol a ddefnyddid yn ystod y ddeunawfed ganrif a'r bedwaredd ganrif ar bymtheg i gyfeirio at y math o berthynas a elwir heddiw yn lesbiaidd. Dywedwyd yn 1778 am Eleanor Butler a Sarah Ponsonby, er enghraifft, wedi iddynt redeg ymaith gyda'i gilydd i Langollen, nad oedd eu hymddygiad wedi dwyn gormod o warth ar eu teuluoedd oherwydd 'there were no gentlemen concerned, nor does it appear to be anything more than a scheme of Romantic Friendship'.[22] Edmygid eu perthynas yn gyffredinol fel 'a model of perfect friendship'.[23] Nid oedd y cysyniad o 'lesbiaeth' yn bod yn eu hoes hwy yn y modd y mae heddiw; yn wahanol i berthynas gyfunrywiol rhwng dynion, nid oedd perthynas gyfunrywiol rhwng menywod wedi ei chofrestru fel gweithred anghyfreithlon yn neddfau Prydain. Eto i gyd, yr oedd yn rhaid bod yn wyliadwrus; gallai cymdeithas droi yn erbyn y fath 'gyfeillion'. Er bod y bardd a'r traethodydd Hester Piozzi, er enghraifft, ar yr wyneb yn parchu Boneddigesau Llangollen, eto fe'i galwodd hwy yn ei dyddiaduron personol yn 'damned Sapphists'.[24]

Dyma'r esboniad, efallai, am y pwyslais a roddir yn yr erthygl 'Ymweld â Gogledd Lloegr' ar yr holl 'ddosbarth[iadau] gwahanol o'r hiliogaeth ddynol' a'i phle i'r darllenwyr i estyn '[c]hware teg i bawb ddilyn eu cyfeiriadau eu hunain': roedd

Cranogwen yn gwybod ei bod yn wahanol i'r rhan fwyaf o'i rhyw ac na fyddai pawb yn parchu ei gwahaniaeth. Merched oedd yn bwysig iddi, merched a wnâi iddi deimlo i'r byw yn hytrach na dynion, a merch oedd ei dewis yn gymar oes. Ond os am geisio cyfleu hynny i eraill nad oedd o reidrwydd yn eangfrydig, rhaid oedd bod yn ofalus.

Fodd bynnag, heblaw am siomedigaeth y rhai a ddisgwyliai ei gweld yn gwisgo'r fodrwy briodasol, nid ymddengys i'w gwahaniaeth amharu ar ei phoblogrwydd ymysg ei chyfoeswyr. I'r gwrthwyneb, wrth ymwrthod â dynion a magu delwedd hollol bur yn y cyswllt gwahanrywiol, roedd Cranogwen yn ateb gofynion ei hoes a'i chymdeithas. Nid oes arwydd yn ei chyhoeddiadau na'i chofiannau iddi ar unrhyw adeg brofi gwarth neu gywilydd o ganlyniad i'r ffaith fod ei serchiadau dyfnaf ynghlwm wrth ferched. Cafodd ei beirniadu gan rai am edrych fel dyn, am lefaru fel dyn, ac am fynnu llwyfan fel dyn,[25] ond nid ymddengys iddi erioed gael ei chyhuddo o garu fel dyn. Yn ôl diffiniad yr oes roedd yn 'bur': 'halogi'r gwely priodasol' trwy genhedlu plentyn y tu allan iddo – dyna a wnâi ferch yn bechadur rhywiol. Yng Nghymru yn enwedig, ar ôl trawma Brad y Llyfrau Gleision, yr oedd merch a fradychai ei benyweidd-dra a'i chenedligrwydd trwy gyfeillachu â gwryw cyn priodas yn warth i'w chymuned; rhaid ei diarddel yn gyhoeddus o'i chapel, ac yn aml o'i theulu hefyd. Ond nid oedd 'cyfeillgarwch' rhwng menywod, waeth pa mor 'ramantaidd', yn ysgogi'r un gwaradwydd.

Yn wir, yn ôl syniadau'r oes, nid oedd dyheadau rhywiol gan amlaf yn rhan o gyfansoddiad y fenyw ddibriod. Meddai'r meddyg William Acton, yn ei gyfrol boblogaidd *The Functions and Disorders of the Reproductive Organs* (1857), 'the majority of women (happily for them) are not very much troubled with sexual feeling of any kind. What men are habitually, women are only exceptionally.' Hwrod a'r lloerig oedd yr eithriadau, ond 'with these sad exceptions, there can be no doubt that sexual feeling in the female is in the majority of cases in abeyance'.[26] Dim ond ar ddiwedd y bedwaredd ganrif ar bymtheg, gyda chyhoeddi astudiaethau megis *Sexual Inversion* Havelock Ellis yn 1897, y dechreuwyd codi cwestiynau drwgdybus ynglŷn â natur 'cyfeillgarwch rhamantaidd' rhwng merched.[27] Cyn hynny derbynid y fath berthynas rhwng gwragedd fel prawf o allu merched i garu'n frwdfrydig ar lefel goruwch y rhywiol.[28] Yn yr Unol Daleithiau yn yr 1870au a'r 1880au, roedd 'cyfeillgarwch rhamantaidd' mor boblogaidd nes rhoddwyd iddo'r enw newydd 'Boston marriage', enw sy'n cyfleu parodrwydd y diwylliant i'w dderbyn yn ogystal â dynodi ei boblogrwydd arbennig ymysg trigolion benywaidd dinas Boston.[29]

Nid oedd cyfartaledd rhwng nifer y meibion a'r merched o oedran priodi ym Mhrydain yn ystod y bedwaredd ganrif ar bymtheg, ac roedd hyn hefyd yn ffactor yn y derbyniad digon diffwdan a gâi 'priodasau Bostonaidd'. Gwyddai'r wlad nad oedd dynion ar gael i'r oll o'i merched eu priodi hyd yn oed pe dymunent wneud. 'Yn oes Victoria, y gwir oedd fod hanner y merched o oedran planta yng Nghymru yn ddibriod', meddai Dot Jones yn ei chyfrol *Tystiolaeth Ystadegol yn Ymwneud â'r Iaith Gymraeg 1801–1911*. 'Yn sir Aberteifi, golygai'r ffaith fod mwy o ddynion nag o ferched yn mudo o ardaloedd gwledig, ynghyd â'r arfer o ohirio priodi, mai traean yn unig o'r merched rhwng 15 a 45 oed oedd yn briod.'[30] Dengys y tablau ystadegol mai dim ond 35.3% o wragedd Aberaeron oedd yn briod yn 1881, a dim ond 36.4% o wragedd tref Aberteifi.[31] Yn wyneb y fath ystadegau, pan nad oedd gobaith i ddwy ran o dair o fenywod gyfrannu at y boblogaeth trwy esgor ar blant cyfreithlon, mae'n ddigon posibl nad oedd eu dewis o ffordd o fyw o lawer o bwys i'r Sefydliad. Os oedd dwy fenyw ddibriod yn medru byw'n annibynnol trwy rannu un cartref, yr oedd hynny'n dwyn baich eu cynhaliaeth oddi ar ysgwyddau eu tadau a'u brodyr, neu'r plwyf. O ganlyniad, yr oedd rhesymau ymarferol hefyd dros barodrwydd eu cymuned i dderbyn eu perthynas.

Ond erbyn diwedd y ganrif, pan ddechreuodd to newydd o ferched elwa ar gyfleoedd gwell o ran addysg a swyddi, a phrofi eu bod mewn niferoedd yn medru cystadlu â dynion yn y sffêr gyhoeddus, daeth eu hannibyniaeth yn fwy o her i'r drefn gymdeithasol. Yn ôl y cyfrolau niferus ar hanes lesbiaeth, ofn chwyldro yn y system rhywedd oedd wrth wraidd ymddangosiad sydyn astudiaethau ar ddiwedd yr 1890au oedd yn collfarnu 'cyfeillgarwch rhamantaidd' fel ffordd o fyw, ac yn ei ddiffinio fel ysgelerder annaturiol yn hytrach na 'phurdeb'.[32] Ond cafodd

Cranogwen fyw ei bywyd bron iawn ar ei hyd cyn i'r 'Cwymp' hwn lawn ennill ei dir yn ideoleg yr oes.

Serch hynny, ar ôl 1868 ni cheir yn ei gweithiau cyhoeddedig fwy o ganu serch na chyfeiriadau uniongyrchol at ei bywyd carwriaethol. Efallai iddi gael ei rhybuddio gan ei chyfeillion fod eisiau bod yn wyliadwrus os am gadw ffafr trwch y boblogaeth, neu efallai iddi hi ei hun deimlo bod dweud unwaith yn ddigon. Ond yn anuniongyrchol, ceir digon o gyfeiriadau yn ei gwaith sy'n tystio i'r ffaith fod ei hemosiynau'n 'fenyw-ganolog'. Yn y dyddiadur a gadwodd wrth deithio yn yr Unol Daleithiau, er enghraifft, ceir disgrifiad digon ysmala o'r modd y gallai ei pherthynas â merched brofi'n hunllef iddi yn ogystal ag yn 'bleser cu'. Yn ystod ei harhosiad yn Nortonville, Califfornia, ym mis Gorffennaf 1870, arteithiwyd hi gan ymagwedd oer rhai o'r menywod tuag ati. Cymry oeddynt, ond Cymry'r *advanced thought* nid y werin bobl, gwragedd a merched y gwŷr a elwodd ar y fasnach aur. Yr oedd yn rhaid iddi roi mynegiant i'w theimladau, petai ond yn ei dyddlyfr:

> gadawer i mi enwi yr hyn y sydd lawer pryd megys yn fwyaf o boen i mi . . . Wel, *menywaid beilchion, hunanol, digydymdeimlad, drwgdybus, eiddigeddus, mursenaidd* – y rhai hyn y sydd yn boen . . . Unrhyw siom, neu boen, neu syrffed yn hytrach na hyn, – merched a gwragedd heb megys galon o'u mewn yn unlle . . . Y mae *merch* ddideimlad, ddigalon yn hagrwch a siom annyoddefol; y mae – wel nid oes genyf air . . . y mae yn gostwng tymheredd cysur un yn isel iawn – islaw *Zero* gryn lawer; wel y mae yn gymaint a fedr un ddal heb rewi o hono yn delpyn.[33]

I'r un graddau ag yn ei cherdd 'Fy Ffrynd', mae'r dyfyniad hwn yn cyfleu dibyniaeth Cranogwen ar ei pherthynas emosiynol â merched yn hytrach na dynion. 'Siom annyoddefol' yw bod yng nghwmni menywod dideimlad, ond nid yw yn unlle yn ymateb yr un ffordd na'r llall i gyflwr teimladau'r gwrywod o'i chwmpas. Canolbwyntio y mae ar y merched, ac mae'n siwr fod yr ymateb hwn wedi bod o bwys yn ei llwyddiant fel arweinydd ac ysgogydd i'w rhyw; nid oedd dim i dynnu ei meddwl oddi arnynt, merched oedd ei byd.

Ond pwy, yn benodol, oedd 'Fy Ffrynd', a phwy oedd y 'chwaer anwyl' a ddisgwyliai am y trên ym Mhenbedw? Mae'r cwestiwn olaf dipyn yn haws i'w ateb na'r cyntaf oherwydd yn yr erthygl 'Ymweld â Gogledd Lloegr' cawn fwy o fanylion ynghylch trigfan y chwaer nag a gawn yn y gerdd. Roedd hon yn byw, meddai Cranogwen, yn 'un o derfynau eithaf y dref fawr' Lerpwl. Yn yr 1860au yr oedd Elizabeth Nicholson, awdur y gyfres o erthyglau Saesneg ar ddarlithiau Cranogwen y dyfynnwyd ohonynt eisoes, yn byw gyda'i mam yn 20 Spellow Lane, Kirkdale, ardal o Lerpwl nad yw ynghanol y ddinas heddiw, ac a oedd yn agos at ei therfynau yn 1867. Gwyddom o'i chyfres 'Sketches of Wales and its People' fod gan Miss Nicholson feddwl mawr o'i chyfaill athrylithgar o Gymraes. Go brin y gallai unrhyw wrandawraig eistedd noson ar ôl noson trwy ddwy awr o ddarlith mewn iaith hollol anghyfarwydd iddi a chael y profiad yn un 'thrilling' heb fod ynddi elfen gref o edmygedd tuag at y darlithydd.[34] Ac ar ddiwedd ei chyfres, wrth ddisgrifio'i noson olaf yng Nghymru, mae'n rhoi darlun rhamantus iawn o'u cyfeillgarwch, a hwythau'n cerdded gyda'i gilydd drwy'r caeau o gwmpas Aberhonddu:

> The evening was one of rare loveliness . . . on such an evening, walk slowly homeward with some friend, so much a friend that you may speak of things in heaven and earth, or be silent, just as you choose . . . feast your eyes on the golden glow of the tranquil heavens, and the corn, all aglow, as it was on that Sabbath day, far back through the centuries beneath that hand that plucked, and gave the disciples to eat . . . It seems like a day strayed away out of paradise, and this 'an eve in a sinless world'.[35]

Ymddengys fod serchiadau'r 'chwaer anwyl' hon yn gymaint ynghlwm wrth Cranogwen ag yr oedd rhai ei chyfaill wrthi hi, ond purdeb diamwys sy'n nodweddu'r berthynas, o'u safbwynt hwy o leiaf. Ni wyddom, ac nid yw'n debygol erbyn heddiw y cawn fyth wybod, a oedd rhyw yn elfen ohono neu beidio, ond os oedd nid pechod oedd hynny yn ôl eu dealltwriaeth hwy, dim ond rhan o'r addfwynder naturiol rhwng 'cyfeillion rhamantaidd'.

Ond os mai Elizabeth Nicholson oedd 'un o'r ddau neu y tri anwylaf' gan Cranogwen, pwy oedd y lleill? Wrth ddarllen

'Fy Ffrynd'

cerdd Cranogwen i'w mam ar ddechrau ei chyfrol *Caniadau,* sy'n disgrifio'r 'moroedd serch' a deimlai tuag ati,[36] ni ellir ond dod i'r casgliad mai ei mam oedd un o'r tair. Mae ei galar dwys ar ôl ei cholli yn 1888 hefyd yn ein harwain at yr un dybiaeth. Ond nid i'w mam, wrth gwrs, yr ysgrifennwyd 'Fy Ffrynd'. Nid yw'n debyg ychwaith mai Elizabeth Nicholson oedd gwrthrych y gerdd; go brin y byddai Cranogwen wedi canu yn y Gymraeg, a chyfarch ei 'hanwyl chwaer' mewn modd mor bersonol, a hithau'n gwybod nad oedd y chwaer honno'n medru gair o'r iaith. Yn ogystal, mae mwy nag un cyfeiriad yn 'Fy Ffrynd' sy'n awgrymu bod gwrthrych y gân yn preswylio yn yr un ardal â'r bardd: 'bydd yma o hyd' meddir yn y pennill olaf, a 'phleser cu fy mywyd i / Fydd syllu arni'n mhobman'. Ni fyddai bardd o Langrannog wedi gallu canu felly pe bai gwrthrych ei serchiadau yn trigo yn Lerpwl. Erys felly'r cwestiwn, pwy oedd yr un arall o'r 'ddau neu y tri anwylaf genym ar y ddaear' – hynny yw, pwy sy'n cael ei chyfarch yn 'Fy Ffrynd'?

Mewn pennod ar Cranogwen yn y gyfrol *Queer Wales,* cynigiais Fanny Rees fel gwrthrych y gerdd (ar y pryd roeddwn dan y gamargraff mai yn 1870 yn hytrach nag 1868 y cyhoeddwyd 'Fy Ffrynd').[37] Merch i felinydd o Droed-yr-aur, pentref yng nghyffiniau Llangrannog, oedd Fanny Rees (1853–74), neu Phania, sef y ffugenw a ddefnyddiai wrth gyhoeddi ysgrifau yn *Y Cylchgrawn.* Cychwynnodd ar ei gyrfa fel awdur yn ddeunaw oed: ymddangosodd ei hysgrifau cyntaf, homilïau ar bynciau fel 'Diogi' neu 'Dewisiad', yn 1871. Dirwest oedd ei phrif bwnc; yn ogystal â thraethawd ar 'Y Fasnach Feddwol', cyhoeddwyd ganddi yn *Y Cylchgrawn* yn 1873 stori gyfres ac iddi'r teitl, 'Plas-yr-Ynys a'i Amgylchoedd: neu Drem ar Effeithiau y Fasnach Feddwol yn ein Gwlad'. Diniwed yw arwyr, neu wrth-arwyr, y stori i gychwyn; mae'r teulu Price yn byw yn ddiddos ym Mhlas-yr-Ynys, a'r unig fygythiad i'w hapusrwydd yw'r ffaith nad oedd

> neb yn dal crediniaeth fwy cadarn yn yr hen athrawiaeth frithlwyd o lesoldeb y diodydd meddwol na hwy. Os byddai yno ryw anhwyldeb, yn gorfforol neu feddyliol, cur yn mhen Mrs. Price, neu ei danedd yn ddrwg, neu os byddai hi neu ei gwr wedi suddo i ystad o iselder meddwl, y ddiod am adgyweirio y cyfan.[38]

Gyda'r fath fagwraeth ychydig o obaith sydd i'r teulu; pan ddaw tafarnwr newydd i'r pentref cyfagos, Porth Prydferth, ac agor tafarn y Rock, yn fuan iawn aiff dau fab y Plas, William a John, ar ddisberod, gan wario'u holl etifeddiaeth ar y ddiod. Mae merch y Plas, Elin, yn marw o dor calon ar ôl i'w chariad, a oedd hefyd yn ddiotwr trwm, gyflawni hunanladdiad dan ddylanwad *delirium tremens*: 'Gwelai ryw ellyll mawr yn ymlid ar ei ôl, a mynai saethu ei hun i gael dianc rhag ei gynddaredd.'[39] Dim ond dyfodiad y Gymdeithas Ddirwestol i'r pentref sydd, o'r diwedd, ym mhennod olaf y stori, yn 'newid wyneb yr anialwch'.[40] Os rhywfaint yn ystrydebol, o ran y cymeriadau a'r plot, mae 'Plas-yr-Ynys' yn ffuglen egnïol sy'n dangos talent, yn enwedig o ystyried mai dim ond ugain oed oedd ei hawdur.

Ond ni chafodd Phania gyfle i wireddu ei haddewid cynnar; erbyn y flwyddyn ddilynol yr oedd wedi marw o'r darfodedigaeth. Yn 1873 mynnodd ddilyn cwrs addysg bellach mewn ysgol yn Llundain, ond dychwelodd oddi yno yn ddifrifol wael, a bu farw 'un nos Sabboth yn hydref cynar y flwyddyn 1874. Bu hyn o dan gronglwyd ysgrifenydd y llinellau hyn,' meddai Cranogwen mewn ysgrif ar 'Phania' yn *Y Frythones*.[41] Hynny yw, dewisodd Phania ddychwelyd i farw nid yn nhŷ cyfagos ei rhieni ond yng nghartref ei chyfaill Cranogwen, dewis sy'n cyfleu cryfder ei hymlyniad tuag ati. Yn yr ysgrif honno yn *Y Frythones*, mae Cranogwen hefyd yn ategu'r ffaith fod perthynas o bwys rhyngddynt, gan ddisgrifio Phania fel un 'o'n hanwyliaid'. Roedd hithau, meddai, 'yn rhwym iddi mewn llawer o ffyrdd, ac yn proffesu, tra yr oedd eto gyda ni, ymlyniad anarferol wrthi ac edmygedd o honi'.[42] Yn sicr yr oedd cysylltiad agos rhyngddynt; wrth gyhoeddi ysgrif goffa arni yn *Y Cylchgrawn* yn fuan ar ôl ei marwolaeth, galarodd Cranogwen ar ei hôl gan ddweud, 'Collasom un, er flynyddau yn ieuengach na ni, y rhoddem bris uchel iawn ar ei phwyll, ei synwyr, a'i phrofiad; ac un yr oedd cywirdeb a ffyddlondeb diamheuol ei chyfeillgarwch i ni yn artref clud.'[43]

Fodd bynnag, erbyn hyn gwyddom fod y gerdd 'Fy Ffrynd' wedi ei hysgrifennu o leiaf saith mlynedd cyn marwolaeth Phania: cyhoeddwyd yr adolygiadau cyntaf ar *Caniadau Cranogwen* ym mis Gorffennaf 1868, a chynhwyswyd y gerdd yn y casgliad o'r cychwyn. Dim ond rhyw bymtheng mlwydd oed oedd Fanny Rees y pryd hynny, ac nid yw 'Fy Ffrynd' yn darllen fel petai wedi ei hysgrifennu am wrthrych mor ifanc. Mae'n cyfeirio at y 'chwaer annwyl' fel cymeriad aeddfed, sydd yn medru cydymdeimlo â menyw arall '[y]m mhob rhyw gur a gofid', ac mae hefyd yn cyfleu'r syniad nad rhywbeth newydd yw eu cyfeillgarwch, gan ddweud 'Deallaist lawer gwaith cyn hyn / Mor gu 'r wyf yn dy garu'.[44] Mewn ysgrif ddiweddar ar fywyd Cranogwen mae David Edward Pike yn dadlau nad Phania oedd 'Fy Ffrynd' am ei bod mor ifanc pan gyfansoddwyd y gerdd,[45] ac wedi deall mai yn 1868 yn hytrach nag yn 1870 y cyhoeddwyd y *Caniadau* gyntaf, rhaid cytuno ag ef. Go brin mai Fanny Rees, bymtheg oed, oedd gwrthrych 'Fy Ffrynd' yn 1868, er cymaint galar Cranogwen ar ei hôl chwe blynedd yn ddiweddarach. Yn hytrach, ymddengys mai enghraifft gynnar a thalentog oedd Phania o'r llu o awduron benywaidd a gymerodd Cranogwen fel patrwm i'w hefelychu; trwy ei hesiampl rhoddai eu harwres iddynt hyder i godi eu llais a gwireddu eu talentau creadigol. Wrth fynnu addysg bellach yn Llundain yr oedd Phania yn dilyn ôl traed ei llwybrau, ac mae ei themâu fel awdures hefyd yn ymdebygu i themâu darlithiau Cranogwen. Cyn yr 1870au yr oedd Cranogwen eisoes wedi arddangos ei sêl dros yr achos dirwestol; yn 1869, yn ystod ei theithiau yn yr Unol Daleithiau, bu'n areithio mewn Cymanfa Ddirwest yn Floyd, swydd Oneida, lle roedd, yn ôl gohebydd *Y Cyfaill o'r Hen Wlad yn America*, mawr ddisgwyl amdani fel un 'sydd wedi anfarwoli ei henw yn ei chysylltiad â Dirwest'.[46] Disgybl annwyl yn dilyn esiampl ei harwres yn ffyddlon oedd Phania, ond wedi ystyriaeth mae'n annhebyg mai hi oedd gwrthych 'Fy Ffrynd'.

Mae un ymgeisydd amlwg arall ar gyfer y rôl. Ganwyd Jane Thomas yn 1843 ym mhentref Penbryn yn ardal Llangrannog, yn ferch i forwr. Yn ystod yr 1860au symudodd i fyw gyda'i modryb a'i hewythr, Margaret a John Jones, yn y Frongoch ym mhentref Llangrannog. Saer coed oedd John Jones wrth ei alwedigaeth, a bu Jane yn cadw tŷ iddo ef a'i wraig. Yn yr 1880au, bu farw'r fodryb, a oedd erbyn hynny'n weddw, a chyda'i hetifeddiaeth prynodd Jane dŷ o'r enw Green Park, neu Iet Wen, a safai yn union dros y ffordd i Bryneuron lle trigai Cranogwen gyda'i rhieni, a symudodd i fyw yno. Cyn 1899, ar ôl marwolaeth ei thad, gwerthodd Cranogwen Fryneuron a chroesodd y ffordd i fyw gyda Jane. Gwyddom hynny gan mai 'Green Park, Llangranog' yw'r cyfeiriad a roddir ar ei chyfer mewn gwŷs a dderbyniodd i ymddangos o flaen ei gwell yn Llys Aberaeron ym mis Tachwedd y flwyddyn honno. Ei throsedd oedd gyrru cerbyd heb oleuadau yn ardal Synod Inn, wrth deithio'n ôl i Langrannog o orsaf Aberystwyth un noson, a bu'n rhaid iddi dalu swllt o ddirwy.[47] Yn Green Park / Iet Wen y bu'r ddwy'n trigo tan farwolaeth Cranogwen yn 1916. Cawsant beth trafferth wrth lenwi ffurflen Cyfrifiad 1911. Yn wreiddiol, rhoddwyd enw Jane Thomas fel '*Head*' y tŷ, a Sarah Jane Rees fel '*Lodger*'. Ond ymddengys nad oedd hynny'n eu bodloni fel disgrifiad cywir o'u perthynas: croeswyd allan '*Lodger*', rhannwyd y tŷ yn ddau, gyda dau enw, 'Henllan' a 'Green Park', a rhoddwyd Sarah Jane Rees yn '*Head*' ar un hanner ohono a Jane Thomas yn '*Head*' ar yr hanner arall. Cymaint o drafferth oedd cyfleu ar ffurflen y Cyfrifiad fod dwy fenyw yn rhannu tŷ ar delerau cyfartal!

Fodd bynnag, er eu ffwdan, ymddengys na ddeallodd o leiaf un o gofianwyr Cranogwen natur gyfartal y berthynas rhyngddynt. Er bod Gerallt Jones yn ei gofiant yn cyflwyno Jane Thomas fel 'cyfeilles' Cranogwen, eto, wrth ddychmygu'r ddwy'n ymddiddan â'i gilydd (cofier mai ar gyfer rhaglen radio yr ysgrifennwyd *Cranogwen: Portread Newydd* yn wreiddiol), mae'n rhoi iddynt y ddeialog ddilynol, sy'n digwydd yn Iet Wen ar achlysur pan oedd Cranogwen yn dioddef o'r 'felan':

> Jane Thomas: [*yn dod i mewn i'r gegin*] Wel, Miss, shwt oedd y cwpaned te 'na?
> Cranogwen: [*yn ddideimlad braidd*] Neis iawn, Jane fach; ond neith cwpaned o de fowr o les i fi nawr . . . 'dyw'r corff yma ddim yn mynd i bara'n hir nawr . . .
> Jane: Rhag eich c'wilydd chi, Miss Rees. Gweithio'n rhy galed y'ch chi'n neud, a heb gymryd hoe fach yn ddigon amal.[48]

Go brin y byddai unrhyw 'gyfeilles' yn cyfeirio at ei ffrind fel 'Miss Rees'; mae'r ddeialog am gyfleu mai perthynas meistres a'i morwyn oedd rhyngddynt. Mae'n dra thebygol mai Jane Thomas oedd yn cadw tŷ i'r ddwy ohonynt, ond nid yw hynny wrth gwrs yn ei gwneud yn 'forwyn', ddim mwy nag unrhyw wraig briod gyda'r un cyfrifoldebau. Nid yw'r Parch. D. G. Jones yn ei gofiant ef yn cyfeirio ati fel morwyn. Roedd wedi cyfarfod Jane yn ystod ei ymweliadau â Cranogwen yn negawdau olaf ei hoes, a gwyddai am ei gofal o'i chyfeilles. Meddai am flynyddoedd olaf Cranogwen: 'aeth i fyw gyda Jane Thomas – carictor diddorol, na thrafferthodd lawer erioed gyda drychfeddyliau'.[49] Hi oedd y partner ymarferol yn y berthynas; hi gadwai'r tŷ tra oedd Cranogwen yn prysur deithio'r wlad yn mynychu'r cyfarfodydd dirwest a gymerai gymaint o'i hamser yn ystod degawdau olaf ei bywyd.

Roedd Cranogwen wedi arfer dibynnu ar berthynas o'r fath. Wrth ddisgrifio'i hymlyniad wrth ei mam, meddai Ellen Hughes:

> Meddyliai Cranogwen yn uchel iawn o'i mam ar hyd ei hoes, ac ymddengys ei bod yn wraig dda a doeth, ac er nad o dalentau eithriadol, yn meddu ar nodweddion a'i gwnai yn gyfeilles werthfawr i'w merch hyd yn oed ar ol iddi dyfu i fyny a chyrraedd enwogrwydd. Pan gollodd ei mam, teimlodd yr ergyd yn angerddol, ac ymddangosai wedi colli un ag y dibynai arni am arweiniad a nerth – un a gyflawnai, megis, ei diffygion hi ei hunan. Tra yr oedd y ferch yn y cyhoedd yn addysgu y bobl, parhai y fam yn frenhines yr aelwyd, ac odid na theimlai y ferch ddisglair, farddonol ac anturiaethus, angen neilltuol am y fam bwyllog, dawel, a threfnus, i arolygu pethau cartrefol ac allanol.[50]

Er yr holl 'fyn'd' ym mhersonoliaeth Cranogwen, neu efallai oherwydd y 'myn'd' hwnnw, yr oedd yn ddibynnol iawn ar berthynas gariadus â gwrthrych a allai greu cartref annwyl iddi ddychwelyd iddo. Nid cymeriad 'tawel' oedd Jane Thomas, ond un 'fywiog ei hysbryd a ffraeth o ymadrodd', yn ôl Ellen Hughes;[51] yr oedd, serch hynny, wedi treulio'i hoes 'yn arolygu pethau cartrefol ac allanol' ac yn hollol abl i lenwi'r bwlch ymarferol a adawyd gan Frances Rees. Roedd angen y fath gymorth ym Mryneuron gan fod Cranogwen yn rhannu ei chartref nid yn unig gyda phlant amddifad ei brawd iau a fu farw, sef Frances, Jennie a David John Rees, ond hefyd gyda phlant diymgeledd eraill, nad oeddynt yn berthnasau iddi. Mewn llythyr a ysgrifennwyd yn 1939, mae un ohonynt, Edwin Jenkins, yn cofio sut '[d]euthum i Llangranog yn grwydryn digartref o Sir Benfro . . . [D]aeth Cranogwen o hyd i mi' a rhoddodd iddo gynhaliaeth ac addysg.[52]

Yn ei hysgrifau cofiannol hithau am Cranogwen, nid yw Ellen Hughes yn manylu ar y berthynas rhwng Cranogwen a Jane, ond yn sicr nid yw'n ei phortreadu fel un rhwng morwyn a'i meistres. Disgrifia'r tair ohonynt, yn ystod ei harhosiad yn Llangrannog, yn mynychu gwasanaeth yng nghapel Bancyfelin gyda'i gilydd ar noson dywyll, 'trwy yr hwn yr arweiniwyd fi tua thref gan Cranogwen a Jane Thomas'.[53] Y ddwy yn ferch i forwyr yn ardal Llangrannog, y ddwy yn agos o ran oedran ac yn perthyn i'r un enwad, un yn 'rhoces' a'r llall yn 'garictor diddorol' – hawdd credu bod y cyfeillgarwch rhwng Cranogwen a Jane Thomas yn un a gychwynnodd yn gynnar ac a barhaodd am oes, '[n]es llifo'm bywyd allan', yn ôl y dymuniad a fynegir yn 'Fy Ffrynd'.[54]

Yr hyn sy'n sicr yw bod Cranogwen, wrth greu cerdd o'r fath, ac wrth gyhoeddi ysgrif fel 'Ymweliad a Gogledd Lloegr', am ddwyn perswâd ar ei darllenwyr i dderbyn y syniad nad oedd chwilio am ŵr yn rhan o'i phwrpas mewn bywyd. O'i gwirfodd yr oedd wedi dewis 'cyfeillgarwch rhamantaidd' yn hytrach na phriodas; 'wyneb chwaer', nid brawd, a fyddai 'megis deddf i'r don / Gynhyrfus dan fy mron'. A gofal chwaer a chyfaill rhamantaidd a fyddai'n ei chynnal a'i chadw yn ystod y bennod brysur nesaf yn ei hanes, wedi iddi yn 1878 dderbyn rôl newydd yn olygydd *Y Frythones*.

Nodiadau

1 'Lloffion o'r Llan', *Y Gwladgarwr*, 4 Mawrth 1871.
2 D. G. Jones, *Cofiant Cranogwen* (Caernarfon: Argraffdy'r Methodistiaid Calfinaidd, dros Undeb Dirwestol Merched y De, d.d. [1932]), t. 99.
3 *Y Gwladgarwr*, 1 Rhagfyr 1876.
4 *Y Dydd*, 18 Gorffennaf 1873.
5 LlGC 19246A, 'Sketches of Wales and its People', Part I.
6 *Y Gwladgarwr*, 5 Mai 1866.
7 Iorwen Myfanwy Jones, 'Merched Llên Cymru o 1850 i 1914',

traethawd MA anghyhoeddedig, Prifysgol Gogledd Cymru, Bangor, 1935, t. 81.
8   D. Ifor Jones, 'Gellifor', *Cymru*, lvi (1919), 32.
9   Gweler R. Mawddwy Jones, *Cofiant a Gweithiau . . . y diweddar Risiart Ddu o Wynedd* (Bala: H. Evans, d.d. [1904?]).
10 'Lecture at Brithdir', *Wrexham and Denbighshire Advertiser and Cheshire Shropshire and North Wales Register*, 5 Mai 1866.
11 *Baner ac Amserau Cymru*, 19 Mai 1866.
12 'Yr Hen Eisteddfodau', *Y Drych*, 27 Chwefror 1919.
13 Cranogwen, 'Ymweliad a Gogledd Lloegr', *Y Traethodydd*, xxiii (Gorffennaf 1868), 276.
14 Cranogwen, 'Ymweliad a Gogledd Lloegr', *Y Traethodydd*, xxiii (Gorffennaf 1868), 278.
15 Cranogwen, 'Ymweliad a Gogledd Lloegr', *Y Traethodydd*, xxiii (Gorffennaf 1868), 274–5; y testun sy'n italeiddio.
16 Cranogwen, 'Ymweliad a Gogledd Lloegr', *Y Traethodydd*, xxiii (Gorffennaf 1868), 280.
17 Cranogwen, 'Ymweliad a Gogledd Lloegr', *Y Traethodydd*, xxiii (Gorffennaf 1868), 285.
18 Cranogwen, 'Ymweliad a Gogledd Lloegr', *Y Traethodydd*, xxiii (Gorffennaf 1868), 286.
19 Cranogwen, 'Ymweliad a Gogledd Lloegr', *Y Traethodydd*, xxiii (Gorffennaf 1868), 287.
20 [Cranogwen], 'Fy Ffrynd', *Caniadau Cranogwen* (Dolgellau: Robert Oliver Rees, d.d. [1870]), t. 74.
21 [Cranogwen], 'Fy Ffrynd', *Caniadau Cranogwen*, tt. 75–6.
22 Dyfynnir gan Lillian Faderman, *Surpassing the Love of Man* (London: The Women's Press, 1985), t. 75.
23 *Cambrian Quarterly Magazine*, 1829; dyfynnir gan Norena Shopland, *Forbidden Lives: LGBT Stories from Wales* (Pen-y-bont-ar Ogwr: Seren, 2017), t. 38.
24 Gweler Kirsti Bohata, '"A queer kind of fancy": Women, Same-sex Desire and Nation in Welsh Literature', yn Huw Osborne (gol.), *Queer Wales: The History, Culture and Politics of Queer Life in Wales* (Cardiff: University of Wales Press, 2016), t. 96.
25 Gweler Jones, *Cofiant Cranogwen*, t. 102; a Gerallt Jones, *Cranogwen: Portread Newydd* (Llandysul: Gwasg Gomer, 1981), tt. 35, 46 a 49.
26 William Acton, *The Functions and Disorders of the Reproductive Organs* (London: John Churchill, 1857), t. 112.
27 Henry Havelock Ellis, *Studies in the Psychology of Sex: Vol. I. Sexual*

Inversion (London: Wilson and Macmillan, 1897). Gweler hefyd Richard von Krafft-Ebing, *Psychopathia Sexualis* [1882], cyf. C. G. Chaddock (Philadelphia and London: F. A. Davies and Co., 1892).

28 Am wybodaeth bellach ynglŷn â phoblogrwydd 'cyfeillgarwch rhamantaidd' rhwng merched yn ystod y bedwaredd ganrif ar bymtheg, gweler Lillian Faderman, *Surpassing the Love of Men: Romantic Friendship and Love between Women from the Renaissance to the Present* (London: Junction Books, d.d. [1981]), tt. 147–230.

29 Gweler Faderman, *Surpassing the Love of Men*, tt. 190–205.

30 Dot Jones, *Tystiolaeth Ystadegol yn Ymwneud â'r Iaith Gymraeg 1801–1911* (Caerdydd: Gwasg Prifysgol Cymru, 1998), t. 11.

31 Jones, *Tystiolaeth Ystadegol yn Ymwneud â'r Iaith Gymraeg*, t. 132.

32 Gweler, er enghraifft, Carroll Smith-Rosenberg, 'Discourses of Sexuality and Subjectivity: The New Woman, 1870–1936', yn Martin Bauml Duberman, Martha Vicinus a George Chauncey, Jr. (goln), *Hidden from History: Reclaiming the Gay and Lesbian Past* (1989; London: Penguin, 1991), tt. 264–80.

33 [Cranogwen], 'Dalen o'n Dyddlyfr yn y Flwyddyn 1870', *Y Frythones*, v (1883), 190; y testun sy'n italeiddio.

34 LlGC 19246A, 'Sketches of Wales and its People', Part IV.

35 LlGC 19246A, 'Sketches of Wales and its People', Part XIII.

36 [Cranogwen], 'Y Cyflwyniad', *Caniadau Cranogwen*, t. 4.

37 Jane Aaron, 'Gender difference is nothing: Cranogwen and Victorian Wales', yn Osborne, *Queer Wales*, tt. 29–44.

38 Phania, 'Plas-yr-Ynys a'i Amgylchoedd: neu Drem ar Effeithiau y Fasnach Feddwol yn ein Gwlad', *Y Cylchgrawn*, xii (Chwefror 1873), 60.

39 Phania, 'Plas-yr-Ynys a'i Amgylchoedd: neu Drem ar Effeithiau y Fasnach Feddwol yn ein Gwlad', *Y Cylchgrawn*, xii (Gorffennaf 1873), 248.

40 Phania, 'Plas-yr-Ynys a'i Amgylchoedd: neu Drem ar Effeithiau y Fasnach Feddwol yn ein Gwlad', *Y Cylchgrawn*, xii (Rhagfyr 1873), 419.

41 [Cranogwen], 'Phania', *Y Frythones*, viii (Mehefin 1886), 167.

42 [Cranogwen], 'Phania', *Y Frythones*, viii (Mehefin 1886), 165–6.

43 Cranogwen, 'Fanny Rees, Felincwm, Sir Aberteifi', *Y Cylchgrawn*, xiii (Hydref 1874), 361.

44 [Cranogwen], 'Fy Ffrynd', *Caniadau Cranogwen*, t. 75.

45 David Edward Pike, 'Cranogwen: A Pioneering Preacher', http://daibach-welldigger.blogspot.com/2019/01/cranogwen-pioneering-preacher.html (21 Ionawr 2019).

46 'Cymanfa Ddirwestol Talaeth N. Y.', *Y Cyfaill o'r Hen Wlad yn America*, xxxii (Gorffennaf 1869), 221.
47 Gweler LlGC ISYSARCHB75, 12855–12857: 'To Sarah Rees of Greenpark in the parish of Llangranog in the county of Cardigan, spinster . . . You are herefore hereby summoned to appear before the Court of Summary Jurisdiction sitting at County Hall, Aberayron . . . dated on the 24th day of November 1899.'
48 Jones, *Cranogwen: Portread Newydd*, tt. 81–2.
49 Jones, *Cofiant Cranogwen*, tt. 164–5.
50 Ellen Hughes, 'Yng Nghymdeithas Cranogwen', *Y Gymraes,* xxvii (Chwefror 1923), 23.
51 Ellen Hughes, 'Yng Nghymdeithas Cranogwen', *Y Gymraes,* xxvii, xix (Ionawr 1925), 5.
52 LlGC SWWTU 8–24, Edwin Jenkins at Mrs Jones, 17 Ionawr 1939.
53 Ellen Hughes, 'Yng Nghymdeithas Cranogwen', *Y Gymraes*, xix (Mehefin 1925), 91.
54 [Cranogwen], 'Fy Ffrynd', *Caniadau Cranogwen*, t. 76.

Pennod 7

'Yr Ol' a'i 'Brythonesau'

Yn wythnosolyn *Y Genedl Gymreig* ym mis Mai 1878 cwynodd gohebydd o'r enw Barbara Jones ynghylch y ffaith fod cyn lleied o ddeunydd ar gyfer merched yn benodol yn y cylchgronau a'r papurau newyddion Cymraeg. 'Byddaf yn synu weithiau nad ymddangosai ambell i benod yn un o'r newyddiaduron neu'r cyhoeddiadau Cymreig, i ddyddori ac addysgu merched ein gwlad,' meddai; 'er pan syrthiodd Ieuan Gwynedd i'w fedd cynar yn 1852, esgeulusir y Gymraes, ac ni phregethir iddi ond megys mewn cynulleidfa gymysg.'[1] Prysurodd llawer o ddarllenwyr benywaidd *Y Genedl* i gytuno'n frwd â hi. 'Llawer gwaith y buom yn taflu golwg dros ambell i newyddiadur neu fisolyn ar ei ymddangosiad cyntaf ar faes llenyddiaeth, gan ddisgwyl y ceid rhyw adran ynddo yn arbenig i'r merched,' meddai Gwladys Morgan o Lanllyfni yr wythnos ddilynol; 'ond, er disgwyl, ni chaed na cholofn, na chongl yn yr un ohonynt. Tybed nad yw yn werth gwneuthur hyn er ein budd?'[2] Fodd bynnag erbyn mis Hydref gallai Barbara Jones ddatgan gyda balchder fod eu cri ar fin cael ei hateb. 'Y mae genyf yn awr yr hyfrydwch o'ch hysbysu fod fy nghynigiad i gael cyhoeddiad i Ferched Cymru, cyffelyb i'r *Gymraes* gynt, ar gael ei sylweddoli,' meddai:

> Gwelais hysbysiad am y misolyn yn un o newyddiaduron y Sowth, ac mai fy chwaer dalentog Cranogwen, a fyddai'r

olygyddes. Dyma fo i'r dim, ebe fi. Wn i ddim am neb arall, na mab na merch, mwy cyfaddas i olygu *Cymraes*, nag ydyw Cranogwen. Gobeithiaf o'm calon y caiff hi a'r cyhoeddwr nawdd galonog pob Cymraes; ac y bydd i'r prynwr a'r gwerthwr dderbyn lles a budd oddiwrth yr anturiaeth. Na fydded yr un Gymraes deilwng o'r enw heb y cyhoeddiad.[3]

Y cyhoeddwr o'r 'Sowth' a dderbyniodd y sialens oedd David J. Williams, Llanelli, cyhoeddwr *Y Cylchgrawn*, misolyn ar gyfer y Methodistiaid Calfinaidd. Eithr 'cyhoeddiad anenwadol' oedd ei gynnyrch newydd i fod, 'at wasanaeth neillduol' holl 'ferched a gwragedd Cymru'. Dwy geiniog fyddai ei bris (hanner pris *Y Cylchgrawn*), ac nid *Y Gymraes* ond *Y Frythones* a ddewiswyd yn enw. Yn ôl yr hysbysebion a ymddangosodd mewn amryw gyhoeddiad, fe fyddai'r misolyn newydd yn cynnwys, 'yn draethawd, yn llythyr, yn ymddyddan, yn hanesyn, penill neu gân', ddeunydd amrywiol o ddiddordeb i ferched, bywgraffiadau menywod nodedig, a 'chyfarwyddiadau ar faterion bwydydd a dillad, ac iawn drefn ty a theulu'. Amcan *Y Frythones* yn ôl ei chyhoeddwr oedd 'gwneuthur lles i ferched Cymru; gweini tuag at ddyrchafu eu chwaeth, puro eu meddyliau, eangu eu syniadau, a'u cyflawni â phob gwybodaeth fuddiol' er mwyn 'darparu i'r Arglwydd, o blith merched ein gwlad, "famau parod" i'r genhedlaeth nesaf'.[4] Ei nod yn amlwg oedd cynhyrchu misolyn ceidwadol ei naws, tebyg i gyfnodolion crefyddol Saesneg yr oes, fel *The Christian Lady's Magazine* (1834–49) a'i ddilynydd *The Mother's Friend* (1848–95). Fel y gellid disgwyl, cafodd y fath hysbyseb groeso brwd gan yr enwadau crefyddol, yn enwedig y Methodistiaid Calfinaidd, a basiodd yn rhai o'u Cyfarfodydd Misol benderfyniadau i annog eu cynulleidfaoedd i dderbyn *Y Frythones*.[5] Rhoddwyd croeso cynnes iawn hefyd i Cranogwen fel golygydd y newydd-anedig; yr oedd y ffaith mai hi fyddai'n llywio'r cylchgrawn 'yn myned yn bell iawn yn ei ffafr', yn ôl *Y Dydd*.[6] 'Under the able superintendence of the talented editress, it must succeed,' oedd barn hyderus y *Treasury*, misolyn Saesneg y Methodistiaid.[7] A llwyddo a wnaeth, gan ffynnu fel cylchgrawn rhwng 1879 ac 1889, pan fu'n rhaid i Cranogwen roi'r gorau i'r olygyddiaeth oherwydd anhwylder iechyd. Parhaodd *Y Frythones* am ychydig flynyddoedd wedyn, cyn cael ei chyfuno â *Cyfaill yr Aelwyd*, un arall o gyhoeddiadau gwasg D. J. Williams, yn 1892.

Ond o'r cychwyn nid oedd Cranogwen ei hun mor sicr ynghylch ei haddaswydd ar gyfer swydd y golygydd. I'r cyhoeddwr nid oedd cwestiwn nad hi o bell ffordd oedd y fwyaf cymwys i ymgymryd â'r dasg. 'Ni fuom fawr o dro cyn penderfynu mai Cranogwen a fwriadwyd i arolygu y gwaith,' meddai D. J. Williams. 'Y mae ei henw hi a'i chymeriad yn hysbys drwy y wlad; nis gallem, o blith merched ein cenedl, gael neb yn gymaint felly.' Ond cymerodd hithau '[f]isoedd o ystyriaeth' cyn iddi 'o'r diwedd . . . [g]ael ei thueddu i'r un meddwl, o leiaf gan belled ag addaw cydweithio a ni fel Golygyddes ein cylchgrawn'.[8] Ac yn ei hanerchiad 'At ein Darllenwyr' yn rhifyn cyntaf *Y Frythones* ym mis Ionawr 1879, mae Cranogwen yn cyfaddef ei bod 'wedi petruso llawer, ac o hyd yn bryderus' ynghylch ei rôl newydd. Yr hyn a'i sbardunodd o'r diwedd i'w derbyn, meddai, oedd y ffaith fod 'ynom awydd ddirfawr i fod o wasanaeth i'n cenedl' trwy ychwanegu at 'y teithwyr hyd ffordd darllen a myfyrdod' yn ei mysg. 'Hyn ydyw ein hamcan,'[9] meddai, ac erbyn diwedd y flwyddyn yr oedd yn medru ymfalchïo yn y ffaith ei bod yn cyrraedd at y nod:

> Y mae blwyddyn gyntaf oes Y FRYTHONES ar ben gyda'r rhifyn hwn . . . Rhoddasom ein llaw ar yr aradr hon gyda meddwl llawn o bryder, ac er nad ydym wedi gallu agor ein cwys mor union, a gwneuthur cystal gwaith o lawer ag a ddymunem, yr ydym wedi derbyn cefnogaeth a chalonogdid ar bob cam . . . Y mae genym gyfeillion gwresog . . . ac y mae ein gohebwyr o'r ddau ryw yn cynyddu bob mis. Yr oedd hyn yn rhan o'n hamcan – gwahodd a swyno merched ein gwlad allan o'u hogofau i ddarllen, a meddwl, ac ysgrifenu, ac yr ydym yn profi ein bod yn dechreu ei gyrhaedd.[10]

Erbyn hyn, sylwer, y mae wedi medru ychwanegu nod bwysig arall at ei huchelgais: nid annog merched Cymru i ddarllen a myfyrio yn unig yw'r amcan yn awr, ond gwneud awduron ohonynt hefyd. Ond y mae gwrthdrawiad nodedig rhwng y mynegiant hwn o amcan *Y Frythones* a phwrpasau gwreiddiol ei chyhoeddwyr. Yn oes Fictoria, nid oedd yr uchelgais o 'wahodd a swyno merched ein gwlad allan o'u hogofau' i gymryd rhan yn y byd cyhoeddus trwy lenydda yn cyd-fynd â'r nod o'u gwneud yn '"famau parod" i'r genhedlaeth nesaf'. Mae'n bur debyg mai ymwybyddiaeth Cranogwen o'i hanghymwyster fel arweinydd ac addysgydd to newydd o famau delfrydol oedd un o'r rhesymau a barodd iddi betruso a phryderu cyn derbyn swydd y golygydd. Ymddengys fod yna dyndra sylfaenol o'r cychwyn rhwng amcanion cyffredinol cyhoeddwyr y cylchgrawn a rhai ei olygydd, ac mae'r gwrthdynnu hwnnw i'w weld yn amlwg yng nghynnwys *Y Frythones*.

Ar un olwg cyhoeddiad ystrydebol Fictoraidd ydyw, sy'n cynnwys lliaws o storïau didactig, llawer ohonynt wedi eu cyfieithu o'r cylchgronau Saesneg, a cherddi teimladol ar bynciau megis 'Y Wraig Rinweddol', 'Gostyngeiddrwydd', 'Y Blodeuyn Gwylaidd', 'Yr Eneth Rinweddol', ac ati. O ganlyniad, erbyn wythdegau'r ugeinfed ganrif câi ei feirniadu am fod yn gylchgrawn heb unrhyw amcan heblaw 'hyrwyddo'r delfryd o'r ferch fel gwraig angylaidd y cartref'.[11] Yn ôl Sian Rhiannon Williams yn ei herthygl flaengar 'Y Frythones: Portread Cyfnodolion Merched y Bedwaredd Ganrif ar Bymtheg o Gymraes yr Oes' (1984), yr oedd Cranogwen, fel Ieuan Gwynedd yn y *Gymraes* gyntaf, yn ceisio meithrin ei darllenwyr yn y dulliau bonheddig o ymddwyn a'u gwneud yn barchus yn ôl delfryd Fictoraidd y Saeson. Er ei bod yn ei rhifyn cyntaf yn datgan ei hawydd i ddenu darllenwyr o blith '*dosbarth gweithiol a chyffredin* ein chwiorydd' ac yn 'gwahodd sylw merched a gwragedd pentrefi ac ardaloedd gweithfâol Morganwg a Mynwy, merched a gwragedd chwareli y Gogledd, ynghyd ag eiddo gweithwyr ac amaethwyr cyffredin drwy y wlad',[12] eto eu cyflwyno i fyd dosbarth canol a wnâi i raddau helaeth. Mae Hywel Teifi Edwards yn dilyn yr un trywydd yn ei gyfeiriadau ef at *Y Frythones* yn ei astudiaeth o Ceiriog. Nod y cylchgrawn, meddai, oedd chwarae ei ran yn yr ymgyrch i greu delwedd newydd o'r Gymraes a ysgogwyd gan gyhuddiadau'r Llyfrau Gleision fod safonau moesol menywod Cymru yn rhy isel.[13] Delfryd *bourgeois* oedd y ddelwedd newydd, o'r fenyw rinweddol fel 'angel yr aelwyd' a'i holl adnoddau wedi eu cysegru at les ei gŵr a'i theulu. Pwrpas y ddelfryd ar y naill law oedd dyrchafu'r Gymraes, a'i hyrwyddo yn y dulliau bonheddig o ymddwyn, ac ar y llaw arall ei hamddiffyn yn erbyn ymosodiad celwyddog y Llyfrau Gleision trwy arddangos gloywder ei moesoldeb naturiol. Ac er bod W. Gareth Evans yn cydnabod ymdrechion *Y Frythones* i hybu safon diwylliant merched, beirniedir hi mewn modd tebyg yn ei ysgrif ef ar addysg y ferch yng Nghymru oes Fictoria: cyfeirir at y diffyg sylw a roddir ynddi i'r fenyw ddosbarth gweithiol, a'r duedd 'i orbwysleisio gwyleidd-dra'r ferch'.[14] Gellid casglu oddi wrth y fath gytundeb rhwng y beirniaid mai misolyn ceidwadol iawn ei naws oedd y cylchgrawn a olygwyd gan Cranogwen.

Eto i gyd, ceir ynddo elfennau annisgwyl sy'n dangos y gwrthdynnu rhwng disgwyliadau'r cyhoeddwyr, ac efallai amryw o'r darllenwyr, ac agweddau'r golygydd. Cymerer, er enghraifft, agwedd y cylchgrawn tuag at deulu brenhinol Lloegr. Hanner addoli'r teulu oedd tueddy wasg fwrgais ar y pryd, ac yr oedd golygydd a chyhoeddwyr *Y Frythones* wrth gwrs yn awyddus i ddenu cylchrediad mor eang â phosibl i'w cylchgrawn. O ganlyniad, addurnir tudalennau blaen nifer o rifynnau'r cylchgrawn â bywgraffiadau o ferched Fictoria, y tywysogesau Alice a Beatrice yn eu plith, neu o wragedd meibion y frenhines, fel y Dywysoges Alexandra a Duges Albany, oll gyda phortreadau ohonynt.[15] Gan fod yr erthyglau hyn yn ddienw, y tebygrwydd yw mai Cranogwen ei hun a'u hysgrifennodd. Ymddengys mai o'r wasg Saesneg y cymerodd y lluniau a'r storïau am y tywysogesau; cyfeirir, er enghraifft, at y *Graphic* fel ffynhonnell y deunydd ar y Dywysoges Beatrice a gyhoeddwyd yn *Y Frythones* ym mis Medi 1885. Eto i gyd, mae paragraffau olaf y disgrifiad o briodas ysblennydd a chostus Beatrice yn codi cwestiwn digon heriol: a yw'r teulu brenhinol yn costio mwy na'i werth i'r wlad? 'Anhawdd yw i ni,' meddir, 'yn y pellder hwn oddiwrth freniniaeth, wybod y gwirionedd am wahanol aelodau y teulu':

> Amlwg a theimladwy i bawb yw eu bod yn deulu lluosog, ac wedi pwyso yn drwm ar y genedl ar achlysuron eu priodas, &c.; yn mha beth, neu ym mha fodd y mae hyny yn cael ei orbwyso gan ddaioni i'r wlad, anhawdd penderfynu. Gall ei fod yn yr hen ddull o fod yn rhaid cael coron a gorsedd yn ganolbwnc llywodraeth a theyrnas, ac yna bod yn rhaid eu cynal. Tybia llawer, pa fodd bynag, yn wahanol, fod oes treuliau aruthrol o'r fath hyn drosodd; nad oes yn yr adeg

hon ar wareiddiad y byd un rhaid am danynt, ac fod amser diwygiad y byd yn ddiau wrth y drws, y *rhaid*, bellach, gael ymwared o hyn.[16]

Ar adegau eraill, daw'n fwy amlwg eto nad pleidiwr brenhiniaeth oedd 'Yr Ol' (y talfyriad a ddefnyddiai Cranogwen ar dudalennau'r *Frythones* i gyfeirio ati hi ei hun fel ei golygydd). Yn ei hysgrif 'At y Darllenwyr' ym mis Mai 1887, adeg jiwbili hanner canrif teyrnasiad Fictoria, ni chroesawir yr alwad i fawrygu'r frenines ar ei phen blwydd, ac nid oes disgwyl ychwaith y bydd yn hawdd cael gweddill y wlad i wneud hynny:

> Yn awr y mae yn rhaid 'dathlu'... bydd yn anhawdd deffro y genedl, yr y'm yn credu. Y mae yma ysbryd gwerinol yn tyfu ac yn ymledu na fyn gydnabod hen osodiadau yn unig am eu bod yn hen. Ysbryd peryglus yw, ni addefwn, a da y gwneir ceisio ei gyfeirio a'i ddyogelu, a'i ddefnyddio i bwrpas. Agerbeiriant yw, y rhaid iddo fyned yn ei flaen, a deued a ddelo o'r hen gerbydau, a'r mulod, a'r dromedariaid, ond pwysig yw gwneyd ffordd iddo. Bydd llawer damwain, ond odid, llawer galanastra, a llawer trychineb, cyn y perffeithir y newydd-beth; ond rhaid iddo gynyddu, ac i lawer o bethau ereill, yn arferion a syniadau, leihau.[17]

Yn ail hanner y bedwaredd ganrif ar bymtheg roedd cymharu twf a dylanwad unrhyw dduedd gwleidyddol gyda grym yr 'agerbeiriant', y trên, yn ddweud mawr: afraid ychwanegu mai 'agerbeiriant' yr 'ysbryd gwerinol' a fyddai'n ennill y dydd ar 'hen gerbyd' brenhiniaeth, a fyddai yn fuan yn hollol ddiangen. Y mis nesaf, a'r jiwbili yn ei anterth, mae'r Ol yn cwyno ynghylch y ffaith fod disgwyl iddi longyfarch y frenhines: 'Rhaid i'r *Frythones* hefyd, medd rai o'i chyfeillion, ganlyn y ffasiwn, a dathlu haner-canmlwydd teyrnasiad y Frenines,' meddai. Ond yn yr un ysgrif mae eto'n edrych ymlaen at ddyddiau gwell, hynny yw, at ddiwedd brenhiniaeth ym Mhrydain ar ôl teyrnasiad Fictoria: 'y mae'r byd yn myned rhagddo, ac egwyddorion llesg a gweiniaid o hyd yn cael ymwrthod â hwy am rai ieuengach, ac, fe obeithir, gwell. Ond gan nad p'un, brenhiniaeth fydd ym

Mhrydain tra y bydd byw Victoria, ac efallai ychydig yn hwy na hyny.'[18] Hen syniadau 'llesg a gweiniaid' yw'r rhai o blaid brenhiniaeth fel system lywodraethu yn ôl golygydd *Y Frythones*; daw oes newydd ag egwyddorion 'ieuengach' i fri yn fuan. Yn amlwg, siom i Cranogwen fyddai deall nad yw Prydain heddiw, bron ganrif a hanner ar ôl oes *Y Frythones*, eto yn weriniaeth.

Fodd bynnag, yn y flwyddyn ddilynol mae'r Ol yn proffwydo eto, a'r tro hwn mae dipyn yn agosach at ei lle. Deng mlynedd ar hugain cyn i unrhyw fenyw gael yr hawl i bleidleisio ym Mhrydain, meddai, mewn ysgrif ar 'Ddyrchafiad Merched':

> Y mater o ryddfreiniad (*Enfranchisement*) y merched, y sydd hefyd yn enill sylw ac yn enill nerth. Yn y wlad, ac yn y Senedd, y mae yn dyfod o hyd yn fwy poblogaidd, ac er nad y'm ein hunain wedi arfer ei ddadleu nac yn dewis ceisio gwneyd hyny, gwyddom nad yw ond cwestiwn o amser iddo ddyfod yn ffaith. I lawer, gall y mesur neu y mater hwn ymddangos yn ddibwys, ac i rai, deallwn yr ymddengys megys yn wyro oddiar y ffordd uniawn i dir afleidneisrwydd, a rhywbeth gwrth-wyneb i'r hyn sydd bur fenywaidd a dyrchafedig, ond yn mhen can' mlynedd, diau genym yr edrychir yn ol ar y syniadau hyn gyda thosturi, gan ryfeddu mor blentynaidd yr edrychid ar ddiwygiad cyn ei ddyfod.[19]

Ond eto mae'r paragraff uchod yn codi'r cwestiwn pam nad oedd Cranogwen yn dadlau achos y swffragét yn amlach ac yn fwy egnïol yn ei chylchgrawn, os oedd mor sicr o'i ddilysrwydd? Un o gwynion beirniaid diweddar am *Y Frythones* yw nad oedd yn rhoi digon o sylw i'r ymgyrchoedd o blaid yr achos hwnnw oedd ar droed ar y pryd. Ond rhaid cofio mai nod cyntaf *Y Frythones* oedd denu darllenwyr benywaidd, nid ymgyrchu dros unrhyw achos penodol arall, ac nid pob Cymraes o bell ffordd oedd o blaid rhyddfreiniad y merched yn 1888.

Serch hynny, nid yw'r cylchgrawn yn hollol ddi-sôn ynghylch ffeminyddiaeth y dydd. Ceir ar ei dudalennau nifer o gyfeiriadau sy'n dathlu rhai o'r deddfau newydd a newidiodd fywydau merched, fel Deddfau Eiddo Gwragedd Priod yr 1880au a roddodd i wragedd yr hawl i reoli eu meddiannau personol.[20]

Llawenheir hefyd yn y ffaith fod perffaith ryddid i ferched fanteisio ar yr addysg a gyfrennir yng ngholegau prifysgol newydd Cymru: gwelir y fath ddiwygiadau fel 'mynegfys o'r chwyldroad dystaw, sicr a chyffredinol sydd yn ymweithio yn syniadau Addysgwyr mwyaf blaenllaw Ewrop ac America'.[21] Yr angen am swyddi proffesiynol newydd i ferched, yn athrawon prifysgol yn ogystal ag athrawon ysgol ac fel doctoriaid yn ogystal â nyrsys, oedd o bwys i ymgyrchwyr eraill. Anogir hwy ymlaen gan erthygl ar 'Merched a Gwaith' yn Y Frythones ym mis Medi 1880: 'Anwyl chwiorydd,' meddai Jenny Jones, 'gadewch i ni ymddatod oddiwrth rwymau ein gwddf – y rhwymau a fynai o hyd ein dal yn gaeth wrth y gorchwylion iselaf a mwyaf dielw, fel pe na feiddiem edrych i fynu, na rhoddi ein llaw ar ddim ond i ysgwrio, a golchi, a glanhau.'[22] Ac nid Cranogwen yw'r unig gyfrannydd i ddadlau hawl merched i'r etholfraint: 'gallwn ni feddwl ei fod yn beth anmhriodol ac afresymol i'r eithaf eu cyfrif yn annheilwng i roddi eu barn a'u pleidlais yn llywodraethiad cyfreithiau ein gwlad,' meddai Mair o Gemaes am ferched Cymru yn 1888.[23]

Eto i gyd, naws digon Seisnigaidd oedd i'r cylchgrawn yn gyffredinol yn ei fisoedd cyntaf, gyda'r llu o fywgraffiadau i fenywod enwog Lloegr, fel y diwygiwr carchardai Elizabeth Fry, y bardd Amelia Opie, a'r addysgwraig Mary Somerville. Ond erbyn diwedd y flwyddyn, mewn llith 'At ein Darllenwyr', mae Cranogwen fel petai'n syrthio ar ei bai ac yn addo darparu ar eu cyfer ym mlwyddyn nesaf Y Frythones '[g]yfres o ysgrifau ar gymeriadau benywaidd Cymreig yr oes o'r blaen – merched a mamau o blith ein cenedl ein hunain'.[24] Ffrwyth yr addewid hwn oedd y gyfres o erthyglau a ymddangosodd yn 1880/1 – saith ohonynt i gyd – ar fywyd Esther Judith, cymydog tlawd Cranogwen pan oedd yn blentyn, y cyfeiriwyd ati ym mhennod gyntaf y cofiant hwn. Go brin y gellir bod wedi taro ar wrthgyferbyniad mwy addas i dywysogesau ac arwresau'r gyfrol gyntaf na'r Gymraes werinol hon, oedd yn byw ar y plwyf yn ei henaint ar ôl bywyd caled o weithio fel morwyn. Ond yr hyn a bwysleisir yn y gyfres yw ei gallu meddyliol a choethder ei diwylliant crefyddol. Y neges i'r darllenwyr yw nad dosbarth cymdeithasol na rhywedd sydd i benderfynu potensial unrhyw unigolyn: cyfrifoldeb pawb yw 'gwrteithio' eu galluoedd i'r eithaf, a cheisio modd i'w defnyddio er mwyn gwneud lles yn y byd.

Nid anwybyddir ychwaith frwydrau merched dosbarth gweithiol yr oes i ennill gwell telerau gwaith, gan herio'r drefn gyfalafol a phatriarchaidd. Dan y pennawd 'Merched Llafur' adroddir gan Cranogwen hanes streic merched y matsis yn 1888, er enghraifft:

> Hysbys yw fod cwmni Bryant a May, y gwneuthurwyr *matches* enwog, yn gwneyd elw mawr oddiwrth eu masnach yn y nwyddau hyny. Daw yr elw mawr iddynt trwy eu gwaith yn gormesu eu llaw-weithwyr, trwy roddi cyflogau bychain iddynt, a gosod dirwyon arnynt am amryw droseddau o'u rheolau caeth. Merched a gwragedd ydynt y nifer luosocaf o lawer o'r rhai a gyflogir yn ngweithfeydd *matches*. Ychydig ddyddiau yn ol aeth o 1,200 i 1,300 allan ar streic . . . Daliodd y meistri yn dyn i wrthod eu cais rhesymol iddynt am dymhor byr; ond dydd Mawrth, yr 16eg o Orphenaf, awgrymasant eu bod yn barod i dderbyn y telerau a gynygid gan y llaw-weithwyr. Felly, dychwelodd y merched yn ol at eu gorchwylion, wedi cael yr hyn oll a hawlient.[25]

Mae cydymdeimlad yr awdur â'r gweithwyr a'u hymgyrch yn amlwg.

Yn ôl darllenwyr cyntaf *Y Frythones* roedd hyd yn oed ei llithiau mwyaf confensiynol, ar un olwg, yn dangos awydd yr Ol i 'wrteithio' diwylliant ei chwiorydd. Ar gyfer merched dosbarth gweithiol yn bennaf yr ysgrifennwyd y gyfres 'Y Teulu', sef cynghorion ymarferol ynghylch sut i gynnal cartref yn gynnil a darbodus. Ond er mor gonfensiynol ydoedd amcanion 'Y Teulu', teimlai o leiaf un o'i darllenwyr 'fod hyd yn oed ymborth a dillad yn myned yn llenyddiaeth o dan ddwylaw medrus yr olygyddes'.[26] Cyfeirio y mae Ellen Hughes at y gwreiddioldeb a'r hiwmor sy'n perthyn i'r erthyglau hyn. Wrth danlinellu pwysigrwydd cadw trefn ar ddillad, er enghraifft, fe rydd yr Ol ddarlun byw o'r modd y tramgwyddir teimladau'r dillad yn dost o'u diystyru:

> bydd dilledyn ambell un yn blino ar ei wasanaethu ym mhell cyn yr amser – yn tynu oddiwrtho yn awyddus i bob cyfeiriad, ac megys yn dywedyd o hyd, "O greadur

afler, gollwng fi, fel yr elwyf ymaith. Byddai yn well genyf ddychwelyd i'r ddaear o'r hon y cymerwyd fi, na gorfod ymhongian lawer yn hwy wrth greadures mor ddibarch o honof ac o honi ei hun."[27]

Gyda'i gymalau beiblaidd, y mae'r dilledyn siaradus hwn yn dwrdio ei wisgwraig fel petai'n ymbersonoliad o'i chydwybod. Ac mewn ysgrif arall yn y gyfres, dychmygir dillad yr anniben yn ymateb mewn modd tra gwahanol i'w triniaeth. Wrth ddisgrifio tŷ'r anhrefnus, dywed yr awdur, 'ymddengys fel pe y byddai y menywaid yn y ty hwn yn tybied fod plygu y dillad a'u rhoddi heibio yn y cwpbwrdd neu arall yn gaethiwed enbyd arnynt, a'u bod gan hyny, o dosturi, yn caniatau eu rhyddid iddynt am ddydd neu ddau, i gael aros o honynt allan a gweled y byd yn myned ac yn dychwelyd'.[28] Agwedd arall ar ymwybyddiaeth – neu efallai, yn hytrach, ar isymwybod – y wraig tŷ a gynrychiolir gan y dillad y tro hwn: mae'r wraig fel petai'n trosglwyddo iddynt hwy ei dyheadau ei hun am ychydig o ryddid o reidrwydd cadw'r drefn. Ac y mae bywiogrwydd yr ysgrifennu, a'i diystyrwch o gonfensiynau sych y llith gynghorol, fel petai mewn cydymdeimlad cudd â rhyddid penchwiban y dillad anniben, er cymaint y dywed amcanion ymwybodol yr erthygl i'r gwrthwyneb.

Yn wir, ceir digon o enghreifftiau o'r annisgwyl yn *Y Frythones*. Nid oes eisiau darllen yn bellach na'r traethawd cyntaf, a gynhwysir yn union ar ôl y bywgraffiad byr ar Elizabeth Fry sy'n cychwyn rhifyn cyntaf y cylchgrawn, cyn cael syndod go iawn. 'Y Dyn Crist Iesu' yw teitl y traethawd, teitl digon disgwyliedig mewn cylchgrawn crefyddol ei naws, ond mae ei gynnwys yn ddigon o ryfeddod. Yn ôl awdur yr ysgrif hon, uned berffaith o'r gwrywaidd a'r benywaidd oedd Crist. Yn ôl yn oes Adda ac Efa, 'dygodd ei Chreawdwr ei argraffiad cyntaf o ddynoliaeth gyflawn allan megys mewn dwy gyfrol a alwyd "yn wrryw ac yn fanwy" [*sic*]', meddir:

> Ond yn y 'mab bychan' acw ar luniau Mair, wele y Creawdwr yn dwyn allan argraffiad cyflawn o'r ddynoliaeth mewn un cyfrol – 'yr un dyn Iesu Grist'. Holl briodoleddau meddyliol a moesol y ddynoliaeth, y gorfodid ei gwahanu yn 'y dyn'

cyntaf, wele y rhai hyn oll yn gallu cydgyfarfod mewn gorfoledd, a chydbelydru yn ei gogoniant penaf yn mherson dwyfol 'y Dyn Crist Iesu'. Mae gwahanol nodweddau y cymeriad gwrrywaidd yn pelydru allan mor danbaid drwy ei holl hanes, nes sicrhau sylw pob darllenydd yn y fan. Ond y nodweddau yn ei Berson y gellir yn hollol briodol eu galw yn rai 'banywaidd' – ei gyfansoddiad corfforol egwan a thyner, ei dymher fyw, ei serchawgrwydd ysbryd – nid yw pelydrau mwy tyner y nodweddau hyn wedi enill iddynt y sylw a deilyngant.[29]

Aiff ymlaen i fanylu ar fenyweidd-dra Crist, er enghraifft, y ffaith ei fod wedi wylo'n dost dros fedd Lasarus 'fel pe wedi llwyr golli ei wroldeb (*manliness*)', er y gwyddai yr atgyfodai Lasarus 'yn mhen ychydig funudau y dydd hwnnw'. Pam wylo, felly? 'Y rheswm syml a rydd yr hanesydd paham yr wylai', yn ôl dadl gohebydd *Y Frythones*, 'ydyw, ei fod yn "gweled Mair yn wylo, a'r Iuddewon, y rhai a ddaethant gyda hi, yn wylo."' Mae ei ddagrau, felly, yn llifo mewn cydymdeimlad â dagrau eraill, cydymdeimlad a ymddangosai i'r awdur yn nodwedd fenywaidd. Mewn oes a fynnai bolareiddio i eithafion eu cysyniadau o'r ddau ryw, gyda phob tynerwch ar un ochr a phob gwroldeb ar y llall, gellir deall ei resymeg. Ond nid yw'n hawdd ei ddilyn pan aiff ymlaen i geisio perswadio ei ddarllenwyr fod Crist hefyd yn dangos nodweddion benywaidd o ran corff yn ogystal â theimlad, ar sail y dystiolaeth ei fod wedi 'chwysu gwaed' yng ngardd Gethsemane. Ac mae'n gorffen trwy annog darllenwyr *Y Frythones*, y 'Brythonesau', i garu Crist oherwydd ei fod yn fenywaidd fel hwythau:

> Nid pwnc o chwilfrydedd cywrain neu ddychymyg diystyr a dibwys ydyw y nodwedd hwn yr ydym yn galw sylw Brythonesau Cymru ato. Mae yn destun yr ymffrost tecaf, puraf, iddynt oll eu bod yn cael eu cynrychioli yn ogoneddus mewn lle uwch na'r llys uchaf yn holl greadigaeth Duw – ym Mherson 'y Dyn a'r Duwdod ynddo yn trigo' . . . Pa ryfed os y rhyw fanywaidd a ddangosent fwyaf o gariad ato ac o ofal amdano? Wrth ei garu Ef nid oeddynt, ond fel Efa wrth ben y llyn yn Eden gynt, yn caru ei delw eu hunain.[30]

Dadl y gellir ei hystyried naill ai'n gabledd neu'n hynod flaengar yw hon: ceir yma, yn 1879, ddarlun o Iachawdwr anneuaidd (*non-binary*), yn 'Nhw', 'Ef' a 'Hi'.

Nid Cranogwen, nac unrhyw fenyw arall, oedd awdur yr erthygl hon, ond Robert Oliver Rees, fferyllydd a llyfrwerthwr yn Nolgellau, a chyfaill agos i Cranogwen ers llawer blwyddyn. Ef a gyhoeddodd yn gyntaf yn 1868 ei chasgliad o gerddi, *Caniadau Cranogwen*, ac ef a fu'n brysur yn trefnu llawer o'i theithiau darlithio yng ngogledd Cymru o 1866 ymlaen.[31] Yn ystod blynyddoedd cyntaf *Y Frythones*, cyn ei farwolaeth ym mis Chwefror 1881, cyfrannodd sawl erthygl i'r cylchgrawn, a bu hefyd yn ddiwyd yn beirniadu rhai o'i gystadlaethau cynnar, ac yn ariannu'r gwobrwyon. Nid ef oedd yr unig ŵr i gynorthwyo'r Ol yn y misoedd cynnar hynny. Cyfrannodd y Parch. Evan Phillips, Castellnewydd Emlyn, gerdd ar Islwyn i'r rhifyn cyntaf; pregethwr o fri ymhlith y Methodistiaid Calfinaidd oedd ef, un o efengylwyr diwygiadau 1859 ac 1904, ac un arall o gyfeillion Cranogwen. Gweinidog arall o fri, ond o blith yr Annibynwyr y tro hwn, y Parch. David Adams, Hawen, yng Ngheredigion, oedd awdur yr ysgrif o blaid 'Cyd-Addysgiaeth y Ddau Ryw' a ymddangosodd yn *Y Frythones* yn Ionawr 1884. Ynddi, lleisir o blaid addysgu bechgyn a merched gyda'i gilydd:

> Pe buasai yn fwy o anfantais nag o fantais oddiwrth eu cydaddysgiaeth, tueddir ni i dybio na buasai doethineb Duw yn caniatau hyn mewn teuluoedd, ond y caem fechgyn, a dim ond bechgyn, ar un aelwyd, a genethod, a dim ond genethod, ar aelwyd arall. Ond nid felly y mae fel rheol. Ac onid yw hyn yn awgrym i ni barhau y trefniad?[32]

Yn ogystal â phregethwyr roedd rhai o feirdd adnabyddus yr oes hefyd ymhlith awduron *Y Frythones*. Cyfrannodd y bardd Osian Gwent gerddi digon radicalaidd eu naws i'r cylchgrawn yn 1884, er enghraifft. Yn 'Mae'r Byd yn Wir yn Ddall', mae'n cydymdeimlo â'r 'weddw dlawd' a gaiff ei gwawdio wrth iddi gasglu tâl y plwy gan rai na wêl 'mo'i hurddas cudd – / Mae'r byd yn wir yn ddall!' Ffŵl dall hefyd yw'r dyn a 'rydd ei hun' i fyd mor anghyfiawn a chreulon heb brotest, 'Yn gaethwas ufudd, hawdd ei drin, / Fel tae anifail mud'. Ond mae'r gerdd yn gorffen â phroffwydoliaeth fuddugoliaethus:

> Ond llawenhawn! i ddod mae dydd
> Pan fydd holl deulu'r llawr,
> Ar feddrod Trais, yn canu'n rhydd,
> Yn un gymanfa fawr.[33]

Awduron poblogaidd ymhlith y gynulleidfa Gymraeg oedd y rhai hyn, ond fe fu'r *Frythones* hefyd yn gyfrwng i ddwyn gerbron y cyhoedd am y tro cyntaf rai gwŷr ifainc anhysbys a aeth rhagddynt wedyn i wneud enw iddynt eu hunain fel awduron. Dechreuodd Charles Ashton, awdur *Hanes Llenyddiaeth Gymreig* (1893), er enghraifft, ei yrfa fel awdur trwy ennill un o gystadlaethau'r *Frythones* am y traethawd gorau ar 'Ffeiriau Cymru', a gyhoeddwyd yn rhifynnau Awst a Medi 1881.

Ond nid cyhoeddi gwaith dynion oedd prif nod yr Ol. Gwyddai mai'r rheswm pennaf am fethiant Ieuan Gwynedd gyda'r *Gymraes* gyntaf oedd na lwyddodd i ddenu digon o ddarllenwyr a chyfranwyr benywaidd i'w gylchgrawn. O'r cychwyn, felly, galwodd ati i'w chynorthwyo rai o'r awduresau hynny a oedd yn barod wedi gwneud rhywfaint o enw iddynt eu hunain yng nghystadlaethau a chylchgronau'r cyfnod. Yn y rhifyn cyntaf, er enghraifft, ymddangosodd traethawd gan Eliza Peter (1833–89) ar 'Iechyd a Phrydferthwch', a dilynwyd hwnnw gan gyfres o'i thraethodau ar 'Hanfodion Iechyd' yn y rhifynnau nesaf. Merch o Gemaes, Sir Fôn, oedd Elisabeth Noall yn wreiddiol; bu'n cadw ysgol yno cyn ei phriodas yn 1861 â John Peter (Ioan Pedr, 1833–77), gweinidog gyda'r Annibynwyr ac athro yn eu coleg yn y Bala. Dechreuodd ei wraig gyhoeddi ysgrifau ar bynciau megis 'Diwylliad y Rhyw Fenywaidd' yn *Y Beirniaid* a'r *Traethodydd* yn yr 1860au, ond erbyn ymddangosiad *Y Frythones* roedd yn wraig weddw, yn ei chynnal ei hun fel athrawes unwaith eto, mewn ysgol yn Nefyn, ac nid oedd ei chyfraniadau i'r cylchgrawn yn niferus ar ôl y flwyddyn gyntaf.

Fodd bynnag, mae ei thraethodau ar 'Hanfodion Iechyd' yn cynnwys cynghorion doeth a phwrpasol ar gyfer merched dosbarth gweithiol a gwerinol Cymru eu hoes. Mae'n eu rhybuddio yn erbyn y 'gelyn marwol' hwnnw, sef 'cymdogaeth uniongyrchol . . . ffos o ddwfr budr', hynny yw, carthffos agored yn rhy agos i'r tŷ, ac yn eu hannog i gerdded allan o'u tai llaith gyda'u plant mor aml â phosib:

> Y mae'n rhaid i ni fyned at natur ei hunan – yfed o lygad y ffynon – yr awyr agored ddigyfrwng. Gan hynny, y mae o bwys annhraethol i bawb, yn neillduol babanod a phlant ieuainc, fod allan yn yr awyr ran helaeth o'r dydd – pob dydd yn rheolaidd, mor rheolaidd a chodiad haul.[34]

Yn oes Fictoria yr oedd hyn yn anogaeth o bwys os am ofalu am iechyd gwragedd a phlant ardaloedd diwydiannol tlotaf Cymru, yn eu tai cyfyng.

Awdures arall a wnaeth enw iddi'i hun wrth gyfrannu at *Y Frythones* oedd Alice Gray Jones (Ceridwen Peris, 1852–1943). Dim ond dechrau ar ei gyrfa fel awdur yr oedd hi yn 1879; prifathrawes Ysgol Dolbadarn yn Llanberis oedd hi'r pryd hynny, cyn iddi yn 1881 briodi'r Parch. William Jones, gweinidog gyda'r Methodistiaid Calfinaidd ym Mhwllheli. Ond o'r cychwyn bu'n un o brif gynhalwyr *Y Frythones*, gan gyfrannu barddoniaeth, ffuglen a thraethodau iddi'n rheolaidd. Yn ail rifyn y cylchgrawn cyhoeddwyd ei cherdd ar frad Judas yn Gethsemane, 'Cusan Judas', sy'n cynnwys y cwpled cofiadwy, ''Rwy'n diolch mai nid *merch* / Gyflawnodd waith mor erch'.[35] Mae bywiogrwydd tebyg yn llawer o gyfansoddiadau Ceridwen Peris, er eu bod yn glynu'n dynn at uniongrededd Calfinaidd, gan bregethu yn erbyn unrhyw lithriad troed oddi ar y llwybr cul. Yn ei 'Alegori – Blodau Pleser', er enghraifft, syrth arwres – neu'n hytrach wrth-arwres – y stori i fedd cynnar haeddiannol oherwydd ei dibyniaeth ar bleserau'r byd hwn yn hytrach na'r byd nefol.[36] Fel ymladdwraig yn erbyn un arall o bleserau gwenwynig yr oes – y ddiod feddwol – y daeth Ceridwen Peris i'w llawn dwf: hi oedd un o sylfaenwyr Undeb Dirwest Merched Gogledd Cymru, a bu'n golygu misolyn byddinoedd dirwest y merched yng Nghymru, yr ail *Gymraes*, o 1896 i 1919. Ond yn *Y Frythones* y gwnaeth ei henw i gychwyn. Yr oedd Cranogwen yn arwres iddi, edrychai arni 'fel seren wedi ymddangos yn ffurfafen meddwl y cyfnod' neu fel '*Express* trên' a dorrodd yn rhwydd drwy 'gwe pry' cop' rhagfarn yr oes yn erbyn dyrchafiad menywod.[37] Un arall o gyfranwyr cyson *Y Frythones* a hanner addolai ei golygydd, yn ôl ei thystiolaeth hi ei hun, oedd Catherine Jane Prichard (Buddug, 1842-1909). Merch arall o Sir Fôn oedd hon, a ddechreuodd gyhoeddi cerddi'n ifanc ac a urddwyd dan yr enw 'Buddug' yn Eisteddfod Dinbych yn 1860. Cyn cychwyn *Y Frythones*, roedd wedi datgan ei pharch tuag at Cranogwen fel '*superior planet*', gan ddweud am y modd y newidiodd yr hinsawdd ar gyfer merched eraill a ddaeth ar ei hôl, 'yr ydym ninau yn teimlo y fraint cael chwareu ychydig yn yr un hwyfre fendigedig'.[38] Prysurodd Buddug hefyd i gyfrannu cerddi a thraethodau i'r *Frythones*, gan gynnwys ei cherdd boblogaidd 'O! Na Byddai'n Haf o Hyd' a ymddangosodd yn gyntaf yn y cylchgrawn yn 1886.[39]

Cyfrannydd cyson arall oedd Sydney Lloyd Jones (Barddones Arfon, 1813-89), merch i weinidog gyda'r Annibynwyr o Lanaelhaearn ger Pwllheli. Ystrydebol braidd yw ei cherddi hithau, ond cyhoeddodd hefyd draethodau sy'n taro nodyn mwy arloesol, fel ei hysgrif 'Gallu a Defnyddioldeb Undeb' sy'n dadlau dros undebau 'amaethwyr a llafurwyr' fel sefydliadau 'sydd bwysig ac anhebgorol iawn'.[40] 'Brythones' arall oedd Annie Vaughan Jones (Anna Ionawr, ?-1946), a gyfrannodd i'r cylchgrawn lawer llith ar 'Benywaid y Dwyrain', a phwysigrwydd addysg a diwylliant i ferched, cyn priodi cenhadwr, y Parch. Robert Jones, a threulio gweddill ei gyrfa yn cydweithio ag ef yn Shillong a Chasia.[41] Bu Margaret Jones (Myfanwy Meirion, *c.*1847-1931), a weithiai gyda'r Gobeithlu yn Llundain, hefyd yn ddiwyd anfon at y cylchgrawn ysgrifau ar bynciau megis 'Peryglon Merched Ieuainc y Trefydd Mawrion' a hanes cenhadaeth y Gobeithlu yn nwyrain Llundain.[42]

Llwyddai Cranogwen i gasglu'r awduresau hyn ati fel cyfranwyr yn aml trwy ysgrifennu yn uniongyrchol atynt a gofyn am eu cymorth. Os oedd merch wedi gwneud unrhyw fath o gyfraniad i lenyddiaeth Gymraeg yr oes fe dderbyniai yn ddiffael wahoddiad oddi wrth yr Ol i gyfrannu i'r *Frythones*. Erbyn 1879 yr oedd Margaret Jones (1842-1902) yn enwog fel awdur *Llythyrau Cymraes o Wlad Cannan*. Cyrhaeddodd llythyr iddi yng ngogledd Affrica, lle'r aeth i genhadu, yn gofyn 'a wnawn ysgrifenu ychydig o hanes merched Morocco i ferched Cymru, a'i gyflwyno iddynt drwy Y *Frythones*'. Ymatebodd gyda llith a gyhoeddwyd yn y cylchgrawn ym mis Ebrill 1880 ar sefyllfa druenus y fenyw yn ninas Mogador, wedi ei charcharu yn ei chartref, 'tra nas gwyr air ar lyfr, ac na fedd unrhyw wybodaeth fuddiol ac anhebgorol'.[43]

Fodd bynnag, gellir dadlau mai prif orchest Y *Frythones* oedd iddi hefyd, yn well na'r disgwyl, lwyddo i ddenu 'allan o'u hogofau' ferched na chyhoeddodd erioed cyn i'w hysgrifau neu eu cerddi cyntaf ymddangos ar dudalennau'r cylchgrawn. Prif arf yr Ol yn yr ymgyrch hon oedd cystadlaethau'r *Frythones*. Yn y rhifyn cyntaf ymddangosodd hysbysiad yn addo gwobr o 'lyfr 7s. 6ch. . . . am y traethawd goreu, fel atebiad i'r gofyniad – 'Pa un o'r ddau ryw a ddangosodd fwyaf o gariad at Iesu Grist pan yma ar y ddaear?' . . . Y gystadleuaeth yn agored i holl feibion a merched Cymru.'[44] Awdur y llith fuddugol oedd menyw ifanc o Rydlewis, Anne Rees (1859–87), sef chwaer i Fanny Rees (Phania), a fu farw yn 1874 dan ofal Cranogwen. Anne Rees hefyd a enillodd gystadleuaeth Y *Frythones* ar 'Y Ffug-ystori (*Novel*) Oreu, Fel Eglurhad ar y Pumed Gorchymyn' gyda'i stori 'Eveleen Davies, neu, Gwnaf, am mai felly y dymunai fy mam'. Ond daeth ei gyrfa addawol i ben yn ei hugeiniau pan fu farw o'r un clefyd â'i chwaer, y darfodedigaeth. Arwres a merthyr oedd Anne Rees yn ôl Cranogwen yn ei hysgrif gofiannol arni: gadawodd ei chartref yn Rhydlewis i weithio mewn sefydliad cenhadol i blant amddifad yn Llundain, lle'r amharwyd ar ei hiechyd.[45]

Erbyn i ran gyntaf 'Eveleen Davies' ymddangos, ym mis Tachwedd 1880, roedd naws tipyn mwy Cymreigaidd i'r cylchgrawn, ar ei ffuglen yn ogystal â'i farddoniaeth a'i ysgrifau. Er na ellir honni bod 'ffug-ystori' Anne Rees yn torri trywydd newydd o ran ei syniadau na'i ffurf, mae'n amlwg iawn nad cyfieithiad o'r Saesneg sydd yma. Clywir yn 'Eveleen Davies' adlais o'r brotest hirhoedlog yn erbyn y gwarth a osodwyd ar ferched Cymru gan y Llyfrau Gleision: er bod dros ddeng mlynedd ar hugain wedi mynd heibio ers cyhoeddi'r Adroddiad ar Addysg yng Nghymru, yr oedd yr hen feddylfryd amddiffynnol yn fyw iawn o hyd. Mae arwres y stori yn ymwybodol iawn o enw drwg y Gymraes a'r ddyletswydd arni i adfer ei henw da. Mewn un olygfa, caiff Eveleen, sy'n gweini yn Lloegr, gryn syndod – fisoedd ar ôl iddi gychwyn ar ei swydd – wrth glywed Lydia, un o'i chyd-forwynion, yn ei chyfarch yn Gymraeg. 'Beth yw hyn?' meddai wrthi. 'Sut na buaswn wedi cael ar ddeall yn gynt mai â Chymraes y bu'm yn siarad gynifer o weithiau?' Yr esboniad yw: 'O wel, am na theimlaf awydd o fath yn y byd i wneyd y ffaith yn wybyddus yma, oblegid yn nghyfrif y Saeson, yr ydym ni, fel rheol, yn genedl dlawd, ac isel o foesau; ac nis gallaf ddweyd fy mod i, yn fy sefyllfa bresenol o leia, yn chwanog yn y byd i gyfranogi o'u gwarth.' I Lydia roedd ymddangos fel Cymraes yn golygu cyfaddef ei bod yn perthyn i bobl a ddiffiniwyd gan eu cymdogion fel cenedl israddol: rhaid oedd mabwysiadu mwgwd Seisnig os am ennyn parch. Ond ni all Eveleen amgyffred sut y mae'r fath frad yn bosibl. Gofynna:

> 'Os mai yn Nghymru yn wir y'ch magwyd, ac mai yno y trig eich rhieni, pa fodd y *gellwch* fod mor ddiystyr o'n gwlad a'n hiaith? . . . Os oes i ni ychwaneg o warth na rhyw genedl arall . . . ond yr wyf yn amheu fod, onid ein dyledswydd ydyw cyd-ddwyn â'n cenedl ein hunain, yn nghyd a gwneuthur ein goreu drwy air a gweithred, i ddyrchafu ein cymeriad cenedlaethol uwchlaw pob sarhad?'[46]

Ar ddiwedd y stori, oherwydd iddi 'ddianrhydeddu llais a chynghor fy mam', mae Lydia yn marw mewn tlodi ac unigrwydd, tra bo Eveleen yn darganfod bod ganddi berthnasau cefnog yn Llundain ac yn priodi nai ei meistres.

Plot tebyg, am arwresau pur eu moesau yn cael eu gwobrwyo â phriodas sy'n codi eu statws bydol, sydd i drwch storïau awdures arall a gychwynnodd ei gyrfa trwy ennill un o wobrwyon *Y Frythones*, sef Mary Oliver Jones (1858–93). Merch i deulu o Sir Fôn oedd Mary Oliver, ond cyn ei geni yr oedd ei rhieni wedi ymfudo i Lerpwl, ac yno y cafodd ei magu. Yn 1879, ar ôl bod yn gweithio fel athrawes gynorthwyol mewn ysgol fwrdd, fe briododd â Richard T. Jones, pensaer llwyddiannus yn Rock Ferry a Lerpwl.[47] Y flwyddyn wedyn enillodd y gystadleuaeth gyntaf ar yr 'Ystori Gymreig (*Welsh Novel*)' yn *Y Frythones*;

cyhoeddwyd 'Claudia, neu, Gwnawn ein dyletswydd a daw pob peth yn dda' fel stori gyfres yn y cylchgrawn, ac aeth ymlaen wedi hynny i gyhoeddi wyth stori gyfres arall yng nghylchgronau a newyddiaduron y dydd, ac un nofel, *Y Fun o Eithinfynydd; neu, Helyntion Carwriaethol Cymru Fu* (1897), ar garwriaethau Dafydd ap Gwilym. Er mai yng Nghymru y gosodir ei hanesion, adlewyrchir ynddynt chwaeth fwrgais yr oes; dringwyr cymdeithasol yw ei harwresau, sydd fel rheol yn cychwyn eu hanes yn aelodau o'r werin Gymreig ac yn ei ddiweddu yn wragedd i foneddigion Cymreig neu Seisnig. Yn aml, datguddir ar ddiwedd ei hanes mai plentyn amddifad o deulu breintiedig oedd yr arwres; heb yn wybod iddi hi, yr oedd gwaed bonheddig yn ei gwythiennau o'r cychwyn. Yn 'Claudia', caiff yr arwres briodi â'i chariad Syr John Gwynne yn dilyn y darganfyddiad mai cadfridog oedd ei thad; nid yw'r bwthyn tlawd ar stad Syr John lle magwyd hi gan ei modryb anghenus yn adlewyrchiad teg o'i statws bydol go iawn.[48] Nid yw storïau Mary Oliver Jones yn wahanol iawn eu naws i'r cyfieithiadau o ffuglen Saesneg a ymddangosai mor aml yn *Y Frythones*, ond serch hynny, neu efallai oherwydd hynny, roeddynt yn boblogaidd.

Yn ogystal â'r cystadlaethau i oedolion, cynhaliai'r Ol hefyd gystadlaethau misol ar gyfer plant dan un ar bymtheg oed, gan ofyn am draethawd byr ar destun gwahanol bob mis. Ond bu'n rhaid iddi ddwrdio'r merched ar ôl derbyn llithiau'r ymgeiswyr cyntaf. 'Deuwch, ferched, yn mha le yr ydych?' meddai. 'Bechgyn yw y rhan amlaf o'r ysgrifwyr, a gwyddoch mai arnoch *chwi* yn benaf yr oedd ein golwg.'[49] Ceisiodd, serch hynny, wneud yn siŵr fod o leiaf un enw benywaidd ymhlith enillwyr pob cystadleuaeth. Dim ond yn yr ail ddosbarth yr oedd gwaith 'Blodwen' yn y gystadleuaeth gyntaf i blant, er enghraifft, ond rhoddwyd iddi wobr o ddeuswllt, serch hynny, er mwyn ei hannog ymlaen, ac er mwyn cael cyhoeddi enw merch ymhlith y buddugwyr – Lydia Ann Hughes o Lanengan oedd Blodwen. Erbyn mis Mehefin 1879 roedd Lydia, ar ôl yr anogaeth hon, wedi llwyddo i gyrraedd y brig yng nghystadlaethau'r plant; llawenhâi Cranogwen yn y ffaith iddi fedru, yn gyson â'i chydwybod, roddi iddi'r wobr gyntaf y mis hwnnw, a chyhoeddodd nifer o'i cherddi ac ysgrifau yn *Y Frythones* yn ystod y blynyddoedd wedyn. Chwaer i Lydia oedd

Ellen Hughes (1862–1927), a dyna egluro, efallai, sut y cafodd hithau'r hyder i ddechrau llenydda ac anfon ei chynhyrchion at olygydd *Y Frythones*. Gwyddai'n dda y câi ei hymdrechion groeso brwd gan Cranogwen, ar sail rhyw'r awdur os nad am unrhyw reswm arall.

Merched amddifad oedd Ellen a Lydia pan ddechreuasant ar eu gyrfaoedd fel awduron; bu farw eu tad, pregethwr gyda'r Methodistiaid Calfinaidd, yn fuan ar ôl genedigaeth Ellen, a'u mam yn 1877. Nid oedd adnoddau gan y teulu i roddi iddynt addysg, ond i Ellen yr oedd cael cyhoeddi ei gwaith yn gwneud iawn am hynny. Wrth gofio dechreuad *Y Frythones* yn ei chyfres o ysgrifau bywgraffiadol 'Yng Nghymdeithas Cranogwen', gofynnodd:

> A ydyw y boddhad o dderbyn gradd mewn Prifysgol i'w gymharu a'r boddhad a brofai genethod ddeugain mlynedd yn ol wrth weled eu cynhyrchion a'u henwau ar ddalennau 'Y Frythones'? Cofia yr ysgrifennydd am y tro cyntaf y digwyddodd y ffawd hon iddi, fod ei llawenydd mor gynhyrfus fel y gollyngodd 'bowlan' siwgr o'i llaw nes yn ddrylliau wrth glywed newydd mor ryfeddol! A mawr a fyddai yr hyfrydwch o weled enwau a chynhyrchion gohebwyr eraill, a'r diddordeb a deimlem ym mhob un ohonynt. Gan na byddem nemawr byth yn clywed merch yn *siarad* yn gyhoeddus, da oedd gennym gael eu meddyliau ar *bapur*, a gweled fod y wasg yn cydnabod eu bodolaeth.[50]

Ym mis Awst 1879 y drylliwyd y bowlen siwgr honno, pan gyhoeddwyd ei marwnad 'Galar Geneth ar ol ei Mam' yn *Y Frythones*.[51] Ffrwyth awen Ellen Hughes yw rhai o gerddi mwyaf gwreiddiol a chofiadwy'r cylchgrawn, fel, er enghraifft, ei chân o fawl i 'Unigrwydd', sy'n diweddu gyda'r bardd yn ei dychmygu ei hun yng nghanol 'cyd-gord perffaith' y nefoedd, yn dyheu hyd yn oed am gael '*yno* ambell awr yn nghwmni f'hun!'[52] Ar dudalennau'r *Frythones* y daeth i fri fel bardd a thraethodydd; yn ddiweddarach, casglwyd ei cherddi gyda rhai o'i hysgrifau mewn dwy gyfrol, *Sibrwd yr Awel* (1887) a *Murmur y Gragen* (1907).[53] Am ddeugain mlynedd roedd yn golofnydd cyson gyda'r *Frythones* a'r ail *Gymraes*, ac ychwanegodd ei hysgrifau yn sylweddol at flaengaredd a ffeminyddiaeth y ddau gylchgrawn. Mewn cyfres o erthyglau a gyhoeddwyd yn *Y Frythones* yn 1885 dan y teitl 'Excelsior', mae'n annog ei chwiorydd i ymwroli a gwneud y gorau o'u galluoedd, beth bynnag eu sefyllfa fydol:

> Beth fyddai i ni geisio ymysgwyd o'n diofalwch, a phenderfynu bod yn wronesau wedi y cyfan? Ie, yn wronesau, canys y mae yna elfenau gwroniaeth yn natur pob un o honom, pe y rhodder iddynt chwareu teg i ymddadblygu . . . y mae y gwir ddyrchafiad yn gynwysiedig mewn *gwella ein hunain*. Yr ydym ni yn fwy na'n sefyllfa, ac y mae ein dedwyddwch yn dibynu mwy arnom ein hunain nag ar ddim oddiallan i ni . . . Ceisiwn oll, fel Brythonesau, fod yn ferched uchelgeisiol, a byddwn yn rhy uchelgeisiol i ymfoddloni ar ddyrchafiad mewn safle gymdeithasol, nac ar ddim llai na'n dyrchafiad sylweddol ein hunain.[54]

Pan unwyd *Y Frythones* â *Chyfaill yr Aelwyd* yn 1892, cyhoeddwyd ynddi gyfres o erthyglau gan Ellen Hughes dan y teitl syml 'Merch' sy'n dadlau yn erbyn patriarchaeth: 'Y mae y dyn hwnnw "a fynai fod yn ben" yn lleidr, ac y mae y sawl a oddef i un arall fod yn ben arno yn llwfr-ddyn', meddai.[55] Ac mewn erthygl ar 'Merched a Chynrychiolaeth' yn *Y Gymraes* yn 1910 mae'n pledio achos yr etholfreintwragedd a'r pregethwyr benywaidd gydag angerdd, gan herio: 'Os ydyw dynes yn fod rhesymol a moesol, a thonau tragwyddoldeb yn curo yn ei natur, tybed ei bod islaw meddu y cymhwysder i gael rhan yn neddfwriaeth ei gwlad, ac yn llywodraethiad allanol yr eglwys amherffaith ar y ddaear?'[56] Mewn ysgrifau eraill fel 'Angylion yr Aelwyd' a 'Gwroldeb Moesol' a gasglwyd yn *Murmur y Gragen*, dadleuai yn erbyn y ddelwedd o'r ferch fel dim amgenach nag angel teuluol. Mynnai nad oes i rinweddau wahaniaethau rhywiol: mae gwroldeb yn nodwedd i'w mawrygu goruwch gwyleidd-dra mewn dynes yn ogystal â dyn, meddai.[57] Ceisiai ddeffro yn ei darllenwyr benywaidd ymwybyddiaeth o'u hunaniaeth annibynnol ac o'u cryfder cynhenid: 'Gelli, ti elli!' oedd ei neges i ferched ei hoes.[58]

Amddiffynwraig y ffenomenon hanesyddol flaengar honno, y Ddynes Newydd, oedd Ellen Hughes.[59] Hi oedd y gyntaf i dynnu sylw'r Cymry Cymraeg ati yn ei hysgrif 'Y Ddynes Newydd' a gyhoeddwyd yn *Y Gymraes* yn 1896. 'Nis gellir edrych ar fudiad y "ddynes newydd" fel dim llai na chwyldroad cymdeithasol,' meddai. Rhyddhawraig oedd y 'Ddynes Newydd', yn mynnu addysg ac annibyniaeth er mwyn ei hachub ei hun a, thrwy ei hesiampl, ei chwiorydd 'o lwch anwybodaeth, gwendid a dinodedd'. Yn y gorffennol, ni roddwyd cyfle i'r ferch gyflawni ei photensial:

> Yr holl sefyllfaoedd y mae merched yn eu llenwi yn awr, gyda chymaint o hyfrydwch ac aiddgarwch – y gwaith amrywiol y maent yn ei gyflawni gyda'r fath sirioldeb a gobaith – onid oes miloedd o'n chwiorydd oeddynt yn feddianol ar gyfryw alluoedd a thueddiadau â hwythau, wedi bod yn teimlo eu hunain yn cael eu gwasgu i gylch bron yn rhy gyfyng iddynt allu anadlu yn rhydd ynddo, ond yn gwneud eu gorau i gredu ar hyd eu hoes mai yn yr ystafell fyglyd, gyda'r ffenestri a'r pedwar cwarel bychan, yr oedd eu lle hwy, ac mai i eraill yr oedd yr 'allan fawr', gyda'i holl brydferthion a'i ryfeddodau?[60]

Erbyn canol yr 1890au roedd y Ddynes Newydd 'wedi deffro i ystyriaeth o'i *hawliau* a'i *chyfrifoldeb*. Cred yn ddiysgog mai person ydyw, ac nid peth.' Ynddi hi y mae ymgyrchoedd egnïol yr holl fudiadau o blaid gwell addysg i ferched, a gwell cyfleoedd gwaith, wedi cyrraedd eu llawn dwf. Ac mae Ellen Hughes am ei hamddiffyn rhag y feirniadaeth ei bod, wrth ddewis ffordd o fyw sy'n wahanol i'r hen ddelwedd o'r wraig ddelfrydol, yn llai defnyddiol o ran darparu 'ymgeledd' i'r hil na'r Fam draddodiadol Gymreig. 'Braidd na feiddiwn ddweyd y daw y Ddynes Newydd i fyny â'r cymeriad o "ymgeledd" hyd yn nod yn well na'r hen', meddai: 'Ac, os ydyw yn fynych yn ymgeleddu cylch lletach na'r un teuluaidd, a ydyw hyny yn golled i rywun?' Yn arwyddocaol, y mae'n cyfeirio yn ei dadl at Cranogwen, ynghyd â Frances Willard (1839–98), llywydd Mudiad Dirwest y Merched yn America, fel arweinydd a symbyliad y Ddynes Newydd:

> A ydyw merched fel Miss Willard, neu Cranogwen yn llai defnyddiol, yn llai rhagorol, yn llai benywaidd, na merched

nad oes ond eu teuluoedd eu hunain yn manteisio yn uniongyrchol ar eu gwasanaeth? Credwn fod y dybiaeth yn wrthun. Y mae yn wir na ddisgwylir i lawer o ferched feddu yr ynni hanner gwyrthiol a'r gwroldeb i arwain sydd yn nodweddu y ddwy a enwasom. Y mae rhai fel hyn yn mwy na chynrychioli y Ddynes Newydd – arweinyddesau y Ddynes Newydd ydynt.[61]

Mae ei dadl yn ddilys ddigon: Cranogwen a'r *Frythones* oedd y symbyliad a dywysodd Ellen Hughes a llawer Cymraes arall allan o'u dinodedd i fywyd ffrwythlon a llwyddiannus. Ond go brin fod eu rôl, fel y gwelir hi gan Ellen Hughes, yn cyfateb i nod gwreiddiol y cyhoeddwyr ar gyfer y cylchgrawn, y byddai'n gyfrwng i 'ddarparu i'r Arglwydd, o blith merched ein gwlad, "famau parod" i'r genhedlaeth nesaf'. Y mae'r ddwy uchelgais hyn – creu mamau delfrydol neu fenywod annibynnol yn cyflawni eu potensial – yn gwrthgyferbynnu â'i gilydd yn *Y Frythones* drwyddi draw. Ar un olwg, i lygaid cyfoes, mae'r cylchgrawn yn ymddangos yn hen ffasiwn iawn, ond ar olwg arall, mae amryw o'i ysgrifau, rhai gan yr Ol a rhai gan eraill, i'w gweld yn cynnwys llawer o ddeunydd goleuedig a blaengar.

Yn 1900, wrth daro golwg yn ôl dros yrfa lwyddiannus Ellen Hughes mewn llith gofiannol yn *Y Gymraes*, ymfalchïai Cranogwen yn ei darganfyddiad cynnar o'i dawn:

> Teimlwn fel un wedi cael ysglyfaeth lawer, pan, flynyddoedd yn ol . . . daeth Ellen Hughes i'r golwg . . . y 'Frythones' a fu y cyfrwng ffodus i'w dwyn allan ac i'w chymell ymlaen . . . Gwnawn, teimlwn fel un wedi darganfod 'nugget,' neu em o werth, a balch iawn oeddwn yn wir . . . Ni wyddwn, waeth i mi gyfaddef, fod yr ohebyddes ddyddorol o Lanengan i dyfu cyn y byddai hir o amser, i fod yn un o wroniaid meddyliol ei hoes, a hyny, pe y byddai bwys i'w ddweyd, heb gyfrif rhyw[62]

Erbyn 1900 nid oedd cymaint o eisiau rhoi pwys ar ryw; yr oedd merched Cymru wedi profi eu dawn lenyddol. Ond yn 1880, yn nyddiau cynnar *Y Frythones*, yr oedd rhyw'r cyfranwyr yn bwysig iawn. Trwy ffafrio talent fenywaidd mewn modd brwdfrydig a hollol agored, llwyddodd Cranogwen am ddeng mlynedd, rhwng Ionawr 1879 a Chwefror 1889, i gynhyrchu misolyn swmpus (rhyw ddeg ar hugain o dudalennau bob mis, a'r print yn fân fân) â bron cyn lleied o waith dynion ynddo ag oedd o waith menywod yng *Nghymraes* Ieuan Gwynedd. Erbyn i Cranogwen roi'r gorau i'w swydd fel golygydd, yr oedd gan *Y Frythones* rhyw ddeg ar hugain o gyfranwyr benywaidd cyson, a nifer helaeth eto o gyfranwyr dienw neu ysbeidiol a oedd hefyd, yn ôl tystiolaeth eu cyfraniad, yn ferched. Dan yr enw 'Brythonesau,' crëwyd cymuned o awduron a darllenwyr benywaidd yn y Gymraeg a oedd yn adnabod ei gilydd, yn ysgrifennu at, ac am, ei gilydd, yn derbyn ysbrydoliaeth a chalondid oddi wrth ei gilydd, ac yn gweithredu fel modelau i'w dilyn i'r genhedlaeth a ddaeth ar eu holau, cenhedlaeth a gynhwysai awduron fel Gwyneth Vaughan, Sara Maria Saunders, Winnie Parry a Fanny Edwards.[63] A dyna'r awduron a fu yn eu tro yn ddylanwad ar awduresau Cymraeg hanner cyntaf yr ugeinfed ganrif. Yn yr 1960au cofiwyd hwy gyda pharch a diolchgarwch gan Kate Roberts; dyma ei mamau llenyddol, meddai, mewn ysgrif ar 'Merched Tro'r Ganrif'.[64] Teimlai 'ei bod yn ddyletswydd arnaf dalu teyrnged' iddynt oherwydd cymaint oedd ei dyled iddynt.[65] Nid yw'n rhwydd cychwyn ar yrfa fel awdur heb fodelau i'w dilyn; cyn dyddiau'r *Frythones*, ychydig iawn o'r fath ysbrydoliaeth oedd ar gael ar gyfer awdur benywaidd yn y Gymraeg. Arloeswragedd ar gyfer holl awduron benywaidd Cymru'r ugeinfed ganrif oedd yr Ol a'i Brythonesau.

Ond hyd yn hyn nid ydym wedi trafod cyfraniadau mwyaf unigryw'r golygydd i'w chylchgrawn, sef ei cholofnau 'Cwestiynau ac Atebion' a 'Hyn a'r Llall' lle mae'n siarad â'i darllenwyr yn fwy uniongyrchol. Cawn droi atynt hwy a dilyn ei thrywydd yn fwy manwl yn y bennod nesaf.

Nodiadau

1 Barbara Jones, 'Merched Cymru', *Y Genedl Gymreig*, 23 Mai 1878.
2 Gwladys Morgan, 'Merched Cymru a'r Genedl', *Y Genedl Gymreig*, 30 Mai 1878.

3   Barbara Jones, 'Merched Cymru', *Y Genedl Gymreig*, 17 Hydref 1878.
4   *The Cardiff Times*, 26 Hydref 1878.
5   *Y Gwyliedydd*, 28 Tachwedd 1878.
6   *Y Dydd*, 10 Ionawr 1879.
7   *The Treasury*, xvi (Chwefror 1879), 15.
8   *Y Goleuad*, 19 Hydref 1878.
9   [Cranogwen], 'At ein Darllenwyr', *Y Frythones*, i (Ionawr 1879), 5–6.
10 [Cranogwen], 'At ein Darllenwyr', *Y Frythones*, i (Rhagfyr 1879), [iii].
11 Sian Rhiannon Williams, 'Y Frythones: Portread Cyfnodolion Merched y Bedwaredd Ganrif ar Bymtheg o Gymraes yr Oes', *Llafur*, iv (1984), 48.
12 [Cranogwen], 'Y Teulu', *Y Frythones*, i (Ionawr 1879), 30.
13 Hywel Teifi Edwards, *Ceiriog*, cyfres 'Llên y Llenor' (Caernarfon: Gwasg Pantycelyn, 1987), t. 28.
14 W. Gareth Evans, '"Addysgu Mwy na Hanner y Genedl": Yr Ymgyrch i Hyrwyddo Addysg y Ferch yng Nghymru Oes Fictoria', yn Geraint H. Jenkins (gol.), *Cof Cenedl IV: Ysgrifau ar Hanes Cymru* (Llandysul: Gwasg Gomer, 1989), t. 110.
15 [Cranogwen], 'Y Dywysoges Alice', *Y Frythones*, i (Chwefror 1879), 37–43; 'Y Dywysoges Beatrice', *Y Frythones*, vii (Medi 1885), 261–4; 'Y Dywysoges Alexandra', *Y Frythones*, iv (Ionawr a Chwefror 1882), 5–8, 38–9; 'Y Dduces o Albany', *Y Frythones*, iv (Hydref 1882), 293–5.
16 [Cranogwen], 'Y Dywysoges Beatrice', *Y Frythones,* vii (Medi 1885), 264.
17 [Cranogwen], 'Yr Ol at y Darllenwyr', *Y Frythones*, ix (Mai 1887), 163–4.
18 [Cranogwen], 'Jwbili Teyrnasiad y Frenines', *Y Frythones*, ix (Mehefin 1887), 167–8.
19 [Cranogwen], 'Dyrchafiad Merched', *Y Frythones*, viii (Awst 1886), 236.
20 D[avid] Adams, Brynhawen, 'Cyd-Addysgiaeth y Ddau Ryw', *Y Frythones*, vi (Ionawr 1884), 15.
21 D. Adams, Brynhawen, 'Cyd-Addysgiaeth y Ddau Ryw', *Y Frythones*, vi (Ionawr 1884), 16.
22 Jenny Jones, 'Merched a Gwaith', *Y Frythones*, ii (Medi 1880), 274–5.
23 'Mair', Cemmaes, 'Lle a Dylanwad Merched mewn Cymdeithas', *Y Frythones*, x (Gorffennaf 1888), 205.

24 Cranogwen, 'At ein Darllenwyr', *Y Frythones*, i (Rhagfyr 1879), [iii].
25 Cranogwen, 'Merched Llafur' yn 'Hyn a'r Llall', *Y Frythones*, x (Awst 1888), 259.
26 Ellen Hughes, 'Yng Nghymdeithas Cranogwen', *Y Gymraes*, xxvii (Awst 1923), 115.
27 [Cranogwen], 'Y Teulu', *Y Frythones*, i (Ebrill 1879), 125–6.
28 [Cranogwen], 'Y Teulu', *Y Frythones*, i (Gorffennaf 1879), 223.
29 R. [Robert Oliver Rees], 'Y Dyn Crist Iesu', *Y Frythones*, i (Ionawr 1879), 10.
30 R., 'Y Dyn Crist Iesu', *Y Frythones*, i (Ionawr 1879), 11–12.
31 Gweler LlGC 1874, Papurau Syr Haydn Jones, llythyr a ysgrifennwyd gan Cranogwen yn Awst 1867 lle mae'n cynghori J. D. Jones i gysylltu ag R. O. Rees er mwyn trefnu iddi ymweld â'i ardal fel darlithydd.
32 D[avid] Adams, 'Cyd-Addysgiaeth y Ddau Ryw', *Y Frythones*, vi (Ionawr 1884), 17.
33 Osian Gwent, 'Mae'r Byd yn Wir yn Ddall!', *Y Frythones*, vi (Ionawr 1884), 27.
34 Eliza Peter, 'Hanfodion Iechyd', *Y Frythones*, i (Gorffennaf 1879), 210–11.
35 Ceridwen Peris, 'Cusan Judas', *Y Frythones*, i (Chwefror 1879), 47.
36 Ceridwen Peris, 'Alegori – Blodau Pleser', *Y Frythones*, i (Gorffennaf 1879), 208–9; am ymdriniaeth fanylach â'r chwedl hon, gweler Jane Aaron, 'Darllen yn Groes i'r Drefn', yn John Rowlands (gol.), *Sglefrio ar Eiriau* (Llandysul: Gwasg Gomer, 1992), tt. 76–8.
37 Ceridwen Peris, 'Cranogwen (1839–1916)', *Y Drysorfa*, cix (Gorffennaf 1939), 263.
38 Jemimah [Catherine Jane Pritchard], 'Barbara Jones a'r Cymruesau', *Y Genedl Gymreig*, 20 Mehefin 1878.
39 Buddug, 'O! Na Byddai'n Haf o Hyd', *Y Frythones*, viii (Tachwedd 1886), 328.
40 Barddones Arfon, 'Gallu a Defnyddioldeb Undeb', *Y Frythones*, iii (Tachwedd 1881), 349.
41 Anna Ionawr, 'Benywaid y Dwyrain', *Y Frythones*, vii (Chwefror 1885), 37–9.
42 Myfanwy Meirion, 'Peryglon Merched Ieuainc', *Y Frythones*, ii (Gorffennaf 1880), 209–11; '"Bridge of Hope Mission" Dwyreinbarth Llundain', *Y Frythones*, vii (Ebrill 1885), 109.
43 Y Gymraes o Ganaan, 'Llythyr o Mogador, Morocco', *Y Frythones*, ii (Ebrill 1880), 107 ac 109. Am wybodaeth bellach am fywyd a gyrfa Margaret Jones, gweler Eirian Jones, *Y Gymraes o Ganaan* (Talybont: Y Lolfa, 2011).

44 *Y Frythones*, i (Ionawr 1879), 12.
45 [Cranogwen], 'Anne Rees, Bryncelyn, Rhydlewis', *Y Frythones*, ix (Mawrth 1887), 73.
46 Anne Rees, 'Eveleen Davies, neu, Gwnaf, am mai felly y dymunai fy mam', *Y Frythones*, ii (Rhagfyr 1880), 362.
47 Am wybodaeth bellach am fywyd a gyrfa Mary Oliver Jones, gweler rhagair Huw Parri i'w nofel *Y Fun o Eithinfynydd: neu, Helyntion Carwriaethol Cymru Fu* (Caernarfon: Swyddfa'r 'Genedl Gymreig', d.d. [1897]), tt. 3–6; ac Isaac Davies, 'Mary Oliver Jones', *Cymru*, 5 (1893), 57–8.
48 Gweler Mrs R. T. Jones [Mary Oliver Jones], 'Claudia, neu, Gwnawn ein dyledswydd a daw pob peth yn dda', *Y Frythones*, ii (Medi 1880), 268–9.
49 [Cranogwen], 'Y Traethodau', *Y Frythones*, i (Chwefror 1879), 67.
50 Ellen Hughes, 'Yng Nghymdeithas Cranogwen', *Y Gymraes*, xxvii (Medi 1923), 134.
51 Ellen Hughes, 'Galar Geneth ar ol ei Mam', *Y Frythones*, i (Awst 1879), 258.
52 Ellen Hughes, 'Unigrwydd', *Y Frythones*, xii (Mai 1890), 151; y testun sy'n italeiddio.
53 Am wybodaeth bellach ar fywyd a gyrfa Ellen Hughes, gweler Cranogwen, 'Miss Ellen Hughes, Llanengan', *Y Gymraes*, iv (Ionawr 1900), 5–8; Iorwen Myfanwy Jones, 'Merched Llên Cymru o 1850 i 1914', traethawd MA anghyhoeddedig, Prifysgol Gogledd Cymru, Bangor, 1935, tt. 212–23; a Ceridwen Lloyd-Morgan, 'From Temperance to Suffrage?', yn Angela John (gol.), *Our Mothers' Land: Chapters in Welsh Women's History 1830–1939* (Cardiff: University of Wales Press, 1991), t. 154.
54 Ellen Hughes, Llanengan, 'Excelsior', *Y Frythones*, vii (Ebrill 1885), 106–7.
55 Ellen Hughes, 'Merch', *Cyfaill yr Aelwyd a'r Frythones*, i (Chwefror 1892), 65.
56 Ellen Hughes, 'Merched a Chynrychiolaeth', *Y Gymraes*, xiv (Hydref 1910), 148.
57 Ellen Hughes, 'Gwroldeb Moesol', *Murmur y Gragen, sef Detholion o Gyfansoddiadau Barddonol a Rhyddiaethol* (Dolgellau: Swyddfa'r 'Goleuad', 1907), tt. 91–2.
58 Ellen Hughes, 'Angylion yr Aelwyd', *Murmur y Gragen*, t. 40.
59 Am hanes y Ddynes Newydd yng Nghymru, gweler Jane Aaron, 'The New Woman in Wales: Welsh Women's Writing 1880–1920', yn Holly A. Laird (gol.), *The History of British Women's Writing, 1880–1820* (Basingstoke: Palgrave Macmillan, 2016), tt. 47–58.

60 Ellen Hughes, 'Y Ddynes Newydd', *Y Gymraes*, i (Tachwedd 1896), 28.
61 Ellen Hughes, 'Y Ddynes Newydd', *Y Gymraes*, i (Tachwedd 1896), 29.
62 Cranogwen, 'Miss Ellen Hughes, Llanengan', *Y Gymraes*, iv (Ionawr 1900), 7.
63 Am wybodaeth bellach am fywydau a gyrfaoedd yr awduron hyn, gweler Rosanne Reeves, *Dwy Gymraes, Dwy Gymru: Hanes Bywyd a Gwaith Gwyneth Vaughan a Sara Maria Saunders* (Caerdydd: Gwasg Prifysgol Cymru, 2014); a Margaret Lloyd Hughes, 'Rhagymadrodd', yn Winnie Parry, *Sioned* ([1906]; ailgyhoeddiad, Dinas Powys: Gwasg Honno, 1988), tt. ix–xvi.
64 Gweler Kate Roberts, 'Merched Tro'r Ganrif', *Y Faner*, 9 Medi 1965; casglwyd yn David Jenkins (gol.), *Erthyglau ac Ysgrifau Llenyddol Kate Roberts* (Abertawe: Gwasg Christopher Davies, 1978), tt. 144–6.
65 Kate Roberts, 'Fanny Edwards', *Y Faner*, Rhagfyr 1959; casglwyd yn Jenkins, *Erthyglau ac Ysgrifau Llenyddol Kate Roberts*, t. 155.

Pennod 8

Modryb Gofidiau

Ym mis Mawrth 2021, dyfynnwyd brawddeg o'r *Frythones* mewn trafodaeth yn Nhŷ'r Cyffredin ar ddeiseb a alwai ar Senedd San Steffan i wneud therapi trosi ar gyfer pobl hoyw yn anghyfreithlon. Aelod Seneddol Arfon, Hywel Williams, oedd wrthi, yn cefnogi'r ddeiseb ar ran Plaid Cymru, gan ddadlau y byddai pasio'r fath ddeddfwriaeth yn gam pwysig tuag at greu cymdeithas fwy cyfartal, ac meddai:

> Cranogwen, who was an important 19th-century figure in the history of LGBTQ+ people in Wales and a literary figure of national importance, said: *'It is a pretence in everybody . . . to try to be what they are not; and it is a loss for anybody not to be what they are.'* Despite progress since then, her words still ring true.[1]

Cyfieithu yr oedd o'r golofn 'Cwestiynau ac Atebion' yn rhifyn mis Ebrill 1883 o'r *Frythones*, pan ofynnodd 'Deborah' i'r Ol 'A yw yr enghreifftiau ysgrythyrol o fenywaid cyhoeddus mewn rhyfel, a chân, a gweddi, megys yn gwarantu ereill, yn y dyddiau hyn, i fod yr un peth a'r un fath a hwy?' Cafodd yr ateb:

Nid oes eisieu gwarant i hyny, heblaw *bod* y peth a'u gwna yr un fath. Onid ydynt, nis gallant fod, ac os ydynt, yna nis gallant beidio. Ymhongarwch yn mhawb, meibion a merched yn ogystal a'u gilydd, ydyw ceisio bod yr hyn nad ydynt; a cholled ydyw i un beidio bod yr hyn ydyw.[2]

Mae'r syniad hwnnw, o'r golled i unigolion a'u cymdeithas os nad yw rhagfarnau eu hoes yn gadael iddynt fod yr hyn ydynt, yn ganolog i holl ddysgeidiaeth Cranogwen. Ac roedd ei geiriau'n argyhoeddi ei darllenwyr ganrif a hanner yn ôl, fel heddiw, ac yn eu deffro i'r posibilrwydd o fyw eu bywydau'n llawn a gwireddu eu potensial.

Ym mis Ionawr 1888, er enghraifft, cyffrowyd menyw ifanc i'r byw gan frawddeg arall yng ngholofn 'Cwestiynau ac Atebion' *Y Frythones*. Teimlai, meddai,

yn debyg iawn i fel y teimla plentyn bychan wrth weled plentyn mawr yn cyflawni gwrhydri na feiddia ef ei hun ei gyflawni, ac na theimla yn sicr y derbynia gymeradwyaeth y bobl mewn oed, pan y dywedodd Cranogwen, mewn ateb i ryw ohebydd ar gwestiwn safle merch, 'Nid yw gwahaniaeth rhyw yn ddim yn y byd'. Hanner ofnem nad oedd yn iawn, ac eto dymunem o'n calon ei bod yn iawn, a dywedai rhywbeth o'n mewn y *dylai* fod yn iawn, beth bynnag.[3]

Ellen Hughes o Lanengan oedd y ferch honno, yn ddi-ddysg, yn dlawd a dinod ar y pryd, ond yn un o'r lliaws a gafodd eu hysbrydoli i newid hynt eu bywydau o dan ddylanwad golygydd *Y Frythones*. Yr oedd 'gwroldeb yr olygyddes yn dweyd ei barn yn ddifloesgni ar hawl a chymhwyster merch i gael ymddadblygu a bod o wasanaeth i'w chyd-ddynion' wedi 'deffro eco parod yn ein mynwes', meddai.

Mewn ateb i gwestiwn gan 'Ddwy o Ddolgellau' y ceir y frawddeg 'Nid yw gwahaniaeth rhyw yn ddim yn y byd'; eu cwestiwn hwy i'r Ol oedd, 'A ydych chwi yn credu y dylai merched bregethu yr Efengyl?' Atebodd Cranogwen:

Ydym, yn credu y dylai pawb 'bregethu yr Efengyl' y sydd yn teimlo awydd i wneyd, ac yn medru gwneyd, ac yn cael

pobl i wrando. Beth arall, ynte, ddylent wneyd? Ar ba
gyfrifon, ac o herwydd pa beth, y mae y rhai na warafunir
iddynt wneyd, yn gwneyd? Ai nid o herwydd eu bod yn
teimlo awydd, yn gallu yn well neu yn waeth, ac fod pobl yn
dyfod i'w gwrandaw? Nid yw gwahaniaeth rhyw yn ddim
yn y byd.[4]

Mae'r ddadl yn un syml: os rhoddwyd i fenyw, fel i ŵr o
bregethwr llwyddiannus, yr awydd a'r gallu i bregethu a siarad yn
gyhoeddus yn effeithiol, yna hynny y dylai ei wneud. Yn amlwg,
nid 'rhyw' yn yr ystyr 'rhyw biolegol' y cyfeirir ato yma ond yn
hytrach 'rywedd' (hynny yw, *gender*), cysyniad nad oedd gair ar ei
gyfer yn y bedwaredd ganrif ar bymtheg. Syniadau'r oes ynghylch
galluoedd a phriodoldebau'r ddau ryw, ac felly eu cymhwysedd
ar gyfer mathau o waith, sydd yn 'ddim yn y byd'. Ond eto, wrth
eu herio, fe fyddai'n rhaid i'r 'Ddwy o Ddolgellau' sefyll yn erbyn
rhai o ragfarnau mwyaf pwerus eu hoes. Mae Cranogwen yn
cydnabod hynny trwy ddweud wrth ei dwy ohebyddes, 'yr ydych
yn enethod gwrol, ni goeliwn; cymerwch ofal gan hyny i ffurfio
barn gywir ac aeddfed ar bobpeth, rhag i chwi yru y cerbyd y
ffordd *wrong*, a myn'd ar gyfeiliorn pell. O blith *pioneers*, y mae
rhai yn llwyddo, a rhai yn rhedeg i ddinystr.'[5] Cam wrth gam oedd
y ffordd ymlaen i'r arloeswyr, os am geisio mynd â'u cymunedau
gyda hwy ar hyd y daith, yn hytrach na'u gadael ar ôl a diweddu
eu siwrnai mewn unigrwydd diffaith.

Cam wrth gam, felly, y cerddodd merched Cymru oes Fictoria
ymlaen at fywyd ehangach, gydag Ol *Y Frythones* yn gefn iddynt, a
phoblogrwydd ei chylchgrawn, yn enwedig ei cholofn 'Cwestiynau
ac Atebion', yn lliniaru'r ffordd ymlaen ar eu cyfer. Dechreuodd
'Modryb Gofidiau' (*Agony Aunt*) *Y Frythones* ar ei gwaith ym
mis Ionawr 1880, ac yn fuan daeth ei thudalen yn ffefryn ymhlith
darllenwyr y cylchgrawn. 'Iddi hi y byddai yn arfer gennym droi
yn gyntaf bob amser', meddai un o'r Brythonesau am y golofn
yn 1884.[6] Un rheswm am ei phoblogrwydd oedd sicrwydd yr
holwyr a'r darllenwyr eu bod yn darllen geiriau Cranogwen ei hun
ynddi. Er ei bod yn hysbys mai Cranogwen oedd awdur llawer o
ysgrifau'r *Frythones*, nid oedd bob tro'n amlwg pa rai ddeuai o'i
hysgrifbin hi. Gan amlaf nid oedd yn rhoi ei henw ar waelod ei

chyfraniadau, ond nid oedd sicrwydd ychwaith mai ei heiddo hi oedd pob cyfraniad dienw, gan fod nifer o'r gohebwyr eraill hefyd am aros yn anhysbys. Gellid bod wedi meddwl y byddai'n hawdd adnabod rhyddiaith Cranogwen oherwydd nodweddion arbennig ei harddull: tueddai i wneud defnydd helaeth o lythrennau italaidd er mwyn cyfleu pwyslais, er enghraifft, a hefyd i gyfeirio ati ei hun yn y lluosog. Ond cymhlethir y dystiolaeth gan y ffaith fod nifer o'r gohebwyr a gafodd eu hysbrydoli i gychwyn ar yrfa fel awduron dan ddylanwad Cranogwen yn efelychu ei harddull. Yn ôl Ellen Hughes, 'Naturiol oedd i ysgrifenwyr ieuainc ymdebygu iddi mewn arddull, nid yn fwriadol, ond oblegid dylanwad ei phersonoliaeth.'[7]

Nid yw'r llythyren 'C.' ar waelod ysgrif, na hyd yn oed yr enw 'Cranogwen', yn rhoi sicrwydd llwyr ychwaith, gan ei fod wedi dod yn enw poblogaidd i'w roi ar ferch yn dilyn llwyddiant mawr Sarah Jane Rees fel darlithydd. Erbyn yr 1880au a'r 1890au roedd Cranogwennau bychain ar hyd ac ar led y wlad, o'r de i'r gogledd, gyda dwy ohonynt yn Rhosllannerchrugog, er enghraifft (Cranogwen Phillips a Bowyer), a thair yn Aberaman (Cranogwen Rees, Lewis a Davies). Roedd un Cranogwen, Cranogwen Powell, hyd yn oed ar fynyddoedd yr Alleghenny yn yr Unol Daleithiau, ac un arall, Cranogwen Griffith, yn y Gaiman ym Mhatagonia. A gwyddom fod o leiaf un o gywion Cranogwen, sef Cranogwen Jones, yn anfon ei gwaith i'r *Frythones*; diolchir iddi am ei chyfraniad yn y golofn 'At ein Gohebwyr' ym mis Hydref 1889.[8] Fodd bynnag, y mae rhai o ysgrifau a cholofnau misol *Y Frythones* y gellir gyda sicrwydd eu priodoli i'w golygydd. Ceir tystiolaeth fewnol yn rhai ohonynt sy'n gwneud eu tarddiad yn ddiamwys – yr ysgrifau hunangofiannol, er enghraifft, ar ei phlentyndod a'i chymdogion yn Llangrannog, neu ar ei hanturiaethau yn America. Hefyd, dim ond Cranogwen allai fod wedi ysgrifennu unrhyw erthygl lle mae'r awdur yn cyfeirio ati ei hun fel 'yr Ol'. Gallwn fod yn dra sicr, felly, mae ei heiddo hi yw'r colofnau misol 'Hyn a'r Llall' a 'Cwestiynau ac Atebion' oherwydd mor fynych y cyfeiriadau ynddynt at 'yr Ol' fel eu hawdur.

Rhywbeth cymharol newydd mewn cylchgronau Cymraeg y pryd hynny oedd colofn 'Modryb Gofidiau'. Ond yr oedd colofnau o'r fath wedi bod yn gyfarwydd yn y cylchgronau Saesneg oddi ar ddiwedd yr ail ganrif ar bymtheg, pan ymddangosodd yr

Athenian Mercury dan olygyddiaeth cyhoeddwr o'r enw John Dunton. Roedd yn hwnnw golofn cwestiynau ac atebion a ddaeth yn boblogaidd yn fuan, yn enwedig gyda darllenwyr benywaidd. Roedd ganddynt gymaint o gwestiynau ar faterion personol nes gorfodi Dunton i gyflogi menywod i gynnig atebion iddynt, ac yn 1693 lansiodd gylchgrawn ychwanegol, y *Ladies' Mercury*, ar gyfer menywod yn unig, gyda 'Modryb Gofidiau' arbennig ar eu cyfer.[9] Erbyn canol y bedwaredd ganrif ar bymtheg yr oedd colofnau o'r fath wedi dod mor boblogaidd yn y cylchgronau Saesneg i fenywod fel bod un o'r amlycaf ohonynt, yr *Englishwoman's Domestic Magazine*, yn cynnwys nid un ond dwy golofn cwestiynau ac atebion: yr 'Englishwoman's Conversazione' a 'Cupid's Letter Bag'. Mewn astudiaeth o gylchgronau oes Fictoria, mae Margaret Beetham yn tanlinellu pwysigrwydd colofnau o'r fath: trwy eu cwestiynau câi'r darllenwyr gyfle i godi eu llais a chwarae rhan yn y broses o geisio dirnad rôl ddilys benywod yn eu cymdeithas.[10] Gellir deall apêl colofn o'r fath i Cranogwen, a chwiliai drwy'r amser am ffyrdd newydd o ddenu merched ei gwlad 'allan o'u hogofau' i gymryd rhan yn y byd cyhoeddus. Felly dyma hi'n awr yn cychwyn ar yrfa newydd arall fel Modryb Gofidiau ac arweinydd 'Conversazione' y Gymraes.

Erbyn heddiw mae yna ddiddordeb hanesyddol i'r colofnau, fel darlun byw o gymunedau Cymru fu. Derbyniai'r Ol lythyrau oddi wrth ddynion a bechgyn yn ogystal â merched a menywod ar bob math o gwestiynau – rhai crefyddol, llenyddol, gwleidyddol a meddygol yn ogystal â phersonol. Os na wyddai'r ateb, ei harfer oedd cyfaddef hynny a gofyn cyngor darllenwyr eraill. Er enghraifft, gofynnodd 'John Bach' o Gwm Rhondda iddi a fyddai 'gystal a'm hysbysebu a oes rhyw gyfrwng trwy ba un y gellir symud creithiau duon fel creithiau glo?' a'r ateb a gafodd oedd 'Y cwestiwn hwn ynte i'r darllenwyr. A wyr rhywun am rywbeth?'[11] Ar adegau eraill, pan yw'n ddigon hyderus i gynnig ateb i gwestiwn meddygol, ni ellir bob tro roi llawer o ffydd yn nefnyddioldeb ei chyngor. Unwaith, er enghraifft, wrth ateb ymholiad ynghylch sut i gymell gwallt y pen i dyfu'n fwy trwchus, cymeradwya rwbio *rum* i mewn i'r gwreiddiau, ond yna, fel dirwestwraig dda, mae'n ychwanegu, '*Oddi allan* fel hyn, dealler, y cynghorwn ddefnyddio y *rum*. Credwn ei fod yn fwy diberygl nag oddi fewn.'[12] Ond ar adegau eraill mae ei chynghorion ynghylch iechyd ei darllenwyr yn fwy buddiol; argymhellir iddynt, er enghraifft, warchod rhag salwch ac iselder ysbryd trwy ymarfer corff a cherdded yn yr awyr agored, 'yn ddigon effeithiol i beri chwysiad trwyadl', a hefyd i chwerthin 'bob amser pan ellwch . . . Ochr olau, heulog, bodolaeth ydyw'.[13]

Adlewyrchir yr 'ochr heulog' hon i fywyd yn gyson yn y golofn 'Cwestiynau ac Atebion'; un o'r rhesymau am boblogrwydd Modryb Gofidiau'r *Frythones* oedd ei hiwmor. Sonnir yn aml am ffraethineb Cranogwen yn ysgrifau bywgraffiadol y rhai a fu'n agos ati; ni cheir gwell adlewyrchiad o'r nodwedd honno yn ei hysgrifau nag yn 'Cwestiynau ac Atebion'. Fel sy'n arferol hyd heddiw mewn colofnau o'r fath, ansicrwydd ynghylch profiadau carwriaethol a symbylai nifer o'r llythyrau, ond ni ddangosodd yr un 'Fodryb Gofidiau' erioed lai o ddifrifoldeb ynghylch trafferthion carwriaethol ei gohebwyr na golygydd *Y Frythones*. Yn Ebrill 1880, er enghraifft, gofynnwyd iddi gan 'Claudia' o Aberporth, 'Pa oedran tybed, yw y dyogelaf i ferched yn gyffredin fyned i'r ystad briodasol ynddo?' Atebodd yr Ol: 'Nid atom ni, bid sicr, y cyfeirid y gofyniad hwn; ond cymerwn ein rhyddid i ateb mai y dyogelaf i'r rhai y byddont yn methu penderfynu y cwestiwn ar eu rhan eu hunain, yw peidio myned o gwbl.'[14] Er i Cranogwen, yn y modd hwn, wneud yn glir o'r cychwyn nad ati hi y dylid troi am gyngor ynghylch materion carwriaethol, daliai ei darllenwyr i fynnu atebion ganddi i gwestiynau o'r fath. Ym mis Tachwedd 1880 gofynnwyd iddi gan 'Un a Fynai Fod yn Gall' o Aberaeron, 'Beth a ddylid ei ddweyd (fel cynghor) wrth ferch ieuanc deilwng, 30ain oed, y gofynid ei llaw a'i chalon gan ddyn 60ain oed, gweddus a chymeradwy yn mhob peth, ond ei fod fel yna 30ain mlynedd yn hŷn na hi?' Ateb yr Ol oedd: 'Nid ydym yn wir ffraeth yn y byd yn y cyfeiriad hwn, na hyddysg. Dywedem ni, yr ydym yn coelio, "garw na fyddai bymtheg mlwydd o leiaf yn ieuengach, ac eto, os ydych yn tuedd-*benu* tuag ato, yr ydych yn lwcus nad yw yn 80ain".'[15]

Erbyn hyn, ymddengys fod yr Ol yn dechrau colli amynedd yn llwyr â'r fath gwestiynau. Pan holwyd hi gan 'Ymofynydd' o Lanrwst, 'Pan briodo boneddiges yr ailwaith – gweddw, beth, yn weddusaf, a ddylai wneyd a modrwy y briodas gyntaf?' yr ateb a gaiff yw: 'O'r anwyl, nis gwyddom, ei rhoddi heibio yn rhywle yn ddiau, gan belled neu gan nesed ag y penderfyno ei barn a'i theimlad ei hun.'[16] Mae'n annhebyg fod pryderon 'R. A.' o Gwmceri wedi eu tawelu gan yr ateb swta a gafodd i'w chwestiwn hithau, 'Ai nid oes llawer mwy o ferched yn y byd nag o feibion? Sut gan hyny y mae yn bosibl iddynt oll gael eu rhoddi mewn priodas?' Meddai'r Ol: 'Nid ydynt 'oll' yn dewis hyny dybygid . . . Byddwch gysurus chwiorydd, a cheisiwch rywbeth i'w wneyd. Gallai ychydig o *ganu* fod yn gymysgedd hapus.'[17] Ond nid agwedd menyw ddibriod wedi suro sydd y tu ôl i ymateb diamynedd Cranogwen i ofidiau ei chwiorydd ychwaith. I'r gwrthwyneb, dengys y modd y mae'n croesawu cwestiynau ar y stad sengl ei bodlonrwydd gyda'r sefyllfa honno. Ym mis Hydref 1881 gofynnwyd iddi gan ohebydd gwrywaidd, Gwilym Jones, 'Pa bryd y mae merched yn myned dros y terfyn i fod yn hen ferched?' – cwestiwn tra anghwrtais, ond atebir ef ag asbri:

> Cwestiwn o bwys a dyddordeb neillduol; ac yn ffodus, yr ydym yn hollol hyddysg yn yr achos hwn. Yr un pryd ag y bydd bechgyn a phobl yn gyffredin, sef yw hyny, pan ddechreuont dyfu yn rwgnachlyd, yn anhawdd eu 'plesio,' ac i ofyn llawer o sylw. Ond fel rheol, gellir ychwanegu fod y rhai y cyfeiriwch atynt yn dal y tu yma i hyny yn hwy na phobl briod.[18]

Ac nid yng nghyswllt problemau carwriaethol neu nodweddion merched dibriod yn unig y daw ffraethineb nodweddiadol golygydd *Y Frythones* i'r amlwg. Gweler, er enghraifft, ei hymateb i'r cwestiwn peryglus a ofynnwyd iddi yn 1883 gan griw o ferched o Gwmsidan: 'Bu yn y ty yma y nos o'r blaen ddadl a fygythiai fyned yn chwilboeth, ar – Pwy ar hyn o bryd yw y pregethwr mwyaf yn Nghymru? Cydunodd cynifer o honom ag oeddym ferched, i apelio atoch chwi; gan hyny a wnewch ch'i draethu eich barn?' Ni themtiwyd Cranogwen i fentro'n rhy bell yn gyhoeddus gyda'r fath bwnc. Atebodd:

> Teimlwn ein hunain yn plygu dan yr anrhydedd a osodasoch arnom, ac y mae ein pen yn troi wrth feddwl beth pe

buasai *raid* i ni roddi atebiad cyhoeddus i hyn. Sut bynag, danfonwch, ys dywed ffug-feddygon a pheoleriaid, *stamped envelope*, a'ch *address* arno yn llawn, ac ni roddwn i chwi ein barn.[19]

Gofynnid yn aml i ohebwyr colofnau 'Cwestiynau ac Atebion' cylchgronau Lloegr ddanfon at eu Modrybedd Gofidiau '*stamped self-addressed envelope*', er mwyn iddynt gael ateb personol ar ryw gwestiwn rhy breifat i'w drin yn gyhoeddus, ond dyma'r tro cyntaf i enw pregethwr dderbyn y fath driniaeth gyfrinachol. Fodd bynnag, danfonwyd yr amlen, a'r gweinidog a enwyd yn yr ateb a gafodd merched Cwmsidan oedd y Parch. Edward Matthews, Ewenni (1813–92), un o hoff bregethwyr Cranogwen oddi ar ei dyddiau cynnar.[20]

Gwelir bod y Fodryb Gofidiau hon yn adnabod ei chynulleidfa'n dda ac yn eu cyfarch yn ei cholofn fel cyfeillion, yn ddigon chwareus ar adegau. Fodd bynnag, nid oedd yr elfen wamal yn ei cholofn yn plesio pob un o'i darllenwyr. Ym mis Tachwedd 1882 gofynnwyd iddi, 'Beth all fod y rheswm eich bod yn gwneuthur sylw o gwestiynau mor ddibwys – plentynaidd hefyd, weithiau – yng ngholofn y "Cwestiynau ac Atebion"?' Cafodd y gohebydd dienw dri ateb i'w gwestiwn oddi wrth yr Ol:

1. Am eu bod yn cael eu danfon atom.
2. Am fod llawer o bobl yn ddarllenwyr o'r *Frythones* o'r un dosbarth a'r rhai a ddanfonant ymholiadau dan sylw yma.
3. Dylid cofio fod gwahaniaeth rhwng pobl a'u gilydd; nid hen langciau a merched sengl yw pawb, ac nid yr un pwysau y sydd gan pawb y pen arall i'r glorian, wrth bwyso ynddi. De'wch chi, ni a awn yn mlaen gyda'n gilydd fel hyn yn hollol gysurus.[21]

Wrth gynnig yr ateb olaf hwnnw, mae'r Ol yn taro nodyn a glywir yn aml yn ei cholofnau, sef pwysigrwydd derbyn pobl fel y maent, gyda'u holl wahaniaethau a'u hamrywiaeth cynhenid. Ei hymateb i lawer o gwestiynau ei gohebwyr yw: yr ydym oll yn wahanol i'n gilydd; cymerwch hynny i ystyriaeth a pheidiwch â beirniadu eraill yn ôl eich safbwynt eich hun. Dyna ei chyngor gyda'r cwestiynau sydd yn ymwneud â gwahaniaeth dosbarth cymdeithasol, er enghraifft. Ym mis Tachwedd 1881, gofynnwyd iddi gan 'Gwenllian' o Aberteifi: 'A gyfrifwch yn bechod a gwaradwydd i ferched wisgo dillad isel ar y frest, i fyned i gyfarfodydd cyhoeddus, cyngherddau, ac ereill?' Ateb yr Ol yw: 'Y mae mor anhawdd, ac yn wir anmhosibl, fel yr ydym wedi dweyd droion, i benderfynu, ar ran ereill, beth sydd bechod . . . Y mae arferion gwahanol ddosbarthiadau cymdeithas mor wahanol, fel na waeth i ni heb geisio deddfu'n gilydd, condemnio ein gilydd.'[22] Ceir cwestiwn – ac ateb – cyffelyb ym mis Hydref 1883; gofynna'r gohebydd, 'A yw yn argoel dda ar ferch grefyddol ei bod yn mlaenaf yn mron gyda ffasiynau newyddion?' a'r ateb yw: 'Yn wir, nis gallwn fod yn hollol sicr. Nid yr un yw'r atebiad ym mhob achos yn dra thebyg . . . y mae gwahaniaethau mawr rhwng pobl a'u gilydd – gwahaniaeth nad yw yn penderfynu drwg a da . . . Nid oes a fynom ryw lawer a barnu y naill y llall yn y pethau hyn.'[23] Nid yw am gondemnio pan ddaw hi'n fater o enwad chwaith; gofynnwyd iddi, 'Beth yw eich barn *chwi* ar fod pobl ar achlysuron yn gadael eu capeli eu hunain ar y Sabboth, ac yn rhedeg i gapeli ereill?' a'r ateb yw 'Gadawer i bawb yn llonydd; ymddeffroant o honynt eu hunain gan bwyll.'[24]

Daw'n amlwg mai nod y Fodryb Gofidiau hon yw defnyddio ei dylanwad i geisio creu cymunedau bodlon sy'n derbyn cymeriadau o bob lliw a llun i'w plith yn raslon, yn hytrach na beirniadu unigolion. Wrth iddi ystyried cwestiynau ynghylch ymddygiad cymdogion ceir hi eto'n cynghori ei gohebwyr i beidio ag ymyrryd. Yr ateb a gaiff 'Morfudd' o Aberaeron ym mis Ionawr 1885 i'w chwestiwn, 'Ai ni ddylai fod cyfraith i rwystro pobl *hen* i briodi?' yw 'Yn wyr, anwyl chwaer, nis gwyddom. Beth! a oes rhyw achos felly yn eich bygwth? Mae'r cyfreithiau yn go aml yn awr, ac os yr ychwanegir atynt ryw lawer, ychwanegir ein baich. Gallai mai y dyogelaf fyddai ei gadael yn llonydd.'[25] Ceir ateb mwy manwl i gwestiwn cyffelyb a anfonwyd ati gan 'Nelly o'r Waun' ym mis Mai: 'Beth dybiwch chwi y sydd yn fwyaf annaturiol ac anmhwrpasol mewn priodas – gwahaniaeth oedran mawr yn peri fod y wraig yn hŷn na'r gwr, ynte ei fod ef yn hŷn na hi? Sonir fod un o'r fath cyntaf i gymeryd lle yn yr ardal hon yn fuan, a mawr yw y berw.' Meddai'r Ol:

Da chwi, gadewch iddynt yn llonydd – hwy wyddant orau am danynt eu hunain yn ddiau, a hwy raid ddwyn y canlyniadau; ac yn sicr ni chymerent ar y pwnc hwn farn neb arall i reoli eu barn eu hunain . . . Gadawer pobl yn llonydd ar hyn, er mwyn yr anwyl, hyd yn od pe byddai yna ugain mlynedd o riw rhyngddynt; os y medrant hwy (rai anwyl) estyn llaw y naill at y llall dros yr esgyniad, ni warantwn y deuant at eu gilydd yn rhywfodd, a gwae a fydd i'r neb a geisio ymyru. Un prawf ar fusnesa y ffordd hon yn achos pobl eraill y sydd yn ddigon i ddysgu yr ynfyta y byddai yn well iddo ofalu am ei fusnes ei hun.[26]

Wrth draethu ar bwysigrwydd peidio ag ymyrryd ym mywydau pobl eraill, a pheidio â'u barnu, dengys Cranogwen ei hymwybyddiaeth o gymunedau clòs ei hoes a'i chynefin. Yng ngholofn mis Hydref 1886, ceir oddi wrth un gohebydd sy'n rhoi ei henw fel 'Martha Draff.' (hynny yw, Martha 'drafferthus', chwaer Mair yn efengyl Luc), o 'Gwmdyodde', ddarlun o gymdogaeth ddigon anghyfforddus. 'Mae cwerylon ac anghysur rhwng gwyr a gwragedd yn hollol gyffredin yn yr ardal hon', medd 'Martha Draff.'; 'dyna glywir lawer gwaith wrth basio heibio i dai pan fyddo y drysau yn agored, a hyny yn aml ar y Sabbothau. Mae'r *Frythones* yn dod i'r ardal; efallai y gwnai gair oddiwrthych chwi . . . beth lles.' Ateb yr Ol yw:

Y mae eich ardal yn boblogaidd, ni dybiwn, ac yr y'ch yn byw yn agos at eich gilydd yna, ac yn gwybod cryn lawer am eich gilydd. Beth fyddai i chwi alw cyfarfod yn nghyd . . . a phasio penderfyniad cryf (goreu y gellir ei wneyd) fod i bob un yno ofalu am ei fusnes ei hun – yn fanwl felly; ac i hyny gynwys na byddo i neb roddi ei glust i wrando celanedd na chwerylon ty ei gymydog, gael i chwi weled beth a ddaw o hyny. Efallai mai y pla o ymyraeth yn materion eich gilydd y sydd yn peri y ffraeo yma.[27]

Yn ogystal ag annog cymdogaeth i feithrin ysbryd mwy caredig a bodlon, mae Modryb Gofidiau'r *Frythones* hefyd am wneud yr hyn a all i sicrhau nad yw ei darllenwyr yn culhau bywydau ei gilydd yn ormodol trwy fynnu bod pawb yn byw yn ôl yr un patrwm. Yng nghyswllt y newidiadau a oedd yn digwydd ym mywydau merched ar y pryd, mynega ei barn â phendantrwydd trawiadol. Ym mis Chwefror 1887 gofynnwyd iddi gan 'Un yn amheu' o Ferthyr Tudful, 'Beth a ddywedwch am fod merched yn tori eu gwallt fel bechgyn? Mewn ambell siop weithiau, bydd yn anhawdd adnabod pa un ai bachgen ai merch a fydd y rhywun ger bron.' Ymddengys fod y 'Ddynes Newydd', gyda'i gwallt wedi ei 'fobio', wedi cyrraedd Merthyr erbyn 1887. Ateb yr Ol yw derbyniwch hi fel y mae, yn ôl ei thelerau hi ei hunan, ac ymlawenhewch yng ngallu unigolion i gyfoethogi eu cymunedau trwy ddewis ffordd o fyw y tu allan i'r rhigolau cyfarwydd. 'Yn gyntaf peth gan hyny', meddai, 'gofynwch i'r person pa un fydd, ai bachgen ai merch? Yna ewch yn mlaen a'ch neges ... Rhai yn y modd hyn a rhai yn y modd arall yw trefn ac ardderchawgrwydd y greadigaeth.'[28] Sylwer fel y mae yma, wrth ddweud 'pa un *fydd*, ai bachgen ai merch' yn hytrach na 'pha un *yw*', fel petai'n cynnig i'r gweision siop yr hawl i ddewis eu rhyw; nid eu bioleg sydd i benderfynu drostynt, heb sôn am eu cymdogion.

Fel y gellid disgwyl, erbyn yr 1880au roedd llawer o'r cwestiynau a anfonwyd i'r *Frythones* hefyd yn ymwneud â rôl merched yn y gymdeithas a'r newidiadau mwy sylfaenol na newid steil gwallt a oedd ar droed ar y pryd. Gofynnwyd ym mis Hydref 1886, er enghraifft, 'A gyfryfwch chwi fod yn werth y drafferth i ferched geisio dysgu Rhifyddiaeth?' a'r ateb oedd: 'Wel, ydyw, boed sicr ... os y medd rhywun *dalent* arbenig at Rifyddiaeth yn fwy nag at rywbeth arall, gadawer iddi (os hefyd y bydd modd) astudio ac ymarfer hyny yn dda, canys argoel a fydd fod ganddi waith i'w wneyd yn y cyfeiriad hwnw.'[29] Yn yr un modd, roedd yr Ol yn ei cholofn 'Hyn a'r Llall' yn gofalu bod darllenwyr Y *Frythones* yn gwybod am y cyfleoedd newydd a oedd ar y pryd yn agor o flaen eu rhyw. Nid gwaith ond 'diffyg gwaith' sy'n fwrn ar fywydau merched, meddai: 'Nis gall dim fod yn fwy annyoddefol na'r diffyg trefn a'r anghysur mewn llawer o deuluoedd yn y rhai y mae llawer o ferched wedi tyfu i fyny, y rhai na fydd ganddynt ond y nesaf i ddim i wneyd, heblaw cwyno o herwydd diflasdra eu bywyd, a phoeni eu hunain i afiechyd parhaol.'[30] Ond erbyn canol yr 1880au roedd pethau'n dechrau newid; nid oedd rhaid mwyach i ferch ddewis rhwng gweini a gwnïo os am gyflog. 'Yn ystod y deng mlynedd diweddaf, y mae cynydd dirfawr wedi bod yn rhif y menywod a ddefnyddir yn y gwahanol law-weithfeydd a diwydrwydd ereill y Deyrnas, a hysbys yw fod dosbarthiadau hollol newydd o lafur menywod wedi eu creu a'u darpar,' meddai ym mis Mehefin 1885. 'Y mae yn awr 3,216 o fenywod yn swyddogion a chlercod yn y gwasanaeth gwladol, tra y mae oddeutu 3,017 ereill yn cael eu llogi gan y gwahanol awdurdodau trefol a lleol.'[31] Croesawyd ganddi hefyd yn 1886 y ffaith fod prifysgolion Cymru erbyn hynny yn agor eu drysau i ferched, a Choleg y Brifysgol yn Aberystwyth 'a'i holl ragorfreintiau yn agored bellach i ferched y wlad . . . Gwyn eu byd y rhai y'nt yn dechreu bywyd yr adeg hon ar y byd.'[32] Dro ar ôl tro, mae'n annog y Brythonesau i gymryd eu lle ar lwyfannau cyhoeddus eu gwlad. Gofynnodd un gohebydd ym mis Ionawr 1883, 'A yw yn anweddus, meddwch ch'i, i ferched fyned ar y *stage* i areithio, mewn cystadleuaeth Cyfarfod Llenyddol, pan fyddo hyny agored i bawb?' Yr ateb fel y gellid, mae'n siwr, fod wedi ei ddisgwyl oddi wrth ddarlithwraig enwog, oedd: 'Nid yw y peth ynddo o'i hun yn anweddus yn fwy nag ydyw i ferched *ganu* yn gystadleuol mewn Cyfarfod Llenyddol, ac esgyn y *stage* i hyny.'[33]

Serch hynny, poenydiwyd Modryb Gofidiau'r *Frythones* yn aml gan gwestiynau ei gohebwyr ynghylch dilysrwydd merched fel pregethwyr. Ym mis Tachwedd 1881 cafodd un sy'n ei galw ei hunan yn 'Mair, Chwaer Martha' ateb pendant iawn i'w chwestiwn, 'A gyfrifwch chwi fod yn y Testament Newydd ddysgeidiaeth bendant o berthynas i le a gwaith merched yn y wlad ac yn yr eglwys?' Meddai'r Ol:

> Y mae y rhai hyn yn ymofyniadau segur a diangenrhaid iawn. Y mae lle a gwaith pob un, gwryw ai benyw, yn ddigon amlwg, fel rheol, dan bob goruchwyliaeth, ac yn mhob man, yn ngoleuni *yr hyn ydyw* efe neu hi, a'r *hyn a all*. Nid oes yn y Testament Newydd, ar a wyddom ni, ddysgeidiaeth bendant ar hyn, a hyny am nad oes eisiau; ymddiriedwyd i natur a rheswm, ar ysbryd yr 'hwn sydd yn trigo ynom' benderfynu hyn bob amser, ar ran pawb. Ein cynghor ni bob amser i bob un, ydyw ac a fydd, os y

teimlwch yn sicr y medrwch wneyd rhywbeth yn dda, ac yn well na neb arall a fo gerllaw, cynygiwch ei wneyd; os y gwaherddir chwi, ond odid na theimlwch ynoch ar unwaith gyfarwyddyd pa fodd i weithredu.[34]

Er iddi fynegi ei barn yn ddigon pendant yma, ymddangosodd cwestiynau tebyg dro ar ôl tro yn ystod y blynyddoedd nesaf. Gofynnodd 'Agnes' iddi, yng nghyswllt y 'weddi deuluaidd', 'A yw yn gymeradwy a buddiol i ferched a gwragedd weinyddu yn hyn pan fyddo brodyr yn bresennol?' a chafodd ateb i'r un perwyl: 'Paham na ddylai merched a gwragedd wneyd, *os y gallant*, ac *os yr hoffant*, ym mhresenoldeb brodyr, yn fwy na pheidio canu, a darllen, a siarad yng nghyfarfodydd yr eglwys, yn eu presenoldeb. Gallu a hoffi gwneyd unrhyw beth yw y cymhwysder a'r alwedigaeth iddo.'[35] Ym mis Medi yn yr un flwyddyn cafwyd yr un cwestiwn eto, oddi wrth ohebydd gwrywaidd y tro hwn; gofynnodd Samuel Watkins, 'A yw, dybiwch chwi, yn gyfreithlawn ac yn fuddiol i ferched bregethu yr Efengyl?' ac atebwyd ef, yn bur ddiamynedd erbyn hyn: 'Ystyriwn y byddai yn fuddiolach iddynt wneyd hyny, na phregethu neu gyhoeddi, canu neu arall, dim a fo *groes* i'r Efengyl.'[36]

Fodd bynnag, ar adegau eraill, medrai Cranogwen ymateb yn dyner i'w gohebwyr, yn enwedig i'r rhai a oedd yn amlwg mewn penbleth wirioneddol ynghylch swyddogaeth ddilys y fenyw mewn cymdeithas. Ym mis Medi 1881 gofynnwyd iddi gan un a'i harwyddai ei hun, yn syml, yn 'Meg': 'Byddaf ddiolchgar am eich barn *chwi* ar y cwestiwn canlynol:– Pa un ai wrth briodi ai wrth beidio yr etyb merch ddyben ei bodolaeth yn oreu?' Digon tebyg i Cranogwen gael ei phlesio gan ohebydd a wrthodai gymryd yn ganiataol mai cenhedlu oedd tynged y wraig. Wrth ei hateb, pwysleisiodd, fel y gwnâi mor aml yn ei cholofn, y gwahaniaethau sy'n bodoli rhwng y naill unigolyn a'r llall, ac yn ei gwneud yn amhosibl rhoi ateb cyffredinol i'r fath gwestiwn. 'Anwyl chwaer,' meddai, 'pwy yw y ferch yr ymholwch o berthynas iddi? . . . Y mae merch fan yma ar ein pwys yn cyfrif, meddai, ei bod hi yn ateb dyben ei bodolaeth yn dda iawn trwy beidio, ond nid hi yw pawb; y mae y fath wahaniaeth rhyngom a'n gilydd, wyddoch.'[37] Mae'n debyg mai ei chyfaill Jane Thomas oedd y 'ferch fan yma ar ein pwys'; dyma'r adeg y symudodd Jane o gartref ei modryb yn Llangrannog i fyw yn Green Park, y tŷ yn union dros y ffordd i Bryneuron lle trigai Cranogwen a'i rhieni ar y pryd.

Yn ddiddorol, ym Medi 1884, wrth ddisgrifio cymeriad cyfaill (nad yw'n ei enwi) yn y golofn 'Fy Albwm Fy Hun', sylwa yn yr un modd ar ddefnyddioldeb dynion na ddewisodd briodi:

> *Dewis* aros yn 'hen lanc' a wnaeth hwn gellir bod yn sicr, nis gallai fod fodd yn y byd yn *rhaid* iddo . . . Aros fel Paul [hynny yw, yn ddibriod] yw dawn rhai, ac y mae hyny mewn llawer o achosion yn 'fuddiol' – yn fwy buddiol nag y byddai bod yn wahanol. Pe y byddai perygl i hyny fyned yn rheol byddai yn hawdd cynghori, oblegid beth a ddeuai o'r byd felly; ond y tebycaf yw nad oes fawr o berygl y ffordd yma, a chan hyny y gellir bod yn esmwyth.[38]

Dangosodd ei chydymdeimlad at 'hen lanciau' yn ogystal â 'hen ferched' gyda'i hymateb i gwestiwn arall a ofynnwyd iddi yn 1882, sef 'onid yw yn wrthun a diamcan iawn fod hen lanc yn ymroddi dwy noson yn yr wythnos i geisio dysgu hen lanciau a hen ferched, hollol ddidalent, i ymgystadlu mewn canu?' Dim ond ennyn awydd brwd yn yr Ol i gyfarfod â'r fath gôr a wnaeth y cwestiwn. Atebodd: 'Yn enw'r tirion . . . yn mha le y mae yr urdd mor gryf a chyffredin fel y gellir gwneyd côr canu o honi, a hi yn unig! Byddai yn olygfa y teimlem yn werth myned yn bur bell i'w thystio . . . Ond dyna, fe all nythaid fel yna fod rhywle, mewn rhyw gongl ddyddan, ddiniwed o'r byd.'[39]

Yn yr un flwyddyn, cafwyd ganddi ddarlun cadarnhaol arall o berthynas rhwng dau ddyn, wrth iddi gyfieithu stori o'r cylchgronau Saesneg a'i hatgoffodd, meddai, o 'farwnad Dafydd am Jonathan: "Rhyfeddol oedd dy gariad tuag ataf, y tu hwnt i gariad gwragedd"'. Nyrs mewn ysbyty i filwyr yn ystod Rhyfel Cartref America sy'n adrodd y stori; ar ôl brwydr Fredericksburg yn 1862, lle cafwyd colledion mawr ar ochr Lincoln, bu'n ceisio'i gorau i achub bywyd milwr ifanc a oedd yn ddifrifol wael. Ond '"Y mae arnaf eisiau Perry" ydoedd y cwbl a gaem oddiwrtho. Wrth holi,' meddai, 'cefais ar ddeall mai ei gyfaill a'i gydymaith, yr hwn a gerddai wrth ei ochr yn y maes, ac a gysgai yn nesaf ato yn y gwersyll, ydoedd y 'Perry' yma.' Aeth y nyrs i chwilio am Perry, yn y gobaith y byddai ei weld eto yn adfywio'r claf. Cafodd hyd iddo o'r diwedd, mewn gwersyll arall, a dychwelodd gydag ef at wely ei gyfaill oedd 'wedi syrthio i gysgu':

> Deffrodd y bachgen . . . ac yn union gwelwyd y llygad hanner agored, hanner ymwybodol, yn sefydlu ei hun. Yr oedd cystudd megis wedi ysbrydoli y wyneb ieuanc, gan mor nefolaidd yr edrychai. Wrth iddo adnabod ei gyfaill, ymadfywiodd y gwefusau gwelw, marw, i wên ddedwydd. 'Perry', meddai, 'Perry!', a dyna i gyd. Gydag un ymroddiad egniol, anarferol – yr olaf, – taflodd ei hun i freichiau ei gyfaill – cauodd y llygaid gloewon, ond yr oedd y wên o hyd yn aros – yr oedd wedi marw![40]

Yn yr 1880au, pan syrthiai gwarth cymdeithas ar bob gŵr a rannai gyda gŵr arall gariad 'y tu hwnt i gariad gwragedd', roedd cyfieithu a chyhoeddi hanes o'r fath yn weithred ddigon heriol.

Yn y golofn 'Hyn a'r Llall' yr ymddangosodd y stori honno. Siarad yn uniongyrchol â'r darllenydd y mae Cranogwen yn y golofn hon hefyd. Cynhwysir ynddi bigion o newyddion y dydd a hanesion eraill sydd wedi tynnu sylw'r golygydd yn y wasg Gymraeg a Saesneg, gan gynnwys y wasg yn yr Unol Daleithiau. Amlygir ei safbwynt ar faterion gwleidyddol ei dydd yn aml trwy gyfrwng stori; mynegodd ei barn ar ryfeloedd yr Ymerodraeth Brydeinig trwy stori, er enghraifft. Yn 1882 cychwynnodd byddinoedd yr Ymerodraeth ar ryfel newydd yn yr Aifft, er mwyn sicrhau Camlas Suez yn forlwybr iddi'i hun i India. Ym mis Gorffennaf bombardiwyd dinas Alecsandria gan y llynges Brydeinig a'i rhoi ar dân. Y mis Hydref dilynol ymddangosodd stori ac iddi'r teitl 'Bendithion Heddwch' yng ngholofn 'Hyn a'r Llall' *Y Frythones*. Ynddi, disgrifir Dug Wellington yn ei henoed yn teithio gyda chyfaill trwy dirlun prydferth a gwâr: 'Prydnawn hyfryd o'r haf ydoedd; tywynai yr haul yn danbaid ac edrychai popeth megys yn llawn llonder a llawenydd.' Ond yr oedd y Dug yn anarferol o ddistaw. Yna trodd at ei gyfaill i esbonio'i ddistawrwydd: 'edrych yr oeddwn', meddai, 'ar y wlad hyfryd hon, ac ystyried y fath felldith ydyw rhyfel. Tybiwch pe y byddai rhaid i mi gymeryd meddiant milwrol o'r parth yma, byddai sathru ac anrheithio yr holl hyfrydwch a'r dymunoldeb hwn yn canlyn o angenrheidrwydd. Cymerwch fy ngair am dano,' meddai yr hen filwr profedig – gwron cant o frwydrau – 'cymerwch fy ngair i am dano, pe y cawsech weled onid un dydd o ryfel, chwi a weddiech yn daer ar yr Hollalluog Dduw na fyddai i chwi weled un arall byth'.[41]

Yn 1882, gyda byddinoedd Prydain yn lladd amddiffynwyr rhyddid yr Aifft ac yn difa eu trigfeydd, roedd cyhoeddi neges edifar o'r fath, o enau hen arwr milwrol, yn heriol berthnasol.

Mewn mannau eraill mae Cranogwen yn mynegi ei dicter at ryfeloedd yr Ymerodraeth Brydeinig yn fwy uniongyrchol. Bob mis Ionawr, cyhoeddai golofn ar ddigwyddiadau'r flwyddyn flaenorol, ac yn 'Y Flwyddyn 1884' meddai: 'hysbys yw i'n darllenwyr fod ein hymyraeth â'r Aifft o hyd yn parhau ... helynt drychinebus yw, gyda sarhad a cholled ryw gymaint'.[42] Iddi hi, roedd ymgyrchoedd yr Ymerodraeth i ennill tir newydd yn Affrica trwy ryfel yn warth a oedd yn dwyn sarhad ar Brydeindod. Yr unig ffordd allan i'r Cymry o'r fath warth oedd drwy efelychu'r Gwyddelod a cheisio am annibyniaeth. Wrth edrych yn ôl ar 'Y Flwyddyn 1887' mae'n cyfeirio at dwf Cymru Fydd, y mudiad dros ymreolaeth i Gymru a arweiniwyd gan T. E. Ellis a'r Lloyd George ifanc. Mae'n ymfalchïo yn y 'son y sydd, hyd yn nod yn ein plith ni, na feiddiem hyd yn ddiweddar godi bys yn erbyn un awdurdod arnom, yn erbyn treth na gorthrwm nac arall o fath yn y byd – son y sydd yn Nghymru, erbyn hyn, am "ymreolaeth" ac "annibyniaeth"'. 'Rhaid i bendefigaeth a gorthrwm ddyfod i lawr,' meddai, 'a "dyn" pwy bynag fyddo, fyned i fyny'.[43]

Yn y modd hwn y gweithredai'r *Frythones* fel galwad i ferched Cymru ddyfod 'allan o'u hogofau' a gweld y byd o'u cwmpas fel yr oedd. Rhaid oedd iddynt ddechrau cymryd cyfrifoldeb am gyflwr eu gwlad a'u byd, a dechrau amlygu eu galluoedd. A'r cam cyntaf oedd cymryd cyfrifoldeb llawn amdanynt hwy eu hunain fel unigolion. Gan anelu ei chyngor at y to iau yn enwedig, meddai Cranogwen yn ei cholofn 'Hyn a'r Llall' ym mis Mai 1879:

Ferched ieuainc, meithrinwch ynoch eich hunain barch dwfn a hollol i chwi eich hunain. Parchwch eich hunain, bob amser, yn mhob amgylchiad, ac yn mhob lle. Pair hyny i chwi ymddangos yn well, i wneuthur yn well, ac i feddwl a siarad yn well. Cydnabyddwch eich hunain, nid o herwydd eich bod yn ferched hwn a hwn, a bod eich mam yn ddynes o waed; o herwydd fod genych ddillad gwell na rhywrai ereill; eich bod yn medru cadw'r blaen gyda ffasiynau; nid o herwydd y cawsoch flwyddyn o ysgol yn nhref C---n, a'ch bod yn medru chwareu tôn ar y piano, neu ganu cân yn well na rhywun arall; nid o herwydd yr un o'r pethau hyn yn gymaint, ond o herwydd eich bod *yn rhan o'r ddynoliaeth* – o herwydd eich bod *yn ferched*. Cydnabyddwch y ddynoliaeth ynoch, a gwnewch eich goreu i'w dyrchafu . . . Nid balchder yw hyn, ond urddas dyn, ac uchelfri dynes; ac y mae yn enedigaeth-fraint pob un.[44]

Mae'r modd y mae'r paragraff uchod yn ymblethu'r dwys a'r difrifol gyda'r ysgafn a'r gwatwarllyd yn enghraifft dda o nodweddion arddull yr Ol wrth iddi gyfarch ei Brythonesau. Ond mae iddo arwyddocâd arbennig o gofio ei gyd-destun yng nghanol oes Fictoria. Dengys sut y gall Cymraes yr oes newid ei byd fel merch o'r tu mewn, o ddyfnderoedd ei hunanymwybyddiaeth. Trwy feithrin hunan-barch cyfrifol fe fyddai nid yn unig o flaen ei hoes ond hefyd yn gweithredu fel arloeswraig yn arwain ei byd tuag at y nod o gydraddoldeb rhywiol a pharch at bob unigolyn.

Y golofn 'Cwestiynau ac Atebion' oedd y cyfrwng agos-atoch a fu, yn ôl pob sôn, yn fwyaf effeithiol fel offeryn i drosglwyddo'r neges hollbwysig hon. Ysgrifennai'r Ol yn galonogol, fel cyfaill o fodryb, at ei gohebwyr. Derbyniodd hithau hefyd yn ei thro galondid oddi wrth y Brythonesau, yn enwedig yn ystod yr adegau o alar a ddaeth i'w rhan rhwng 1879 ac 1889. Yn Rhagfyr 1879, fel y gwelsom, bu farw ei brawd, David Rees, mewn damwain ar fwrdd llong, a chladdwyd ef yn Ne Affrica. 'Y mae dyfnderau dyfnaf fy nghalon wedi eu cynhyrfu a'u cyffroi tuag ato', meddai Cranogwen yn ei hysgrif goffa 'Fy Mrawd' yn *Y Frythones*.[45] Yna, ym mis Mehefin 1881, bu farw ei fab ifanc, Benjamin. 'Dyma ganol haf wedi ei droi ar unwaith yn ganol tywyllwch ac adfyd!

Un newydd trwm wedi cyfnewid yr holl fyd!' meddai Cranogwen am yr ail golled honno.[46] Yn ei cholofn 'Hyn a'r Llall' y mae'n aml yn rhannu â'i darllenwyr y digalondid sydd yn awr yn dechrau pwyso'n drwm arni. 'Y mae *mor* galed,' medd ym mis Tachwedd 1881 am farwolaeth yn gyffredinol:

> A dyma ni yn myned, un ar ol y llall yn ddiarbed; ac *mor* gyflym, wedi dechreu. 'Ymlawenhawn yn nerth ein hiechyd,' ac yn ein hieunctyd? Sut y gallwn? Y mae yn darfod gyda ein bod yn dweud y gair. Does dim parhad ynddo; y mae pryf marwolaeth yn magu ynddo tra y mae y chwerthiniad eto yn ein genau. Y mae y tân yn dechreu diffodd gyda ein bod yn troi ato i ymdwymo.[47]

Tair blynedd wedi hynny, ym mis Ebrill 1884, lloriwyd hi yn llwyr gan farwolaeth ei mam: 'yn ddirybudd iawn', dygwyd ymaith 'galon ein teulu' a gwnaethpwyd 'y bwlch lletaf oedd yn bosibl (yn y ffordd hono) yn y mur oddiamgylch i ni'.[48] Ceisiodd barhau â'r gwaith o gynhyrchu'r cylchgrawn ond ym mis Mehefin rhaid oedd iddi gyfaddef ei bod 'wedi bod yn mron yn fwy nag a allem, i wneyd un math o ddarpariaeth ar gyfer y rhifyn hwn o'r *Frythones*.'[49] Erbyn mis Gorffennaf ysgwyddwyd y gwaith o olygu'r cylchgrawn i raddau helaeth gan gyfaill dienw, sy'n ei arwyddo ei hun yn 'Cymydog'. Fodd bynnag, erbyn mis Rhagfyr, gallai Cranogwen dystio i'w darllenwyr ei bod wedi derbyn 'y cysur o deimlo raddau yn adferol'. Ymddengys y bu bron iddi roi'r gorau i'r gwaith o olygu'r cylchgrawn yn gyfan gwbl yn ystod yr hydref: 'Dau fis yn ol, nid oedd ynom yr amheuaeth lleiaf nad oedd ein cysylltiad a'r *Frythones* ar ben,' meddai; 'yn wir ein cysylltiad a'r byd oddiallan i ni yn mhob ystyr ar hyny, gan fod pob amddiffyn o'r tuallan, a phob cryfder o'r tufewn, megys wedi ein gadael.' Ond 'erbyn hyn, *nid* yw felly'.[50] Ailgydiodd yn yr awenau, a pharhaodd yn unig olygydd *Y Frythones* am bum mlynedd arall.

Serch hynny, ar ôl marwolaeth ei mam, ceir llawer cyfeiriad pruddglwyfus yng ngholofnau'r Ol. 'Beth yw y prudd-der anesboniadwy y sydd yn llanw ac yn gorwedd mor drom ar ein hysbryd yn aml, nes ym mron ein llethu?' gofynna ym mis Hydref

1885; 'beth ydyw ond cysgodion ofn marwolaeth yn dechreu ymestyn drosom'?[51] Yn ôl ei chofianwyr, o ganol yr 1880au ymlaen dioddefai Cranogwen o iselder ysbryd go ddifrifol, a'i hamlygai ei hun fel ofn marwolaeth. Yn ôl Gerallt Jones, 'Fe gofiai amryw o gyfeillion Llangrannog am achlysuron a ddarluniai'r ofn rhyfedd hwn a ddisgynnai ar Granogwen.' Mae'n cynnwys yn ei gofiant atgofion un o'i chymdogion yn Llangrannog, Griffith Jones, a ddywedodd wrtho:

> 'Fe gredai'n aml ei bod yn mynd i farw o fewn ychydig iawn o amser, pan nad oedd unrhyw arwydd o hynny yn bod arni ... Y mae hanes amdani hi ac un neu ddwy o'i ffrindiau yn mynd mewn car-poni i Aberporth i weld rhyw wragedd reit ddrwg eu cyflwr. Wrth ddod adre, roedd Cranogwen lawr ar y gwaelod a'i chyfeillion, ar ôl profiadau'r noson yn bur ddi-hwyl hefyd. Stopiodd Cranogwen y poni o'r diwedd a dweud na allai hi ddim mynd ymlaen, ei bod hi'n teimlo'r diwedd yn agos; ac aeth i lawr ar ei phengliniau wrth ymyl y clawdd a gweddïo'n dorcalonnus. Ar ôl ei chael hi'n ôl i'r car-poni dyma un o'r cwmni'n dechrau smalio adrodd stori ysgafn, ddigrif, ac y mae'n debyg fod Cranogwen yn mwynhau'n braf cyn pen ychydig o funudau.'[52]

Yn ôl David Glanaman Jones hefyd, '"Ar ben y bryniau'n llawenhau," neu yn "y glyn" y byddai yn nawnddydd ei bywyd, ac nid oedd pellter mawr rhwng y ddau le iddi hi.' Y mae yntau'n disgrifio achlysur pan oedd Cranogwen ar ei ffordd i Fedlinog 'lle yr oedd i bregethu y Saboth. Ond cyn cyrraedd pen ei thaith cofiodd iddi freuddwydio weled ohoni ei hangladd yn y lle hwnnw. Trodd yn ol ar unwaith.'[53]

Tueddiad y cofianwyr ar y cyfan yw cymryd y pyliau hyn o anobaith a oedd yn ei gorthrymu yn weddol ysgafn; er enghraifft, y mae hanes amdani yng nghofiant y Parch. Evan Phillips, o Gastellnewydd Emlyn, yn ymweld ag ef un tro, ac yn ei dynnu ef gyda hi i'r 'felan':

> Daeth Cranogwen i Sunny Side ryw brynhawn â'i 'meddyliau' yn bwysau barnol o'i mewn. Llusgwyd y dyn bach [hynny

yw, Evan Phillips] ganddi i'r unrhyw gors anobaith, ac eisteddent boptu'r tân yn ddwy ddelw o wangalondid. Daeth y Doctor Powell yno. 'A oes yma ddyn claf heddi?' gofynnai wrth y drws. 'Oes, dau,' atebai Mrs Phillips. 'Dewch i mewn, a churwch 'u pennau nhw wrth 'i gily'.'[54]

Ond hawdd deall sut y byddai tair colled deuluol, pob un ohonynt yn ddirybudd ac yn dilyn ei gilydd yn sydyn mewn cwta bedair blynedd, yn ddigon i lorio'r ysbryd mwyaf calonnog. Ac wrth weithio ar *Y Frythones*, a pharhau ar yr un pryd i ddarlithio'n gyhoeddus yma ac acw yng Nghymru, yr oedd Cranogwen eisoes yn gorddefnyddio ei hegnïon. Rhybuddiwyd hi, fel y gwelsom, ar ddechrau ei gyrfa fel darlithydd o'r posibilrwydd y gallai ddifa ei hiechyd trwy orweithio. Yn arbennig ar ôl colli'r fam a fu'n gymaint cynhaliaeth iddi ar hyd ei gyrfa, goddiweddwyd hi'n llwyr gan flinder affwysol. Daw'n amlwg ei bod dan bwysau wrth geisio parhau gyda'i thasgau fel golygydd. Yr oedd ei bywyd dan gwmwl o hyd ym mis Medi 1886, pan ysgrifennodd yn ei cholofn 'Y Tymhor' am

> Ninau weiniaid, yn ddigalon ddigon, yn breuddwydio yn gynhyrfus ac adfydus yn y nos, ac heb nerth ynom y dydd pan yn effro, yn gorfod rhodio yn alarus ac ofnus ar lan foel ein breuddwydion; drwy y dydd, yr ysgythredd a'r annymunoldeb yn rhythu arnom ac yn ein bygwth. Garw i fywyd pan ddaw yn wendid a llesgedd, pob croes mawr a bychan, trom ac ysgafn yn rhy anhawdd i'w dwyn.[55]

Erbyn hyn, gwelir bod Cranogwen ar adegau yn defnyddio ei cholofnau yn *Y Frythones* nid yn gymaint i ateb gofidiau ei gohebwyr ond i geisio dadansoddi a deall ei gofidiau hi ei hun.

Fodd bynnag, ym mis Mehefin 1888, penderfynodd dderbyn cyngor meddygol a theithio i America unwaith eto. Mewn llythyr 'At Gymry y Talaethau Unedig' a gyhoeddwyd yn *Y Drych*, datganodd ei bwriad i 'groesi'r môr hyd atoch yn mhen ychydig ddyddiau, i weled a bair hyny ryw wahaniaeth o londer ac adnewyddiad nerth ar fy rhan . . . Geill mordaith, medd y meddyg, ddwyn hyny i mi; yr wyf finau yn gwrando arno, ac yn anturio.'⁵⁶ Teithiodd yno gyda'i nith, merch ei brawd hynaf, ar y *City of Chicago* ar 13 Mehefin, gan lanio yn Efrog Newydd ar y 23ain. Ond siom oedd yn ei haros; gorchfygwyd hi yn syth ar ôl cyrraedd gan y tywydd yno. 'Dyma wres ymosodol America yn disgyn arnom,' meddai mewn llythyr i'r *Frythones*, '90 i 95 yn y cysgod, 100 i 118 yn yr haul. Nid anghofiwn tra yn fyw y profiad a gawsom . . . yn ein cyflwr presenol o wendid, yr oedd yn ormesol y tuhwnt i ddesgrifiad.'⁵⁷ Serch hynny, aeth rhagddi i gadw ei chyhoeddiadau yn Utica, Scranton, Wilkesbarre, Buffalo, Niagra Falls, Ontario, Detroit a Racine, er iddi deimlo'r gwres 'yn nesaf i fod yn annyoddefol. Buasom fyw ynddo ugain mlynedd yn ol yn gymharol hawdd, ond i natur wedi llesgau, fel y mae yr achos gennyf fi yn awr, yr oedd yn llethol.'⁵⁸

Erbyn diwedd Medi yr oedd wedi blino'n llwyr, a dychwelodd adre'n ddisymwth. 'Gofidus genym ddeall fod yr efengyles enwog, Cranogwen, wedi gorfod gadael ei chyhoeddiadau, a dychwelyd i Gymru, oherwydd afiechyd a gwendid. Dymunwn iddi adferiad buan,' adroddwyd yn *Y Cyfaill o'r Hen Wlad yn America* ym mis Hydref.⁵⁹ 'Yn llesg a gwiw, o lawer yn fwy felly na chynt, y dychwelasom o'r daith i'r Gorllewin,' meddai hithau mewn llith yn *Y Frythones* ym mis Tachwedd.⁶⁰ Trwy'r misoedd hyn, gyda chymorth y 'Cymydog' dienw, yr oedd wedi llwyddo i barhau fel golygydd swyddogol y cylchgrawn, a'i henw ar ei dudalen flaen, ond yna yn sydyn ym mis Ionawr 1889, daeth anffawd arall. Wrth deithio mewn cerbyd yn ôl i Langrannog wedi cyfarfod yng Nghapel Ffynnon, 'aeth y ceffyl yr oedd ganddi yn aflywodraethus, gan garlamu ymaith yn wyllt, fel y taflwyd hi allan o'r cerbyd, ac y niweidiwyd hi yn lled drwm,' adroddwyd yn y *Faner*.⁶¹ Torrwyd ei choes dde, a dioddefodd lawer clwyf arall. Yn ei gwendid, a hithau erbyn hyn yn hanner can mlwydd oed, penderfynodd ei bod yn bryd rhoi'r gorau i'w gwaith fel golygydd. Ym mis Chwefror ceir ei llith olaf yn *Y Frythones*, 'Yr Olygyddes yn canu yn iach i'w darllenwyr', lle mae'n esbonio sut yr aeth 'gofal *Y Frythones*, ydoedd yn hyfrydwch mawr pan oedd ein hiechyd yn gyfan . . . yn faich trwm er's llawer blwyddyn bellach . . . O'r diwedd, wedi methu yn hollol yn ein hamcan wrth groesi y môr yr haf diweddaf, rhaid oedd penderfynu rhoddi y baich i lawr.'⁶²

Parhaodd *Y Frythones* mewn bodolaeth am dair blynedd arall, wedi ei golygu o swyddfa'r cyhoeddwyr, David Williams a'i Fab, yn Llanelli. Ond ni chafwyd mwy o golofnau 'Cwestiynau ac Atebion' a 'Hyn a'r Llall', ac ar ddiwedd y flwyddyn 1891, daethpwyd â hi i ben. Penderfynodd y cyhoeddwyr ei huno â *Chyfaill yr Aelwyd*, a phenodwyd y Parch. Howell Elfed Lewis a Thomas Christopher Evans (Cadrawd) yn olygyddion y misolyn newydd, *Cyfaill yr Aelwyd a'r Frythones*. Ni fu'r fenter honno'n llwyddiant, ac mewn cwta ddwy flynedd rhoddwyd y gorau iddi. Nid oedd hynny ar y pryd yn anarferol; oes fer oedd i lawer cylchgrawn Cymraeg. Wrth barhau fel y gwnaeth am dair blynedd ar ddeg, profodd *Y Frythones* ei llwyddiant, ac mae'r mynych gyfeiriadau ati ar ôl ei difodiant yn ategu hynny. Cyhoeddwyd yn *Y Celt* yn 1896, er enghraifft, hanes merch ifanc o'r enw Olwen Davies, o deulu tlawd mewn pentref glan y môr yng Ngheredigion, a oedd yn ei chynnal ei hun trwy wau sanau, heb lawer o obaith am ddyfodol amgen, pan ddaeth 'y *Frythones* – papyr Cranogwen i'r merched' i'w dwylo. 'Agorodd ysgrifau hwnnw lawer ar ei llygaid ar amcan bywyd, a daeth i feddwl fod gwaith mawr yn bosibl i ferched er gwella'r byd.' Dechreuodd ddysgu ieuenctid eraill y pentref, yn ei chartref ac yn y capel, a thyfodd yn fuan i fod yn arweinydd lleol ar ddiwylliant a moes: 'cysgu 'roedd y pentref mewn cymhariaeth, hyd nes y cododd hi,' meddai'r *Celt*.[63] A chysgu roedd Olwen hefyd, yn ôl yr hanes, cyn iddi daro ar *Y Frythones*. Pe bai gyrfa Cranogwen yn wir wedi dod i ben yn 1889, fel y credai ei bod ar y pryd, fe fyddai'n dal i fod wedi newid bywyd llawer Cymraes er gwell. Ond yr oedd eto yrfaoedd newydd o'i blaen.

Nodiadau

1 *https://www.theyworkforyou.com/mp/11323/hywel_williams/arfon*.
2 'Cwestiynau ac Atebion', *Y Frythones*, v (Ebrill 1883), 131.
3 Ellen Hughes, 'Yng Nghymdeithas Cranogwen', *Y Gymraes*, xxvii (Medi 1923), 134.
4 'Cwestiynau ac Atebion', *Y Frythones*, x (Ionawr 1888), 34.
5 'Cwestiynau ac Atebion', *Y Frythones*, x (Ionawr 1888), 34.

6   Gwendolen, 'Cwestiynau ac Atebion', *Y Frythones*, vi (Tachwedd 1884), 355.
7   Ellen Hughes, 'Yng Nghymdeithas Cranogwen', *Y Gymraes*, xxvii (Awst 1923), 117.
8   [Cranogwen], 'At ein Gohebwyr', *Y Frythones*, xiii (Hydref 1889), 2.
9   Gweler Tanith Carey, *Never Kiss a Man in a Canoe: Words of Wisdom from the Golden Age of Agony Aunts* (London: Boxtree, 2009), t. vii.
10 Margaret Beetham, *A Magazine of Her Own? Domesticity and Desire in the Woman's Magazine, 1800–1914* (London and NY: Routledge, 1996), tt. 69–70.
11 'Cwestiynau ac Atebion', *Y Frythones*, v (Gorffennaf 1883), 227.
12 'Cwestiynau ac Atebion', *Y Frythones*, ii (Hydref 1880), 323.
13 [Cranogwen], 'Y Teulu', *Y Frythones*, ii (Medi 1881), 286; (Hydref 1881), 303.
14 'Cwestiynau ac Atebion', *Y Frythones*, ii (Ebrill 1880), 130.
15 'Cwestiynau ac Atebion', *Y Frythones*, ii (Tachwedd 1880), 355.
16 'Cwestiynau ac Atebion', *Y Frythones*, ii (Tachwedd 1880), 355.
17 'Cwestiynau ac Atebion', *Y Frythones*, ii (Awst 1880), 226.
18 'Cwestiynau ac Atebion', *Y Frythones*, iii (Hydref 1881), 323.
19 'Cwestiynau ac Atebion', *Y Frythones*, v (Ionawr 1883), 35.
20 Gweler Ellen Hughes, 'Cranogwen', *Y Geninen* (Rhifyn Gŵyl Dewi, 1917), 9.
21 'Cwestiynau ac Atebion', *Y Frythones*, iv (Tachwedd 1882), 355.
22 'Cwestiynau ac Atebion', *Y Frythones*, iii (Tachwedd 1881), 355.
23 'Cwestiynau ac Atebion', *Y Frythones*, v (Hydref 1883), 322.
24 'Cwestiynau ac Atebion', *Y Frythones*, ii (Awst 1883), 259.
25 'Cwestiynau ac Atebion', *Y Frythones*, vii (Ionawr 1885), 33.
26 'Cwestiynau ac Atebion', *Y Frythones*, vii (Mai 1885), 163–4.
27 'Cwestiynau ac Atebion', *Y Frythones*, viii (Hydref 1886), 322.
28 'Cwestiynau ac Atebion', *Y Frythones*, ix (Chwefror 1887), 69.
29 'Cwestiynau ac Atebion', *Y Frythones*, viii (Hydref 1886), 322.
30 'Cwestiynau ac Atebion', *Y Frythones*, iv (Hydref 1882), 322.
31 [Cranogwen], 'Hyn a'r Llall', *Y Frythones*, vii (Mehefin 1885), 193–4.
32 [Cranogwen], 'Hyn a'r Llall', *Y Frythones*, viii (Ebrill 1886), 132.
33 'Cwestiynau ac Atebion', *Y Frythones*, v (Ionawr 1883), 35.
34 'Cwestiynau ac Atebion', *Y Frythones*, iii (Tachwedd 1881), 355.
35 'Cwestiynau ac Atebion', *Y Frythones*, v (Mawrth 1883), 99.
36 'Cwestiynau ac Atebion', *Y Frythones*, v (Medi 1883), 291.
37 'Cwestiynau ac Atebion', *Y Frythones*, iii (Medi 1881), 290.
38 [Cranogwen], 'Fy Albwm Fy Hun', *Y Frythones*, vi (Medi 1884), 281.
39 'Cwestiynau ac Atebion', *Y Frythones*, iv (Ebrill 1882), 130.

40 [Cranogwen], 'Hyn a'r Llall', *Y Frythones*, iv (Gorffennaf 1882), 224.
41 [Cranogwen], 'Hyn a'r Llall', *Y Frythones*, iv (Hydref 1882), 321–2.
42 [Cranogwen], 'Y Flwyddyn 1884', *Y Frythones*, vii (Ionawr 1885), 7–8.
43 [Cranogwen], 'Y Flwyddyn 1887', *Y Frythones*, x (Ionawr 1888), 7.
44 [Cranogwen], 'Hyn a'r Llall', *Y Frythones*, i (Mai 1879), 155.
45 [Cranogwen], 'Fy Mrawd', *Y Frythones*, ii (Chwefror 1880), 53.
46 [Cranogwen], 'Hyn a'r Llall', *Y Frythones*, iii (Awst 1881), 256.
47 [Cranogwen], 'Hyn a'r Llall', *Y Frythones*, iii (Tachwedd 1881), 353.
48 [Cranogwen], 'At Gyfeillion y *Frythones*, yn Ddarllenwyr, Dosbarthwyr, Gohebwyr, ac ereill', *Y Frythones*, vi (Rhagfyr 1884), 357.
49 [Cranogwen], 'Hyn a'r Llall', *Y Frythones* (Mehefin 1884), 195.
50 [Cranogwen], 'At Gyfeillion y *Frythones*, yn Ddarllenwyr, Dosbarthwyr, Gohebwyr, ac ereill', *Y Frythones*, vi (Rhagfyr 1884), 357–8.
51 [Cranogwen], 'Hyn a'r Llall', *Y Frythones*, vi (Hydref 1885), 321.
52 Gerallt Jones, *Cranogwen: Portread Newydd* (Llandysul: Gwasg Gomer, 1981), tt. 80–1.
53 D. G. Jones, *Cofiant Cranogwen* (Caernarfon: Argraffdy'r Methodistiaid Calfinaidd, dros Undeb Dirwestol Merched y De, d.d. [1932]), t. 103.
54 J. J. Morgan, *Cofiant Evan Phillips, Castell Newydd Emlyn* (Lerpwl: Teulu Sunny Side, 1930), t. 68.
55 [Cranogwen], 'Y Tymhor', *Y Frythones*, vii (Medi 1886), 288.
56 Cranogwen, 'At Gymry y Talaethau Unedig', *Y Drych*, 21 Mehefin 1888.
57 'Odddiwrth Cranogwen', *Y Frythones*, x (Medi 1888), 269.
58 Cranogwen, 'Yn America', *Y Frythones*, x (Hydref 1888), 293.
59 *Y Cyfaill o'r Hen Wlad yn America*, li (Hydref 1888), 406.
60 Cranogwen, 'At y Darllenwyr', *Y Frythones*, x (Tachwedd 1888), 324.
61 'Llangranog: Damwain i "Cranogwen"', *Baner ac Amserau Cymru*, 6 Chwefror 1889.
62 'Yr Olygyddes yn canu yn iach i'w darllenwyr', *Y Frythones*, xi (Chwefror 1889), 51.
63 'Ystori'r "Ferch Ieuanc"', *Y Celt*, 18 Medi 1896.

Pennod 9

'Yr Efengyles'

Aeth Cranogwen allan i'r Unol Daleithiau yr ail dro i bregethu yn hytrach nag i ddarlithio. Ar 15 Awst 1888, hysbyswyd darllenwyr *Y Genedl Gymreig* 'ei bod wedi esgyn y pwlpud yn y Talaethau, ac yn pregethu gyda mawr arddeliad', a bod y wasg Gymraeg yno 'yn pwyso a mesur ei holl bregethau yn eu defnydd a'u traddodiad, ac yn sicrhau eu darllenwyr fod ei gweinidogaeth yn gyfartal i'r eiddo penaethiaid pwlpud Cymru mewn hyd, lled, a dyfnder, amrywiaeth ac aruchuledd.'[1] Swyddfa'r *Drych* yn Utica oedd wedi trefnu ei thaith, gan ei chyflwyno i Gymry America fel taith 'efengyles'. 'Bydd yn dda gan filoedd o Gymry America ddeall fod yr efengyles Cranogwen wedi dyfod ar ymweliad a'n gwlad', meddai T. J. Griffiths, golygydd *Y Drych*: 'Yn sicr mae yn wledd o'r fath oreu ei gwrando yn cyhoeddi y newyddion da o lawenydd mawr.'[2] Yr oedd pregethu yn newyddbeth iddi: er bod rhai o'i darlithiau ar bynciau crefyddol, ar nosweithiau gwaith yr arferai eu traddodi ac nid ar y Sul, ac o'r sêt fawr neu ar lwyfan neuadd y siaradai gan amlaf, yn hytrach nag o'r pulpud. Bu llawer capel yng Nghymru yn galw arni am bregeth; mewn ysgrif arni yn *Trysorfa y Plant* yn 1896 dywed Thomas Levi ei bod 'wedi cael ei chymhell er ys blynyddoedd i wneud ychydig o'r pulpud ar y Suliau, fel y byddai yn gwneyd oddiar y llwyfan yn ystod yr wythnos'.[3] Ond gwrthod a wnâi, yn amlach na pheidio, cyn 1888.

Fodd bynnag, ar ôl dychwelyd i Gymru, ac adfer ei hiechyd i raddau, dechreuodd ymateb yn gadarnhaol i rai o'r galwadau mynych hyn, er, hyd yn oed wedyn, yn ôl Ceridwen Peris, 'ni fynnai hi sôn am "bregethu" – "mynd i ddweud gair" y byddai'.[4] Yn anffodus, nid yw pregethau Cranogwen wedi eu cyhoeddi, dim mwy na'i darlithiau. Er i Thomas Levi orffen ei erthygl arni gyda'r geiriau 'bydd yn dda gan ei chydwladwyr ddeall ei bod yn paratoi ei gweithiau i'r wasg', nid ymddangosodd erioed gyfrol o'i rhyddiaith. Rhaid dibynnu i raddau helaeth ar atgofion ei chyfeillion a'i chynulleidfaoedd, ac ar yr adroddiadau ym mhapurau newyddion ei dydd, er mwyn rhoi at ei gilydd ryw syniad o Cranogwen 'yr efengyles'.

Ymddengys mai'r hyn a'i symbylodd i droi at bregethu ar ddiwedd yr 1880au oedd dwyster y profiadau a gafodd yn y cyfnod cyn hynny. 'Yn ystod y deg neu ddeuddeg mlynedd diweddaf y mae llawer ystorm flin wedi tori ar Cranogwen,' meddai ei chyfaill Annie Catherine Prichard yn 1896: 'Y mae wedi colli ei pherthynasau hoff, ac wedi dioddef llawer o wendid a phoen corfforol, ac iselder meddwl.'[5] Yn ôl ei thystiolaeth hi ei hun, ei chrefydd oedd ei chynhaliaeth yn ystod yr adeg hon; dyna roddai ystyr a hapusrwydd i'w bywyd, a chryfheid yr hapusrwydd hwnnw trwy ei rannu ag eraill. Mae'n debyg iddi ddweud wrth Thomas Levi ar un achlysur, 'O ba le bynnag y mae y pregethu yma wedi d'od, yr wyf yn hoffi yn fy nghalon siarad am yr Efengyl bêr; ydwyf, yr wyf yn ei hoffi, a hynny a wnaf tra y gadewir i mi fyw.'[6] '[H]off waith ganddi oedd tystio dros ei Harglwydd', ategodd Ceridwen Peris.[7] Mae'r syniad mai llawenydd go iawn oedd ei Christnogaeth i Cranogwen yn cael ei danlinellu gan rai o'i hoff destunau ar gyfer pregeth. Pregethai, er enghraifft, ar yr adnodau, 'Eto mi a lawenychaf yn yr Arglwydd; byddaf hyfryd yn Nuw fy iachawdwriaeth' (Habacuc 3:18) a 'Dy ddeddfau oedd fy nghân yn nhŷ fy mhererindod' (Salm 119:54), ei thestun mewn oedfa yng Nghorris yn 1895.[8] Llawenydd adferol oedd ei chrefydd iddi, a gofidiai fod yr Anghydffurfwyr Cymreig, yn ei thyb hi, erbyn yr 1880au wedi colli hen hwyl oes y diwygiadau crefyddol, ac wedi troi'n ffurfiol a pharchus yn eu haddoliad. 'Ymysgydwch, gyfeillion, gollyngwch y rhaffau, a nofiwch yn rhydd ac yn ysgafn ar donau hedd y mawl' oedd ei chyngor iddynt, os am adferiad.[9]

Ymddengys y rhoddwyd y pwyslais yn ei phregethau nid ar uffern a chosbedigaeth ond ar y llawenydd o ddyfod i adnabod Crist.

Yn ei herthyglau yn *Y Frythones* ar ei chymydog Esther Judith cofiai Cranogwen â hiraeth am hen hwyl y cynulleidfaoedd yng nghapel y Methodistiaid Calfinaidd ym Mhenmorfa yn ystod ei hieuenctid:

> Hynod, ni dybiwn, oedd y 'nefol hwyl' a fwynhaent; gweddaidd iawn y dagrau gwlithog hyd eu gruddiau, dan weinidogaeth gynes am y Groes a'r Cyfamod Hedd; a swyngar rhyfeddol, ie 'melus fel diferiad y diliau mel' eu hamenau toddedig, a'u 'diolch iddo,' fel y llifai allan o galon lawn, ac yr ymddyrchafai megys cwmwl o lawr y capel . . . [I]ba le yr aeth yr hen felodedd nefol a doddai ein holl galon yn llymaid; a'n lladdai yn farw megis – y cwbl ohonom ydoedd groes ac anghrediniol, ac a'n bywhâi drachefn megis ar bwys allor Duw, yng nghanol hyfrydwch gorfoledd?[10]

Yn ôl ei chofiannydd D. G. Jones, enynnwyd y 'nefol hwyl' honno i raddau helaeth gan Ddiwygiad 1859, a'i effeithiau cryf ar gynulleidfaoedd pentrefi Ceredigion. Tystia i'r ffaith nad anghofiodd Cranogwen erioed ei phrofiadau yn ystod yr adeg honno: 'Nid aeth Diwygiad '59 trwy Sir Aberteifi heb iddi brofi'r pethau nad adnabu'r byd ynddo. Ac ni chollodd wefr y diwygiad o'i henaid.'[11] Er mwyn dod i adnabod Cranogwen yr efengyles rhaid ystyried effeithiau hirbarhaol y cynnwrf crefyddol hwnnw arni hi a'i chymdogion yn ei hardal enedigol.

Tre'r-ddôl yng Ngheredigion oedd man cychwyn Diwygiad 1859, wedi i Humphrey Rowland Jones (1832–95) ddychwelyd i'w gartref yn y pentref hwnnw ar ôl ymweliad â'r Unol Daleithiau, lle bu'n pregethu'n effeithiol iawn rhwng 1855 ac 1858. Cawsai ei alw'n 'Humphrey Jones y Diwygiwr' yn gyntaf ymhlith y Cymry yn Wisconsin a thalaith Efrog Newydd, a daeth yn ôl i'w hen wlad gyda'r bwriad 'i roddi Cymru ar dân'.[12] Gyda chymorth David Morgan (1814–83), ei gyd-ddiwygiwr o Ysbyty Ystwyth, llwyddodd i wefreiddio ei wrandawyr â gorfoledd iachawdwriaeth. Ym mis Ionawr 1859 y daeth y Diwygiad yn gyntaf i Langrannog, pan ymwelodd David Morgan â chapel

Penmorfa, gan ddwyn 'ugeiniau at grefydd' yno. Ond erbyn i un o'i ddilynwyr, y Parch. Thomas John o Gilgerran, gynnal oedfa yno ar Sul cyntaf – a diwrnod cyntaf – y flwyddyn ddilynol yr oedd y gynulleidfa wedi 'ymgaledu' rhywfaint. Yng nghofiant David Morgan ceir disgrifiad byw o'r hyn a ddigwyddodd yn yr oedfaon hynny ddydd Calan 1860. Wrth i Thomas John weinyddu'r cymun i Fethodistiaid Llangrannog a'r cylch yn y gwasanaeth boreol ym Mhenmorfa, 'dywedodd y pregethwr yn sarrug wrthynt, "Yr ydych yn cymuno fel cythreuliaid, bobol"'. Ond 'nawseiddiodd yr awel dipyn erbyn y nos':

Pan ganent yr hymn ddiweddaf, clywent yn y seibiannau lais y pregethwr mewn gweddi ddifrifol. Wedi gorffen y canu, parhae Thomas John i weddio. Daeth i lawr o'r pulpud yn araf, o ris i ris, gan ddal i weddio yn ddibaid. Eisteddodd ar y fainc dan y pulpud, gan barhau mewn ymbiliau taer dros y gynulleidfa. Ymollyngodd ar y fainc gan bwyso ei ben ar ei benelin, a'i erfyniadau yn esgyn yn ddibaid. Ar ei waith yn gorwedd felly, cododd pawb ar y llofft ar eu traed ag un cynhyrfiad, ac a llygaid pob un ar y gweddiwr, wele'r dorf yn torri allan mewn bloedd fawr heb ei chymar – bloedd nad anghofir mohoni gan y sawl a'i clywodd. Hyd y foment hon, teimlai pawb ryw drymder llethol yn yr awyr. Gyda'r floedd, ysgafnhaodd yr awyr, fel ped agorasid y drysau a'r ffenestri oll ar unwaith. 'Clywais bigion Shakespeare yng ngeneuau *actors* pennaf y byd,' ebe gwr craff, 'ond yr oedd toriad allan y Diwygiad mewn nerth ym Mhenmorfa, yn fwy *dramatic* na dim a welais erioed.' Yn awr gorweddai Thomas John ar ei hyd yn y set fawr, a bloeddiai 'Blwyddyn newydd dda i Ti, Iesu mawr.' Codai yr un floedd, drachefn a thrachefn, o'i enau, fel cnul cloch eglwys, 'Blwyddyn newydd dda i Ti, Iesu mawr.'[13]

Roedd Cranogwen yn bresennol yn yr oedfaon hyn. Bron i hanner canrif wedyn, mewn ysgrif goffa ar hen gymydog iddi, y teiliwr David Griffiths, mae'n disgrifio sut y cafodd yntau dröedigaeth yn ystod 'Diwygiad Dafydd Morgan'. 'Yr wyf yn ei gofio', meddai, 'pan yr eisteddai ar yr ail sedd ar lofft Penmorfa yn y cyfarfodydd . . . yn crynu drwyddo weithiau, yn wylo yn hidl bryd arall.'[14] Wrth goffáu hen gyfaill arall iddi yn *Y Gymraes* yn 1900, meddai am Mrs Robatham o Dregolwyn, Morgannwg: 'Amser pur hyfryd a chynyddol ar eglwys Dduw oedd un ei thad a'i mam, a boreu eu hoes hwythau, y plant, amser Jones, Llangan [hynny yw, Humphrey Jones y Diwygiwr] a'i gydoeswyr; cawsant hwythau egnio a thyfu yn yr 'Ebrill lawen', a'r Mai hyny, ac yr oedd ei argoel arnynt tra fuont byw.'[15] O'u cymharu â chynulleidfaoedd Diwygiad '59 nid rhyfedd fod mynychwyr y capeli Cymreig erbyn yr 1880au yn ymddangos yn ddi-hwyl iddi; nid rhyfedd chwaith mai un o'i hamcanion wrth bregethu oedd ailennyn llawenydd Cristnogol yn ei gwrandawyr.

Yn ôl adroddiadau'r papurau newyddion llwyddodd gyda'r nod hwnnw. O gychwyn yr 1890au tan ddiwedd ei hoes, fe fu'n ateb galwadau i bregethu ar hyd ac ar led Cymru ac yng nghapeli Cymraeg dinasoedd Lloegr. '"Cranogwen", the well-known poetess and lecturer, seems likely to become very popular amongst the Calvinistic Methodists as a preacher. Her sermons are considered models by reason of their wisdom and their spiritual fervour', meddai'r *Cardiff Times* yn 1892.[16] 'Oedfaon gwlithog' oedd y rhai a arweiniwyd ganddi yn haf 1894 yng nghapeli Llansteffan yn Sir Gaerfyrddin a Llanfabon ym Morgannwg, yn ôl *Y Goleuad*, papur wythnosol y Methodistiaid Calfinaidd.[17] Bu'n teithio trwy siroedd y gogledd hefyd, gan sbarduno un o'i gwrandawyr yng Nghorris yn Hydref 1895 i apelio'n frwd am iddi gael ei hordeinio yn weinidog. 'Pregethodd', meddai, 'gyda dylanwad mawr':

> Gresyn fod trefniadau a rhagfarnau'r enwadau crefyddol, yn peri fod cymaint o dalentau yn aros yn guddiedig. Dylai fod wedi ei hurddo i'w gwaith er's degau o flynyddau, ac yn cael galwad gyffredinol gan yr eglwysi, a phe felly, diau y buasai heddyw yn front y Gymanfa ar ddydd yr uchel wyl. Nid oedd yn ol i'r un o'r cewri sydd ar y maes, yn mhlith unrhyw enwad, o ran swm ac arddull ei gweinidogaeth, yn nghyd ag mewn traddodiad grymus, cynhyrfiol a huawdl.[18]

Eto i gyd, yn ôl ei chofiannydd, 'Ni chydnabyddwyd hi fel pregethwr gan Gyfarfod Misol na Chymdeithasfa. Ni bu ei henw yn Nyddiadur y Corff erioed.'[19]

Nid oedd pall ar ei phoblogrwydd, serch hynny. Galwyd arni'n aml i gymryd rhan mewn cyrddau pregethu, yn enwedig yn siroedd y de; bu'n brysur yn y Rhondda yn Nhachwedd 1894, er enghraifft, ac yn ardal Abertawe yn Rhagfyr 1896.[20] Er nad oedd ei henw yn nyddiadur swyddogol ei henwad, rhestrir hi mewn adroddiadau papurau newyddion ar y cyrddau pregethu fel pe bai'n un o'r gweinidogion. Mewn cofnod yn *Tarian y Gweithiwr* ar angladd yn Ynys-hir yn y Rhondda, er enghraifft – angladd y Parch. John Morgan, gweinidog capel y Methodistiaid Calfinaidd yno – rhestrir enwau'r rhai a oedd yn bresennol yn ôl y categorïau 'Gweinidogion', 'Blaenoriaid' a 'Phrif alarwyr', a rhoddir enw 'Miss Cranogwen Rees' yn rhestr y gweinidogion – yr unig fenyw ymhlith deugain o barchedigion.[21]

Wrth gwrs, ni allai'r ffaith na dderbynid ei gwaith yn swyddogol fel cyfraniad at achos ei henwad fod wedi bod yn fater dibwys i Cranogwen. Cofier iddi yn 1867 ateb ei chyfaill Elizabeth Nicholson, pan fynegodd honno ei barn mai cenfigen oedd wrth wraidd ystyfnigrwydd pregethwyr a wrthodai dderbyn menywod i'w rhengoedd, gyda'r geiriau '"Na, nid hynny ydyw, rwy'n siwr. *Dynion da* ydynt, ac maent yn meddwl mod i'n *anghywir*"', a bod y syniad hwnnw yn ei thristáu.[22] Ar yr un pryd teimlai i'r byw na roddwyd dawn areithio i unrhyw unigolyn i'w fygu a'i wastraffu. Erbyn dyddiau'r *Frythones* roedd yn barod i amddiffyn yn frwd hawl merched i bregethu. Mae'n gorffen ei herthygl ar y bregethwraig Saesneg, Isabella Reaney (1847–1929), a gyhoeddwyd yn *Y Frythones* yn 1886, gyda'r geiriau:

> Pwy ydyw efe o ddyn hunangeisiol neu gulfarn a fynai rwystro y ffrydiau daioni bywiol hyn rhag llifo? A pha awdurdod ddynol a daearol a fedrai wneyd? Fel y ffynnon yn tarddu ac yn llifo yw llais y genadwri a rydd Duw i'r neb a fyno efe i'w thraethu – i'w dyweyd neu ei hysgrifenu, a pha les a wnelai Cymanfa yn penderfynu i'w herbyn! Pa les a wnelai yr Wyddfa i wasgu arni! Tarddu a wnelai drwy y gwbl.[23]

Erbyn 1888 yr oedd hithau hefyd yn barod i 'ddweud gair' o genadwri, ond tristwch iddi oedd y cweryl chwerw a ddatblygodd ar dudalennau'r *Drych* wedi iddi ddechrau pregethu yn yr Unol Daleithiau. Ar 9 Gorffennaf 1888 cyhoeddwyd yn y papur hwnnw lythyr o ganmoliaeth gref i Cranogwen gan William C. Cudd, a fu'n gwrando arni'n pregethu yn Utica. 'Y mae Miss Rees wedi ei breintio a chorff cadarn, meddwl cryf ac athronyddol, gwroldeb moesol didroi yn ol, yn nghyd a'r tynerwch hwnw ag sydd yn nodweddu y rhyw deg', meddai, ac mae'n tystio i'r holl ddoniau hyn gael effaith gref ar ei gwrandawyr. 'Teimlad un brawd wrth ddyfod allan ar ôl ei gwrando oedd, "Ei fod yn methu gwybod pa fodd yr ai i'r capel eto i wrando ar eraill oedd i'w dylyn, gan mor ogoneddus y pregethai"'. Aiff Cudd rhagddo i resynu ynghylch y 'rhagfarn ddall sydd gan rai dynion yn erbyn y merched i bregethu yr efengyl, fel pe buasent yn rhyw fodau annheilwng o'r ddynoliaeth; ac nad ydynt yn dda i ddim ond eu bwrw o'r neilldu mewn dinodedd, fel y gwneir a hwynt mewn gwledydd anwaraidd'.[24] Enynnodd ei eiriau ddicter un arall o ohebwyr *Y Drych*, sef D. E. Roberts, Utica, sy'n ei gyflwyno ei hun fel un o'r 'dosbarth hwnw sydd yn barnu yn gydwybodol na ddylai merched fod yn siaradwyr cyhoeddus'. Mae'n atgoffa ei ddarllenwyr: 'Oni ddywed Paul, yn ail bennod ei lythyr cyntaf at Timotheus, "Nid wyf yn cenhadu i wraig athrawiaethau"?' Yn ei farn ef, mae'r 'rhai sydd yn dal y dylai y gwragedd lefaru yn gyhoeddus yn waeth na'r ysbryd drwg'.[25] Ymatebodd Cudd yr un mor hallt, ac aeth y ddadl ymlaen am fisoedd ar dudalennau'r *Drych*, gyda'r ddau ohonynt yn tynnu enw Cranogwen i mewn i'r ymrafael. 'Buasai yn dda genyf gael y fraint o drin ychydig ar hawliau gwragedd i fod yn eneuau cyhoeddus, gyda rhyw frawd teilwng, trwy gyfrwng y *Drych*, ond nid oes genyf amser i ymddadleu gyda symlyn,' meddai Cudd ym mis Medi, gan gyfeirio at ei elyn o Utica. 'Hyderaf pan ddaw Cranogwen yma y tro nesaf i bregethu, y bydd mor garedig a chymeryd y geiriau hyn yn destyn: "Pe ynfydion fyddant ni chyfeiliornant".'[26]

Ymddengys nad gwres yr haul yn unig a fu'n anghysurus o boeth i Cranogwen yn ystod ei hail ymweliad â Chymry'r Unol Daleithiau. Fodd bynnag, ni chafodd lonydd gan ei gwrthwynebwyr ar ôl iddi ddychwelyd i Gymru ychwaith. Yr oedd y ddadl yn y cylchgronau enwadol yn erbyn gwragedd yn traethu'n gyhoeddus, yn enwedig o'r pulpud, wedi dwysáu oddi ar yr 1860au. Yn 1874 meddai'r *Haul*, cylchgrawn Cymraeg yr Eglwys Anglicanaidd: 'Y mae pregethau benywaidd yn wrthryfel noeth yn erbyn gorchymmyn a chyfraith Duw, ond troseddir cyfraith Duw yn fwy trwy godi benywod i'r pulpudau.'[27] Bu croesi cleddyfau ar y mater ar dudalennau *Seren Cymru*, cylchgrawn y Bedyddwyr, hefyd. 'Nid ydym yn dweyd dim yn erbyn i fenywod gynnal cyfarfodydd yn eu plith eu hunain; ond menywod yn gweddio ac yn athrawiaethu mewn cynnulleidfaoedd cymmysg, wrthwynebir genym,' meddai un sy'n mabwysiadu'r ffugenw 'Job' ym mis Ionawr 1884.[28] Ategir ei eiriau gan ohebydd arall yn y rhifyn nesaf. 'Credwn fod gormod o siarad benywaidd yn ein pwlpudau yn barod, heb wthio y rhyw fenywaidd yno etto,' oedd barn 'Llais'. 'Nis gallwn lai na chasau ymddygiad y merched hyny a esgynant ein pwlpudau i bregethu.'[29] Ond yn yr un rhifyn cododd hefyd amddiffynnydd i bledio achos y merched. 'Ffei, Job! pa fodd y meiddi ddyfod allan ar g'oedd gwlad, gan honi y fath gelwydd'? protestiodd 'Edmygydd Paul a'r Gwragedd'. 'Y mae rhediad dy lythyr ben bwy gilydd yn profi nad dim amgen malais a chenfigen a'th gymhellodd i ysgrifenu.' Er mai fel bardd, golygydd a darlithydd, ac nid fel pregethwr o'r pulpud, yr oedd Cranogwen wedi ei hamlygu ei hun erbyn 1884, eto fe gyfeirid ati'n aml gan y dadleuwyr. Wrth iddo gloi ei ddadl, meddai 'Edmygydd Paul a'r Gwragedd' am ei elyn 'Job': 'Ofnwn mai lle bach iawn sydd i George Eliot, Mrs Hemans, Cranogwen, a thalentau nefanedig ereill, yn ei galon gul ef.'[30] Yr oedd yr enw 'Cranogwen' yn dynodi gallu benywaidd, hysbys i'r Cymry oll; safai'n sail i ddadleuon dros dderbyn menywod yn bregethwyr, hyd yn oed cyn iddi hi ei hun ddechrau 'dweud gair' ar y Sul.

Fel y gellir disgwyl, ymunodd *Y Frythones* yn y ffrae, ac nid yn unig drwy gyfrwng y golofn 'Cwestiynau ac Atebion' ac erthyglau'r golygydd. Wrth ddadlau o blaid dyrchafiad merched yn gyffredinol, gwna gohebwyr cylchgrawn Cranogwen ddeunydd llawn o'u Beiblau. Yn 1883 mae Mary Jones o Fethel yn amddiffyn ei dadl 'nad oes a fyno gwahaniaeth rhyw – megys o hono ei hun, ac yn annibynol ar ystyriaethau arall – a phenderfynu cyfeiriad bywyd' trwy gyfeirio at arwresau'r Hen Destament. 'Lle y byddo gallu, talent, a synwyr cryf, y mae yn sicr fod hynny wedi ei fwriadu i gyflawnu gwasanaeth o bwys', meddai:

Yn hanesyddiaeth yr Hen Destament, cawn y merched yn cyflawnu dyledswyddau pwysig, hyd yn nod hyd ffordd amgylchiadau gwladol. Rahab a ragorodd ar bawb oedd yn yr un wlad â hi. Deborah a farnodd Israel, ac a arweiniodd mewn rhyfel llwyddiannus. Jael, trwy gyfrwysdra, a wnaeth wasanaeth pwysig. Esther, trwy ddoethineb, a fu yn foddion i arbedu bywyd cenedl.[31]

Ac y mae 'Mair' o Gemaes yn mynd i'r afael â'r mater dyrys hwnnw, sef beth yn union oedd safbwynt yr Apostol Paul. 'Er y dywed Paul, wrth ysgrifenu at y Corinthiaid, "Tawed y gwragedd yn yr eglwys",' yr oedd hynny mewn cyd-destun arbennig, meddai, 'mewn achos o annhrefn ac ymrafael oedd yn eu plith'. Mewn rhannau eraill o'i epistolau, sut bynnag, 'mae gwaith Paul yn son am weinidogesau a diaconesau, ac yn gorchymyn rhoddi pob cymhorth i'r gwragedd hyny . . . yn dangos yn eglur i bob dyn diragfarn nad oedd Paul yn golygu am i'r merched beidio llefaru yn yr eglwys o gwbl'.[32] Yn 1884 cyhoeddwyd yn *Y Frythones* gyfres o erthyglau ar y pwnc 'Lle a Gwaith y Chwiorydd yn Nygiad yn Mlaen Deyrnas Crist' gan un 'D. Williams' o Fangor oedd hefyd yn gryf o blaid merched yn pregethu. 'Y mae yr hen wrthddadl fod y chwiorydd y llestri gwanaf o ran gallu meddyliol a nerth teimlad erbyn hyn yn un o'r pethau gwrthun a hagr a deflir i ogofeydd y wadd a'r ystlymod', meddai; 'bellach y mae y chwiorydd yn rhoddi profion o'r fath ragoroldeb meddyliol a deallawl yn mhob cangen o wybodaeth . . . fel nas gellir mwy wadu nad ydynt yn meddu y cymhwysderau i fod o ddefnyddioldeb mawr yn yr eglwys yn gystal ag yn y byd.' Ac mae'n selio ei ddadl trwy gyfeirio at lwyddiannau ysgubol yr efengylesau a oedd yn 1884 yn gwefreiddio cynulleidfaoedd Cymru:

> Os y cymerir fod llwyddiant gweinidogaethol mewn rhan yn gynwysgedig mewn fod dynion yn cael eu dychwelyd o'u ffyrdd drygionus at Grist am waredigeth, ac at ei eglwys am addysg ac ymgeledd ysbrydol, a bod y ffaith o gael bod yn offerynau i ddwyn hyn oll oddi amgylch yn brawf o anfoniad yr Ysbryd Glan i'r gwaith, yna yr ydym yn rhwym

o dderbyn y chwiorydd ar yr un tir a'r brodyr, gan fod digon
o esiamplau yn ein dyddiau ni o fod hyn yn cymeryd lle.[33]

Cyfeirio y mae yn ei gymal olaf nid at Cranogwen, nad oedd eto wedi cychwyn ar ei theithiau pregethu, ond at yr 'Efengyles Fach', Rosina Davies (1863-1949), merch i weithiwr rheilffordd o Dreherbert yn y Rhondda, a'i chyd-weithwraig Mary Charlotte Phillips o Flaenrhondda. Fel ei rhagflaenydd 'Mother Shepherd', sef Pamela Shepherd o Gasnewydd,[34] cychwynnodd Rosina Davies ar ei gwaith o dan fantell arweinwyr Byddin yr Iachawdwriaeth; dan eu dylanwad hwy y cafodd dröedigaeth yn 1879. Nid oedd digon o areithwyr y Fyddin yn y Rhondda yn medru'r Gymraeg, a gofynnwyd i Rosina eu cynorthwyo trwy bregethu yn yr iaith honno. Dim ond pymtheg oed ydoedd ar y pryd, ond cafodd lwyddiant ysgubol o'r cychwyn. Mae Cranogwen yn Nhachwedd 1879 yn tynnu sylw darllenwyr *Y Frythones* at ei gwaith hi a'i chyd-efengylesau ym Myddin yr Iachawdwriaeth, gan sôn am 'y merched . . . ydynt wedi bod yn peri y cyffro crefyddol yn Nghwm Rhondda a manau ereill yn Siroedd Morganwg y misoedd diweddaf; a mawr yw y cyfnewidiad er gwell'.[35] Yn 1883, ar ôl i Rosina lwyddo gyda nifer o 'genadaethau' trwy siroedd y de, gofynnwyd iddi gan y Methodistiaid Calfinaidd i arwain cenhadaeth yn eglwysi Ceredigion. Aeth â Mary Phillips gyda hi; dan yr enw 'y Ddwy Efengyles', ymwelsant â phedwar ugain o leoedd drwy'r sir, 'all denominations joining', meddai Rosina yn ei hunangofiant.[36] Cawsant lwyddiant mawr, gan dynnu 'miloedd i'w gwrandaw, ac ugeiniau yn cael eu troi bob wythnos at grefydd ganddynt', yn ôl gohebydd y *Faner*, a fu'n mynychu eu cyfarfodydd yn Swyddffynnon.[37] Ond profasant dipyn o wrthwynebiad hefyd ar hyd y ffordd. Mae'n debyg mai at Rosina y cyfeiria 'Job' wrth iddo gollfarnu 'Merched yn Pregethu' yn 1884, gan ofyn: 'Onid gwrthun yr idea fod merch ieuanc 17 oed yn rhyfygu darlithio ar destun sydd yn gofyn blynyddau lawer o astudiaeth ac ymchwiliad, ïe, pwnc nad oes ond ychydig yn Nghymru a feiddiai wneyd dim ag ef?'[38]

Cyn diwedd y bedwaredd ganrif ar bymtheg yr oedd Rosina Davies a Cranogwen wedi cyfarfod â'i gilydd a dyfod yn gyfeillion, o bosib trwy gysylltiadau'r ddwy ohonynt â'r Symudiad Ymosodol, braich genhadol y Methodistiaid Calfinaidd. Cychwynnwyd hwnnw gan John Pugh (1846–1907) yn 1891, a bu'n fudiad gweithgar iawn yng Nghaerdydd ac yn ardaloedd diwydiannol Morgannwg a Mynwy.[39] Yn ei hunangofiant, meddai Rosina am 'our beloved Cranogwen':

> Before there was any sign of the War [hynny yw, y Rhyfel Byd Cyntaf] the most mentally powerful woman in Wales was 'Cranogwen', a big woman, masculine in appearance, but possessing the most gentle of souls, and a large heart . . . She loved me, I know, and always treated me as a girl, and seemed to think her great strong wing of love must shelter me.[40]

Nid rhyfedd fod cydymdeimlad rhyngddynt; yr oedd y ddwy wrth efengylu yn rhoi'r pwyslais nid ar uffern a chosbedigaeth, ond ar y llawenydd o ddyfod i adnabod Crist. Ond ymddengys eu bod yn gwahaniaethu yn eu modd o drin cynulleidfa. Yn unol â'i magwraeth fel cenhades yn rhengoedd Byddin yr Iachawdwriaeth, rhoddai Rosina bwys arbennig ar y syniad fod eisiau i'r gynulleidfa ildio yn ystod yr oedfa i'w gweddïau taer dros gadwedigaeth eu heneidiau. 'I would appeal for surrenders', meddai, wrth ddisgrifio ei hoedfaon; nodwedd pregeth lwyddiannus oedd 'several surrenders', ac yn ei dyddiadur cofnodai ar gyfer pob cenhadaeth niferoedd y rhai a ildiodd. Gwyddai'r rhif gan mai ei harfer oedd disgyn o'r pulpud ac ymuno â'i chynulleidfa cyn diwedd oedfa a chasglu enwau'r gorchfygedig.[41] Ond o'r cychwyn, ni chafwyd yr un pwyslais ar orchfygu eneidiau ym mhregethau Cranogwen, yn ôl pob sôn. Rhoddai hi fwy o bwys ar ysgogi'r elfen ddeallus yn ei gwrandawyr yn ogystal â deffro eu hemosiynau. Cymharwyd y ddwy fel pregethwyr gan ohebydd yn y *Cambrian News* yn 1917: 'The versatile Cranogwen was keenly intellectual . . . Miss Davies is deeply mystical,' meddai.[42] A chanmolwyd pregethau 'yr efengyles Cranogwen' gan un o'i gwrandawyr yn West Bangor, Pensylfania, yn 1888, mewn termau nad ydynt yn cyfleu darlun ohoni fel pregethwraig ymosodol. 'Yr ydym ni yma yn hollol argyhoeddedig,' meddai, 'i ni glywed y "llef ddistaw, fain"; yr oedd yr anadl esmwyth honno sydd yn canlyn tywalltiad yr Ysbryd yn cyd-fyned a gweinidogaeth y chwaer Cranogwen.'[43]

Er nad oes un cofnod cyhoeddedig o'i hunion eiriau fel pregethwraig, efallai y gellir clywed rhyw adlais ohonynt yn y tebygrwydd rhwng un o'i herthyglau yn *Y Frythones* a thestun pregeth a draethwyd ganddi ar gyfer myfyrwyr Trefeca, Coleg y Methodistiaid Calfinaidd, ym mis Chwefror 1896. (Mae'r ffaith i'w henwad ofyn iddi bregethu i'w fyfyrwyr, yn ogystal â rhoi darlith iddynt y bore wedyn ar natur a nod y weinidogaeth, yn dystiolaeth o'i barch tuag ati fel pregethwraig, er na wnaeth ei chynnwys ar restr swyddogol ei weinidogion.) Yn ôl y *Monthly Treasury*, testun ei phregeth i'r myfyrwyr oedd geiriau Crist yn ystod y Swper Olaf: 'yr wyf fi yn eich mysg fel un yn gwasanaethu' (Luc 22:27). Ynddi, pwysleisiodd mai'r llwybr tuag at wir anrhydedd a dedwyddwch yw llwybr gwasanaeth.[44] Trawyd yr un nodyn yn gynharach mewn ysgrif yn *Y Frythones* ym mis Medi 1881. Hoffai'r Ol gynnwys llun ar dudalen flaen y cylchgrawn; y mis hwnnw ceir ganddi lun o Grist. Teitl y traethawd sy'n ymddangos oddi tano yw'r adnod 'Beth debygwch chwi am Grist? Mab i bwy ydyw?' (Mathew 22:42). Mae'n cychwyn trwy bwysleisio na all y llun, nac unrhyw ddarlun arall 'o bryd a gwedd y ddynoliaeth', fod o lawer o gymorth wrth geisio rhoi ateb i'r cwestiynau hynny. Yn hytrach, gwell canolbwyntio ar dystiolaeth y Testament Newydd am ei fywyd a'i gymeriad, ei eiriau a'i weithredoedd. Ar ôl atgoffa'r darllenydd o'r hanes hwnnw, gan dynnu sylw at y ffordd yr oedd Crist 'yn llwyr ymroddi i gynorthwyo eraill', ac yn gallu dioddef cael ei fradychu, ei gaethiwo a'i ladd 'er yn gyflawn o ogoniant a gallu', mae'n gofyn:

> A yw yn rhywun a adwaenom? A allodd rhywun o'n tylwyth ni, megis o honno ei hun, ymddyrchafu i rywbeth mor fawr a dyrchafedig a hyn? Naddo erioed, waeth cyfaddef ar unwaith. Y mae ar y cymeriad hwn urddas dieithr iawn i'r byd hwn – un newydd a thra rhagorol. Y mae yn yr ysbryd hwn fawredd o *hunanymwadiad*, o *ymostyngiad*, o *ddioddefgarwch tawel* ac amyneddgar, a hynny nid o orfod, megis gan euogrwydd neu ddiffyg nerth, ond o wir ewyllys. Dieithr i ddynion yw hyn. Mawredd o nerth, a gallu, ac awdurdod, yw yr uchaf a ddangoswyd yma hyd yn hyn, hyd yn nod yn yr esiamplau gorau a mwyaf edmygol; ond y mae

yn hwn fawredd ac urddas mwy rhagorol o lawer . . . Nid gwroniaeth dyn ydyw hon; y mae yn teithio ac yn gweithio mewn cyfeiriad hollol wahanol i eiddo dyn – yn un tuag i lawr. Esgyn y mae hon hefyd, boed sicr, ond y mae yn agor ffordd newydd i hynny – yr un drwy ddisgyn i'r gwaelodion – 'Yr hwn a ddisgynnodd' mewn hunanymwadiad 'yw yr hwn hefyd a esgynnodd' mewn 'gogoniant'. Dyma ddysgeidiaeth newydd i ddynion . . . Y mae ei haniad yn uwch na phendefigaeth uchaf y byd yn ddiamau . . .

Bywyd o ymroddi i wasanaethu eraill ydoedd ei eiddo Ef, a hynny i fesur mwy neu lai rhaid i eiddo ei ddisgybl fod. Hyn yw crefydd wir.[45]

Wrth danlinellu yn y modd hwn bwysigrwydd ymwadu ag uchelgais fydol – 'mawredd o nerth, a gallu, ac awdurdod' – os am wir grefydd, y mae Cranogwen yn taro nodyn a glywir hefyd yn nifer o'i cherddi. Yn 'Y Gwlithyn', er enghraifft, y cyfeiriwyd ati yn nhrydedd bennod y gyfrol hon, ceir darlun o'r un broses o wasanaethu trwy ddisgyn, fel y gwna y peth mwyaf dinod hwnnw, y gwlithyn sy'n dyfrio'r sychedig, cyn iddo esgyn eto ar alwad yr haul. Ac mae'r bardd yn gweddïo am 'ddwyfol ras' i ymdebygu iddo.[46] Yn ei chanu ar fyd natur yn gyffredinol ceir yr un pwyslais ar y llawenydd a ddaw o roi heibio'r ego dynol a'i uchelgais, a byw fel y lleiaf o bethau'r bydysawd. Rhaid ymwrthod â hunanymwybodolrwydd yr oedolyn a gweld a phrofi'r byd fel plentyn os am ymateb iddo'n llawn. Yn y gerdd 'Anian', a gyhoeddwyd gan 'C.' yn *Y Frythones* yn 1880, ceir y bardd yn rhodio yn y coed 'ar hwyrddydd hafaidd tawel', ac yn clywed 'y sain bereiddiaf, / A glywodd dynol glust.' Eos sydd yno, 'yn galw'n llon "Ohoi, ohoi, / Fy ngwartheg, des i'ch nol".' Cynrychiolydd y Bugail Da yw llais yr eos yn ei brydferthwch naturiol, ac mae'r alwad yn gwneud i'r bardd 'wylo mewn addoliad' a 'phlygu gliniau lawr, / Tra anian felly'n agor im' / Ei chalon gynnes fawr'.[47]

Sentimentaliaeth Fictoraidd ronc fyddai'r fath ganu i rai ond mae'n gydnaws ag arfer Cranogwen o ymateb yn fwriadol fel plentyn ar rai adegau. Defnyddiodd yr arfer hwnnw at bwrpas arbennig yn un o'i darlithiau, sef ei darlith ar 'Yr Ysgol Sul' a geir mewn llawysgrif, yn llaw Cranogwen, yn archifau'r Llyfrgell

Genedlaethol. Mae'n cychwyn trwy ei chyflwyno ei hun i'w chynulleidfa fel 'brigyn bychan ar un o ganghennau eiddil Ysgol Sabbothol Sir Aberteifi', a gofyn iddynt edrych a gwrando arni fel pe bai'n blentyn: 'Fel plentyn y dymunwn ymddangos, ac fel plentyn dymunwn adrodd . . . gan ryw led-ddisgwyl, na bydd yn ddrwg i chwi oll glywed, a deall, y modd yr ymddengys, a'r man y saif eich Ysgol Sul arno, i lygad meddwl un o'm hoedran i.' Gan mai yn 1891 yr ysgrifennwyd y geiriau hyn, pan oedd Cranogwen dros ei hanner cant, dechreuad digon digri i ddarlith oedd hwn, ond roedd pwrpas i'r hiwmor. Mae'r 'plentyn' sy'n traethu wedi clywed am bwysigrwydd hanesyddol yr Ysgol Sul fel sefydliad Cymreig, 'fod tywyllwch mawr o anwybodaeth ac anfoesoldeb yn toi y wlad cyn ei dyfod hi, a bod ei goleuni wedi peri gwahaniaeth mawr', ac 'mae hyn yn swnio yn hyfryd, hyd yn nod i glustiau plant, ond y mae hefyd yn swnio *yn mhell* – Rhywbeth ydyw mae'n debyg, a *fu rywbryd* ymhell cyn ein geni ni i gyd, ond nad ydyw yr awr hon.' Yna aiff rhagddi i roi disgrifiad manwl o'i phrofiad fel 'plentyn' yn yr Ysgol Sul fel y mae 'yr awr hon':

> Dechreuir gan rai *ar yr awr*, gan ereill rywbryd ar ol hyny; ni bydd ond ychydig ynghyd gan fynychaf, y canu gan hyny yn ddiddim, y darllen hwyrach yn llesg; a'r cwbl fel pe na byddai bwys yn y byd ynddo . . . Lawer gwaith ni bydd yr athraw wedi dod, cawn ninau y plant, wneyd a fynnwn am efallai deng mynud neu fwy . . . Yna pan ddaw yr athraw neu yr athrawes, ni bydd gan bawb o'r dosbarth lyfrau; treulir deng mynud arall i chwilio am rai . . . ac erbyn cael y cwbl ynghyd, a darllen ychydig yn rhywfodd, bydd yr amser wedi rhedeg ymhell, a byddwn ninau y plant, fel rheol, yn ddigon bodlon i hyny . . . Daw y diwedd, bydd hyny yn golygu rhyw holi ac atteb, rhwng y bobl fawr a'i gilydd, hyny yn ddigon difynd, a difywyd yn aml. Ni ddisgwylir i ni blant gymryd diddordeb ac ni wnawn . . . Ymddengys i ni gan hyny a dywued yn blaen, fel pe na byddai rhyw bwys mawr mewn dim oll, dim o lawer y pwys bydd mewn ysgol ddyddiol, a bod y tipyn ymdrafod yn fwy i gadw i fynu y ffasiwn ar ddarn o'i Saboth nag i wneyd gwaith, ac i gyrhaedd amcan. Sham o beth ydyw llawer o'r cyflawniad, yn dda i ddim ond i dwyllo.

Beirniadaeth ddigon llym ar yr Ysgol Sul yn negawdau olaf y bedwaredd ganrif ar bymtheg a geir yma, felly, ond y cwbl wedi ei liniaru â hiwmor. Gadewir i'r gynulleidfa benderfynu drostynt eu hunain i ba raddau y mae safbwynt y 'plentyn' yn un dilys. Ei gobaith hithau, y plentyn Cranogwen, yw y bydd ei geiriau 'yn ychydig o fantais i chwi ddeall beth i wneyd nesaf, a sut i hwylio yn mlaen yn y dyfodol. Canys yn sicr, nid yw y fordaith eto ar ben; na'r gwaith eto wedi ei orphen; nid gorphenir hefyd, hyd oni byddo y dyn olaf wedi ei eni a'i fagu.'[48]

Dyfais Cranogwen yn y ddarlith hon yw siarad â'i chynulleidfa nid fel un â 'mawredd o nerth, a gallu, ac awdurdod' ond fel y lleiaf a mwyaf dibwys ohonynt, sydd eto â llygaid i weled eu ffaeleddau, a thafod i'w disgrifio. Ei nod yw eu cynorthwyo i'w gweld eu hunain o'r newydd, a diwygio eu byd, ond nid trwy eu barnu fel un sydd yn uwch na hwy a thu allan i'w cymdogaeth. Mae'n gwybod yn iawn, wrth gwrs, sut y disgwylid i ddarlithydd o fri ymddangos yn ôl safonau a gwerthoedd byd materol a pharchus ei hoes. Hi sydd yn dewis disgyn oddi wrth y safonau hynny. Yn yr un modd, ni ddewisai ymddangos yn ei bywyd bob dydd mewn unrhyw fodd yn uwch na'r werin y'i magwyd yn eu plith. Cafodd Ellen Hughes beth syndod wedi iddi ddyfod 'yn bersonol adnabyddus â Chranogwen' am y tro cyntaf yn 1887 i gael mai'r 'hon a welid yn postio llythyr a ffedog o'i blaen, neu yn myned i'r capel yn y pentref a chlocsiau am ei thraed – mai hon oedd yr un a ddysgai y wlad gyda chymaint o awdurdod yn y wasg ac ar y llwyfan'.[49] Synnwyd hi hefyd gan y ffaith fod 'prif lenores Cymru' wedi cadw ei hacen leol, 'yn siarad tafodiaith gwaelod Ceredigion, yn sôn am Phillips Castellnewy', yn gofyn i'w chyfeillion a oeddynt yn "oilin", yn cyfarch y "rhocesi" a'r "crytiaid"'.[50] Amlygir hoffter Cranogwen o ddefnyddio tafodiaith hefyd yn ei cherddi ar achlysuron arbennig, fel, er enghraifft, ei cherdd i ddathlu pen blwydd cyntaf un o blant ei chymdogaeth, sy'n llawn geiriau fel 'whap', 'basyne', 'ontê', 'fowr', 'byty', ac ati.[51] Gwyddai mai'r ffordd orau i fod o gymwynas i'w chymuned oedd trwy ddangos nad oedd yn rhaid i neb droi'n bendefigaidd ac estron cyn gwneud cyfraniad i ddysg a moes eu gwlad a dyrchafiad ei chyd-wladwyr, y menywod yn ogystal â'r dynion.

Yn ôl Thomas Levi, trwy ei phregethau yn fwy na dim arall y gwnaeth Cranogwen ei chyfraniad mwyaf tuag at newid statws israddol y rhyw fenywaidd yng Nghymru, a hynny oherwydd rhagfarn arbennig ei hoes yn erbyn merched fel pregethwyr. Wrth ei llongyfarch ar esgyn i'r pulpud, mynegodd ei farn mewn modd a oedd yn ôl ei gofiannydd Dafydd Arthur Jones yn 'annodweddiadol o agored'.[52] 'Mae gwahanol farnau am y priodoldeb i ferched bregethu,' meddai Levi yn ei ysgrif ar Cranogwen yn 1896:

> Ond y mae y byd yn newid. Mae merched yn gwneyd llawer o bethau y dyddiau hyn heblaw pregethu fuasai yn arswydo pobl y dyddiau gynt. Dydd y merched ydyw yn awr. Hwy sydd yn hynodi eu hunain yn y prif-ysgolion fel ysgolheigion, athrawon, meddygon, a siaradwyr cyhoeddus. Y maent fel wedi penderfynu gwneyd i ffwrdd â'r hen air 'llestr gwanaf', a'i droi yn llestr cryfaf. Nid syn fyddai gweled cyn hir ferched, fel bechgyn, yn yr arholiadau fel ymgeiswyr am y weinidogaeth, ac yn efrydwyr yn y colegau duwinyddol, fel Trefecca a'r Bala. A phed elent yno, y mae yn dra sicr y gadawant llawer bachgen ymhell o'u hôl, nid yn unig mewn gwybodaeth gyffredinol, ond hefyd mewn duwinyddiaeth a doniau pregethu.[53]

Ond yn yr 1890au nid oedd y dyddiau gwyn hynny eto wedi cyrraedd. Pan fu Gerallt Jones wrthi'n casglu storïau amdani gan rai o drigolion hŷn Llangrannog yn y 1950au, cafodd fod y rhai a gofiai Cranogwen yn pregethu hefyd yn cofio 'nad llwybr hawdd a diwrthwynebiad a gafodd wrth y gwaith hwnnw! Dywedwyd wrthi'n bur ddiseremoni gan ambell weinidog hyd yn oed, na châi hi esgyn "i'w bulpud ef"!' Ond 'ni ddigiai oblegid hynny, ac o'r "côr mawr", sedd y blaenoriaid, y pregethai Cranogwen mewn llawer lle'.[54] Yn ôl D. G. Jones hefyd, a'i clywodd yn pregethu yn nhrefi diwydiannol cymoedd y De yn yr 1890au, cafodd rhai o'i gyd-wrandawyr gryn ysgytwad: 'Pan welsant Cranogwen yn y pulpud yn annerch torf o ddynion, credasant fod diwedd y byd wedi dod. Bu'n wych ganddynt awgrymu mai gwryw ar wedd benyw, neu fenyw ar wedd gwryw, ydoedd; a chlywsom rai yn awgrymu nad oedd yn perthyn i'r naill ryw na'r llall.'[55]

Ymlaen yr aeth, fodd bynnag, gan fynd ar deithiau pregethu trwy'r 1890au, i ogledd Cymru, i Lerpwl, Llundain a Birmingham, ac yn arbennig i gymoedd de Cymru, gan ddenu cynulleidfaoedd lluosog a derbyn cymeradwyaeth frwd gan y rhan fwyaf o'i gwrandawyr. Llanwyd llawer capel i'r ymylon gan ei hedmygwyr, a bu'n rhaid i lawer ohonynt ymfodloni ar glustfeinio y tu allan i'r pyrth. 'Mae yn rhaid cael rhywbeth anghyffredin i dynu cynulleidfa dda i Falmouth Road ar foreu Sul, a'r Sul diweddaf yr oedd cynydd amlwg yn nifer y rhai a drafferthasant ddyfod i'r capel yn y boreu', adroddodd un o ohebwyr y *London Kelt* yn 1895. 'Yr ad-dyniad oedd Miss Rees (Cranogwen), yr hon oedd i bregethu ddwywaith yn ystod y dydd.'[56] Hi oedd hoff ddewis llawer capel ar gyfer eu cyrddau pregethu arbennig. 'Gwahoddasom yma y ferch alluocaf a fedd Cymru, ac yn ddistaw bach, credwn mai hi yw y ferch alluocaf yn y byd', meddai cynrychiolydd o gapel Ebenezer, Casnewydd, am bresenoldeb Cranogwen yn un o'u cyrddau pregethu hwy.[57] Wrth daflu golwg yn ôl ar ei gyrfa fel pregethwraig, canodd y gweinidog a'r archdderwydd Dyfed (Evan Rees, 1850–1923) amdani,

> Efengyles i'r Iesu; – llengar oedd
> Yn llawn gras a gallu;
> Haul i foes ei chenedl fu
> Hyd henaint yn tywynnu.[58]

Cymaint oedd ei bri nes i'w chyfeillion benderfynu yn 1895 geisio am bensiwn iddi gan y Llywodraeth. 'Yr ydym yn edrych ar Cranogwen fel un o'r benywod mwyaf athrylithgar a fagodd Cymru', meddai *Tarian y Gweithiwr*: 'nid ydym yn gallu galw i gof un ddynes yn y Dywysogaeth a ddeil ei chymharu a hi . . . Ai nid priodol fyddai i'r holl genedl ymuno ac yn unfrydol apelio am flwydd-dal iddi?'[59] Cytunwyd ar hynny gan fwyafrif y papurau a chylchgronau Cymreig. Yn ôl gohebydd yn y *Faner* ym mis Mawrth 1896, er enghraifft, yr oedd rheidrwydd ar y genedl i wneud ei gorau 'er sicrhau blwydd-dâl i'r brydyddes enwog Gymreig, a'r hon, hefyd, sydd wedi hynodi ei hun o ran ei galluoedd pregethwrol a darlithyddol . . . Y mae enw Cranogwen yn un teuluaidd yn mhob rhanbarth o Gymru.'[60] Ond gwrthwynebwyd y cynnig gan un o ohebwyr *Y Celt* sy'n ysgrifennu dan yr enw 'Cardi Tomos', ar y sail nad oedd eisiau tysteb ar Cranogwen; yr oedd ganddi ddigon o arian yn barod. 'Gwir fod Cranogwen wedi pregethu, darlithio, a barddoni llawer,' meddai, 'ond credaf ei bod yn cael ei thalu am bregethu yn llawn mor deilwng a ereill o fewn cylch y Corff. Y mae wedi, ac yn, darlithio, ond nid am ddim!' Mae'n atgoffa ei ddarllenwyr 'mai o logell y trethdalwr y ceir yr arian' ar gyfer pensiwn o'r fath: 'Ffordd ragorol i barchu dyn cyfoethog fyddai gofyn am dal blynyddol iddo gan y Plwyf!!'[61] Enynnodd ei lythyr ymatebion dicllon, hyd yn oed ym mhapurau Cymraeg yr Unol Daleithiau, ac aethpwyd ymlaen â'r cais.

Erbyn 1899 cafwyd addewid oddi wrth y Trysorlys y byddai'r Llywodraeth yn cyfrannu at dysteb iddi, ar yr amod fod honno'n un genedlaethol. Dechreuwyd casglu arian o ddifrif, ac ymddangosodd erthyglau niferus yn y wasg yn pwysleisio gwerth cyfraniad Cranogwen i'w chenedl. Talwyd sylw arbennig i'r hyn a wnaeth dros ferched ei gwlad. Mewn llith faith yn *Y Goleuad*, er enghraifft, meddir amdani:

> bu yn offerynol i adfer eu hiawnderau i'w chwiorydd yn Nghymru i raddau mwy nag y gall neb ddeall, ond y rhai hyny sydd yn cofio cyflwr y teimlad yn y dywysogaeth yn yr oes o'r blaen at ferched yn troi mewn cylchoedd cyhoeddus. Darfu iddi trwy ei llwyddiant rhyfeddol ar yr esgynlawr orchfygu rhagfarn gwlad, ac agor y drws i ferched i fyned i mewn i gylchoedd o ddefnyddioldeb nad oeddynt hwy eu hunain wedi breuddwydio am danynt o'r blaen.[62]

Cynhaliwyd cyfarfod ym Mhontypridd i hyrwyddo'r gwaith o gasglu at ei thysteb, ac yno darllenwyd llythyrau o gymeradwyaeth gan enwogion megis Syr O. M. Edwards, yr Aelod Seneddol William Abraham (Mabon) a'r nofelydd Gwyneth Vaughan.[63] Etholwyd pwyllgor i ymgymryd â'r gwaith, a dechreuwyd anfon cardiau casglu at bawb a fynegai ddiddordeb. Atgoffodd *Y Gymraes* ei darllenwyr fod cyfrifoldeb arbennig arnynt hwy, fel benywod, i ymgymryd â'r gwaith gan mai 'dyma y dysteb genedlaethol gyntaf a wnaed yn Nghymru i ferch, a sicr yw dyma ferch sydd yn ei haeddu'.[64]

Ymunodd papurau Saesneg Cymru yn yr ymgyrch gyda'r un brwdfrydedd. Yn ôl gohebydd benywaidd yn y *Welsh Gazette*, er enghraifft, 'Cranogwen certainly did a wonderful thing when, as a young girl in a remote corner of Cardiganshire, she marked out for herself a path, not only new, but we may almost say forbidden to women at that time.' Ac ychwanegodd: 'She, moreover, had the courage to keep to it, in spite of all obstacles, and by so doing, she has been an example and inspiration to many women who have subsequently done good work in Wales.'[65] Bu casglu brwd am flwyddyn, gyda *Tarian y Gweithiwr* yn rhestru bob mis faint a gasglwyd a chan bwy. Cynhwyswyd ambell stori ynghyd â'r manylion ariannol, fel hanes gŵr o Rymni a synnwyd gan yr ymateb a gafodd ei ddwy ferch wrth iddynt fynd o gwmpas eu cymdogion gyda'r cardiau casglu ar gyfer y dysteb. 'Yr oeddwn yn sicr fod yma amryw garent gael cyfleusdra i ddangos eu teimladau da i foneddiges fwyaf ogoneddus Cymru, ond ni ddychmygais ei bod mor anwyl yn mhob teulu,' meddai. 'Dwy awr fu fy ngenethod cyn dychwelyd a thros ugain o enwau . . . yr oedd bron pob teulu buont ynddo gyda rhyw un neu ddau eithriad yn teimlo yn falch i gael rhoddi rhywbeth.' Ac mae'n gorffen ei 'Nodion o Rymni' gyda'r cwpled:

> Tysteb Gwalia gyda gwen
> Geir i'n hygar Cranogwen.[66]

O'r diwedd, yn Aberdâr ym mis Rhagfyr 1900, mewn cyfarfod 'dirodres', yn unol â'i dymuniad hi, cyflwynwyd tysteb o £405 13s 6c i Cranogwen, gyda £50 ohono yn dyfod o logell y Trysorlys. Nid yw hynny'n ymddangos yn arian mawr, ar ôl yr holl waith, ond fe fyddai'n werth tua £50,000 heddiw. Digon tebyg fod llawer o'i chyfeillion yn ystyried y ddeiseb hon yn deyrnged i Cranogwen ar ddiwedd ei gyrfa, a hithau'n awr dros ei thrigain oed: ceir llawer cyfeiriad yn y papurau at y ffaith nad oedd erbyn diwedd yr 1890au, oherwydd blinder ac afiechyd, yn abl i weithio gyda'r un egni ag o'r blaen. Gellir tybio, felly, mai mawr oedd eu syndod pan sylweddolasant, i'r gwrthwyneb, fod pennod arall ar gychwyn yn ei bywyd yn 1901, un a fyddai yn ei hysbrydoli i lafurio gydag afiaith newydd, mor egnïol ag erioed.

Nodiadau

1 'Pynciau y Dydd: Cranogwen yn y Pwlpud', *Y Genedl Gymreig*, 15 Awst 1888.
2 'Miss Sarah Cranogwen Rees: Ei Chymwysder fel Efengyles – Dylai Eglwysi America gael Mwynhau ei Gweinidogaeth', *Y Drych*, 12 Gorffennaf 1888.
3 [Thomas Levi], 'Cranogwen', *Trysorfa y Plant*, xxxv (Ebrill 1896), 87.
4 Ceridwen Peris, 'Cranogwen (1839–1916)', *Y Drysorfa*, cix (Gorffennaf 1939), 264.
5 Miss Prichard, Birmingham, 'Cranogwen', *Y Gymraes*, i (Hydref 1896), 5.
6 [Thomas Levi], 'Cranogwen', *Trysorfa y Plant*, xxxv (Ebrill 1896), 88.
7 Ceridwen Peris, 'Cranogwen (1839–1916)', *Y Drysorfa*, cix (Gorffennaf 1939), 262.
8 *Y Negesydd*, 25 Hydref 1895.
9 [Cranogwen], 'Ein Dyddlyfr', *Y Frythones*, ii (Mai 1880), 153.
10 [Cranogwen], 'Esther Judith', *Y Frythones*, ii (Rhagfyr 1880), 367–8.
11 D. G. Jones, *Cofiant Cranogwen* (Caernarfon: Argraffdy'r Methodistiaid Calfinaidd, dros Undeb Dirwestol Merched y De, d.d. [1932]), t. 101.
12 Evan Isaac, *Humphrey Jones a Diwygiad 1859* (Y Bala: Gwasg y Bala, 1930), tt. 24–5, 32.
13 J. J. Morgan, *Hanes Dafydd Morgan, Ysbyty, a Diwygiad 59* (Y Wyddgrug: Cyhoeddedig gan yr Awdur, 1906), tt. 123–4.
14 Cranogwen, 'David Griffiths, Rhydlwyd', *Y Goleuad*, 28 Hydref 1896.
15 Cranogwen, 'Mrs Robatham, Tregolwyn, Morganwg', *Y Gymraes*, iv (Tachwedd 1900), 162.
16 'Gossips' Corner', *The Cardiff Times*, 17 Medi 1892.
17 'Llanfabon. Cyfarfod Pregethu', *Y Goleuad*, 1 Mehefin 1894; 'Moriah, Llanstephan', *Y Goleuad*, 4 Gorffennaf 1894.
18 'Corris', *Y Negesydd*, 1 Tachwedd 1895.
19 Jones, *Cofiant Cranogwen*, t. 102.
20 'Dinas', *Y Goleuad*, 28 Tachwedd 1894; 'Llansamlet', *Y Goleuad*, 9 Rhagfyr 1896.
21 'Ynyshir. Angladd y Parch John Morgan, Tabernacl (M.C.)', *Tarian y Gweithiwr*, 18 Ebrill 1907.
22 LlGC 19246A, 'Sketches of Wales and its People', Part IX: '"No," C. replies, "it is not that; I am sure it is not that. They are *good men*, and they think I am *wrong*;" and the idea that good men think

her wrong in the way she tries to do good, is a saddening thought.' Gweler Pennod 4, t. 100.
23 [Cranogwen], 'Mrs Reany', *Y Frythones*, viii (Medi 1886), 264.
24 William C. Cudd, Utica, *Y Drych*, 9 Gorffennaf 1888.
25 D. E. Roberts, 'Iawnderau Merched', *Y Drych*, 26 Gorffennaf 1888.
26 W. C. Cudd, 'At D. E. Roberts, Ysw., Utica, N.Y.', *Y Drych*, 6 Medi 1888.
27 'Bugeiliaid y Bannau', *Yr Haul*, xvii (Ionawr 1874), 32.
28 Job, 'Menywod yn Pregethu', *Seren Cymru*, 4 Ionawr 1884.
29 Llais, 'Menywod yn Pregethu', *Seren Cymru*, 18 Ionawr 1884.
30 Edmygydd Paul a'r Gwragedd, 'Menywod yn Pregethu', *Seren Cymru*, 18 Ionawr 1884.
31 Mary Jones, Bethel, 'Hawliau a Dyledswyddau y Rhyw Fenywaidd', *Y Frythones*, v (Mawrth 1883), 87.
32 Mair, Cemmaes, 'Lle a Dylanwad Merched mewn Cymdeithas', *Y Frythones*, x (Gorffennaf 1888), 206.
33 D. Williams, 'Lle a Gwaith y Chwiorydd yn Nygiad yn Mlaen Deyrnas Crist', *Y Frythones*, vi (Medi 1884), 267–8.
34 Am hanes Pamela a Kate Shepherd, gweler Charles Preece, *Woman of the Valleys: The Story of Mother Shepherd* (Port Talbot: New Life Publications, 1988).
35 [Cranogwen], 'Hyn a'r Llall', *Y Frythones*, i (Tachwedd 1879), 350.
36 Rosina Davies, *The Story of my Life* (Llandysul: Gwasg Gomer, 1942), t. 67.
37 D. Lledrodian Davies, 'Y Ddwy Efengyles', *Baner ac Amserau Cymru*, 18 Gorffennaf 1883.
38 Job, 'Merched yn Pregethu', *Seren Cymru*, 18 Ionawr 1884.
39 Gweler Rosanne Reeves, *Dwy Gymraes, Dwy Gymru: Hanes Bywyd a Gwaith Gwyneth Vaughan a Sara Maria Saunders* (Caerdydd: Gwasg Prifysgol Cymru, 2014), t. 45; ac E. Wyn James, 'Cwm Rhondda a Chei Newydd: Croth a Chrud Diwygiad 1904–5', yn Tegwyn Jones a Huw Walters (goln), *Cawr i'r Genedl: Cyfrol i Gyfarch yr Athro Hywel Teifi Edwards* (Llandysul: Gwasg Gomer, 2008), t. 209.
40 Davies, *The Story of my Life*, tt. 168 a 202–3.
41 Davies, *The Story of my Life*, tt. 50, 126, 139.
42 *The Cambrian News and Merionethshire Standard*, 20 Gorffennaf 1917.
43 W. C. R., 'Eich Merched a Broffwydant', *Y Drych*, 23 Awst 1888.
44 M. H. J., 'Our Colleges: Trevecca', *Monthly Treasury*, iii (Mawrth 1896), 72: 'Feb. 14th, Miss Cranogwen Rees visited us, and preached an able sermon in Welsh on Luke xxii. 27. "I am among

you as he that serveth." The path of obedience and service is the path to honour and blessedness. The sermon was characterised by its soundness, pure and idiomatic Welsh, and some of the allusions and descriptions were most beautiful and telling. The following morning at the Homiletic Class, Miss Rees addressed the students on the object and nature of the work of the Ministry, together with the spirit necessary to fulfil it.'

45 [Cranogwen], 'Beth Debygwch Chwi am Grist? Mab i Bwy Ydyw?' *Y Frythones*, iii (Medi 1881), 261.
46 [Cranogwen], 'Y Gwlithyn', *Caniadau Cranogwen* (Dolgellau: Robert Oliver Rees, d.d. [1870]), t. 127.
47 'C.', 'Anian', *Y Frythones*, ii (Medi 1880), 265.
48 LlGC 23895A, anerchiad gan Cranogwen, 'Yr Ysgol Sabbothol a'i Phlant'.
49 Ellen Hughes, 'Yng Nghymdeithas Cranogwen', *Y Gymraes*, xxviii (Chwefror 1924), 20.
50 Ellen Hughes, 'Yng Nghymdeithas Cranogwen', *Y Gymraes*, xxviii (Ebrill 1924), 59.
51 LlGC ex 2935, 'Maggie Eurona, ei phenblwydd gynta'.
52 Dafydd Arthur Jones, *Thomas Levi*, cyfres 'Llên y Llenor' (Caernarfon: Gwasg Pantycelyn, 1996), t. 47.
53 [Thomas Levi], 'Cranogwen', *Trysorfa y Plant*, xxxv (Ebrill 1896), 87.
54 Gerallt Jones, *Cranogwen: Portread Newydd* (Llandysul: Gwasg Gomer, 1981), t. 46.
55 Jones, *Cofiant Cranogwen*, t. 88.
56 *The London Kelt*, 8 Mehefin 1895.
57 'Ebenezer, Casnewydd', *Y Goleuad*, 26 Rhagfyr 1906.
58 Dyfynnir gan Ceridwen Peris, 'Cranogwen (1839–1916)', *Y Drysorfa*, cix (Gorffennaf 1939), 265–6.
59 *Tarian y Gweithiwr*, 13 Mehefin 1895.
60 *Baner ac Amserau Cymru*, 7 Mawrth 1896.
61 Cardi Tomos, 'Blwydd-dal i Cranogwen', *Y Celt*, 13 Mawrth 1896.
62 'Cranogwen', *Y Goleuad*, 11 Hydref 1899.
63 Gweler 'Cranogwen's Testimonial: Meeting at Pontypridd', *Western Mail*, 9 Tachwedd 1899.
64 'Tysteb Cranogwen', *Y Gymraes*, iv (Ionawr 1900), 15.
65 A Lady Correspondent, 'Cranogwen', *Welsh Gazette and West Wales Advertiser*, 11 Ionawr 1900.
66 'Nodion o Rymni', *Tarian y Gweithiwr*, 21 Rhagfyr 1899.

Pennod 10

'Byddin Merched Dewr y De'

Dechreuodd Cranogwen ar ei gwaith gyda'r mudiad dirwest yn 1869, cyn cychwyn ar ei thaith gyntaf i'r Unol Daleithiau, pan sefydlodd gangen o'r Gobeithlu, neu'r *Band of Hope*, ar gyfer plant a phobl ieuanc Llangrannog. Hon oedd y gangen gyntaf o'i bath yng Ngheredigion; cynhelid y cyfarfodydd yng nghapel newydd y Methodistiaid Calfinaidd, Bancyfelin, ond roedd yr aelodaeth yn agored i holl blant y gymdogaeth. Rhaid oedd i bob aelod o'r Gobeithlu ymrwymo 'i ymwrthod a phob math o ddiodydd meddwol (oddieithr fel meddyginiaeth) ac i beidio a'u cymell ar ereill'.[1] Arweiniwyd a chadwyd cofnodion y gangen gan Cranogwen ei hun pan nad oedd oddi cartref, ac yn ôl atgofion hen drigolion y pentref yr oedd ganddi ddawn arbennig i wneud y gwaith. 'Ni bu neb tebyg i Granogwen am wybod y ffordd i weithio gyda phlant ac ieuenctid – a'u denu'r un pryd; ac yr oedd ganddi ddigon o hiwmor er ei bod yn cadw disgyblaeth perffaith,' cofiai Myfanwy Griffith, a fu'n aelod o Obeithlu Llangrannog yn yr 1890au.[2] Er enghraifft, rhydd hanes am Cranogwen yn ceisio cael gan fachgen swil i ddechrau rhannu ei brofiadau yn un o'r cyfarfodydd. '"'Nawr 'te, Henry, dweded e rywbeth bach am rywun neu rywbeth welodd e heddi – neu ddoe"', meddai'r arweinydd, ond '"'Sdim byd 'da fi i weud, Miss"', atebodd y bachgen. '"O, dewch nawr, Henry, dewch nawr; . . . dwedwch, dwedwch i bwy y'ch chi'n ffrind?"', cocsiodd hithau. 'Ac ar ôl rhai eiliadau, dyma fe'n sibrwd, "Rwy'n ffrind . . . i chi . . . Miss Rees." Aeth rhai o'r plant hŷn i goeg-chwerthin i'w dwylo: ond wedi i Granogwen rhoi chwerthiniad iach ac uchel, dyma pawb yn uno, a Chranogwen yn dweud: "Go dda'n wir, Henry".' Yn ôl Myfanwy Griffith yr oedd Cranogwen 'yn ddylanwad mawr mewn cynorthwyo merched a bechgyn i ddod yn ddoniau cyhoeddus'.[3]

Cychwynnwyd y Gobeithlu fel symudiad hanesyddol yn Iwerddon, ond y prif ddylanwad ar fudiadau dirwest rhyngwladol y bedwaredd ganrif ar bymtheg yn gyffredinol oedd yr ymgyrchoedd yn yr Unol Daleithiau. Yno, yr oedd menywod ar flaen y gad o'r cychwyn, gyda rhyw 24 o gymdeithasau dirwest ar gyfer merched yn unig wedi eu sefydlu erbyn 1831. Ymunodd Cranogwen yng nghyfarfodydd dirwestol y Taleithiau wrth iddi deithio'r wlad yn 1869–71, ac mae'n siwr fod y profiad wedi ychwanegu at ei sêl dros yr achos. Rhoddodd araith yng Nghymanfa Ddirwestol Talaith Efrog Newydd yn Floyd, swydd Oneida, ym mis Mehefin 1869. Blynyddoedd wedyn cofiodd un o'i chynulleidfa amdani'n dweud ar yr achlysur hwnnw '[f]od ganddi hi fwy o ffydd yn Paul fel pregethwr na fel meddyg' oherwydd i'r Apostol gynghori Timotheus â'r geiriau, 'Nac yf ddwfr yn hwy; eithr arfer ychydig win, er mwyn dy gylla a'th fynych wendid.'[4] Ond yr oedd Cranogwen wedi dechrau darlithio ar ddirwest cyn iddi groesi'r Iwerydd; rhoddodd ei hanerchiad cyntaf ar y pwnc yn Nhongwynlais, Sir Forgannwg, yn 1866, ac o hynny ymlaen tan ddiwedd y ganrif gwelir ei henw wedi ei restru ymhlith y siaradwyr mewn nifer o adroddiadau ar gyfarfodydd dirwest siroedd Cymru. Gan amlaf 'Miss Rees (Cranogwen)' yw'r unig enw benywaidd a restrir ymhlith degau o barchedigion.

Oddi ar yr 1860au yr oedd Cranogwen hefyd wedi cyfrannu at farddoniaeth y mudiad, gan gyhoeddi sawl anthem a rhyfelgan ddirwestol. Ceir un enghraifft ohonynt yn *Caniadau Cranogwen* 1868, sef y gerdd 'Baner Dirwest' sy'n cyfarch y faner ac yn annog ei dilynwyr ymlaen i'r gad. Yn ogystal â cheisio dwyn perswâd ar unigolion i ymwrthod â'r ddiod, arfer y mudiadau dirwestol oedd cynnal gorymdeithiau banerog trwy'r trefi a'r pentrefi, gyda'r gorymdeithwyr a'u band yn canu emynau dirwest. Mae gweld torf yn canlyn y faner 'yn lloni'm calon', canai Cranogwen:

> Filwyr dewr, na ddigalonwch,
> Ewch ymlaen, a chwi orchfygwch:
> Rhaid i gastell cadarn Medd'dod
> Gael ei chwalu hyd y gwaelod
> . . .
> Ewch ymlaen, a rhuthrwch arno!⁵

Dengys rhai o'i chaneuon effeithiau hirhoedlog yr ymosodiad ar ffaeleddau honedig y genedl Gymreig yn Adroddiad ar Addysg 1847; 'the people drink to the most brutal excess', meddai awduron y Llyfrau Gleision am y Cymry.⁶ Er mwyn achub eu henw da, rhaid oedd i'r Cymry ymuno yn lluoedd y dirwestwyr. Trueni dros Gymru fel gwlad yr yfwyr mawr yw prif thema'r gân a gyhoeddwyd gan Cranogwen yn *Cerddor y Tonic Sol-Ffa* ym mis Hydref 1869. 'Ei medd-dod yw ei gelyn', meddai am ei gwlad, a rhaid ei hachub o'r 'blin ormes' hwn.⁷ Cynhwyswyd dwy arall o'i cherddi dirwest mewn casgliad a gyhoeddwyd yn yr 1860au, sef *Telyn y Deml: Caneuon at Wasanaeth y Temlwyr Da*; y Temlwyr Da oedd cangen Gymreig y mudiad dirwest rhyngwladol Order of the Good Templars a gychwynnwyd yn Utica yn yr Unol Daleithiau yn 1851. Mae'r gyfrol yn agor gyda rhyfelgan gan Cranogwen i'w chanu ar y dôn adnabyddus 'Difyrrwch Gwŷr Harlech'. Cydymdeimlad â'r meddwyn, yng nghlwm yng ngharchar ei ddibyniaeth, yw ei phrif thema:

> Henffych well i faner Dirwest,
> Trwy ei chanlyn ni gawn goncwest,
> Ar holl gewri gwin a gloddest,
>   Drwy y wlad i gyd;
> Miloedd lawer o'n goreuon
> Wŷr a ddug yn garcharorion,
> Llu fu farw dan ei gloion,
>   Mewn tywyllwch du!
>   Galw mae cyfiawnder,
>   Galw mae gorthrymder;

> Miloedd sydd mewn carchar prudd,
> Yn gwario'r dydd yn ofer!
> Awn ymlaen drwy fyrdd o frwydrau,
> Awn nes cyraedd eu carcharau,
> Mynnwn ddatod eu cadwynau,
> Luoedd maeth ynghyd.

Nod crwsâd y gerdd yn y pen draw, fodd bynnag, yw achub y wlad o'i gwarth: 'Cymru hoff, hen wlad ein tadau, / Tyred allan o'th gadwynau', cenir yn y pennill olaf.[8] Ymddangosodd 'Ymdeithgan Ddirwestol' arall ganddi yn yr 1880au, sef 'Ymgesglwch Gymry Dewrion', sydd eto'n galw ar y Cymry i roddi '[c]adarn brawf eich bod / Yn hâd y "Cymry fu"' trwy goncro meddwdod a thrwy hynny gael dial am y sarhad a dywalltwyd ar eu gwlad.[9] Cranogwen hefyd oedd awdur y gerdd ddirwestol 'Codwn i fyny o blaid y gwirionedd' a ymddangosodd yn *Y Frythones* ym mis Medi 1882. Ynddi mae'n apelio ar ei chydgenedl i gofio trueni'r meddwyn ac i gyfodi i'w amddiffyn, 'er cryfed llifeiriau anwiredd ein teyrnas' nad yw'n fodlon ymyrryd â'r fasnach feddwol gyfoethog a dylanwadol. 'Dirwest anwylaf . . . cenad trugaredd' yw'r unig ateb pan na fo'r Senedd yn San Steffan yn barod i weithredu i achub 'trueiniaid ar ddarfod am danynt' trwy ddeddfu i gyfyngu ar ryddid y farchnad.[10] Tosturi at y meddwon yn hytrach na sarhad yw nodyn amlycaf ei cherddi dirwest, efallai oherwydd ei chydymdeimlad â'i thad a'i hawydd i'w achub ef a'i debyg o'u dibyniaeth ar alcohol.

Un oedd y gerdd 'Codwn i fyny o blaid y gwirionedd' ymhlith nifer fawr o gerddi, traethodau ac adroddiadau ar wahanol weithgareddau'r mudiad dirwest a gyhoeddwyd ar dudalennau'r *Frythones* rhwng 1879 ac 1889. Yn ei rhifyn cyntaf yn Ionawr 1879 mae'r 'Ol' yn ei cholofn 'Hyn a'r Llall' yn cofnodi'n frwdfrydig y ffaith iddi dderbyn 'newydd heddyw y sydd yn ein lloni: y mae symudiad ar droed i gael Tŷ Dirwestol parchus yn Aberystwyth'. Tyfodd poblogrwydd y 'tai dirwestol', sef gwestai a wrthodai weini alcohol, yn ystod ail hanner y bedwaredd ganrif ar bymtheg, ond siomwyd Cranogwen gan nifer ohonynt nad oeddynt, yn ei thyb hi, yn ddigon effeithiol, croesawgar na deniadol. Fodd bynnag, mae'n gobeithio am well oddi wrth 'bobl dda Aberystwyth. Y mae yno gewri, "meibion Anac", dorf ohonynt yn trigo,' meddai. ''Does bosib nad *all* pobl Aberystwyth lawer iawn mewn unrhyw ffordd a ddewisont o weithredu gweithredoedd dda.'[11] Ond yn ei cholofn 'Y Tymhor' ddwy flynedd yn ddiweddarach mae bron â cholli gobaith eto wrth nodi 'ffasiwn llawer rhan o'r wlad o ranu cwrw' yn rhydd ac am ddim mewn arwerthiannau, er mwyn ceisio codi lefel y cynigion. Bytheiria yn erbyn y 'traflyncu a wneir arno mor wallgof-awyddus gan enauau rheibus ac anniwall . . . y mae – Wel, nid oes genym eiriau, y mae mor annyoddefol o wrthun ac anifeilaidd, nage, yn wir, nid *anifeilaidd*, ond budr-ddynol, ym mhob golwg arno.'[12] O'u cymharu â meddwon, mae anifeiliaid yn batrymau o burdeb.

Fodd bynnag, erbyn diwedd y flwyddyn 1881 gallai Cranogwen fel gweddill ei chydgenedl Ymneilltuol ymhyfrydu yn y ffaith fod San Steffan wedi pasio deddf i gau tafarnau Cymru ar y Sul, sef y Sunday Closing (Wales) Act, y ddeddf gyntaf i enwi Cymru yn benodol ac felly i gydnabod y wlad fel uned ar wahân i Loegr. Ond yr oedd yr ymgyrch i achub Cymru o afael y 'ddiawles' alcohol eto'n parhau, a dadleuai nifer o ohebwyr *Y Frythones* mai'r unig ffordd i 'godi Cymru' yn effeithiol, ar ddiwrnodau gwaith yn ogystal ag ar y Saboth, oedd drwy'r mudiad dirwest. Y gryfaf, efallai, o erthyglau dirwest y cylchgrawn yw'r ysgrif a ymddangosodd ym mis Hydref 1888 gan un sy'n ei alw ei hun yn 'Un o Blith y Werin'. Rhoddir yma fanylion ynghylch maint y gwariant ar ddiod gadarn ym Mhrydain, sef 'y swm aruthrol o £1,364,000 am y deng mlynedd yn diweddu yn 1882', a sylwadau ar y niwed y mae camddefnyddio alcohol yn ei achosi. Yn ôl 'Un o Blith y Werin' mae hyn 'i'w cydmaru ag eiddo maes y gwaed . . . neu i ddifrod haint marwol, neu ganlyniadau ofnadwy newyn; ac yn ol yr awdurdod uchaf yn y deyrnas y mae galanasdra y fasnach feddwol yn gymaint ag eiddo y tri dinystrydd mawr yn nghyd'. 'Y mae dirwest mor anhebgorol i ddyrchafiad y werin ag ydyw tywyniad a gwres yr haul i'r glaswellt a'r egin yn y Gwanwyn,' meddai wrth orffen.[13]

Rhaid oedd parhau â'r ymgyrch i ryddhau'r wlad o afael y cyffur, felly, ac erbyn yr 1890au yr oedd mudiad dirwestol newydd ar droed yng Nghymru, un a oedd o ddiddordeb neilltuol i Cranogwen. Yn yr Unol Daleithiau yn 1873 y daeth y Women's Christian Temperance Union i fodolaeth, ac o dan arweiniad ei ail lywydd, Frances Willard, tyfodd yn fuan i fod yn rym yn y wlad. Roedd dyrchafu'r rhyw fenywaidd yn gyffredinol yn rhan bwysig o weithrediadau'r mudiad hwn; annog eu chwiorydd nid yn unig i roi'r gorau i'r ddiod ond hefyd i fynnu eu lle fel aelodau llawn o'r gymdeithas, cydradd â'r dynion, oedd nod amryw o'i arweinwyr. O dan ei ddylanwad crëwyd undeb dirwest i wragedd ym Mhrydain hefyd, sef y British Women's Temperance Association (BWTA) gyda'r Arglwyddes Henry Somerset yn llywydd arno. Cyn hynny, mudiadau cymysg o ran rhyw oedd cymdeithasau dirwestol Prydain, yn cael eu harwain gan ddynion gyda'r aelodau benywaidd yn rhoi help llaw ymarferol, ac yn eithaf cryf o ran niferoedd, ond heb fod ganddynt ryw lawer o ddylanwad. Cymaint oedd sêl merched Cymru dros gyfrannu yn fwy effeithiol at gwymp y farchnad feddwol, fel y gwnaed ymgais i agor canghennau o'r BWTA yng Nghymru hefyd, ond Saesneg oedd iaith y mudiad, ac o ganlyniad nid oedd yn ffynnu ymhlith yr Ymneilltuwyr Cymreig. Mewn cyfarfod ym Mlaenau Ffestiniog yn 1892 penderfynwyd bod yn rhaid rhoi cychwyn ar greu mudiad Cymraeg i ferched Cymru, a daeth Undeb Dirwestol Merched Gogledd Cymru (UDMGC) i fodolaeth. Cafodd lwyddiant nodedig, gan dyfu o 25 cangen yn 1893 i 52 yn 1894 a 65 erbyn 1895. Yn 1896, pan sefydlwyd canghennau ymhlith Cymry Cymraeg Lerpwl a Manceinion yn ogystal ag ar draws gogledd Cymru, dyblwyd eu nifer bron iawn i 106 o ganghennau, gyda chyfanswm o 11,821 o aelodau.[14]

Roedd Cranogwen, wrth gwrs, yn cymryd diddordeb byw yn llwyddiant UDMGC, ac yn ysu am weld mudiad cyffelyb yn ne Cymru hefyd. Yn ôl Ceridwen Peris yn ei hysgrif goffa ar Cranogwen, poenid hi'n barhaus erbyn blynyddoedd olaf y bedwaredd ganrif ar bymtheg 'gan y difrod a wneid ymysg merched, a meibion hefyd, ym mhentrefi poblog y Deheudir gan y ddiod feddwol'. 'Gwelsai Undeb Dirwestol Merched y Gogledd, a hiraethai am ymdrech gyffelyb' yn y de, meddai.[15] Yn wir, yr oedd gan Cranogwen gydymdeimlad arbennig â chymdeithasau trefi a phentrefi diwydiannol de Cymru; cafodd groeso brwd yn llawer o gapeli'r de a theimlai ddyled o werthfawrogiad i'w cynulleidfaoedd. Mewn ysgrif ddifyr yn *Y Negesydd* yn 1897, dan y teitl 'Y Nadolig yng Nghorris', mae'n cymharu nodweddion cynulleidfaoedd capeli'r de a'r gogledd. Yn y gogledd, meddai, ceir

[c]ynulleidfa o chwarelwyr (gan mwyaf), a'u gwragedd a'u plant, gweddus a gwiw iawn o ymddangosiad – glân iawn, hytrach yn fwy felly na chynulleidfa o lowyr . . . ac eto, am wres, a bywiogrwydd symudiad, ysbryd a chorph, deuer atynt hwy, pobl y glo a'r tanau. O ie, am ganu i beri i'r olwynion droi ar eu canfed, i doddi y rhew, deuer atynt hwy – pobl Cwm Aberdar a'r Rhondda. O ran hyny, nid oes rew nac eira yn aros yn eu plith hwy, ond y nesa' i ddim. Rhwng pob math o wres, e fydd yn gorfod ildio ar unwaith. Yma, yn y Gogledd-dir, y mae ganddo fwy o ryw fath o sefyllfa.[16]

Oherwydd ei hoffter arbennig o bobl wresog cymoedd y de, gofidiai lawer ynghylch cynnydd y farchnad feddwol yn eu plith.

Yna, yn hydref 1900, daeth ei chyfaill Annie Catherine Pritchard, Ysgrifennydd UDMGC ac awdur ffuglen ddirwestol dan y ffugenw 'Ruth', i ymweld â Cranogwen yn Llangrannog. Cafwyd trafodaeth frwd ynghylch y posibilrwydd o gychwyn mudiad cyffelyb i UDMGC yn y de. Yn ôl Ellen Hughes, a ddaeth hefyd ar ymweliad â Cranogwen yn fuan wedyn, cafodd brwdfrydedd Ruth 'argraff arhosol' ar ei chyfaill:

> Os oedd Frances Willard wedi profi peth fel hyn yn fuddiol yn yr Amerig, a'r Arglwyddes Henry Somerset yn Lloegr, ac os oedd Chwiorydd Gogledd Cymru wedi cychwyn er's blynyddoedd ar fudiad cyffelyb, paham ynte nad allesid gwneud cynnig ar Undeb Dirwestol yn y Deheudir? Ie, y Deheudir gyda'i byllau glo a'i boblogaeth enfawr a chymysgryw – Sir Forgannwg gyda'i chymoedd prysur, ei bywiogrwydd a'i themtasiynau – a Chwm Rhondda ag yr oedd Cranogwen mor gyfeillgar ag ef ac a'i croesawai hithau mor gynnes, ac eto a feddai ei dafarnau a thrigolion na welid un amser mewn lle o addoliad! Tybed nad oedd galwad ar rywun neu rywrai i gychwyn Mudiad yn ddioed yn y Deheudir, a'i amcan arbennig i gael merched y wlad yn llwyrymwrthodwyr, ac i roddi eu hysgwyddau o dan achos Dirwest a Phurdeb, fel y byddo eu dylanwad ar y boblogaeth yn gyffredinol?[17]

Ond pwy fyddai'n arwain y fath ymgyrch? Nid ystyriai Cranogwen ei hun yn addas, gan ei bod dros drigain mlwydd oed erbyn hynny, a heb fod yn hanu o'r Rhondda nac yn breswylydd yn y fro. I Ellen Hughes a Ruth, fodd bynnag, nid oedd amheuaeth: onid Cranogwen oedd 'y ferch a anesid i fod yn arweinydd, ac a dreuliasai ei hoes hyd yn hyn i arwain ei chenedl yng nghyfeiriad y pur a'r rhagorol?'[18] O'r diwedd, cytunodd hithau, 'ar alwad o'r Nef a chymhelliad Miss Pritchard,' yn ôl D. G. Jones,[19] i roi cychwyn ar y dasg trwy ymgynghori â'i chyfeillion ynghylch y ffordd orau o sefydlu undeb tebyg i UDMGC yn ne Cymru.

Yna, am rai misoedd ar gychwyn 1901, er mwyn hybu'r gwaith, symudodd Cranogwen i fyw i ganol y Rhondda, gan letya mewn ystafelloedd ym mhentref diwydiannol Tonpentre. Yn dilyn cwrdd gweddi yn Jerusalem, capel y Methodistiaid Calfinaidd yn Nhonpentre, un noson waith, gofynnwyd i'r chwiorydd 'aros ar ôl' a chododd Cranogwen i siarad â hwy ynghylch yr angen i greu undeb dirwestol o ferched lleol. Penderfynwyd y pryd hwnnw y dylid cynnal cyfarfod mawr yn yr un capel ar nos Lun, 18 Mawrth. Yn ôl Cranogwen yn ei hadroddiad cyntaf ar waith yr undeb newydd, aethpwyd ati i 'wahodd ohonom yn helaeth, trwy lythyrau ac arall', ac o ganlyniad 'daeth ugeiniau lawer o ferched a gwragedd ynghyd o'r gwahanol ardaloedd amgylchynol' i Jerusalem ar gyfer y cyfarfod, ac ynddo penderfynwyd 'i wneuthur cynnig ar Undeb Dirwestol i Ferched y Ddwy Rhondda'.[20] Mewn llythyr at *Y Celt* yn ddiweddarach yn yr un mis mae Cranogwen yn gofyn caniatâd y golygydd i 'gyfarch y Merched a'r Gwragedd o'ch darllenwyr chwi, hyd Forganwg yna – Cymoedd y Rhondda, yn arbenig' er mwyn rhoi adroddiad iddynt ar y cyfarfod hwnnw, a'r modd y profodd 'fod degau o ferched a gwragedd da, coeth a deallgar y ddwy Rhondda, yn barod i ymgyrchu ar ran Dirwest a Phurdeb yn eu broydd'. Gan annog gweddill eu chwiorydd yn y cymoedd i ymuno â hwy yn y crwsâd, diwedda ei llythyr trwy ddweud mai 'Amgylchu Jericho yw ein hamcan . . . Y mae y fasnach feddwol frigog, flodeuog, wenwynig, y sydd yn lladd ei miloedd, ac yn gwneuthur yn ofer ein gobeithion am y dyfodol . . . wedi ei nodi i'w ddinystrio . . . ac efallai mai drwom ni . . . y syrth.'[21]

Mae'n amlwg mai creu byddin filwriaethus o fenywod oedd bwriad Cranogwen, ond yr oedd yn ansicr o hyd amdani hi ei hun fel arweinydd. Clywyd hi yn ystod yr adeg hon 'yn enwi y chwaer yma a'r chwaer arall fel rhai cymwys i gymryd y swydd, fel pe am ymwrthod â'r arweiniad os y gallai fodd yn y byd, gyda chaniatad ei chydwybod. Tebig oedd ei phrofiad i eiddo Moses gynt pan yr ymbiliai â'r Arglwydd am gael ei esgusodi rhag dwyn y baich o fod yn arweinydd i Israel,' meddai Ellen Hughes. Ond 'Cranogwen oedd Moses Deheudir Cymru yr adeg hon – i'r merched o leiaf'.[22] O'r diwedd, mewn cyfarfod yn nhref y Porth ar 10 Ebrill, derbyniodd rôl 'Ysgrifenyddes Drefnyddol' yr Undeb, gyda Mrs J. B. Evans, Dowlais, yn llywydd, a Mrs Thomas, perchennog siop y Basâr, Tonpentre, ac aelod gyda'r Annibynwyr, yn drysorydd. Yn y cyfarfod hwn hefyd penderfynwyd, 'ar ôl ymgynghoriad pwyllog' meddai Cranogwen yn ei hadroddiad, 'ymhyfhau hyd at fabwysiadu yr enw "Undeb Dirwestol Merched y De" (UDMD) gan obeithio y byddai hynny yn wahoddiad mwy anghamsyniol i eraill ymuno â ni'.[23]

Cafodd yr Undeb newydd lwyddiant o'r cychwyn gydag o leiaf 17 o ganghennau wedi eu sefydlu cyn diwedd ei flwyddyn gyntaf – y mwyafrif helaeth yn y Rhondda, ond un yn Sir Aberteifi, yng Ngheinewydd. Cyn iddi farw yn 1916 yr oedd yr Ysgrifenyddes Drefnyddol ddiwyd wedi sefydlu 140 o ganghennau UDMD ar draws siroedd de Cymru. 'Gweithiodd yn galetach nag erioed yn y blynyddoedd o 1901 hyd 1916,' medd D. G. Jones; teithiai o gwmpas de Cymru yn ymweld â'r canghennau oll yn eu tro, yn gohebu â'u swyddogion ac yn paratoi ar gyfer cyfarfodydd blynyddol a hanner blynyddol yr Undeb.[24] Hi hefyd oedd awdur nifer o'r adroddiadau ar gyfarfodydd a datblygiad UDMD a ymddangosodd yn y papurau a'r cylchgronau Cymraeg yn ystod y blynyddoedd hyn, weithiau'n ddienw. Gellir bod yn dra sicr mai Cranogwen oedd awdur unrhyw adroddiad dienw sy'n hael ei ganmoliaeth i aelodau'r Undeb wrth eu gwaith yn areithio neu bregethu yn ystod y cyfarfodydd, ac sydd wedyn yn cynnwys rhyw gyfeiriad byr a dibrisiol at gyfraniad yr Ysgrifenyddes Drefnyddol i'r cwrdd. Mewn colofn yn *Y Celt* ym mis Mawrth 1903, er enghraifft, ynglŷn â chyfarfod yn y Porth i ffarwelio â llywydd y gangen, Mrs Lloyd Owen, rhoddir canmoliaeth frwd i 'anerchiadau buddiol, coeth, caredig, ac iawn-gyfeiriol rhagorol' nifer o'r chwiorydd ac yna gyfeiriad wrth fynd heibio at Cranogwen yn 'darllen llinellau rhigymol o ryw ymsyniadau ynglyn ag ymadawiad Mrs. Owen'.[25] Nid oes eisiau'r 'C.' ar ddiwedd yr erthygl hon er mwyn dynodi'r awdur; pe bai unrhyw un arall o aelodau UDMD ond Cranogwen wedi ei hysgrifennu fe gâi ei chyfraniad hithau hefyd dipyn mwy o sylw parchus.

Cranogwen, yn ddi-os, oedd cadfridog troedfilwyr UDMD a thelid iddi bob gwrogaeth a gwerthfawrogiad. Pwy bynnag arall a apwyntid i'r swydd, 'Cranogwen fyddai llywydd gwirioneddol' pob un o'r canghennau, yn ôl Ellen Hughes.[26] O'i brofiad ef o fynychu rhai o'r cyfarfodydd gallai D. G. Jones hefyd dystio mai Cranogwen oedd y llywydd go iawn bob amser; byddai'n 'bwrw ei chysgod dros bawb a phopeth yno' gyda'i 'phersonoliaeth gref yn amlwg iawn'. Ond wrth iddi wrando ar yr aelodau'n disgrifio eu gwaith, neu glywed 'ambell chwaer oedd wedi codi o'r gwter yn dweyd "Thank God am Ferched y De"', yr oedd 'mor dyner â mam gyda'i phlant', meddai. 'Nid oes ynddi duedd i lethu neb, na digalonni y chwaer fwyaf llednais. Gwyr y chwiorydd i gyd fod lle iddynt yn ei chalon, ac mai hwy yw ei thrysorau pennaf.'[27] Ategir hynny gan ddisgrifiad manwl a gyhoeddwyd yn y *Faner* yn Ionawr 1905 ar un o gyfarfodydd cangen Dre-fach Felindre yn Sir Gaerfyrddin pan oedd Cranogwen yn bresennol. Sefydlwyd y gangen yn Hydref 1904, ar ôl cyfarfod lle siaradodd Cranogwen 'yn gryf ac argyhoeddiadol am awr' 'ar y geiriau, "Edrychwch na thrymhäoch eich calonau drwy lythineb a meddwdod", &c.' gan ddylanwadu'n ddwys ar 'y dorf fawr' o chwiorydd a ddaeth ynghyd i wrando arni.[28] Cwpwl o fisoedd wedi hynny, 'yr oedd yn llawen iawn gan y gangen gael Miss Rees i'w plith un waith drachefn', meddai'r gohebydd,

> nid yn gymmaint er mwyn gwybod pa beth oedd ganddi hi i'w ddyweyd wrthynt hwy, ond er mwyn iddynt hwy gael adrodd yr hyn a wnaeth yr Arglwydd gyda llwyddo y gymdeithas, ac ar eneidiau amryw o'n haelodau. Yr oeddynt fel plant yn cyfarfod â'u mam wedi iddi fod oddi cartref am rai dyddiau, a hwythau yn ei chylchynu i adrodd yr amgylchiadau, a'r mân ddigwyddiadau, a gymmerodd le wedi ei hymadawiad. Mor fyw, mor wresog, yr oeddynt yn dyweyd eu hanes, a hwnw yn hanes mor felus a dyddorol i'r fam.[29]

Llonnwyd y 'fam' gan lwyddiannau ei merched: oddi ar i Cranogwen ymweld â hwy y tro diwethaf, ddeufis ynghynt, 'yr oedd y gangen wedi mwy na dyblu yn ei rhif. Yr adeg hono nid oedd ond trigain o rif ond y noswaith hon yr oedd ei haelodau yn rhifo dros gant a thrigain.' Dylanwad Diwygiad 1904–5 oedd wrth wraidd y twf sydyn hwn, yn ôl gohebydd y *Faner*; yr oedd 'yr awelon nefolaidd ac ysbrydol sydd yn tramwy drwy ein gwlad y dyddiau hyn wedi disgyn ac wedi chwythu yn drwm ar rai o'r chwiorydd hyn'.[30] Gwnaeth apêl ysgubol Diwygiad Evan Roberts lawer i hybu poblogrwydd y mudiad dirwest trwy Gymru yn gyffredinol yn ystod degawd cyntaf yr ugeinfed ganrif.

Ond yr oedd dylanwad cryf ei Ysgrifenyddes Drefniadol hefyd yn rhan nid bychan o lwyddiant undeb y de. Yng nghyfarfod blynyddol UDMD ym Mhontardawe ym mis Mai 1906, cyflwynwyd iddi anerchiad a rhodd o £60 'fel arwydd fechan o barch calon chwiorydd yr undeb tuag ati'.[31] Yn y prynhawn wedi'r cyfarfod, 'cafwyd gorymdaith fawreddog – y fwyaf welwyd erioed yn y cylch. Yr oedd yn agos dri chwarter milldir o hyd.' Ar y blaen cerddai Cranogwen mewn hwyliau llon, 'fel hogen ugain oed yn anymwybodol yn chwareu amser i'r seindorf oedd yn dilyn'. Dan ddylanwad y baneri, y dyrfa a'r seindorf gwefreiddiwyd y gymdogaeth nes bod 'y poteli yn seleri y tafarndai yn taro yn erbyn eu gilydd, a'r barilau diod yn crynu drwyddynt yn swn yr orymdaith. Gwelid arwyddion dyddiau gwell ar gymdeithas yn llanw yr heolydd.'[32]

Cafwyd aml i gydnabyddiaeth dwymgalon arall o agosatrwydd y berthynas rhwng y chwiorydd a'u harweinydd. Cyhoeddwyd yn *Y Gymraes* ym mis Mai 1910, er enghraifft, yr englyn canlynol gan Catrin o Fôn:

> Ceir yn nheg wedd Cranogwen – ddau ysbryd
>   Rydd asbri 'mhob Canghen,
> Ei gwg yrr wegi i'w gragen,
> Engyl y gwir ynghil ei gwen.[33]

'Cerdyn i Cranogwen' oedd teitl yr englyn hwnnw – cyfeiriad at y cardiau cyfarch barddonol a ddanfonai Cranogwen at bob cangen adeg y Nadolig, gan ofyn yn 'artrefol', 'Sut fu drwy'r flwyddyn?', a mynegi'r gobaith nad oedd un ohonynt 'ar grwydr pell / Oddiwrth y gwir a'r cartref gwell'.[34] Yn ei charden gyfarch ar ddechrau'r flwyddyn 1911 gallai ddweud â mwy o hyder ynghylch sefyllfa ei 'annwyl chwiorydd' 'mai pen y bryn / Yw'r safle heddiw, a'r droed yn ddigryn / Yn sangu arno'.[35] Roedd merched Cymru, os nad eu gwŷr, o'r diwedd yn 'codi'.

Cyhoeddwyd fersiynau o'r cerddi cyfarch hyn yn *Y Gymraes*, y cylchgrawn i ferched a olygwyd gan Ceridwen Peris; ymddangosasant yn flynyddol o 1908 i 1915 ar dudalen flaen pob cyfrol, gyda'r cynnwys wedi ei addasu rywfaint ar gyfer cynulleidfa ehangach y cylchgrawn hwnnw, a oedd wedi ei anelu'n bennaf at aelodau Undeb Dirwestol Merched Gogledd Cymru yn hytrach na'r de. Ceir hefyd ar ei dudalennau dros y blynyddoedd nifer o erthyglau gan Cranogwen, llawer ohonynt yn ysgrifau coffa am chwiorydd nodedig yn UDMD. Gweler, er enghraifft, ei hysgrif ar 'Mrs Evans, Llanwrtyd', 'merch y mynydd' a fu 'yn mwynhau bywyd gymaint ag un aderyn iach ar gangen coeden ar lan afon!' ac a gofid yn arbennig am iddi roddi 'swm o arian' yn llaw'r cenhadwr y Parch. Jerman Jones gan ofyn iddo'i ddefnyddio 'mewn rhyw gyfeiriad newydd ar y Bryniau', hynny yw, Bryniau Casia yn India. O ganlyniad, aethpwyd â'r neges Gristnogol am y tro cyntaf at 'y llwyth elwir y Bhoi', a Mrs Evans, Bhoilymbong, fu hi i'w chymdogion byth wedyn. 'Ni sangwyd y ddaear y ffordd yna gan un ddynes drymach o gymeriad, synwyr, a duwioldeb, na Mrs Evans; na chan un ysgafnach gan hoen bywyd a nwyfiant ffraethineb ac arabedd', meddai Cranogwen yn ei herthygl goffa.[36]

Tynnu sylw Cymru'n gyffredinol at gyfraniad gwerthfawr ei merched i'w diwylliant oedd un o amcanion Cranogwen trwy gydol ei gyrfa. Trwy UDMD cafodd lwyddiant mawr gyda'r nod hwnnw, gan iddi nid yn unig greu dirwestwyr brwd o ferched y de, ond hefyd eu hysbrydoli i ddechrau cymryd lle mwy cyhoeddus yn niwylliant cymdeithasol eu cymunedau. Cefnogai Merched y De fudiad yr etholfreintwragedd hefyd; yn ôl *Tarian y Gweithiwr*, yn Rhagfyr 1906, 'Yn nghyfarfodydd blynyddol Cymdeithas Ddirwestol y Menywod, a gynaliwyd yn Mountain Ash, nos Fawrth diweddaf, pasiwyd penderfyniad yn cymeradwyo fod menywod yn cael pleidleisiau. Anerchwyd y cyfarfod gan Cranogwen ac ereill.'[37] Ei phrif waith, fodd bynnag, oedd hyfforddi merched eraill i allu siarad yn gyhoeddus, a chafodd llawer o'i dilynwyr gyfle i annerch cynulleidfa am y tro cyntaf oddi ar lwyfannau cyfarfodydd UDMD. Gofalai'r Ysgrifenyddes eu bod yn cael pob cymorth a chynhaliaeth wrth gyflawni'r gwaith.

Un a elwodd yn fawr o'r profiad oedd Ellen Hughes, a benodwyd yn aelod o Bwyllgor Gwaith yr Undeb yn 1901; symudodd hithau, fel Cranogwen, i fyw yn Nhonpentre y flwyddyn honno, ac oddi yno bu'n annerch cyfarfodydd ar draws siroedd y de. Cyn dechrau ei gwaith gyda'r Undeb, yr oedd Ellen Hughes wedi bod yn ceisio creu gyrfa iddi ei hun fel darlithwraig ond, meddai, 'nid oedd gennyf neb i'm bwrw i lyn gwaith cyhoeddus cyson, ac er cael fy ysu lawer pryd gan nwyd i annerch, nid oedd genyf y nerth neu y ddawn i weithio twnelau i mi fy hun drwy fynyddoedd o rwystrau, ac felly ymsuddwn ambell waith mewn rhyw ddigalondid anobeithiol'. Newidiwyd ei sefyllfa'n llwyr ar ôl iddi symud i Donpentre, meddai:

> Yr oedd ysbryd Cranogwen yn y Rhondda, hyd yn oed pan na fyddai yno yn gorfforol, a pharai hynny mai naturiol a rhwydd oedd estyn croesaw i ferched eraill a ddilynent yn ei llwybrau. Ac er na phrofais fy mod wedi gadael byd yr anawsterau ar ôl, gallaf atgofio am y cyfnod hwn gyda llawer o bleser a diolchgarwch. Yn wir, cefais yno o ddyddiau dedwyddaf fy mywyd. Nid wyf yn sicr na threuliais beth o'm hamser yno yng Ngwlad Hud a Lledrith, gan faint y farddoniaeth a amgylchai dduwch y Rhondda, yn adlewyrchu disgleirdeb y gobaith o'm mewn. Yr ymdeimlad o gael ymarfer galluoedd ydynt wedi bod yn griddfan yn eu cadwynau, ac o dderbyn cydymdeimlad a gwerthfawrogiad ein cyd-ddynion yn yr ymarferiad hwnnw – onid oes meluster rhyfedd yn hyn? Dichon na phery yn hir yn ei angerddoldeb, ac na byddai yn llesol iddo wneud, ond tra y pery gwna ein byd yn newydd, a gwyddom erbyn hyn na raid bod yn ieuanc mewn dyddiau i gael y profiad.[38]

Profodd llawer chwaer arall, hen ac ieuanc, yr 'ymdeimlad o gael ymarfer galluoedd ydynt wedi bod yn griddfan yn eu cadwynau' yng nghyfarfodydd UDMD. Cynhaliwyd cyfweliadau gyda rhai ohonynt yn yr 1950au ar gyfer rhaglen radio Gerallt Jones ar Cranogwen. 'Yn fuan iawn ar ôl sefydlu'r Undeb, gorfod i mi roi help i Granogwen gyda gwaith y Mudiad a chyn hir bu'n rhaid imi ddechrau siarad yn gyhoeddus mewn ambell i gwrdd, dan ei harweiniad hi,' cofiai Annie Blackwell o'r Rhondda, er enghraifft. 'Yn wir, mi alla i ddweud mai Cranogwen a'm harweinodd i, fel llawer o ferched eraill, at waith cyhoeddus.' Derbyniodd Annie gyngor manwl ganddi: 'Rhoddai Cranogwen *instructions* bob amser i fod yn fyr ac i'r pwynt. Yr oedd hi'n casau siarad a gweddïo hirwyntog.'[39] Cofiai Ellen Hughes nifer o ferched eraill a gychwynnodd eu gyrfaoedd o dan hyfforddiant Cranogwen yng nghyfarfodydd UDMD, megis Mrs Hope Evans, gwraig i weinidog yr Annibynwyr ym Maerdy, a ddaeth 'yn areithydd cymeradwy ac effeithiol iawn', a Miss Phillips, Blaenrhondda (chwaer i Mary Phillips a fu'n efengylu gyda Rosina Davies), a ddaeth 'hithau yn bregethwr'. Saesneg oedd iaith un arall o gywion Cranogwen yn ystod yr adeg hon, sef yr Albanes Mrs Williams, gwraig gweinidog y Methodistiaid Calfinaidd ym Mynyddcynffig, a aeth rhagddi ar ôl cychwyn fel siaradwraig gyhoeddus gydag UDMD i 'bregethu yn fynych yn y capelau Saesneg'.[40] Saesneg oedd unig iaith amryw o aelodau'r mudiad yn y de ac o ganlyniad bu'n rhaid i Granogwen ddefnyddio mwy ar yr iaith fain, yn enwedig wrth lythyra, yn ystod yr adeg hon yn ei bywyd nag ar unrhyw adeg arall, heblaw am ei misoedd yn ysgolion Llundain a Lerpwl. Ni châi hynny'n rhwydd; cofiai Ellen Hughes 'ei chlywed mewn un cyfarfod o chwiorydd yn ymesgusodi rhag gweddio yn Saesneg, gan deimlo fod yr iaith a arferai yn ddyddiol – iaith ei chalon – yn fwy cyfaddas i fynegi ei deisyfiadau mwyaf cysegredig'.[41]

Eto, roedd y gwaith gyda'r Undeb wrth fodd ei chalon; trwyddo llwyddodd i wireddu nifer o'i gobeithion cynnar. Cofier amdani wrth lunio ei thraethodau o deyrnged i'w chymydog Esther Judith yn gresynu ynghylch y ffaith 'na ddeallodd hi na neb arall ar y ddaear yr hyn a fuasai yr alwedigaeth briodol iddi', sef pregethu.[42] Trwy UDMD cafodd gyfle i hybu doniau pregethwrol ei chwiorydd: cynhaliai'r Undeb gyfarfodydd pregethu gyda merched yn cymryd rhan flaenllaw ynddynt. Rhoddir gan Ellen Hughes adroddiad manwl ar un ohonynt a gynhaliwyd ym Mhencader yn haf 1912. O'r deg o bregethwyr, dim ond un ohonynt oedd yn wryw, sef y gweinidog lleol. Am y merched, dywed fod 'rhai ohonynt heb erioed wneud ymgais i bregethu o'r blaen, er eu bod wedi arfer siarad yn fywiog a chynnes' yng nghyfarfodydd gwaith yr Undeb. Yn eu plith roedd tair merch ieuanc o Langrannog, Miss Thomas, Miss Parry a Miss Owen, a merch o Bencader na chofiai Ellen Hughes mo'i henw ond a roddodd anerchiad 'rhagorol'. Cyfrannwyd pregethau gan rai o chwiorydd mwy profiadol yr Undeb hefyd, fel Mrs Hope Evans, Mrs D. W. Thomas, Dowlais, ail lywydd UDMD, Cranogwen, wrth gwrs, ac Ellen Hughes ei hun, yn ogystal â 'chwaer o ordeiniasid yn America, y Parch. Lydia James, Ystradgynlais', a bregethodd yn Saesneg. 'Ar ysgwyddau Cranogwen yr oedd pwysau trymaf yr anturiaeth, ac amlwg fod ei phryder yn fawr rhag iddo droi yn fethiant', meddai Ellen Hughes. 'Gwyddem fod ei nerfau wedi eu profi yn fawr, ac yn wir elai rhai ohonom ninnau y siaradwyr yn ymwybodol iawn o'n nerfau, gan fel y gwylid ni gan ein Cadfridog, rhag inni fynd dros amser, &c.' Ond nid oedd yn rhaid poeni: 'cafwyd cyfarfodydd llewyrchus a gwresog, a chasgliadau rhagorol'. Serch hynny, yr oedd trefnu'r holl ddigwyddiad wedi rhoi tipyn o bwysau ar y 'Cadfridog' a oedd erbyn hyn yn ei saithdegau. 'Ar derfyn y dydd ymddangosai Cranogwen fel pe wedi dihysbyddu ei nerth', meddai Ellen Hughes, 'ac eto anodd iawn oedd ei chael i gychwyn i'w llety, gan ei bod wedi ei chario ymaith megis gan rai o'r caneuon a genid.'[43]

Roedd dyddiau duon y Rhyfel Byd Cyntaf ar y gorwel erbyn hyn, ond cyn i Brydain ymuno ym mis Awst 1914, cafodd Cranogwen un diwrnod arall i'r brenin. Dewiswyd Aberystwyth fel lleoliad Eisteddfod Genedlaethol 1915, union hanner canrif ar ôl Eisteddfod 1865 yn yr un dre pan ddaeth Cranogwen i fri fel bardd y 'Fodrwy Briodasol'. Fel arwres leol yr Eisteddfod honno, gofynnwyd iddi gymryd rhan yn seremoni cyhoeddi Eisteddfod 1915. Cynhaliwyd y seremoni yng nghastell Aberystwyth ym mis Mehefin 1914, gyda phob rhwysg a rhodres. 'Yr oedd darpariadau eithriadol wedi eu gwneyd ar gyfer yr achlysur dyddorol', meddai gohebydd *Y Goleuad*, 'a mwynhawyd y seremoni . . . gan dyrfa lawer mwy nag arfer ar achlysur o'r fath.'[44] Gorymdeithiwyd trwy strydoedd y dref, 'er gwaethaf y gwres eithriadol', at gerrig yr orsedd yn eu lle yn y Castell, gyda'r Maen Llog yn y canol.

Yn ôl disgrifiad y *Faner* o'r seremoni a ddilynodd, roedd 'Lady Williams . . . Lady Pryse a Lady Enid Vaughan, Trawscoed' yn cymryd rhan yn y defodau, cyn i'r Archdderwydd Dyfed, 'yr hwn a wisgai ei fantell swyddogol, ei goron, a'i gadwen aur', gyhoeddi Eisteddfod 1915. Dilynwyd ef gan Elfed, Cadfan a Syr Edward Anwyl, i gyd yn rhoi anerchiadau ar wahanol agweddau ar y traddodiad eisteddfodol.[45] Yna, i goroni'r cwbl, galwodd Dyfed ar Cranogwen i esgyn i ben y Maen Llog, lle cafodd ei chyfarch gyda chân o fawl gan y bardd J. E. Jones, Pontypridd, a'i clodforodd fel 'rhiain fraf o'r dirion fro' a gurodd 'awen Ceiriog'.[46] '[R]hoddwyd i'r farddones enwog dderbyniad a chroeso mawr . . . gan dyrfa fawr, lawn o afiaeth eisteddfodol', yn ôl adroddiad *Y Goleuad*.

Ond oherwydd y rhyfel, bu'n rhaid gohirio'r brifwyl yn Aberystwyth tan haf 1916; erbyn hynny, yr oedd Cranogwen yn ei bedd. Blinwyd hi'n fawr ym mlynyddoedd olaf ei hoes gan effeithiau'r rhyfel ar y cymunedau o'i chwmpas. Meddai mewn llythyr at Ellen Hughes: 'Y Rhyfel Mawr diorffen yma yw y blinder mwyaf y dyddiau hyn, ac heb fod gennyf fi o leiaf un drefn ar feddwl am dano. Y mae yn ddryswch ac yn ofndwyaeth [*sic*] rhyfeddaf erioed . . . Ymguddio rhagddo i gyd hoffwn i pe hefyd y gallwn. Ond nis gellir hynny chwaith, canys y mae yn llanw pob man.' Galarai ynghylch y 'lliaws o fechgyn' a adwaenai o'r capeli Cymraeg a oedd 'wedi myn'd allan i'r Rhyfel' ac 'wedi eu tori i lawr', gan adael mamau'n galaru'n dost ar eu hôl.[47] Yn y garden gyfarch olaf a anfonodd at ganghennau UDMD yn Ionawr 1916, mae'n cyfarch 'Annwyl chwiorydd cystuddiol fyd', gydag 'Ewrop i gyd yn fflam o dân' o'u cwmpas. Ond 'Na ildiwn, chwiorydd, er gwaethaf y byd, / Ond ymwrolwn', meddai wrthynt.[48] Serch hynny, cafodd gryn drafferth i'w hachub ei hun o 'rwyd filain' effeithiau'r rhyfel. Meddai Ceridwen Peris, a fu'n ymdrechu gyda hi i gynnal ysbryd mamau Cymru yn ystod yr argyfwng, '[b]u'r Rhyfel Mawr yn boen iddi, methai â chysgu, a byddai am ddyddiau mewn digalondid'.[49] Ceir yr un dystiolaeth gan D. G. Jones hefyd, a ddywed amdani, 'Gweithiai mor galed, pryderai cymaint am ei gwlad yng nghanol y Rhyfel Mawr, teimlai mor ddwys dros y mamau a gollai eu meibion yn y ffosydd, nes difa ei nerth yn llwyr. Dywedai Dr Hughes, y Ton, y gallasai fyw flynyddoedd yn hwy onibae am hyn.'[50]

Roedd wrthi'n cynnal cyfarfodydd UDMD pan ddaeth y diwedd. Erbyn 1916 roedd ei nith Frances Morgan (née Rees), merch ei brawd ieuengaf, a fu'n byw gyda Cranogwen a'i rhieni yn Llangrannog am flynyddoedd ar ôl marw ei thad, wedi priodi ac wedi symud i Gilfynydd, Pontypridd. Gyda hi y lletyai Cranogwen erbyn hynny pan fyddai ar waith yn y Rhondda dros UDMD. Ar 31 Mai, aeth yn ôl ei harfer i Gyfarfod Blynyddol Merched y De a gynhaliwyd yng nghapel Jerusalem, Tonpentre, lle sylwodd llawer o'r gynulleidfa fod 'Cranogwen yn edrych yn wanaidd a lluddedig'.[51] Serch hynny, ymhen tair wythnos yr oedd eto wrth ei gwaith gyda'r Undeb mewn cyfarfod yng Nghefncoed, Merthyr, ond yno trawyd hi'n ddifrifol wael. Llwyddodd i gyrraedd yn ôl i gartref ei nith, ond fe fu'n raid iddi aros yno, heb ddigon o nerth i ddychwelyd i Langrannog. Yn ôl adroddiad gweinidog Cilfynydd, y Parch. Michael Williams, 'Anwyd trwm oedd arni gyntaf, ac ymddangosai hwnnw ymhen diwrnod neu ddau fel yn ei gadael ond cafodd ddau ymosodiad o'r parlys ac yn raddol syrthiodd i ystad o anymwybodolrwydd.'[52] Bu farw ar 27 Mehefin 1916 yng Nghilfynydd. Ond 'yn ei chystudd olaf,' medd Ceridwen Peris, 'eisiau byw oedd arni. "Rwy'n mynd," meddai, "ond nid wyf yn fodlon mynd; y mae arnaf eisiau byw i ganmol fy Ngwaredwr".'[53] Hebryngwyd ei chorff yn ôl i Geredigion gan nifer o ferched UDMD, a chladdwyd hi ger bedd ei rhieni ym mynwent eglwys Llangrannog, ar ôl gwasanaeth angladdol yng nghapel Bancyfelin. Yn adroddiad y *Cambrian News* ar yr angladd, rhestrir enw 'Miss Jane Thomas' ymhlith y prif alarwyr, gydag enwau Frances Morgan a'i gŵr.[54]

Yn yr wythnosau dilynol ymddangosodd lliaws o deyrngedau iddi ym mhapurau Cymraeg a Saesneg Cymru, llawer yn mynegi syndod ei bod wedi mynd mor sydyn yng nghanol ei gwaith. 'Cranogwen yn ei bedd!' meddai'r Parch. D. E. Thomas, Treforys, yn *Y Goleuad*. 'Y mwyaf byw o ferched Cymru wedi huno yn yr angeu! Er ei bod wedi gweled hir ddyddiau, eto rywfodd parodd y newydd syndod brawychus i genedl gyfan. Yr oedd yn gymeriad mor effro, mor egniol, ac mor wasanaethgar.'[55] Galarwyd ar ei hôl fel arwres 'byd-enwog' mewn llawer maes: 'It can be safely claimed that no other Welsh woman enjoyed popularity in so many public spheres as did the late Miss Rees,' honnwyd yn yr

Amman Valley Chronicle and East Carmarthen News.[56] Yn ôl gohebydd *Y Brython*, 'bydd ei choffadwriaeth yn ysbrydiaeth i ferched a meibion Cymru y dyfodol, megis y bu ei phresenoldeb a'i gweinidogaeth i'r to presennol'.

Yn *Y Cymro*, ar 5 Gorffennaf, ymddangosodd nid un ond saith teyrnged sylweddol iddi, gan Ellen Hughes, Ceridwen Peris, Annie C. Prichard, a phedwar gweinidog. Yr hyn y mae'r Parch. J. Evans, Abermeurig, am ei bwysleisio yw ei hegni: 'Yr oedd hi yn gyfarwydd a'r môr, ac yr oedd yn hollol fel yntau heb allu bod yn llonydd . . . *Perpetual Motion* ydoedd yn symud fel o angenrheidrwydd cyfansoddiad.' Wrth bregethu, meddai, 'elai fel *Galvanic Machine* nes gwefru yr holl gynulleidfa'. Tynnir sylw hefyd yn ei lith at y nodweddion gwrywaidd yn ei chymeriad; honna fod Cranogwen yn fwy o 'ddyn', yn yr ystyr orau, na'r rhan fwyaf o ddynion:

> Yr oedd yn meddu ar ysbryd cyhoeddus mwy na'r cyffredin o wrywaidd heblaw meddwl am y rhyw fenywaidd. Gwelir llawer ag awydd bod yn gyhoeddus ymysg y ddau ryw, ond nid yw eu hadnoddau yn fforddio iddynt ei weithio allan; ond yr oedd yr anian a'r adnoddau yn gyfartal ynddi hi; a daeth y cyfleusterau allanol i gyfarfod y ddau allu, fel y daeth hi cyn diwedd ei hoes y prif allu yn y dywysogaeth, o blaid rhinwedd a chrefydd. Yr oedd y gwroldeb a'r dewrder oedd ynddi yn ei haddasu i sefyll yn ddigryn, yn ddiofn, a hyf o flaen pawb. Nid ydym yn gwybod faint gostiodd hyn iddi, ai ynte a oedd ynddi yn barod dim ond ei anadlu allan . . . Yr oedd llawer yn edrych arni, pan yn gwneud ei hymddangosiad cyhoeddus gyntaf, a mwy o'r gwryw nag o'r fenyw ynddi, ond yn hynny yr oedd ei nerth, a'r gallu hwnnw a brofodd yn foddion defnyddioldeb ei bywyd. Na, benyw fawr oedd y chwaer hon, mwy o lawer na'r cyffredin o'i rhyw, a mwy na'r cyffredin o wrywod hefyd.[57]

Ymladd yn erbyn y ffordd Fictoraidd o feddwl am wahaniaeth rhyw y mae'r paragraff uchod. A yw 'gwroldeb', 'dewrder' ac 'adnoddau' priodol ar gyfer arwain cymdeithas yn nodweddion sy'n perthyn i'r rhyw wrywaidd yn unig? Mae ceisio cloriannu bywyd Cranogwen ac asesu ei chyfraniad i'w chymdeithas yn gwneud cybolfa o'r fath bolareiddio rhwng y rhywiau.

'Merch ar ei phen ei hun, ac un o arweinwyr cyfnod' oedd Cranogwen i Ellen Hughes hefyd yn ôl ei chyfraniad hithau i deyrngedau'r *Cymro*. 'Yn wir,' meddai, 'gellir dweyd mai hi oedd arweinydd merched Cymru yn hanner olaf y ganrif o'r blaen.'[58] 'Ganwyd hi i arwain a llywio,' ategodd un arall o'r cyfranwyr: 'golygfa i'w hir gofio oedd ei gweld mewn Cyfarfod o Ferched y De yn dal yr awenau yn ei llaw – yn gorchymyn i un ddechreu'r oedfa, i un arall ganu, ac arall siarad . . . gosodai wrywod a gynhygient helpu gyda'r cyrddau mor ddeheuig o'r neilltu a phe na buasai galw erioed am eu gwasanaeth'.[59] 'Prif Ferch Cymru oedd,' meddai Ceridwen Peris, a 'Gwir Gymraes . . . Ei phobl, ei gwlad, ei hiaith, ei chrefydd – dyna y pethau a garai ei chalon.' Am dynnu sylw nid at waith cyhoeddus Cranogwen ond at 'ei gwerth personol i bersonau eraill' fel cyfaill a chynghorwr 'mor ddeallgar, mor dyner, mor gref, mor agos atoch, mor adfywiol, mor ysbrydol!' yr oedd Annie C. Pritchard yn ei theyrnged hi yn *Y Cymro*. 'Beth bynnag o waith ac o wasanaeth gyflawnodd Cranogwen yn y cyhoedd – trwy y wasg, y llwyfan, a'r pulpud, hawdd gennym ni fyddai credu oblegid yr hyn a wyddom yn bersonol am dani y bydd yr hyn a wnaeth yn y dirgel fel cyfeilles i'r cystuddiol a'r trwmlwythog, i'r hen a'r methiantus, i'r gwan a'r ofnus, ie ac i'r ieuainc nwyfus a hoew yn gorbwyso y cyfan ar gloriannau y nef', meddai.[60]

Yn *Y Cymro* ac yn y teyrngedau eraill a ymddangosodd wedi ei marwolaeth cafwyd llawer yn gofyn am i'w gwlad godi 'Cofadail' teilwng i Sarah Jane Rees. '[R]hy brin fu adnabyddiaeth a chydnabyddiaeth ei gwlad o'i merch hon oedd ymysg ei mawrion', meddai Annie C. Prichard. Yn ôl golygydd y *Welsh Outlook* yn 1920, T. Huws Davies, roedd yn warth o beth fod Prifysgol Cymru yn rhoddi graddau er anrhydedd i enwogion Lloegr ond yn anwybyddu cyfraniad Cymry fel Cranogwen. 'There is no doubt whatever that the distribution of honorary degrees by the Welsh University has been almost a public scandal', meddai: 'It did not even remember the existence of the greatest Welshwoman of her generation – Cranogwen . . . Why should we seek fine linen and purple in alien places, and forget our incomparable home-spun?'[61] 'A national University that never remembered the existence of Cranogwen, for instance, is not worthy of its name,' bytheiriodd eto yn 1922.[62]

Ond er na chafodd radd er anrhydedd, sefydlwyd yng Ngholeg y Brifysgol, Aberystwyth, yn 1918 ysgoloriaeth yn enw Cranogwen. Mae'n debyg mai ymateb oedd hyn i apêl y Parch. W. Jones, Aberdulais, at UDMD yn 1916: 'Ai nid da fyddai i chwi wneud eich meddyliau i fyny i geisio sicirhau Ysgoloriaeth i Ferched yn ein Coleg, a'i galw yn "Ysgoloriaeth Cranogwen"? Beth yn well ellir wneud er coffadwriaeth am y chwaer enwog?'[63] Ond, fel y bu hi, nid gan Ferched y De fel mudiad y sefydlwyd Ysgoloriaeth Cranogwen ond gan un o drigolion Aberystwyth, Miss Rowlands, a gyfrannodd gan gini at yr achos, a pheri casglu cannoedd yn ychwaneg.[64] 'Y mae cyfeillion yn Aberystwyth wedi cymeryd mewn llaw y gwaith o sefydlu Ysgoloriaeth yng Ngholeg y Brifysgol, yn gyfyngedig i ferched o Sir Aberteifi, fel Cofdeyrnged Ceredigion i Cranogwen', adroddwyd yn *Y Cymro* yn 1918, ond ychwanegir, 'Gresyn na fuasai rhywbeth cenedlaethol wedi ei drefnu er cof am un wnaeth gymaint o waith dros ferched ei gwlad, a hynny mewn adeg pan nad oedd y byd yn edrych yn ffafriol ar ddatblygiad cyhoeddus y menywaid'.[65]

Fodd bynnag, yr oedd gan UDMD uchelgais uwch, a mwy pwrpasol i'w hamcanion, ar gyfer coffáu eu harweinydd. Ar 21 Mehefin 1922, agorwyd Llety Cranogwen yn Nhonypandy, Cwm Rhondda, yn lloches ac yn noddfa i ferched digartref a oedd yn gaeth i'r ddiod feddwol. Cyn hynny, pan oedd merch ddigartref yn cael ei chyhuddo yn llysoedd yr heddlu o fihafio'n anweddus dan ddylanwad alcohol, cedwid hi yn y ddalfa heb gynnig unrhyw gymorth iddi. Ond fel yr esbonia Annie C. Pritchard, arfer cenhadon y mudiadau dirwestol oedd cadw llygad am achosion o'r fath a mynd ar ôl 'yr enethod di-gartref . . . yn y llys ac allan'. Llawenydd mawr iddynt oedd 'fod ganddynt y Cartref i'w cymeryd iddo. Enfyn yr Ustus eraill yno, a daw ambell eneth yno yn oriau hwyr y nos am loches a diogelwch.'[66] Gwyddai ei chwiorydd yn UDMD fod cartref o'r fath wedi bod 'ym meddwl Cranogwen ers blynyddoedd, fel cyfle i ddod i gyffyrddiad personol â'r rhai a oedd yn rhy wan i wrthsefyll temtasiynau. Credai y gellid achub lliaws ohonynt drwy hyfforddiant tyner.'[67] Cyn ei marwolaeth, roedd Cranogwen wedi dechrau casglu arian ar gyfer sefydlu cartref o'r fath ond ni lwyddodd i ddod â'r gwaith i ben. Fodd bynnag, cyrhaeddwyd y nod erbyn 1922, ac wrth iddo orffen ei gofiant i Cranogwen, gallai'r Parch. D. G. Jones lawenhau yn y ffaith 'fod tua dau gant o ferched cyfeiliorn a phlant wedi bod eisoes yn y Llety, a bod caredigrwydd a thynerwch Cristnogol wedi gwneud gwyrthiau ar fywyd nifer fawr ohonynt, a pheri iddynt fod yn golofnau dwyfol ras.'[68] 'Cofeb wrth fodd calon Cranogwen yw hon', meddai Ruth: 'Sicr gennym hynny, oblegid cof gennym ei chlywed yn son lawer tro am enethod y Rhondda, ac yn tynnu sgwrs gyda rhai ohonynt yn y tren.'[69]

Ond erbyn heddiw tŷ preifat yw Llety Cranogwen, ac ni chynigir Ysgoloriaeth Cranogwen i'r Cardis benywaidd ymhlith glasfyfyrwyr Prifysgol Aberystwyth mwyach. Cranogwen oedd Cymraes enwocaf ail hanner y bedwaredd ganrif ar bymtheg, ond ychydig o goffadwriaeth a fu iddi yng Nghymru'r ugeinfed ganrif, o'r 1940au ymlaen. I raddau, ei chysylltiad cryf â'r mudiad dirwest oedd un o'r rhesymau dros ei hanghoffadwriaeth. Wedi methiant trychinebus y Gwaharddiad yn yr Unol Daleithiau yn yr 1920au, daeth mudiadau dirwestol yn amhoblogaidd. Ond dim ond rhan gymharol fechan o gyfraniad Cranogwen i ddiwylliant ei gwlad oedd ei gwaith gyda'r mudiad dirwest, er ei fod, yn ddealladwy ddigon, o bwys mawr yng nghofiant D. G. Jones a gyhoeddwyd gan Undeb Dirwestol Merched y De.

Yn ddiweddar, fodd bynnag, mae ei henw wedi dechrau adennill bri. Wrth i'r gyfrol hon fynd i'r wasg, mae trefniadau ar droed gan y mudiad Merched Mawreddog i godi cerflun ohoni yn Llangrannog, gydag is-grŵp o Bwyllgor Lles Llangrannog yn frwdfrydig yn gwthio'r cynllun ymlaen. Oddi ar 2017 mae Cywion Cranogwen, grŵp o feirdd a chantorion benywaidd, hefyd wedi bod yn gweithio i gadw enw barddol Sarah Jane Rees mewn cof, wrth iddynt berfformio eu gwaith ar lwyfannau Cymru. Ac mae rhaglen Mas ar y Maes yn Eisteddfod Genedlaethol Tregaron, 2022, yn rhestru mwy nag un digwyddiad er cof amdani.

Cofir hi yn bennaf oll heddiw fel arloeswraig ffeminyddol ac mae hynny'n hollol ddilys. Ei phrif gyfraniad oedd ei gwaith o 1865 ymlaen yn annog merched eraill i chwalu cadwynau eu hisraddiad yn ystod oes Fictoria, drwy ei hesiampl a thrwy ei hyfforddiant. Gweithiodd am hanner canrif i gyrraedd y nod hwnnw, ac wrth fwrw ymlaen â'r gwaith llwyddodd hefyd i gadw ei phoblogrwydd, nid yn gymaint gyda'r bonedd efallai ond gyda'r werin a'r dosbarth gweithiol. Roedd y ffaith iddi aros yn Llangrannog, gan ddychwelyd yno o'i holl deithiau di-ri, yn rhan o'i hapêl werinol. Gyda'i doniau fel awdur a darlithwraig boblogaidd, fe allai fod wedi ennill swydd o bwys ymhlith Cymry'r Unol Daleithiau. Ond dewis dychwelyd adref wnaeth Cranogwen, yn wahanol i lawer o'i chyfoedion fel Syr O. M. Edwards ac eraill a ddewisodd ddilyn gyrfa yn Lloegr. Cyfuniad anarferol o 'fynd' mawr ac o aros yn yr un man oedd ei bywyd, a hynny o fwriad; ei nod oedd myned ymlaen a thorri trwy'r toeau haearn a gaethiwai ferched ei hoes, ond mynnai hefyd fynd â'i chyd-Gymraesau gyda hi.

Yn ystod ei hoes, câi ei chydnabod fel un a lwyddodd yn anrhydeddus yn y nod hwnnw. Cyfarchwyd hi yn 1906 gan ferched Dre-fach Felindre, er enghraifft, fel arloeswraig o'r iawn ryw. Meddent wrthi:

> Chwi a'n galwodd allan gyntaf i ymladd . . . Chwi ddangosodd fod achos y tlawd[,] y gwan, a'r gorthrymedig, yn perthyn i ni oll . . . Chwi arweiniodd y gad . . . Wrth edrych yn ol at y blynyddoedd yr oeddech yn sefyll eich hunan megys gwyliedydd ar ben y tŵr yn gofyn, Beth am y nos? gorfoledd sydd yn ein calon wrth weled llawer gwyliedydd heddyw yn gofyn, Beth am y dydd?[70]

Yng nghyd-destun mudiad dirwest y merched y lluniwyd y gydnabyddiaeth honno, ond y mae yr un mor wir yng nghyd-destun ehangach sefyllfa'r ferch yng Nghymru ail hanner y bedwaredd ganrif ar bymtheg. Gwawriodd dydd newydd arnynt oll gydag ymddangosiad Cranogwen ar lwyfannau eu gwlad. Trawsnewidiwyd byd y Gymraes er gwell yn ystod oes Fictoria, ac un o'r grymoedd mwyaf egnïol, yn gwthio'r chwyldro araf hwnnw ymlaen gam wrth gam, oedd Cranogwen.

Nodiadau

1 Gerallt Jones, *Cranogwen: Portread Newydd* (Llandysul: Gwasg Gomer, 1981), tt. 52 a 54.
2 Jones, *Cranogwen: Portread Newydd*, t. 55.
3 Jones, *Cranogwen: Portread Newydd*, tt. 56–7.
4 Y Parch. I. Thomas, Cumberland, MD, 'Dirwest a'r Beibl', *Y Cenhadwr Americanaidd*, xxxviii (Tachwedd 1877), 328. Daw'r adnod o I Timotheus 5:23.
5 [Cranogwen], 'Baner Dirwest', *Caniadau Cranogwen* (Dolgellau: Robert Oliver Rees, d.d. [1870]), tt. 113–14.
6 Jelinger C. Symons, *Report of the Commission of Inquiry into the State of Education in Wales... In Three Parts. Part II, Report on the Counties of Brecknock, Cardigan, and Radnor* (London: Hansard, 1847), t. 291.
7 Cranogwen, 'Ardderchog wlad y bryniau', *Cerddor y Tonic Sol-Ffa*, i (Hydref 1869), 4.
8 *Telyn y Deml: sef Caneuon at Wasanaeth y Temlwyr Da* (ail arg., Dolgellau: D. H. Jones, Swyddfa'r 'Goleuad', 1873), t. [1].
9 David Emlyn Evans, *Ymgesglwch Cymry Dewrion*, geiriau gan Cranogwen; tôn gan D. Emlyn Evans (Treherbert: I. Jones, d.d. [188?]).
10 [Cranogwen], 'Cyfodwn i Fyny o Blaid y Gwirionedd', *Y Frythones*, iv (Medi 1882), 272.
11 Cranogwen, 'Hyn a'r Llall', *Y Frythones*, i (Ionawr 1879), 28–9.
12 Cranogwen, 'Y Tymhor', *Y Frythones*, iii (Hydref 1881), 322.
13 Un o Blith y Werin, 'Gwerth Cymharol Addysg – Gwell Aneddau, a Dirwest, yn Nyrchafiad y Werin', *Y Frythones*, x (Hydref 1888), 322–4.
14 Am fwy o hanes UDMGC, gweler Ceridwen Lloyd-Morgan, 'From Temperance to Suffrage?', yn Angela V. John (gol.), *Our Mothers' Land: Chapters in Welsh Women's History 1830–1939* (Cardiff: University of Wales Press, 1991), tt. 134–58.
15 Ceridwen Peris, 'Cranogwen (1839–1916)', *Y Drysorfa*, cix (Gorffennaf 1939), 264.
16 Cranogwen, 'Y Nadolig yng Nghorris', *Y Negesydd*, 31 Rhagfyr 1897.
17 Ellen Hughes, 'Yng Nghymdeithas Cranogwen', *Y Gymraes*, xix (Chwefror 1925), 23.
18 Ellen Hughes, 'Yng Nghymdeithas Cranogwen', *Y Gymraes*, xix (Chwefror 1925), 23.

19 D. G. Jones, *Cofiant Cranogwen* (Caernarfon: Argraffdy'r Methodistiaid Calfinaidd, dros Undeb Dirwestol Merched y De, d.d. [1932]), t. 131.
20 Dyfynnir gan Jones, *Cofiant Cranogwen*, tt. 134–5.
21 Cranogwen, 'Cyfarfod Dirwestol Merched a Gwragedd y Rhondda, Mawrth 10fed, ar y Ton', *Y Celt*, 29 Mawrth 1901.
22 Ellen Hughes, 'Yng Nghymdeithas Cranogwen', *Y Gymraes*, xix (Ebrill 1925), 53.
23 Dyfynnir gan Jones, *Cofiant Cranogwen*, t. 136.
24 Jones, *Cofiant Cranogwen*, t. 143.
25 'C.', 'Undeb Dirwestol Merched y De: Ymadawiad Mrs Lloyd Owen', *Y Celt*, 13 Mawrth 1903.
26 Ellen Hughes, 'Yng Nghymdeithas Cranogwen', *Y Gymraes*, xix (Mai 1925), 69.
27 Jones, *Cofiant Cranogwen*, t. 148.
28 'Drefach, Felindre a'r Cylch', *Baner ac Amserau Cymru*, 22 Hydref 1904.
29 Gohebydd, 'Undeb Dirwestol Merched y De', *Baner ac Amserau Cymru*, 21 Ionawr 1905.
30 Gohebydd, 'Undeb Dirwestol Merched y De', *Baner ac Amserau Cymru*, 21 Ionawr 1905.
31 D. G. Jones, 'Undeb Dirwestol Merched y De', *Y Tyst*, 16 Medi 1906, 10.
32 D. G. Jones, 'Undeb Dirwestol Merched y De', *Y Tyst*, 16 Medi 1906, 10.
33 Catrin o Fôn, 'Cerdyn i Granogwen', *Y Gymraes*, xiv (Mai 1910), 76.
34 Cranogwen, 'Cyfarchiad y Tymor, Rhagfyr 10, 1906', dyfynnir gan Jones, *Cofiant Cranogwen*, t. 150.
35 Cranogwen, 'Cyfarchiad Dechrau'r Flwyddyn, 1911', dyfynnir gan Jones, *Cofiant Cranogwen*, t. 151.
36 Cranogwen, 'Mrs Evans, Llanwrtyd', *Y Gymraes*, v (Hydref 1901), 145–9.
37 'Nodion Amrywiol', *Tarian y Gweithiwr*, 6 Rhagfyr 1906.
38 Ellen Hughes, 'Yng Nghymdeithas Cranogwen', *Y Gymraes*, xix (Mawrth 1925), 36.
39 Jones, *Cranogwen: Portread Newydd*, t. 89.
40 Ellen Hughes, 'Yng Nghymdeithas Cranogwen', *Y Gymraes*, xix (Mai 1925), 69.
41 Ellen Hughes, 'Yng Nghymdeithas Cranogwen', *Y Gymraes*, xix (Mai 1925), 68.
42 Cranogwen, 'Esther Judith', *Y Frythones*, iii (Mai 1881), 145.

43 Ellen Hughes, 'Yng Nghymdeithas Cranogwen', *Y Gymraes*, xix (Tachwedd 1925), 164–5.
44 'Cyhoeddi Eisteddfod 1915', *Y Goleuad,* 23 Mehefin 1914.
45 'Dydd y Cyhoeddiad', *Baner ac Amserau Cymru*, 27 Mehefin 1914.
46 Dyfynnir yn 'The National Eisteddfod', *Cambrian News and Merionethshire Standard*, 19 Mehefin 1914.
47 Ellen Hughes, 'Yng Nghymdeithas Cranogwen', *Y Gymraes*, xix (Rhagfyr 1925), 185–6.
48 'Cyfarchiad 1916', dyfynnir gan Jones, *Cofiant Cranogwen*, tt. 152–3.
49 Ceridwen Peris, 'Cranogwen (1839–1916)', *Y Drysorfa*, cix (Gorffennaf 1939), 266.
50 Jones, *Cofiant Cranogwen*, t. 154.
51 Ellen Hughes, 'Yng Nghymdeithas Cranogwen', *Y Gymraes*, xix (Rhagfyr 1925), 187.
52 Y Parch. Michael Williams, Cilfynydd, 'Marwolaeth Cranogwen', *Y Cymro*, 5 Gorffennaf 1916.
53 Ceridwen Peris, 'Cranogwen (1839–1916)', *Y Drysorfa*, cix (Gorffennaf 1939), 261–6.
54 *Cambrian News*, 7 Gorffennaf 1916.
55 Y Parch. D. E. Thomas, Treforis, 'Cranogwen', *Y Goleuad*, 7 Gorffennaf 1916.
56 'Welsh Evangelist Dead', *The Amman Valley Chronicle and East Carmarthen News*, 29 Mehefin 1916.
57 Y Parch. J. Evans, Abermeurig, 'Cranogwen', *Y Cymro*, 5 Gorffennaf 1916.
58 Ellen Hughes, 'Cranogwen', *Y Cymro*, 5 Gorffennaf 1916.
59 M. H. Jones, 'Cranogwen', *Y Cymro*, 5 Gorffennaf 1916.
60 Miss Prichard, Croesoswallt, 'Cranogwen', *Y Cymro*, 5 Gorffennaf 1916.
61 [The Editor], 'The University and its Honorary Degrees', *Welsh Outlook*, vii (Awst 1920), 180.
62 [The Editor], 'Notes of the Month', *Welsh Outlook*, ix (Mai 1922), 105.
63 Y Parch. W. Jones, Aberdulais, *Y Cymro*, 5 Gorffennaf 1916.
64 Jones, *Cofiant Cranogwen*, t. 158.
65 *Y Cymro*, 30 Hydref 1918.
66 Miss A. C. Prichard, Towyn, 'Llety Cranogwen', *Y Gymraes*, xxvii (Mawrth 1923), 43.
67 Ceridwen Peris, 'Cranogwen (1839–1916)', *Y Drysorfa*, cix (Gorffennaf 1939), 265.
68 Jones, *Cofiant Cranogwen*, t. 161.

69 Miss A. C. Prichard, Towyn, 'Llety Cranogwen', *Y Gymraes*, xxvii (Mawrth 1923), 43.
70 D. G. Jones, 'Dre-fach, Felindre a'r Cylch', *Y Tyst*, 16 Mai 1906.

Mynegai

Aberaeron 16, 50, 144, 150, 188, 191
Aberdâr 54, 89, 90, 95, 101, 134, 225, 235
Aber-porth 20–1, 188
Aberteifi 2, 16, 30, 42, 43, 45, 53, 62, 85, 86, 125, 136, 144, 191
Aberystwyth 1, 2, 11, 49, 61, 62, 65, 66, 67, 71, 85, 86, 88, 89, 134, 150, 194, 243, 232–3, 243, 244, 248, 249
Abraham, William (Mabon) 224
Abrams, Lynn 19–20
Ab Vychan, *gweler* Thomas, Robert
Acton, William 143
Adams, David 167
Adroddiad ar Addysg yng Nghymru, 1847 (Brad y Llyfrau Gleision) 7, 8, 13, 40, 64, 65, 66, 67, 69, 102, 143, 159, 171, 231
Alban, Yr 19–20
Anna Ionawr, *gweler* Jones, Annie Vaughan
Annibynwyr 2, 22, 41, 49, 54, 63, 88, 99, 100, 101, 113, 119, 120, 126, 167, 168, 170, 237, 242
Anwyl, Syr Edward 244
Ardal y Llynnoedd 139–40

Ashton, Charles 168
Awstralydd, Yr 115

Bala Cynwyd (UDA) 117
Bancyfelin, Capel 17, 18, 77, 133, 152, 229, 245
Baner ac Amserau Cymru 2–3, 12, 21, 65, 79, 84, 85, 88, 89, 91, 95, 101, 203, 216, 223, 238, 239, 244
Bangor 135, 215
Barddones Arfon, *gweler* Jones, Sydney Lloyd
Bean, Judith Mattson 91
Becca Mabws, *gweler* Evans, Rebecca Sophia
Bedyddwyr 2, 83, 84, 101, 214
Beetham, Margaret 187
Beirniad, Y 79
Berwyn (UDA) 117
Betsey, Y, cetsh John Rees 44, 46
Bevan, Madam Bridget 18
Big Rock 127
Blackburne House, Lerpwl 96
Blackwell, Annie 242
Bonaparte, Louis-Lucien 62
Borth, Y 45
Bowen, Dorothy 18, 30
Brad y Llyfrau Gleision, *gweler*

Adroddiad ar Addysg yng Nghymru, 1847
Brandy City 126
Brecon County Times, Neath Gazette and General Advertiser, The 104
Brynferch, *gweler* Davies, Hannah
Bryniau Casia 72, 240
Bryn Mawr (UDA) 117
Brython, Y 246
Buddug, *gweler* Prichard, Catherine Jane
Butler, Eleanor 142
Byddin yr Iachawdwriaeth 216, 217

Cadrawd, *gweler* Evans, Thomas Christopher
Caerdydd 11, 44, 47, 217
Caernarfon 4, 96, 97, 98, 134
caethwasiaeth 111, 114, 121, 124, 129
Caledfryn, *gweler* William, William
Cambria (UDA) 117
Cambrian News, The 217, 245
Capteiniaid Cranogwen 54
Castell-nedd 136
Cattaraugus 114
Ceinewydd 53, 237
Celt, Y 204, 223, 236, 237
Cenhadwr Americanaidd, Y 113, 122, 127
Cennad Hedd 49
cerflun Cranogwen 249
Ceridwen Peris, *gweler* Jones, Alice Gray
Cobh 109
Coleg Prifysgol Aberystwyth 11, 194, 248
Coleg Trefeca 100–1, 218, 227–8
Comptonville 125
Corris 208, 211, 234

Cranogwen, *gweler* Rees, Sarah Jane
Crawshay, Rose 8–9, 94
Creirwy, *gweler* Mason, Mary
Croesor 98, 99
Croesoswallt 85
Cudd, William C. 213
Cwmbach 90
Cwm Rhondda 187, 216, 235, 236, 248
cyfartaledd rhywiol 5–8, 95, 124, 184–5, 221–2, 224; merched yn pregethu 33, 36, 92, 124, 211, 213, 214, 215, 222; rhagfarn rywiol 9–10, 11, 48, 53, 61, 71, 80, 91–2, 94, 100–1, 170, 183–5, 224; rhyddfreiniad menywod 8–9, 162, 163, 240
Cyfaill o'r Hen Wlad yn America, Y 13, 105, 109, 112, 115, 118, 127, 128, 129, 130, 132, 149, 155, 203, 206
Cyfaill yr Aelwyd, 158, 204
Cyfaill yr Aelwyd a'r Frythones 204
cyfunrhywiaeth 136–43, 196–7; therapi trosi ar gyfer hoywon 183–4; Mas ar y Maes 249
Cylchgrawn, Y 78–9, 87
Cymdeithas yr Iaith Gymraeg (1885) 54–5
Cymro, Y 246, 247
Cymru 9–10, 12, 13, 14, 57, 115, 135, 153, 181
Cymru Fydd 198
Cywion Cranogwen, 249

Dafis, Huw, *gweler* Davies, Hugh
Davies, Hannah (Brynferch) 101
Davies, Hugh (Huw Dafis y Felin) 38–41, 43, 54, 59
Davies, John (Osian Gwent) 136, 167–8
Davies, L. H. 7

Davies, Rosina 216–17, 242
Davies, T. Huws 247
Davies, Terry 45–6
Deddf Addysg Ganolradd Gymreig (1889) 10–11
Deddf Eiddo Gwragedd Priod (1882) 9, 68, 162
Dewi Cwmtwrch, *gweler* Powell, David
Dickens, Charles 107, 123
Dickinson, Anna Elizabeth 107
Dinas Mawddwy 133–4
dirwest 23–24, 35, 69, 98, 113, 120, 125, 148–9, 229–48, 249; British Women's Temperance Association 234; Gobeithlu, y 118, 170, 229–30; Temlwyr Da, y 231; Undeb Dirwestol Merched Gogledd Cymru (UDMGC) 234, 235, 236, 240; Undeb Dirwestol Merched y De (UDMD) 237–43, 244, 245, 248, 249
Diwygiad (1859) 209
Diwygiad (1904–5) 239
Diwygiwr, Y 22, 35, 78, 82
Dolgellau 1, 167, 184
dosbarth cymdeithasol 31, 42, 66, 123–4, 163, 191, 221, 250
Drefach Felindre 238, 250
Dydd, Y 134
Drych, Y 136, 202, 207, 213, 202
Drysorfa, Y 32, 58, 79, 82, 180, 226, 228, 251, 253
Dyfed, *gweler* Rees, Evan
Dysgedydd Crefyddol, Y 78

Ddynes Newydd, Y 9, 175–7, 181

Eames, Aled 44–5
Edwards, Hywel Teifi 159
Edwards, John (Eos Glan Twrch) 114
Edwards, Owen M. 10, 11, 13, 48, 224, 250
Edwards, Richard Foulkes (Rhisiart Ddu o Wynedd) 60, 134–6
Efrog Newydd 107, 111, 112, 127, 203, 209, 230
Eisteddfod Aberaeron (1873) 50
Eisteddfod Dyffryn Teifi (1868) 71
Eisteddfod Genedlaethol Aberystwyth (1865) 1–2, 61–7, 71, 84, 85, 88, 134, 243
Eisteddfod Genedlaethol Aberystwyth (1915) 243–4
Eisteddfod Genedlaethol Caer (1866) 72
Eisteddfod Genedlaethol Llandudno (1864) 134
Eisteddfod Genedlaethol Tregaron (2022) 249
Eisteddfod Rhymni (1864) 50, 60–1, 67, 71, 134
Elen Egryn, *gweler* Evans, Elin
Elfed, *gweler* Lewis, Parch. Howell Elfed
Ellis, Havelock 143
Enlli (UDA) 115
Eos Glan Twrch, *gweler* Edwards, John
Eurgrawn Wesleyaidd, Yr 79–80
Evans, Elin (Elen Egryn) 8, 10, 13
Evans, John (I. D. Ffraid) 1, 63, 69
Evans, John (Parchedig) 54, 58
Evans, Rebecca Sophia (Becca Mabws) 83–4, 87, 101
Evans, Robin 19, 44, 46–8
Evans, Thomas (Telynog) 62–3, 64
Evans, Thomas Christopher (Cadrawd) 204
Evans, W. Gareth, 160

Faderman, Lillian 154
Floyd (UDA) 113, 149, 230
Freud, Sigmund 51–2
Frythones, Y 5, 9, 12, 13, 17, 24–5, 26, 28, 33, 109, 111, 124, 148, 152, 157–78, 184–6, 188, 189, 193, 197, 199, 200, 202–4, 209, 212, 214, 215, 216, 218, 219, 232, 233

ffeminyddiaeth 67–9, 162–3, 175–7, 249–50
Ffraid, I. D., *gweler* Evans, John
Ffynnon Taf 89

Genedl Gymreig, Y 3, 12, 156, 207, 231
Geninen, Y 3, 12, 57, 81, 205
Glynebwy 92
Gobeithlu, y *gweler* dirwest
Goginan 4, 12
Goleuad, Y 24, 34, 35, 49, 57, 109, 115, 179, 211, 224, 226, 228, 243, 244, 245, 253
Griffiths, John (Ioan Gruffydd) 54–5
Gwladgarwr, Y 3, 12, 78, 80, 83, 89, 90, 94, 102, 104, 105, 107, 118, 128, 133, 152
gwrachod 93–4
Gwyneddfardd, *gweler* Morris, T. B.
Gymraes, Y (1850–1) 6, 8, 10, 13, 42, 56, 157, 159
Gymraes, Y (1896–1934) ix, 10, 12, 13, 36, 43, 56, 58, 105, 155, 175, 176, 177, 180, 181, 182, 204, 205, 211, 224, 226, 228, 239, 240, 251, 252, 253

Harris, J. P. (Ieuan Ddu) 114
Haul, Yr 93, 214
Hood, Thomas 42

Hughes, Elizabeth Phillips 11
Hughes, Ellen ix, 10, 32, 43, 97, 151, 152, 164, 174–7, 184, 186, 221, 235, 236, 237, 238, 241–3, 244, 246, 247
Hughes, John Ceiriog (Ceiriog) 1–2, 64, 65, 159, 244
Hughes, Lydia Ann 173–4
Hughes, Margaret Watts 71
Hwfa Môn, *gweler* Williams, Rowland
Hyde Park (UDA) 119

Ieuan Ddu, *gweler* Harris, J. P.
Ieuan Gwyllt, *gweler* Roberts, John
Ieuan Gwynedd, *gweler* Jones, Evan
Ioan Gruffydd, *gweler* Griffiths, John
Iorwerth Glan Aled, *gweler* Roberts, Edward
Isfoel, *gweler* Jones, David
Islwyn, *gweler* Thomas, William

James, Lydia 243
Jenkins, Eliza 18–19
Jenkins, J. Geraint 16, 17
John, Thomas 210
Johnstown 117, 120, 121
Jones, Alice Gray (Ceridwen Peris) 10, 76, 169–70, 208, 234, 240, 244, 245, 246, 247
Jones, Annie Harriet (Gwyneth Vaughan) 3, 178, 224
Jones, Annie Vaughan (Anna Ionawr) 170
Jones, Barbara 156–7
Jones, David (Isfoel) 38, 49
Jones, David Glanaman ix, 23, 37, 45, 47, 48, 65, 77, 108, 133, 151, 209, 222, 236, 237, 238, 244, 249

Jones, Dilys Lloyd Glynne 11
Jones, Dot 144
Jones, Elizabeth Mary (Moelona) 10, 13, 48
Jones, Evan (Ieuan Gwynedd) 6, 8, 10, 42, 65, 156, 159, 168, 178
Jones, Gerallt ix, 150, 201, 222, 242
Jones, Griffith 18
Jones, Humphrey Rowland 209, 211
Jones, Iorwen Myfanwy 96, 134
Jones, Jenny 163
Jones, John (Talhaiarn) 102, 106
Jones, J. Ogwen (Parchedig) 4, 94, 119
Jones, Jon Meirion 54
Jones, Margaret (Y Gymraes o Ganaan), 170-1
Jones, Margaret (Myfanwy Meirion) 170
Jones, Mary 214-15
Jones, Mary Oliver 172-3
Jones, Sydney Lloyd (Barddones Arfon) 170
Jordan, George Price 30-1

Lerpwl 3, 4, 16, 93, 94, 96, 97, 100, 119, 136, 137, 138, 146, 147, 172, 222, 234, 242
lesbiaeth 142-4; 'cyfeillgarwch rhamantaidd' 136-8, 140-2, 143, 144, 152, 154; 'priodasau Bostonaidd' 144
Levi, Thomas 4, 12, 51, 92-3, 118, 207, 208, 221, 222
Lewis, Howell Elfed (Elfed) 204, 244
Lewis, William Lewis (Llew Llwyfo) 62, 80, 118
Lincoln, Abraham 111, 196
Lloyd, Thomas Davies 62

Llanberis 98
Llandudoch 84, 85
Llanelli 101, 102
Llangollen 3, 142
Llangrannog 1, 12, 15-18, 22, 24, 25, 27, 28, 30, 32, 37, 38, 42, 43, 48, 49, 53, 55, 67, 73, 86, 87, 118, 133, 147, 149, 152, 186, 196, 201, 210, 222, 229, 235, 245, 249, 250; gwragedd Llangrannog 17-21, 24-5, 27-32
Llanhari 88
Llanilltud Fawr 133
llên teithio 115-17, 123
Llety Cranogwen 248-9
Llew Llwyfo, *gweler* Lewis, William Lewis
Llundain 11, 53, 54, 94, 148, 149, 170, 171, 172, 222, 242

Mabon, *gweler* Abraham, William
Maesteg 90
Mason, Mary (Creirwy) 101
Matthews, Edward 190
merched yn pregethu, *gweler* cydraddoldeb rhywiol
Merthyr Telegraph and General Advertiser for the Iron Districts of South Wales, The 104
Merthyr Tudful 8-9, 44, 88, 94, 108, 193, 245
Methodistiaid Calfinaidd 2, 4, 11, 17, 18, 24, 30, 32, 38, 49, 63, 72, 84, 88, 92, 93, 99, 100, 108, 109, 111, 112, 113, 115, 121, 133, 157, 167, 169, 174, 209, 211, 212, 216, 217, 218, 229, 236, 242
Mill, John Stuart 9
modrybedd gofidiau 186-7
Moelona, *gweler* Jones, Elizabeth Mary

Morgan, David 209–10
Morgan, William 90–1, 134
Morris, Esther Judith 17, 28–32, 163, 209, 242
Morris, T. B. (Gwyneddfardd) 113
Mother Shepherd, *gweler* Shepherd, Pamela
Muta 1, 64–5, 66–7, 68
Myfanwy Meirion, *gweler* Jones, Margaret
Mynyddoedd Creigiog, y 111, 122, 123, 135

Nadel-Klein, Jane 20
Nantlais, *gweler* Williams, William Nantlais
Narberth (UDA) 117
Negesydd, Y 234
Nicholson, Elizabeth 46, 96–100, 134, 146–7, 212

Oneida 112–13, 114, 115, 117, 120, 149, 230
Owen, Ellen 44–5, 46

Penmorfa, Capel 17–18, 30, 37, 38, 209, 210
Peter, Eliza 168–9
Philadelphia 107, 115, 117, 118
Phillips, Eluned 61
Phillips, Evan 167, 201–2, 221
Phillips, Mary Charlotte 216, 242
Pierce, W. Rheidol 101
Pike, David Edward 149, 154
Piozzi, Hester 142
Ponsonby, Sarah 142
Pontardawe 239
Ponterwyd 76
Pontgarreg 24, 33, 39, 41, 54, 59, 118, 133
Pontrobert 100
Pontypridd 224, 244, 245
Powell, David (Dewi Cwmtwrch) 118–19
Price, George 18
Prichard, Annie Catherine (Ruth) 3, 9, 53–4, 55, 97, 208, 235, 236, 249
Prichard, Catherine Jane (Buddug) 3, 170
Puw, John 1
Pwllheli 98

Phania, *gweler* Rees, Fanny

Reaney, Isabella 212
Rees, Anne 171–2
Rees, Arthur Rees (Rhys Dyfed) 71
Rees, Daniel (brawd Cranogwen) 16, 25–7
Rees, Daniel (ewythr Cranogwen) 23
Rees, David (brawd Cranogwen) 25–7, 199
Rees, David (ewythr Cranogwen) 22–3
Rees, Evan (Dyfed) 223, 244
Rees, Fanny (Phania) 147–9, 171
Rees, Frances (née Lloyd, mam Cranogwen) 21–2, 24, 33, 42, 46–7, 71, 147, 151, 200
Rees, Frances (nith Cranogwen) 151, 245
Rees, Henry 4, 93
Rees, John (tad Cranogwen) 16–17, 22–4, 33, 42, 45–7, 53–4, 149, 232
Rees, Robert Oliver 165–7
Rees, Sarah (mam-gu Cranogwen) 24–5
Rees, Sarah Jane (Cranogwen) addysg 33, 38–42, 52–4, 96; athrawes 54–5, 118; cenedlgarwch 77–8, 103, 198, 247; damwain 203; *galvanic machine*

246; gorweithio 87, 98, 121, 202; gweriniaethwraig 160–2; gwerinol 221; gwniadyddes 42–3, 45, 113; hoffter o anifeiliaid 77; iselder ysbryd 188, 200–3, 208, 244; menyw-ganolog 19–20, 145; modryb gofidiau 185–93; morio 43–52, 85–6; plentynnaidd i bwrpas 76, 219–21; rhoces 37, 43, 157, 221; tysteb genedlaethol 223–5; y daith gyntaf i America 108–28; yr ail daith i America 202–3, 207, 212–13; ysmaldod 76–7, 119, 120–1, 123, 164–5, 188–90, 219–21

    ei chartrefi
        Bryneuron 24, 133, 149, 196
        Dolgoy-fach 17, 27–8, 30, 38, 40, 41, 42, 46, 53, 55, 61
        Green Park, neu Iet Wen 149–50, 196
    ei cherddi
        Caniadau Cranogwen 8, 15, 21, 26, 70–80, 103, 140, 148–9, 167, 230
        'America' 121
        'Anerchiad Ymadawol …' 86
        'Anian' 219
        'Ardderchog wlad y bryniau' 231
        'Ar ôl colli y train…' 76–7
        'Baner Dirwest' 230–1
        'Cyfodwn i Fyny o Blaid y Gwirionedd' 232
        'Cymru' 77–8, 82
        'Dafydd' 62, 71
        'Drylliad y North Fleet' ('Suddiad y Northfleet') 50–2
        'Dyffryn Cranog' 19, 59, 73
        'Elizabeth Owens, Cilie, Pensarn' 71
        'Fan' 77
        'Fy Ffrynd' 70–1, 140–2, 145, 146, 147, 148, 149, 152
        'Fy Ngwlad' 77, 103
        'Fy Mrawd' 26
        'Hannah Jenkins, Llangranog' 71
        'Henffych Well' 231–2
        'Hiraeth' 72–3
        'Maggie Eurona, ei phen-blwydd gynta' 221
        'Miss Watts' 71
        'Nos a Dydd fel Trai a Llanw' 51–2
        'Pedr yn Nhŷ Cornelius' 50, 60, 71
        'Rhys Dyfed' 71
        'Y Cyflwyniad' 21, 71
        'Y Fodrwy Briodasol' 1–2, 62, 63, 64, 67–70, 72, 73, 78, 85, 89, 134, 136, 243
        'Y Ffynon' 73–4
        'Y Gwlithyn' 74–5, 78, 219
        'Yr Haul' 73
        'Y Seren' 75
        'Ymgesglwch Cymry Dewrion' 232
        'Yr Ystorm' 49
    ei cholofnau yn *Y Frythones*
        'At ein Darllenwyr' 158, 161, 163
        'At ein Gohebwyr' 186
        'Cwestiynau ac Atebion' 178, 183–92, 199, 204, 214
        'Fy Albwm Fy Hun' 196
        'Hyn a'r Llall' 178, 193, 196–7, 198–9, 200, 204, 232–3
        'Y Flwyddyn …' 198

'Y Teulu' 164–5
'Y Tymhor' 202, 233
ei darlithiau
  'Anhepgorion Cymeriad Da' 2, 89–90, 114
  'Ann Griffiths a'i Hemynau' 102, 118
  'Cymru – ei Haddysg a'i Chrefydd' 102
  'Dirwest' 120, 230
  'Diwylliant y Meddwl' 117–18, 127
  'Doethineb y Pethau Bychain' 74
  'Elfennau Cymeriad Da' 118, 127
  'Elfennau Gwir Ddedwyddwch' 2–3, 95–6, 114
  'Llafur a Llwyddiant' 101–2, 114
  'Tu Hwnt i'r Mynyddoedd Creigiog' 133
  'Pwy yw y Gwron?' 133–4
  'Y Plant a'u Haddysg' 2, 85, 90
  'Yr Ieuenctid a Diwylliant eu Meddyliau' 2, 4, 85, 135
  'Yr Ysgol Sabbothol a'i Phlant' 219–21
ei herthyglau
  'Anne Rees, Bryncelyn, Rhydlewis' 171
  'Beth debygwch chwi am Grist? Mab i bwy ydyw?' 218–19
  'Cartref y Gweithiwr' 5
  'Dalen o'n Dyddlyfr yn y Flwyddyn 1870' 109, 124
  'Dalen o'r Dyddlyfr' 111–12
  'Daniel Rees, Dolhawen, Llangranog, a Theulu Pantyronen' 22–3
  'David Griffiths, Rhydlwyd' 210, 226
  'Dyrchafiad Merched' 9, 162
  'Esther Judith' 28–31, 163
  'Fanny Rees, Felincwm, Sir Aberteifi' 148, 154
  'Fy Mrawd' 199
  'Hunan-goffa' 27–8, 31, 33, 37–40, 43
  'Merched Llafur' 164
  'Miss Ellen Hughes, Llanengan' 177
  'Mrs Evans, Llanwrtyd' 240
  'Mrs Reany' 212
  'Mrs Robatham, Tregolwyn, Morganwg' 211, 226
  'Mrs Sarah Thomas, Cwmceiliog, Llangranog' 22, 37–8
  'Phania' 148, 154
  'Tu Hwnt y Mynyddoedd Creigiog' 109, 111, 121–2
  'Y Dywysoges Beatrice' 160–1
  'Ymweliad a Gogledd Lloegr' 136–40, 152
  'Y Nadolig yng Nghorris' 234–5
  'Yr Olygyddes yn canu yn iach i'w darllenwyr' 203
Reeves, Rosanne 12, 227
Remsen (UDA) 115
Roberts, Edward (Iorwerth Glan Aled) 42–3
Roberts, John (Ieuan Gwyllt) 108
Roberts, Kate 178
Roberts, William 111
Rowlands, William 115
Ruth, *gweler* Prichard, Annie Catherine
Rhisiart Ddu o Wynedd, *gweler*

Richard Foulkes Edwards
Rhufain (UDA) 113, 114, 115
rhyddfreiniad menywod, *gweler* cyfartaledd rhywiol
Rhyfel Byd Cyntaf 217, 243, 244
Rhyfel Cartref America 111, 121, 196
Rhyfeloedd yr Ymerodraeth Brydeinig 197–8
Rhymni 50, 60, 88, 102, 136
Rhys Dyfed, *gweler* Rees, Arthur Rees
Rhys, Morgan John 117

Sandusky 114
San Ffransisco 124, 125, 126
Saunders, Sara Maria 10, 178
Scranton 113, 203
Seren Cymru 4, 12, 60, 80, 88, 94, 104, 107, 120, 214, 227
Seren Orllewinol, Y 114
Shepherd, Pamela (Mother Shepherd) 216, 227
Somerset, Arglwyddes Henry 234, 235
Southcott, Joanna 93
Spurgeon, Charles 32–3, 36
Stark, Suzanne J. 44
Steuben 115
St Louis 122

Talgarth 100
Talhaiarn, *gweler* Jones, John
Tanygrisiau 99
Tarian y Gweithiwr 106, 212, 223, 225, 240
Telynog, *gweler* Evans, Thomas
Temlwyr Da, *gweler* dirwest
Thomas, Jane 149–52, 195, 245
Thomas, John 71
Thomas, Robert (Ab Vychan) 78
Thomas, Sarah 22, 37
Thomas, Thomas 53

Thomas, William (Islwyn) 1, 2, 15, 64, 89, 167
Tonic Sol-ffa 55, 59, 231
Tonpentre 236, 237, 241, 245
Tonypandy 248
Traethodydd, Y 5, 51, 109, 111, 122, 136, 168
Tredyffrin (UDA) 117
Trysorfa y Plant 4, 12, 51, 92, 109, 121
Tydfylyn, *gweler* Williams, Daniel Thomas
Tyst a'r Dydd, Y 102
Tyst Cymreig, Y 90, 96, 102, 118
Tyst Dirwestol, Y 23, 58

Undeb Dirwestol Merched Gogledd Cymru (UDMGC), *gweler* dirwest
Undeb Dirwestol Merched y De (UDMD), *gweler* dirwest
Utica 115, 203, 207, 213, 231
Uwchlan (UDA) 117

Vaughan, Gwyneth, *gweler* Jones, Annie Harriet

Washington 120, 135
Wellington, Dug 197–8
Welshman, The 102
Welsh Outlook, The 247
West Bangor (UDA) 120, 217
Willard, Frances 176, 234, 235
Williams, Daniel Thomas (Tydfylyn) 95
Williams, David 7, 13
Williams, David J. 157, 158, 204
Williams, Gwyn Alf 6, 12
Williams, Hywel 183–4
Williams, Michael 245
Williams, Rowland (Hwfa Môn) 1, 63
Williams, Sian Rhiannon 159

Williams, William (Caledfryn)
 65–6
Williams, William Nantlais
 (Nantlais) 15, 34

Y Gymraes o Ganaan, *gweler*
 Jones, Margaret
Ysgol Sul, yr 219–21
Ysgoloriaeth Cranogwen 248, 249
Ystradfellte 88
Ystradyfodwg 90